# 高麗時代 王師·國師 硏究

朴胤珍 著

景仁文化社

## 책을 내면서

　국민학교 때 선물로 받았던 한질의 한국사 책으로 인해 국사 선생님이 되겠다는 장래희망을 가졌고 결국 대학도 역사교육과로 진학하였다. 대학 생활을 하면서 공부를 계속 해보면 좋겠다는 생각으로 대학원에 입학하여 고려시대를 전공하게 되었다. 고려시대를 선택한 것도 예전부터 관심을 가져왔던 시기였기에 큰 고민없이 결정했다.

　이후 석사논문을 쓰기 위해서 불교라는 분야를 선택하게 된 것도 고려시대를 알기 위해서는 불교를 이해해야 한다는 학부 당시 선생님의 말씀과 예전의 사람들은 도대체 무슨 생각을 하고 살았을까라는 평소에 가졌던 단순한 질문때문이었다. 인생의 중요한 결정을 매번 큰 갈등 없이 할 수 있었던 것은 아버지의 말씀대로 '곰같이 앞만 보고 가는 성격' 때문일 수도 있고 그만큼 지금까지 해온 일들에 대한 목표가 오래되었기 때문일 수도 있다. 그러나 불교는 만만한 분야가 아니었다. 아직도 내 자신을 '쇠 귀의 경 읽기'의 소라고 비유하고 있으니 말이다. 불교에 대한 기초 지식도 없었던 필자로서는 사상이 아닌 불교사회사로 주제를 수정할 수 밖에 없었다. 「高麗時代 開京 一帶 寺院의 軍事的·政治的 性格」이라는 석사논문도 그러한 고민 속에서 쓰여졌다. 고려시대의 사원은 당시 불교의 국가적·사회적 위상으로 공공기관과 유사한 역할을 하였고 특히 수도인 개경 일대에 위치하였기 때문에 그러한 역할이 더 강조될 수 밖에 없었다는 점을 확인하는 과정이었다.

　박사과정에 들어와서는 승려 특히 僧科를 통해 국가로부터 관리되는 이들에 대한 정리와 분석의 필요성을 느끼고 僧階와 僧職에 대해 관심을 가져왔다. 고려시대의 불교 자료는 그 당시 영향력에 비하면 소략한 편이고, 그나마 남아있는 승려들에 대한 자료도 몇몇을 제외하고는 이름만 전하는 경우가 더 많아 연구에 어려움이 많았다. 그래서 현존하는 승려 관련 사료 중 비교적 집중되어 있는 것들이 당시 승직 중 가장 고위직에 있었던 왕사·국사라는 점과 왕사·국사에 대한 규명이 고려시대 불교를 이해하는 한 방편이 될 것이라고 판단하여 박사논문의 주제로 삼게 되었다. 고려시대의 왕사와 국사는 당시 가장 고위직인 승려였고 형식에 그친다고 하더라도 국왕에게 신하라고 칭하지 않아도 되는 스승으로 존경받았던 이들이었다. 그러므로 왕사·국사에 대한 연구를 통해 고려시대 불교를 이해할 수 있으리라고 기대하였다. 소기한 바를 이루었는지는 자신할 수 없다. 계속 지금의 부족을 줄여가리라 다짐할 뿐이다.

 이 책은 그동안의 연구성과를 정리한 것으로 세상에 내놓기까지 여러 분들의 도움을 받았다. 그런 점에서 필자는 人福이 많은 사람이라고 생각한다. 먼저 대학원 과정 내내 많은 관심과 지도를 아끼지 않으셨던 朴龍雲 선생님, 박사논문의 심사를 맡아 좋은 지적을 해주신 閔賢九 선생님, 金杜珍 선생님, 許興植 선생님, 崔光植 선생님께 감사드린다. 학부와 대학원 시절 선생님들의 가르침도 잊을 수 없다. 사단법인 불교학연구지원사업회의 도움에도 감사드린다. 논문에 대한 조언과 더불어 교열까지도 해 준 고려대학교 대학원 한국사학과 고려시대팀의 선배·후배들에게 고마움을 표시해야할 것 같다. 그 외에도 하나하나 거론하지 못한 많은 고마운 분들은 이 글을 쓰면서 마음 속에서나마 다시 떠올려 본다. 그리고 지금까지도 생활에서 많은 것을 의지하는 부모님, 나로 인해 늙어가시는 것만 같아 죄송하고 감사하다고 전하고 싶다. 남편과 이곳에 이름이 쓰였다는 것만으로 기뻐할 딸내미 李東疇에게는 아내와 엄마로서 제대로 못하는 것에 대해서 미안하고 사랑한다고 이야기하고 싶다. 마지막으로 까탈스러운 요구까지 기꺼이 들어주시고 책을 모양새 있게 만들어 주신 경인문화사 관계자 여러분께도 감사의 인사를 드리겠다.

2006년 12월<br>朴 胤 珍

<차 례>

□ 서론 □ 1

## 제1장 王師·國師의 기원 …………………………………………… 11
1. 王師·國師의 연원과 의미 ………………………………… 11
2. 新羅의 國師 ………………………………………………… 16
3. 高麗初 大師 追封의 의미와 王師·國師와의 관계 ……… 27

## 제2장 高麗前期 王師·國師의 사례와 기능 ……………………… 43
1. 王師 임명 사례와 활동 …………………………………… 43
2. 國師 임명 사례와 활동 …………………………………… 61
3. 王師·國師의 기능 ………………………………………… 78

## 제3장 高麗後期 王師·國師의 사례와 기능의 변화 …………… 89
1. 王師 임명 사례와 활동 …………………………………… 89
2. 國師 임명 사례와 활동 …………………………………… 104
3. 王師·國師의 기능 변화 …………………………………… 141

## 제4장 王師·國師의 자격과 대우 ………………………………… 155
1. 王師·國師의 자격 ………………………………………… 155
2. 王師·國師에 대한 대우 …………………………………… 174

**제5장 王師·國師制의 운영과 그 목적** ······················ 207
  1. 王師·國師의 재책봉 ······································· 207
  2. 王師·國師 임명과 불교 교단과의 관계 ················ 220
  3. 王師·國師 책봉의 목적 ···································· 233

□ 결 론 □ 241

□ 참고문헌 □ 251
□ 찾아보기 □ 259

<표차례>

〈표 1〉 新羅의 國師 …………………………………………… 16
〈표 2〉 高麗前期 王師 역임자 ………………………………… 43
〈표 3〉 高麗前期 國師 역임자 ………………………………… 63
〈표 4〉 高麗前期 추봉된 國師 ………………………………… 69
〈표 5〉 高麗後期 王師 역임자 ………………………………… 89
〈표 6〉 高麗後期 國師 역임자 ………………………………… 104
〈표 7〉 高麗後期 추봉된 國師 ………………………………… 116
〈표 8〉 王師・國師의 僧階 …………………………………… 162

# 서 론

　불교가 삼국시대에 전래된 이후 고려시대에는 '국교'로 여겨질 정도로 융성하였다. 그렇기 때문에 燃燈會·八關會와 같은 국가적 불교 행사를 개최하여 불교의 외호를 기원하기도 하였다.[1] 또한 고려시대를 살아간 사람들의 일상 생활도 불교와 많이 관련되었는데, 사망하기 전에 受戒한다거나 부처와 같이 옆으로 누운 상태로 죽음을 맞은 사례들이 전하고 있으며 장례 절차도 불교식인 화장을 하는 경우가 많았다. 이와 같은 점에서 고려의 불교는 전체 사회에서 큰 영향력을 가졌다고 할 수 있다.

　이러한 불교에 대한 믿음과 영향력으로 인해 왕실뿐만 아니라 문벌 귀족 가운데에서도 승려가 되는 이들이 많았다. 따라서 승려 속에는 隨院僧徒 같은 하층 승려와는 다른, 당시 지배 집단과 동일한 계층이 포함되어 있었다. 그런데 이들의 출가에는 신앙적인 요소도 있었지만, 당시 불교의 세력을 이용해보려는 세속적인 목적도 포함되어 있었다. 즉 사원 내의 경제력이나 정치적인 요소를 장악하기 위한 의도였다.

---

[1] 金炯佑, 1992, 『高麗時代 國家的 佛敎行事에 대한 硏究』, 동국대학교 박사학위논문.
　김종명, 2001, 『한국 중세의 불교의례 : 사상적 배경과 역사적 의미』, 문학과 지성사.
　안지원, 2005, 『고려의 국가 불교의례와 문화-연등·팔관회와 제석도량을 중심으로』, 서울대학교출판부.

고려의 사원은 末期를 기준으로 한 것이기는 하지만 전국토의 6분의 1에 해당하는 토지를 소유하고 있었다.[2] 그리고 수공업품의 생산, 상행위, 고리대 등을 통해서도 상당한 부를 축적하고 있었다.[3] 이런 사원의 경제력을 장악하기 위하여 문벌귀족 가문에서는 대대로 출가하여 일부 사원의 주지직을 세습하기도 하였다. 게다가 사원의 승려계층은 修道만을 했던 것이 아니라 정치적 사건에 인적 구성원으로 참여하기도 하였다. '李資義의 난'에 연좌되어 처벌당한 興王寺 大師 智炤[4]나 '李資謙의 난' 때 현화사 승려 300 여명을 이끌고 참여했던 義莊[5] 등이 대표적인 인물이다. 이처럼 승려로서 출가하는 것은 그들 신앙의 표현이었을 뿐만 아니라 경제적·정치적 요소도 많이 작용하였다.

반면 고려는 '불교국가'라고 불릴 정도였기 때문에 사원이나 승려를 관리하기 위한 제도를 두었고 인적구성원에 대한 관리와 대우를 위해 僧科와 僧階 제도를 운영하였다. 승과는 과거제도가 실시되는 광종 이전부터 국가에서 운영한 승려 선출 방법이 유지되다가 과거와 함께 제도화하였다.[6] 이 승과에 합격한 자만이 僧階를 받아 국가에서 공인한 승려가 되었고 승계를 보유해야만 주요 사찰의 승직을 맡았다. 바로 僧科와 僧階는 속세의 과거나 관직과 비견될 만한 제도였고 이런

---

2) 姜晋哲, 1991, 「寺院田」『改訂 高麗土地制度史研究』, 一潮閣, 142쪽.
3) 李相瑄, 1998, 「寺院의 商行爲」『高麗時代 寺院의 社會經濟研究』, 誠信女子大學校 出版部 참조.
4) 『高麗史』卷127 列傳40 叛逆1 李資義.
5) 『高麗史』卷127 列傳40 叛逆1 李資謙.
6) 孔霞泳, 1970, 「高麗朝의 寺院制度 研究-특히 考試制와 度牒制를 中心으로-」『논문집』(대전농업고등전문학교) 창간호.
  李載昌, 1975, 「高麗佛敎의 僧科·僧錄司制度」『崇山朴吉眞博士華甲紀念 韓國佛敎思想史』, 원광대출판국.
  許興植, 1976, 「高麗時代의 僧科制度와 그 機能」『歷史敎育』19 ; 1986, 『高麗佛敎史研究』, 一潮閣.

방법을 통해 고려 지배층 출신의 승려들이 속세와 유사한 지위를 승려 집단에서 유지하였다.

그렇기 때문에 국가적으로 승려를 관리했던 조직이나 제도에 대한 연구가 고려시대의 불교 이해를 위해서 필요하다. 즉 승려와 관련된 국가적 제도의 연구는 고려 정부가 승려를 어떤 방식으로 파악하고 대우했는지와 고려의 불교에 대한 대책을 이해하도록 할 것이다. 그리고 이러한 제도에 대한 이해를 통해 상층부에 한정되기는 하지만, 고려 불교의 운영 원리를 살펴보고자 한다.

현재까지의 고려 불교에 대한 연구 경향은 철학적이고 사상적인 부분에 치중되어 왔다.[7] 그 밖에 당시 상황과 연계시킨 연구라고 하더라도 정치권력과의 관계, 경제적인 면이 많은 부분을 차지하였다.[8]

---

7) 대표적인 연구는 아래와 같다.
　　金杜珍, 1983, 『均如華嚴思想研究-性相融會思想-』, 一潮閣.
　　蔡尙植, 1991, 『高麗後期佛敎史硏究』, 一潮閣.
　　徐閏吉, 1993, 『高麗密敎思想史硏究』, 불광출판사.
　　金曉呑, 1999, 『高麗末 懶翁의 禪思想硏究』, 民族社.
　　최연식, 1999, 『均如 華嚴思想硏究-敎判論을 중심으로-』, 서울대학교 박사학위논문.
　　이병욱, 2002, 『고려시대의 불교사상』, 혜안.
　　趙明濟, 2004, 『高麗後期 看話禪 硏究』, 혜안.
　　朴鎔辰, 2004, 『大覺國師 義天 硏究』, 국민대학교 박사학위논문.
8) 대표적인 논문과 저서는 다음과 같다.
　　崔柄憲, 1981, 「高麗中期 玄化寺의 創建과 法相宗의 隆盛」 『韓㳓劤博士停年紀念史學論叢』, 지식산업사.
　　韓基汶, 1990, 「高麗 中期 興王寺의 創建과 華嚴宗團」 『鄕土文化』 5 ; 1998, 『高麗寺院의 構造와 機能』, 民族社.
　　李炳熙, 1992, 『高麗後期 寺院經濟의 硏究』, 서울대학교 박사학위논문.
　　李載昌, 1993, 『韓國佛敎寺院經濟硏究』, 불교시대사.
　　金光植, 1995, 『高麗武人政權과 佛敎界』, 民族社.
　　토니노 푸지오니, 1996, 『高麗時代 法相宗敎團의 推移』, 서울대학교 박사학위논문.
　　李相瑄, 1998, 『高麗時代 寺院의 社會經濟硏究』, 誠信女子大學校 出版部.

또한 승려 자체에 대한 관심이라고 하더라도 하층 승려인 수원승도나 승군 등에 대한 연구가 더 많이 진행되어 왔다.9) 최근 불교 내의 여러 조직이나 제도에 대한 탐구가 이루어지고 있지만10) 전체 불교 연구에서 차지하는 비중은 매우 작다. 물론 불교를 이해하기 위한 철학적인 탐구도 중요하지만, 고려에서는 불교가 정치적·사회적으로 중요한 요소가 되었던 만큼 고려의 불교를 이해하기 위해서는 제도적인 측면에 대한 설명도 갖추어져야 한다.

이와 같은 문제 의식에서 고려가 불교계를 운영하기 위해 만들어낸 제도를 살펴보면, 僧錄司, 僧科, 僧階 등이 있다.11) 이에 대한 연구성

---

　　裵象鉉, 1998,『高麗後期寺院田硏究』, 國學資料院.
　　황인규, 2003,『고려후기·조선초 불교사 연구』, 혜안.
 9) 秋萬鎬, 1984,「高麗僧軍考」『藍史鄭在覺博士古稀記念 東洋學論叢』.
　　李相瑄, 1984,「高麗時代의 隨院僧徒에 대한 考察」『崇實史學』 2.
　　裵象鉉, 1995,「高麗時代 '僧徒'와 그 유형」『昌原史學』 2.
10) 許興植, 1986,『高麗佛敎史硏究』, 一潮閣.
11) 安啓賢, 1957,「麗代僧官考」『東國史學』 5.
　　孔鼃泳, 1970,「高麗朝의 寺院制度 硏究-특히 考試制와 度牒制를 中心으로-」『논문집』(대전농업고등전문학교) 창간호.
　　崔鎭錫, 1972,「高麗後期의 度牒制에 대하여」『慶熙史學』 3, 경희대학교 사학회.
　　李載昌, 1975,「高麗佛敎의 僧科·僧錄司制度」『崇山朴吉眞博士華甲紀念 韓國佛敎思想史』, 원광대출판국.
　　許興植, 1975,「高麗時代의 國師·王師制度와 그 機能」『歷史學報』 67 ; 1986,『高麗佛敎史硏究』, 一潮閣.
　　許興植, 1976,「高麗時代의 僧科制度와 그 機能」『歷史敎育』 19 ; 1986,『高麗佛敎史硏究』, 一潮閣.
　　吉熙星, 1983,「高麗時代의 僧階制度에 對하여-特히 高麗圖經을 中心하여-」『奎章閣』 7.
　　許興植, 1986,「佛敎界의 組織과 行政制度」『高麗佛敎史硏究』, 一潮閣 ; 1987,『斗溪李丙燾博士九旬紀念 韓國史學論叢』.
　　許興植, 2000,「高麗의 僧職과 僧政」『僧伽敎育』 3, 대한불교조계종교육원.
　　安田純也, 2002,「高麗時代の僧錄司制度」『佛敎史學硏究』 45-1.

과를 통해 승록사가 僧籍을 관리하고 불교행사를 주선한 사실이 확인되었고 그에 소속된 僧官이 밝혀졌다. 또한 승과에 대해서는 그 종류와 고시관, 고시 내용, 승과 응시자격, 승계의 단계 등이 정리되었다. 그리고 고려 사원의 양상과 기능을 살펴본 연구가 있어 고려 불교의 일면이 파악되었다.[12] 한편으로 僧階와 함께 승려들이 가지는 지위로 僧職이 있는데, 가장 대표적인 것은 주지직이었으며 주지의 역할, 임명의 유형·절차 등이 밝혀졌다.[13]

주지 외에 고려시대에 임명된 승직으로는 王師와 國師가 있는데, 지위나 영향력 등으로 볼 때 가장 중요하였다. 본래 국사는 중국에서 비롯된 제도로써 北齊의 승려인 法常이 역사상 처음 책봉되었으며,[14] 학덕을 겸비하여 한 국가의 師表가 될 만한 고승에게 가하는 封號였고 一國과 백성의 스승이나 帝王의 스승이라는 의미를 가지고 있었다.[15] 이러한 의미의 국사는 신라 神文王代부터 나타나서 고려시대에도 연속되었고 고려 태조가 王師를 두게 되어 光宗 이후 王師·國師가 제도화되었다.[16]

王師와 國師는 말 그대로 '왕의 스승'·'나라의 스승'으로서 승려 중 최고 지위였고, 고려의 불교적인 성격을 참고하건대 사회적 영향력도 상당했으리라 짐작된다. 반대로 형식적이라고 하더라도 국왕보다 상위의 존재로서 王師·國師를 임명했다는 것은 고려가 얼마나 불교를 중요시한 사회인지를 반증해준다. 결국 왕사·국사에 대한 연구는 고려 불교의 성격을 파악하는 면과 불교계 전체 조직의 한 부분을 설명해 주는 요소를 모두 갖추었다고 할 수 있다.[17]

---

12) 韓基汶, 1998, 『高麗寺院의 構造와 機能』, 民族社.
13) 韓基汶, 1998, 「寺院의 組織과 運營」 『高麗寺院의 構造와 機能』, 民族社.
14) 『大宋僧史略』 卷中 「國師」 (『大正新脩大藏經』 卷54, 244하쪽).
15) 佛光大藏經編修委員會, 1988, 『佛光辭典』, 佛光出版社.
16) 許興植, 1975, 「高麗時代의 國師·王師制度와 그 機能」 『歷史學報』 67 ; 1986, 『高麗佛敎史硏究』, 一潮閣, 392~397쪽.

이러한 중요성 때문에 일찍이 선행연구가 이루어져 그 대체적인 모습이 밝혀졌는데, 고려 광종대 이후 제도화된 왕사와 국사는 僧統이나 大禪師의 승계를 가진 고승 중에서 책봉되었고 이는 민중을 교화할 수 있는 정신적 지도자인 고승을 책봉하였던 것으로 후에는 이 제도 자체가 祖宗의 이념을 구현하는 전통으로 인식되어 계속되었다고 한다. 이들은 고려전기에 상징적인 존재로 불교 교화를 돕는 것 이외에 특별한 정책이나 조직을 이용하여 활동한 사실이 없으며, 그들만이 주관한 종교의식도 보이지 않고 책봉의식 이외에 일반 고승과 구분되는 어떠한 기능도 찾아지지 않는다고 한다. 다만 고려 후기에 들어와 국사가 國尊이라는 명칭으로 바뀌기도 하였고 僧政을 관장하기도 하여 실질적 기능을 하였다는 것이다. 또한 이들 국사와 왕사의 임명을 통해 당시 불교계의 변화상을 알게 해준다고 한다.[18]

그러나 기존 연구에서는 그 대상자들이 왕사였는지, 국사였는지를 구분하지 않았고 또한 책봉인지 추봉인지를 분별하지 않아 그들의 활동이 분명하게 드러나지 않는 면이 있었다. 또한 그들의 활동을 책봉 전인지 후인지 나누지 않고 살피기도 해서 왕사와 국사의 정확한 양상을 알 수 없었다. 게다가 왕사·국사의 책봉의식을 통해 그들의 대우를 살펴보았을 뿐 구체적이고 실질적인 대우에 대한 천착이 없었다. 또한 자격 부분도 전체적인 양상만을 간략히 정리했을 뿐이다.

한편 왕사·국사를 주제로 하지는 않았지만 고려시대의 고승으로 당시나 이후 불교에 많은 영향을 주었던 義天, 知訥, 了世, 普愚, 惠勤 등의 일생과 사상을 다루는 과정 중에 그들이 역임한 왕사·국사가

---

17) 三寶寺刹의 하나인 松廣寺가 僧寶寺刹로 불리는 것은 이곳 승려가 16명이나 국사-정확히는 15명의 국사이고 한 명의 조사-로 임명되었다는 이야기에 기반하고 있다. 고려시대의 왕사·국사를 살펴보면서 '송광사 16국사'를 검토해 보는 과정은 학문적으로나 신앙적으로 의미가 있으리라 생각된다.
18) 許興植, 주 16) 논문, 404~425쪽.

간략히 언급되기도 하였다. 그러나 왕사·국사를 중심으로 살피지 않았기 때문에 구체적으로 접근하지 못하였다. 게다가『高麗史』에는 '釋老志'와 같은 분야가 없어 왕사·국사가 어떻게 운영되었는지 일괄적으로 알려주는 자료도 없어 제도의 운영 원칙을 알 수 없다. 그나마 碑文 등을 통해 왕사·국사의 임명 절차나 운영의 모습이 확인되므로 본서에서는 승려를 중심으로 한 개별적 연구를 지양하고, 자료의 종합적인 정리를 통해 고려시대 왕사·국사를 운영한 원칙 등을 재구성해보려고 한다.

그리고 자료면에서는 기존에 고려시대의 연구에 주로 사용되었던『高麗史』·『高麗史節要』등의 정사류와 각종 문집, 금석문 뿐만 아니라 서지학에서 주로 사용된 經典이나 寫經의 序나 跋文 등도 사용해보았다. 고려시대에 발간되거나 쓰여진 글의 서문이나 발문은 당시 사회의 전체적인 양상을 설명해주지는 못하지만, 다른 자료에서 얻지 못하는 인물들에 대한 정보들을 구할 수 있기 때문에 유용한 면이 있다.

한편 금석문 자료는 지금까지 이를 활자화해 놓은『朝鮮金石總覽』·『韓國金石全文』과 묘지명을 중심으로 정리된『高麗墓誌銘集成』이 주로 사용되고 있다.『高麗墓誌銘集成』의 경우 계속된 校勘을 통해 현재 거의 1차 자료로써 쓰이고 있는 듯하다. 그러나『朝鮮金石總覽』과『韓國金石全文』은 편찬된 이후 거의 교정되지 못하고 있어 동일한 금석문이라고 하더라도 간혹 두 책 사이에도 글자나 내용의 차이가 있다. 때문에 정확한 고찰을 위해서는 직접 각 지역의 비문 등을 살펴보아야 했다. 그러던 차에 원광대 출판부에서 조동원이 펴낸『韓國金石文大系』에 각 지역 금석문 탁본이 비교적 깨끗하게 정리되었다. 그러므로 직접 비문을 살펴보지는 못하지만 탁본을 접할 수 있는 경우에는 그 자료를 그대로 인용하려고 한다. 그렇지만『韓國金石文大系』,『한국서예사특별전』권18-韓國의 名碑古拓 등을 통해 확인되는 탁본을 제외하고는『朝鮮金石總覽』과『韓國金石全文』을 예전 방식대로 인용하였다. 또한 금석문에는 많은 異體字들이 사용되고 있어 이를 그대로 입력·표기하는 데에 어려움이 있었다. 가능한 금석문에 표기된 대로 기록하려고 노력했지만, 불가능한 경우에는 正字로 표현할 수밖에 없었음도 부기해둔다.

본서에서는 위에서 언급한 문제 인식과 자료를 가지고 고려시대의 왕사·국사를 살펴보려고 한다. 우선 이 제도가 어디에서 기원했는지를 살펴보아야 할 것이다. 그러므로 1장에서는 王師·國師라는 용어가 어디에서 연원했으며 그 의미는 무엇인지를 알아본 후, 제도의 시작인 신라의 國師 임명 사례와 그 특징을 살펴보고자 한다. 이어 고려에 들어와 왕사·국사 제도가 정립되기 이전에 이를 대신한 영예로 판단되는, 고승에 대한 大師 追封을 정리하여 제도화된 이후의 왕사·국사와 비교해 볼 것이다.

2·3장에서는 고려시대 왕사·국사의 임명사례를 전기와 후기로 구분하여 정리할 것이다. 시기를 나누는 이유는 고려시대의 제도들은 대체적으로 전기에 전형적인 모습을 보이고 무신정권기를 거쳐 원나라 간섭을 받게 되면서 제도들이 변모해간다고 파악되기 때문이다. 실제로 왕사·국사제도도 전기와 후기에 다른 양상을 보이고 있다. 또한 왕사와 국사를 구분하여 살펴보는 것은 위에서도 언급했듯이 각각의 기능을 분명히 하기 위해서 필요하다. 그리고 국사의 경우는 왕사와 달리 추봉의 사례가 많은 편이므로 실제로 책봉된 것과 사후 추봉된 사례를 구분하도록 하겠다. 생전의 책봉과 사후 추봉은 그 임명의 이유나 기능에서 차이가 있을 것이기 때문이다.

4장에서는 2·3장의 왕사·국사 책봉 사례 분석을 기초로 왕사와 국사가 어떠한 자격을 갖추어야 임명되었는지 살펴보려고 한다. 그 조건은 구체적으로 승계인데, 이의 성립 이전과 이후를 구분하여 서술하겠다. 다음으로는 왕사·국사가 어떠한 대우를 받았는지도 살펴볼 것이다. 왕사·국사로 책봉된 승려에게 직접 주어진 대우로는 경제적인 土地·俸祿 등과 府·諡號·印章 등 정치적인 부분으로 구분하였다. 또한 왕사·국사 본인이 아닌 그 부모나 연고지에 주어진 특혜에 대해서도 검토해 봄으로써 왕사와 국사가 고려에서 어느 정도의 지위로 대우받았는지를 확인할 것이다.

　마지막으로 5장에서는 앞에서 정리한 왕사·국사의 양상을 참고로, 왕사·국사가 어떻게 운영되었는지와 어떤 이유로 왕사·국사를 두었는지에 대한 정리를 해보겠다. 우선은 지금까지 지적되지 않은 왕사와 국사의 재책봉 문제를 통해서 국왕과의 밀착성을 검토할 것이다. 더불어 왕사·국사 책봉과 불교 전체의 관계를 살펴봄으로써 왕사·국사 제도가 고려 불교 이해의 중요 요소임을 확인할 것이다. 또한 이들이 소속된 종파의 변화를 통해 고려 중앙 불교계의 추이를 이해할 수 있으리라 생각한다. 이어 왕사·국사가 함께 책봉된 이유, 국사의 추봉이 많은 원인을 고찰함으로써 왕사·국사 책봉의 목적을 알게 될 것이다.

　이상의 연구를 통해서 왕사·국사의 기원과 그 역임자·활동 등을 확인할 것이다. 또한 왕사·국사가 될 수 있는 최소한의 자격으로 승계와 그 지위, 그리고 그들이 받았던 대우도 현재 남겨진 사료의 한도 안에서 검토되리라 기대한다. 뿐만 아니라 왕사·국사의 운영에서 나타나는 특징과 이러한 제도를 두게 된 배경·이유도 어느 정도 정리될 것이다. 왕사·국사에 대한 심층있는 이해를 하기 위해서는 왕사·국사 자체뿐만 아니라 고려시대에 운영되었던 僧政의 원칙과 운영 과정 등 함께 연구해야 할 부분이 적지 않지만, 연계된 부분들은 다음의 과제로 미루어 두고 왕사·국사에 집중하여 고찰하겠다.

## 제1장

# 王師·國師의 기원

## 1. 王師·國師의 연원과 의미

국사는 인도에도 있었다고 하지만[1] 이는 중국에서 국사에 대한 기원을 찾기 위해 인도에 의탁하여 기술한 것으로 생각된다. 그렇기 때문에 국사와 왕사라는 의미를 이해하기 위해서는 중국이나 우리나라의 역사적 경험에서 찾을 필요가 있다. 다음의 자료를 살펴보자.

    가-① 聖朝 光德[2] (결락) … 그 해 4월에 舍那禪院으로 옮겨 머물렀다. … 上이 羣臣에게 이르기를 "돌이켜보면 (나는) 어린 나이로 □□을 이어받았다. (결락) 史籍의 글을 탐구해 보니, 옛날 軒皇부터 周發에 이르기까지 모두 師保가 있어 크게 쓰는데 게으르지 않았다. 그런 까닭에 君民이 신하를 스승으로 삼으면 왕도정치를 하고 신하를 벗으로 삼으면 패도정치를 한다고 한 것이다. 하물며 스님은 高尙

---

1) 『大宋僧史略』 卷中 「國師」(『大正新脩大藏經』 卷54, 244하쪽).
2) 결락부분을 『韓國金石全文』 中世上에서 二年春이라고 보았다. 光德 연간은 光宗 원년부터 광종 11년이다.

한 자이니 가위 그 이익이 크다 할 것이다. 지금 曦陽大師를 보니 진실로 보살의 화신이다. 어찌 師資之禮를 펴지 않겠는가"라고 하였다. 모두 옳다고 하고 다른 말이 없었다.3)

② 開泰二年(현종 4년) 가을에 詔하기를 "朕이 들으니 위로는 軒皇부터 아래로는 周發까지 모두 師保에 의뢰하여 邦家를 복되게 하였으니 이것은 德을 崇하고, 賢을 象하는 것이다. 또한 어찌 하나에 의지한 재국왕가 두 가지를 가진 재고승를 업신여길 수 있겠는가. 지금 大禪師를 보니 … 朕이 어찌 스승으로 삼지 않겠는가"라고 하였다. 群臣이 다른 말이 없고 모두 可하다고 하였다. … 연후에 上이 친히 나아가 왕사로 삼았다.4)

③ 己丑年(문종 3년)에 上이 詔하기를 "옛날에 周는 呂望을 스승으로 삼았고 漢은 桓榮을 뽑아 썼으니 지금 우리 僧統의 식견은 □心을 관통하고 의리는 雲□보다 높으니 摩尼天鼓가 娑□에 柵動하고 優曇鉢花가 像季에 開現하는 것 같다. 진실로 이와 같다면 어찌 감히 (결락)하지 않겠는가"라고 하였다. … 上이 여러 有司를 거느리고 奉恩寺에 가서 王師로서 膜拜5)하였다.6)

①에서는 兢讓을 왕사로 삼을 당시에 중국에서 국왕들이 스승을 두었다고 하면서 광종도 스승이 필요하다고 하였다. ② 智宗의 왕사 책봉 때에도 스승의 필요성을 이야기하면서 중국의 예를 들고 있다. ③ 鼎賢의 경우는 더 구체적으로 呂望과 桓榮을 예로 들면서 왕사의 책

---

3) 「高麗國尙州曦陽山鳳巖寺王師贈諡靜眞大師圓悟之塔碑銘幷序」(1983, 『韓國金石文大系』 卷3-慶尙北道編, 圓光大學校 出版局, 76쪽).
4) 「高麗國原州賢溪山居頓寺故王師慧月光天遍照至覺智滿圓默寂然普化大禪師贈諡圓空國師勝妙之塔碑銘〈幷序〉」(1998, 『韓國金石文大系』 卷7-江原道編, 圓光大學校 出版局, 31쪽 ; 1998,『한국서예사특별전』18-韓國의 名碑古拓, 우일출판사, 146쪽).
5) 손을 들고 땅에 꿇어앉아 절하는 형태를 말한다. 『大漢和辭典』에 胡人의 禮拜라고 설명되어 있는 것을 보건대, 중국 전통의 절 형태는 아닌 듯하다. 五體投地라 하는, 부처를 예배하기 위한 절과 유사할 것이다.
6) 「(결락)利朗哲破有通化無著靈敏淵奧具行定覺道首都僧統贈諡慧炤國師碑銘幷序」(1988, 『韓國金石文大系』 卷5-京畿道編, 圓光大學校 出版局, 28쪽 ; 『朝鮮金石總覽』 上, 276쪽).

봉을 진행하고 있다. 이는 王師 더 나아가 國師가 불교 제도이기 전에 중국에서부터 있어왔던 국가 원로에 대한 공경의 표시로부터 시작된 것임을 알게 해준다.[7]

이와 유사한 표현은 더 찾아진다.

> 가-④ 전에 없는 영광을 주는 것이 어렵지만, 뛰어난 학식은 으레 포상이 있는 것이다. 생각컨대 釋院의 宗師는 실로 東韓의 老德이니 마땅히 册命을 내려야 한다.[8]

위의 사료는 了世가 사망한 후 국사로 추봉하는 관고 내용인데, 그를 국사로 추봉하는 이유로 '뛰어난 학식'이라던가 '우리나라[東韓]의 老德'이라는 표현을 쓰고 있는 것은 국사가 한 나라의 원로라는 뜻을 가지고 있음을 다시 한번 확인시켜 준다.

실제로 국사의 사전적 의미로는 불교와 관련한 것 외에도 天子의 스승, 한 나라의 師表라는 뜻을 가지고 있다.[9] 王師는 王者의 스승이라는 뜻을 가지고 있는데, 중국에서는 거의 임명되지 않았다. 중국의 지배자는 황제이지 왕이 아니었기 때문에 고승을 왕사로 책봉하지 않았고 원나라 때부터 帝師라는 단어가 보일 뿐이다. 아무튼 왕사나 국사는 임금의 스승, 한 나라 혹은 천자의 스승이라는 개념에서부터 시작하여, 불교가 전래된 이후 高僧을 한 나라의 元老로서 대우하게 되면서 책봉하게 되었고 이것이 고려에 들어와 하나의 제도로 정착된 것이다.

한편 국사가 국가의 원로라는 의미로 쓰였음은 국사를 대신하여 쓰

---

7) 조선에 들어와서도 이러한 인식은 계속되었던 듯하다.
  『定宗實錄』 卷3, "(定宗 2年 春正月 乙亥) 御經筵 問漢三老・五更之事 侍講官裵仲倫對曰 昔明帝 尊三老・五更 猶我朝尊國師・王師也 …"
8) 閔仁鈞, 「(萬德山白蓮社主了世贈諡圓妙國師)官誥」(『東文選』 卷27 制誥).
9) 諸橋轍次, 『大漢和辭典』.

인 단어에서도 확인된다.

    나-① 이야기를 듣자니 國老는, 禪龕에 앉은 채 적멸했다고.10)

      ② 方廣한 敎海는 方山(=이통현)이 그 심원함을 탐구하였고 徑截한 話門은 徑山(=대혜종고)이 그 그윽함을 이야기하였다. 普照國老의 바른 안목으로 한번 보고는 한손으로써 쌍으로 거두어들여 二論을 만들어 발휘하였으니 뛰어나구나. 법의 보시가 멀리 方來까지 퍼졌다. 무의자(=혜심)가 발문을 지어 叢林에 유포하였다. … 守太師・門下侍中・上柱國・上將軍・判吏部・御史臺事 崔沆이 쓰다.11)

      ③ 龜庵老禪이 國老가 편찬한 拈頌 30권 중에서 三家를 뽑아 1部를 만들고 晉陽公에게 부탁하여 판각하고 길이 전하였다. … 丙午(高宗 33년)七月日 道者 天英이 跋하다.12)

      ④ 眞靜國老는 儒林의 巨魁로 祖道에 깊이 들어갔으므로 드러내어 詩文을 지으면 자연스럽게 雅頌의 풍모가 있었다.13)

①은 李資玄이 慧炤國師 曇眞의 진영을 보고 지은 贊의 일부인데, 이자현은 국사를 國老라고 하였다. ②는 崔沆이 쓴 『看話決疑論』의 誌文으로 普照國師 知訥을 普照國老라 표현하고 있다. ③의 내용은 龜庵老禪이 惠諶의 『禪門拈頌集』 중 설두・천동・원오 三家만의 글을 뽑아 모은 책을 발간하는데 天英이 발문을 쓴 것으로, 이곳에서의 국로는 바로 『禪門拈頌集』의 편자인 眞覺國師 惠諶을 가리킨다. ④의 『湖山錄』 발문에서도 眞靜國師 天頙을 眞靜國老라고 하였다. 사료 나)를 통해서 국사와 국로가 동일한 의미로 사용되었음을 알 수 있다.14) 게

---

10) 李資玄, 「慧炤國師眞贊」,(『東文選』 卷50 贊).
11) 『看話決疑論』 ; 『韓國佛敎全書』 卷4, 737하쪽 ; 1995, 『普照國師集』, 東國譯經院, 472~473쪽.
12) 『禪門雪竇天童圜悟三家拈頌集』 卷6 「後序」 ; 『韓國佛敎全書』 卷11, 368하쪽.
13) 「跋眞靜湖山錄」(1977, 『萬德寺志』, 亞細亞文化社, 55쪽 ; 許興植, 1995, 『眞靜國師와 湖山錄』, 民族社, 323쪽).
14) 사료 나) 외에도 국사를 지칭하여 국로로 쓴 예들은 더 찾아진다.

다가 국로는 국가의 원로라는 사전적 정의를 가지고 있으므로 국사를 대신하여 쓰였던 것이다.

그런데 국로가 국사와 관련하여 처음 보이는 것은 통일신라 神文王 때 국로로 임명되는 憬興이다.15) 이때 경흥을 국사가 아닌 국로로 삼은 사실에 대해 백제계통이란 이유로 차별받은 것이라고 파악하여 왔다.16) 물론 '曲爲國老'에서 '曲'을 '굽혀'로 해석한다면 경흥이 차별받았다고 볼 수도 있지만, '曲'은 '곡진히'로도 해석된다. 또 '굽혀'나 '곡진히' 어느 쪽으로 해석하던 간에 사료 나)에서 국사가 국로로 불리고 있었다는 사실을 보면, 국사와 국로가 약간의 어감 차이는 있지만 유사한 의미로 사용되었음을 알 수 있다.

이렇듯 國師와 王師는 중국에서 국가적 원로를 스승으로 삼아 자문하던 것에서 영향을 받았다. 이러한 중국 고유의 경험으로 인해 불교 전래 이후 고승을 국사로 임명하였고 이것이 고려시대 왕사·국사제도로 정착된 것이다. 한편 국가의 원로, 스승이라는 의미의 국사나 왕사를 불교계에서 선임했다는 점은 그 당시 사회가 불교를 국가이념으로 했음을 증명해준다.

---

"鼈山之頂 有坐禪巖行道石 盖先覺眞覺兩國老 宴坐修道之遺跡也 … 奉呈 盧公丈下"(1973, 『圓鑑錄』, 亞細亞文化社, 72쪽). 이것은 修禪社 6대 國師가 되는 圓鑑國師 冲止가 쓴 시의 제목이다. 여기서 先覺은 普照國師 知訥, 眞覺은 眞覺國師 惠諶이라고 한다(秦星圭 譯, 1988, 『圓鑑國師集』, 亞細亞文化社, 85쪽).

"有道友 覺幻其名者 臥龍國老之門人也 受國老之囑 … 越乙丑歲(1265년, 원종 6)秋八月 欲邀致國老 設落成會 … 至元十六年乙卯年(1279년, 충렬왕 5)正月旣望 盧山閑庵 普幻誌"(『首楞嚴經環解刪補記』卷下 ; 『韓國佛敎全書』卷6, 468상쪽). 여기서의 와룡국로는 臥龍寺의 眞明國師 混元으로 추정된다.

15) "開耀元年 文武王將昇遐 顧命於神文曰 憬興法師 可爲國師 不忘朕命 神文卽位 曲爲國老 住三郞寺"(『三國遺事』 卷5 感通7 憬興遇聖).

16) 崔根泳, 1990, 『統一新羅時代의 地方勢力研究』, 신서원, 60쪽.
韓泰植, 1991, 「憬興의 生涯에 대한 再考察」 『佛敎學報』 28, 197~201쪽.

## 2. 新羅의 國師

王師・國師가 국가의 원로를 스승으로 삼았던 경험에서 연원했음을 1절에서 확인했는데 그 의미는 명칭에서도 나타나고 있었다. 한편 고려시대의 이전 시기인 신라에서도 국사를 책봉하고 있었으며 이 또한 고려의 왕사・국사에 영향을 주었을 것이다. 그러므로 이곳에서는 신라의 국사를 살펴보려고 한다.

〈표 1〉新羅의 國師

| 법명 | 시호 | 종파 | 활동시기 | 전 거 |
|---|---|---|---|---|
| 憬興 |  |  | 神文王 | 『三國遺事』 卷5 感通7 |
| 惠通 |  | 밀 교 | 孝昭王 | 『三國遺事』 卷5 神呪6 |
| 迎如 |  |  | 景德王 | 『三國遺事』 卷5 避隱8 |
| 緣會 |  |  | 元聖王(?, 憲安王) | 『三國遺事』 卷5 避隱8 |
| 正秀 |  |  | 哀莊王 | 『三國遺事』 卷5 感通7 |
| 決言 |  | 화엄종 |  | 「決凝碑」 |
| 慧徹 | 寂忍禪師 | 선 종 | 文聖王 | 「道憲碑」, 「碑」 |
| 無染 | 朗慧和尙 | 선 종 | 景文王・憲康王 | 「碑」 |
| 梵日 | 通曉大師 | 선 종 | 景文王~定康王 | 『祖堂集』, 『東文選』 卷50 |
|  | 秀澈和尙 | 선 종 | 景文王~眞聖女王 | 「碑」 |
| 行寂 | 郎空大師 | 선 종 | 孝恭王・神德王 | 「碑」 |
| 審希 | 眞鏡大師 | 선 종 | 景明王 | 「碑」 |
| 開淸 | 朗圓大師 | 선 종 | 景哀王 | 「碑」 |
| (無㝹智) |  |  |  | 『東文選』 卷50 |

※ 전거에서 승려들의 비문은 본인의 비일 경우는 「碑」로만, 다른 승려의 비문에 언급되었을 경우 간단히 「某碑」라고 표시하고 본문에서 정확한 비의 명칭을 기록하도록 하겠다.

사료상 신라 최초의 국사는 憬興으로 신문왕 때 문무왕의 顧命으로 國老로 임명되었다.17) 惠通은 밀교 승려로 병을 고치는 등의 신이한

---

17) "神文王代 大德憬興 姓水氏 熊川州人也 年十八出家 遊刃三藏 望重一時 開

행적을 보이고 있으며 孝昭王 때 국사가 되었다.[18] 迎如는 實際寺의 승려로 경덕왕이 국사로 추봉하였다고 한다.[19] 그리고 緣會는 그가 머물던 곳에 항상 연꽃이 피어 있는 瑞異가 알려져 元聖王이 국사로 책봉하려고 하자 그것을 피하여 달아났지만, 문수보살과 변재천녀의 회유로 돌아와 국사가 되었다. 그런데 『三國遺事』에 細註로 緣會를 憲安王이 '二朝王師'로 봉했다고도 하지만 원성왕 대와 차이가 있어 어느 것이 옳은지는 알 수 없다라고 기술되어 있다.[20] 또 正秀는 皇龍寺의 승려로, 얼어죽게 된 母子를 구해준 공덕으로 인해 하늘에서 책봉하라는 소리가 들려 哀莊王 때 국사로 책봉되었다.[21]

---

耀元年(681년, 신문왕원년) 文武王將昇遐 顧命於神文曰 憬興法師可爲國師 不忘朕命 神文卽位 曲爲國老 住三郞寺"(『三國遺事』 卷5 感通7 憬興遇聖).

18) "釋惠通 … 便弃俗出家 易名惠通 往唐謁無畏三藏請業 … 時唐室有公主疾病 高宗請救於三藏 擧通自代 … 是時 鄭恭奉使於唐 見通而謂曰 … 乃與恭以麟德二年乙丑(665년, 문무왕5) 還國而黜之 … 及神文王崩 孝昭卽位 … 王女忽有疾 詔通治之 疾愈 王大悅 通因言恭被毒龍之汚 濫膺國刑 王聞之 心悔 乃免恭妻孥 拜通爲國師 … 初神文王發疽背 請候於通 通至 呪之立活 … 先是 密本之後 有高僧明朗 … 今和尙傳無畏之髓 遍歷塵寰 救人化物 兼以宿命之明 創寺雪怨 密敎之風 於是乎大振 …"(『三國遺事』 卷5 神呪6 惠通降龍).

19) "實際寺釋迎如 未詳族氏 德行雙高 景德王將邀致供養 遣使徵之 如詣內 齋罷將還 王遣使陪送 至寺 入門卽隱 不知所在 使來奏 王異之 追封國師 後亦不復現世 至今稱曰國師房"(『三國遺事』 卷5 避隱8 迎如師).

20) "高僧緣會 甞隱居靈鷲 每讀蓮經 修普賢觀行 … 國主元聖王 聞其瑞異 欲徵拜爲國師 師聞之 乃棄庵而遁 … 乃還庵中 俄有天使賫詔徵之 會知業已當受 乃應詔赴闕 封爲國師〈僧傳云 憲安王封爲二朝王師 號照 咸通四年(863년, 경문왕3)卒 與元聖年代相左 未知孰是〉…"(『三國遺事』 卷5 避隱8 緣會逃名 文殊岾).

21) "第四十哀莊代 有沙門正秀 寓止皇龍寺 冬日雪深 旣暮 自三郞寺還 經由天嚴寺門外 有一乞女産兒 凍臥濱死 師見而憫之 就抱 良久氣蘇 乃脫衣以覆之 裸走本寺 苫草覆身過夜 夜半有天唱於王庭曰 皇龍寺沙門正秀 宜封王師 急使人檢之 具事升聞 王備威儀 迎入大內 册爲國師"(『三國遺事』 卷5 感通7 正秀師救氷女).

이들 국사들의 특징은 惠通·緣會 등에서 두드러지게 나타나듯이 주술적이고 신이한 일들과 관련되었다는 것이다. 특히 혜통은 나쁜 용으로 인한 병을 고친다거나 그 용의 원한을 풀어주는 등 신비로운 모습이 강조되고 있다. 이러한 感通 능력[22]은 고려시대의 왕사·국사들의 행적에서도 많이 나타난다. 이후 서술할 내용이기는 하지만, 고려시대에 왕사·국사가 感通 능력을 통해 국왕의 장수를 빌거나 정치적인 부담을 덜어주는 기능을 하고 있기 때문에 강조되고 있는 부분이다. 그러므로 신라 국사에게 感通 능력이 강조된 것은 이후 고려의 왕사·국사 임명에서도 이어지고 있다.

이러한 신라 역대 국사들의 활동에 대해 통일 후 복속지역에 대한 회유, 국왕권에 도전하는 자의 증오를 완충한다든가, 소외빈민들의

---

[22] 국사로 책봉·추봉되는 과정에서 강조된 승려들의 신이한 능력을 지금까지 '주술적 기능'으로 많이 표현해 왔다. 이는 중국불교에 대한 서술에서도 보이는 것으로 승려들의 '주술적 기능'은 불교의 포교와 정착에 도움을 주었다고 보는 것이 일반적이다(鎌田茂雄, 章輝玉 譯, 1992, 『中國佛敎史』 1 - 初傳期의 불교-, 장승, 20~21쪽 참고). 그러나 주술이란 초자연적이고 신비적인 힘을 이용하여 여러 가지 현상을 일으켜 길흉을 점치고 화복을 가져오는 술법이라고 풀이할 수 있으므로 불교만의 특징이 아니라 모든 종교나 신앙에서 나타날 수 있는 것이다. 그러므로 이를 '주술성'으로 파악하지 말고 감통 즉 신비적 체험으로 파악해야 한다(辛鍾遠, 1992, 『新羅初期佛敎史硏究』, 民族社, 270~271쪽)는 견해는 경청할만하다. 실제로 「感通」이라는 제목으로 『三國遺事』 卷5 ; 『續高僧傳』 卷25~26 ; 『宋高僧傳』 卷18~22 등에 한 부분이 만들어져 있다는 것도 불교에서 '常理에는 어긋나지만 감응하고 마침내 상통하여 세간을 교화하지만 관찰하기는 어렵다(『宋高僧傳』序, 逆於常理 感而遂通 化于世間 觀之難測)'고 하는 현상을 '감통'이라고 불렀음을 확인할 수 있다. 그뿐만 아니라 신라 국사들의 기록이 『三國遺事』의 「感通」이나 「神呪」에 서술되어 있다는 점도 이들 승려가 보인 현상을 '감통' 등으로 인식했음을 알 수 있다. 그러므로 이후 서술에서 祈雨나 祈晴을 성사시킨다거나 먼 곳에서 일어난 일에 관여하기도 하고 미래의 일을 예언하는 등의 현상을 '感通' 또는 '감통 능력'으로 표현하겠다.
朴胤珍, 2006, 「신라말 고려초의 '佛法東流說'」 『한국중세사연구』 21, 223쪽.

분노를 완화하는 매개로서의 국사의 기능을 보여주고 있다고 설명하기도 한다.23)

한편 지금까지 언급한 국사 책봉 사례에서 주의깊게 보아야할 것은 緣會와 正秀에게서 나타난다. 즉 緣會가 헌안왕 때의 인물일 수도 있다는 僧傳의 기록에서 '二朝王師'로 표현되고 있다.24) 정수는 하늘에서 王師로 封하라는 소리가 들려 國師로 책봉되었다.25) 또한 실제로 책봉은 되지 않았지만 忠談을 경덕왕이 왕사로 임명하려 했다는 기록도 있다.26)

그렇다면 왜 이들 기록에서 王師가 나오고 있을까. 더구나 正秀는 왕사로 封하라고 했는데 왜 國師로 책봉되었을까. 먼저 생각할 수 있는 내용은 신라 당시에 국사와 함께 왕사도 책봉되었다는 것이다. 그러나 王師라는 단어가 나오기는 하지만, 왕사로 책봉된 이는 하나도 없으므로 왕사가 신라 때 존재했다고 보기는 힘들다. 게다가 『三國遺事』의 '왕사'라는 단어를 고려시대 들어와 改書한 것이라고 추측하는 견해도 있다.27)

다음으로 생각되는 의견은 『三國遺事』에 기록된 '王師'가 고려시대처럼 제도화된 후 불려진 고유명사가 아니라 그저 '왕의 스승'을 그대로 표현한 단어일 뿐이라는 것이다. 『三國遺事』는 편찬 당시 자료를 있는 그대로 기록하였다고 이해되고 있으므로28) 만약 '王師'라는 용어

---

23) 韓基汶, 1998, 「國師・王師의 下山所」 『高麗寺院의 構造와 機能』, 民族社, 376쪽.
24) 『三國遺事』 卷5 避隱8 緣會逃名 文殊岾.
25) 『三國遺事』 卷5 感通7 正秀師救氷女.
26) "王(=경덕왕)御國二十四年 … 王曰朕嘗聞師讚耆婆郎詞腦歌 其意甚高 是其果乎 對曰然 王曰 然則爲朕作理安民歌 僧應時奉勅歌呈之 王佳之 封王師焉 僧再拜固辭不受"(『三國遺事』 卷2 紀異2 景德王 忠談師 表訓大德).
27) 許興植, 1975, 「高麗時代의 國師・王師制度와 그 機能」 『歷史學報』 67 ; 1986, 『高麗佛敎史硏究』, 一潮閣, 395쪽.
28) 李基白, 1987, 「≪三國遺事≫ 記錄의 信憑性 問題」 『아시아문화』 2, 翰林

가 그 이전부터의 기록에 있었다면 '왕의 스승' 정도의 의미로 서술되었다고 보는 것이 좋을 듯하다.

반대로 『三國遺事』가 편찬될 때 '王師'라는 단어로 개서되었다면 그것은 고려 후기의 王師·國師의 개념에서 왔다고 생각된다. 2장과 3장에서 서술될 내용이기는 하지만, 고려 전기는 왕사와 국사의 기능이 분명히 구분되었던 데 비해 후기에는 왕사와 국사가 별다른 차이 없이 활동을 하고 있다. 그로 인해 고려전기에 왕사와 국사가 동시에 존재한 시기가 많았던 것과 대조적으로 후기에는 왕사나 국사가 단독으로 임명된 시기가 더 많았다. 그러므로 고려후기에 왕사와 국사의 차이가 모호해지면서 『三國遺事』에서 국사와 왕사가 특별한 구별없이 혼용되었을 수도 있다.

이러한 추정을 뒷받침해주는 것은 憬興을 국사로 임명하라는 문무왕의 고명을 따라 신문왕이 국로로 임명한 것을 별다른 설명없이 기술하고 있는 점이다. 앞에서 서술했듯이 국사가 국가의 원로라는 뜻도 가지고 있었기 때문인데, 이처럼 부가설명없이 '國師'와 '國老'를 혼용하였고 그 두 단어는 거의 동일한 의미로 쓰였던 것이다. 마찬가지로 緣會와 正秀의 국사 책봉 기사에서도 '王師'가 별다른 설명없이 '國師'와 함께 쓰인 것은 그 기록이 쓰였을 때 두 단어가 유사한 뜻을 가지고 쓰였기 때문이다.

다음으로 고려시대의 기록에 나타나는 것이기는 하지만, 決言이라는 승려가 薛羅國師라고 되어있다.29) 薛羅는 신라의 다른 표기이므로30) 결언은 신라의 국사였다. 그리고 決言이 기록된 것은 「決凝碑」

---

大學 아시아文化硏究所, 101~102쪽.

金相鉉, 1993, 「三國遺事의 歷史方法論的 考察」『東洋學』 23, 174~176쪽.

29) 「浮石寺圓融國師碑」, "年十二(975년, 경종즉위년) 就龍興寺天□□□□首座 … 首座魂栩之際 吹螺打鉢 迎薛羅國師決言 禮謁畢 諦視乃吾師也 遂象國師而名□"(『韓國金石文大系』 卷3 - 慶尙北道編, 81쪽 ; 『한국서예사특별전』 18, 150쪽 ; 『朝鮮金石總覽』 上, 269쪽).

인데, 決凝의 출가 스승 꿈에 決言이 나타났고 그 생김새가 결응과 유사하다고 해서 그 이름을 따서 법명을 결응으로 지어주었다는 내용이다. 결언의 이름에서 결응의 법명이 지어진 것이 그들의 생김새가 닮았기 때문이라고 하지만, 결응이 결언의 화신이라거나 계승자라는 의미를 가지고 있었던 표현이므로 결언은 화엄종이었던 결응과 같은 종파라고 추정된다. 다만 어느 시기에 활동했는지, 추봉·책봉되었는지는 알 수 없다.[31]

이제는 신라 말에 선종이 유행하여 큰 영향력을 미치게 되면서 책봉되거나 추봉된 국사들을 하나로 묶어 살펴보자.

慧徹은 중국에서의 유학 후 神武王 때 귀국하였고 文聖王의 귀의를 받았다고 한다. 景文王 원년에 사망하였는데 동왕 8년에 寂忍이라는 시호를 받았다.[32] 그의 비문에는 국사의 책봉 이야기가 없지만, 「道憲碑」에 大安徹國師라고 표현되어 있어[33] 어느 시기엔가 추봉된 것으로

---

30) "分遣使者 徵兵於鮮卑·烏丸·高句麗·百濟 及薛羅·休忍等諸國 並不從"(『晋書』卷113 載記 13 苻堅 上).
　　文暻鉉, 1983, 「新羅國號의 硏究」『新羅史硏究』, 慶北大學校出版部, 1~7쪽.
31) 「有唐新羅國初月山大崇福寺碑銘幷序」에 華嚴大德 釋決言이라는 승려가 기록되어 있다. 법명과 종파가 같기때문에 혹 「決凝碑」에서 언급된 신라국사 決言과 동일인물이 아닐까 생각되지만, 그와 이를 증명할 증거가 없다. 그렇지만 신라 말에 여러 금석문 자료에서 언급된 決言과 「決凝碑」에 나온 신라국사 決言을 그대로 동일인물로 보는 견해도 있다(최연식, 1999, 『均如 華嚴思想硏究-敎判論을 중심으로-』, 서울대학교 박사학위논문, 124쪽).
32) 「武州桐裏山大安寺寂忍禪師碑頌〈幷序〉」(『朝鮮金石總覽』上, 116~120쪽 ; 『韓國金石全文』古代, 187~191쪽).
33) 「大唐新羅國故鳳巖寺敎諡智證大師寂照之塔碑銘〈幷序〉」, "東歸則前所叙 北山義·南岳陟 而降大安徹國師·慧目育·智力聞·雙溪照·新興彦·涌□體·珍丘休·雙峯雲·孤山日·兩朝(결락)師·聖住染·菩提宗"(『韓國金石文大系』卷3-慶尙北道編, 46쪽).
　　『韓國金石文大系』의 탁본을 통해서 보면 大安徹國師의 '安徹' 부분이 많이 문드러져 있어 알아보기 힘들지만, 모양은 꽤 유사하다. 또한 「道憲碑」에

파악된다. 無染은 文聖王 때 중국으로부터 귀국하여 경문왕과 헌강왕 때 입조하였다. 兩朝國師라고 비문에 기록되어있어 국사로 책봉되었음이 확인된다.34) 梵日은 文聖王 8년에 중국에서 돌아왔는데 경문왕·헌강왕·정강왕이 각각 국사로 책봉하려 하였지만 사양하였다고 한다.35) 그러나 朴仁範이 쓴 影贊에서 梵日國師라 칭하고 있으므로36) 사후 언젠가 국사로 추봉되었음이 확인된다. 秀澈和尙은 비의 결락으로 법명과 생애가 정확히 전하여지 않지만 景文王 시기부터 신라 왕실과 관련을 맺은 사실 정도만은 알 수 있다. 다만 비명의 서두에 國師로 표기되어 있어37) 신라의 국사였음이 확인된다. 또한 行寂은 憲康王 때 중국으로부터 귀국하여 孝恭王을 만나 國師의 예로써 대우받았고 神德王 때도 경주로 가서 머물기도 하였다.38) 비문에 兩朝國師

---

　　대한 역주서들에서도 대체로 '大安徹國師'라 읽고 있어 이를 따른다(韓國古代社會研究所 編, 1992, 『譯註 韓國古代金石文』Ⅲ, 駕洛國史蹟開發研究院, 182·201쪽 ; 李智冠, 1994, 『校勘譯註 歷代高僧碑文』-新羅編, 伽山文庫, 283·306쪽 ; 崔英成, 1998, 『譯註 崔致遠全集』-四山碑銘, 아세아문화사, 267·307쪽).

34) 「有唐新羅國故兩朝國師敎諡大朗慧和尙白月葆光之塔碑銘〈幷序〉」(2000, 『增補 韓國金石文大系』卷2-忠淸南北道編, 圓光大學校 出版局, 34쪽).

35) 『祖堂集』卷17, 溟州崛山故通曉大師(『高麗大藏經』45, 339상~하쪽).

36) 朴仁範, 「梵日國師影贊」(『東文選』卷50 贊).

37) 「□□新羅國良州深源寺□國師秀澈和尙楞伽寶月□塔碑銘〈幷序〉」(1994, 『增補 韓國金石文大系』卷1, -全羅南北道編, 圓光大學校 出版局, 24쪽 ; 『朝鮮金石總覽』上, 56쪽 ; 『韓國金石全文』古代, 229쪽 ; 『譯註 韓國古代金石文』Ⅲ, 159쪽 ; 추만호, 1991, 「심원사 수철화상 능가보월탑비의 금석학적 분석」, 『역사민속학』1, 278쪽).
　　현존하는 수철화상의 비는 1714년에 중건된 것이지만, 이때의 중건은 기존 비문의 탁본 등을 참고로 세워졌다고 파악하여 대부분 그대로 인용하고 있는 실정이다. 그러나 1714년에 세워진 비문도 결락과 마멸이 많은 편이므로 수철화상에 대한 정확한 사실을 확인하기 힘들다.

38) 「新羅國故兩朝國師敎諡郎空大師白月栖雲之塔碑銘幷序」(1993, 『韓國金石文大系』卷6-서울特別市編, 圓光大學校 出版局, 58쪽).

라 되어 있는데 효공왕과 신덕왕 때 국사가 되었던 듯하다. 審希는 진성여왕의 부름은 거절했지만 이후 景明王 때 경주에 가서 '師資之禮'를 받았고 法膺大師라는 존호도 받았다.[39] 비문에 國師라 표기되어 있으므로 경명왕 때 받은 예우가 국사와 관련된 듯 하다. 梵日의 제자이기도 했던 開淸은 景哀王의 부름을 받아 國師의 예를 받다가 경순왕 4년에 사망하였다.[40] 역시 경애왕 때 받은 國師의 예우를 통해 국사가 되었다는 점이 짐작되고 비문에도 국사로 표기되었다.[41]

---

39) 「有唐新羅國故國師諡眞鏡大師寶月凌空之塔碑銘幷序」(『韓國金石文大系』卷6-서울特別市編, 42쪽).
40) 「高麗國溟州普賢山地藏禪院故國師朗圓大師悟眞之塔碑銘幷序」(『韓國金石文大系』卷7-江原道編, 24쪽).
41) 이외에 신라말 선종 승려로서 국사와 관련된 인물은 洪陟과 折中이 있다. 洪陟은 「秀澈和尙碑」를 복원한 글에서 '實相禪庭國師'라고 파악되고 있다 (추만호, 1991, 「심원사 수철화상 능가보월탑비의 금석학적 분석」 『역사민속학』 1, 279·282쪽). 그러나 「秀澈和尙碑」는 앞서 언급한대로 마멸과 결락이 많은 편이고 추만호에 의해서 복원된 비의 내용이 기존에 알려진 비문과 차이가 있는데다가 탁본상으로도 확인하기 힘들기 때문에 이를 그대로 인용해도 되는지 의문이 든다.
한편 折中은 憲康王 때부터 신라 정부의 관심을 받았고 국사의 禮가 표해 졌다고 하는데(「有唐新羅國師□山□□□□□敎諡澄曉大師寶印之塔碑銘幷序」, 『韓國金石文大系』 卷7-江原道編, 28쪽 ; 『朝鮮金石總覽』上, 157~162쪽), 정확히 국사로 책봉되었는지 알 수 없으므로 주에서만 언급하도록 하겠다.
그뿐만 아니라 玄昱을 신라말 국사로 파악한 경우도 있다(남동신, 2005, 「나말려초 국왕과 불교의 관계」 『역사와 현실』 56, 94·96~97쪽). 이는 『祖堂集』卷17, "敏哀大王 神武大王 文聖大王 憲安大王 並執師資之敬 不徵臣伏之儀 每入王官 必命敷座誦法"이라는 내용을 근거로 하고 있다. 고려초의 사례이기는 하지만 '師資之禮'를 받았다는 것만으로는 국사로 책봉되었다고 볼 수 없으므로 현욱도 『祖堂集』의 내용만으로는 국사로 보기 어렵다. 한편 고려시대에 이규보가 지은 「龍潭寺薮林會牓」(『東國李相國全集』卷25 牓文)에 '暨新羅王子道義國師'라고 하여 道義가 국사로 기술되었다. 그러나 신라에서 도의는 禪師(1985, 「有唐新羅國故智異山雙谿寺敎諡眞鑒禪師碑銘幷序」 『韓國金石文大系』卷4-慶尙南道·濟州道編, 圓光大學校 出

한편 『東文選』에는 박인범이 쓴 「梵日國師影贊」에 이어 「無㝵智國師影贊」이 기록되어 있다.[42] 일반적으로 無㝵智國師는 大覺國師 義天의 제자로 알려져 있는데,[43] 박인범이 影贊을 쓴 만큼 이때의 무애지국사는 통일신라 하대의 인물로 생각된다. 이때의 무애지국사는 생존시기도, 종파도 정확히 모르고 무애지가 법명인지 시호인지도 알 수 없다. 다만 박인범이 梵日의 影贊을 읊으면서 비슷한 시기에 쓴 글이므로 범일과 유사하게 신라 하대의 선종 승려가 아닐까 추측만 해본다.

이들 신라하대의 국사들에 대해서는 통일기에 가졌던 소외빈민의 분노 등을 완충하던 활동에서 지방세력과 국왕의 관계 매개로서의 역할이 두드러졌다고 보는 견해도 있다.[44] 더욱이 이들은 선종 승려라는 것이 특징적이다. 신라 하대에 선종이 유행하고 각각 山門을 형성하여 지방세력과 연결되자 중앙정부에서 많은 관심을 가지게 되면서 국사 책봉이나 추봉이 자주 있었던 것 같다.

신라의 국사 임명에서 보이는 또다른 특징은 중앙에서 國統[45] 등

---

版局, 40쪽)나 大師(「新羅國武州迦智山寶林寺諡普照禪師靈塔碑銘幷序」,『增補 韓國金石文大系』卷1-全羅南北道編, 18쪽 ;『한국서예사특별전』18, 81쪽)로 표기되었을 뿐이다. 그러므로 이규보의 글에서 道義의 國師 호칭은 고려시대의 것으로 파악해야 한다. 일연의 제자이자 寶鑑國師로 추봉된 混丘 비문의 銘 부분에 "厥派惟九 道義其首"(「有元高麗國曹溪宗慈氏山瑩源寺寶鑑國師碑銘(幷序)」,『東文選』卷118 ;『益齋亂藁』卷7)라고 하여 우리나라 선종의 시조로 道義를 언급하고 있는 점을 보건대, 도의는 선종 내에서 중요한 인물로 파악되어 고려시대에 들어와 국사로 추봉되었을 가능성이 높다.

42) 朴仁範, 「無㝵智國師影贊」(『東文選』卷50 贊).
43) 『破閑集』卷中「太白山人戒膺」.
  「(僧)康敎雄墓誌銘」(『高麗墓誌銘集成』, 136쪽).
44) 韓基汶, 주 23) 논문, 380쪽.
45) 「有唐新羅國師□山□□□□□教諡澄曉大師寶印之塔碑銘幷序」,(『韓國金石文大系』卷7-江原道編, 28쪽 ;『朝鮮金石總覽』上, 159쪽)에 의하면 憲康王 때 前國統이 折中에게 주지할 사원을 구해주고 있다. 이처럼 신라말 고려초 선승들의 비문에는 國統 등 신라의 僧官들이 기록되고 있다.

신라의 僧官制가 그대로 유지되면서 이루어졌다는 것이다.46) 신라 僧官 중 최고위직이었던 國統은 고구려의 승려 惠亮이 신라로 옮겨온 후 처음 임명되었고47) 이후 慈藏이 국통이 되었을때는 불교계 전반을 총괄 운영하기도 하였다.48) 다만 신라 하대에 지방에서 선종 사원이 크게 일어나면서 국통이 차츰 그 대표성을 상실했다고 보거나 지방에까지 그의 권한이 미쳤는지에 대해서 의문시하는 견해가 있다. 그렇지만 신라 전 시기에 걸쳐 국통이 존재했던 것은 인정되고 있으며 신라 중대부터 존재했던 국사와는 계통을 달리했다고 파악되고 있다.49)

---

46) 신라의 僧官制에 대해서는 아래의 논문을 참고하였다.
李弘稙, 1959,「新羅僧官制와 佛敎政策의 諸問題」『白性郁博士頌壽記念 佛敎學論文集』; 1971,『韓國古代史의 硏究』, 新丘文化社.
中井眞孝, 1971,「新羅における佛敎統制機關について-特にその初期に關して」『朝鮮學報』59.
邊善雄, 1973,「皇龍寺9層塔誌의 硏究-成典과 政法典 問題를 中心으로」『國會圖書館報』10-10.
蔡印幻, 1982,「新羅 僧官制의 設置意義」『佛敎學報』19.
洪再善, 1984,「金石文에 보이는 新羅僧官」『素軒南都泳博士華甲紀念史學論叢』, 太學社.
李銖勳, 1990,「新羅 僧官制의 성립과 기능」『釜大史學』14.
朴南守, 1995,「新羅 僧官制에 관한 再檢討」『伽山學報』4 ; 1996,『新羅手工業史硏究』, 신서원.
정병삼, 1995,「통일신라 금석문을 통해 본 僧官制度」『國史館論叢』62.
강봉용, 1997,「新羅의 僧官制와 地方支配」『全南史學』11.
남동신, 2000,「新羅의 僧政機構와 僧政制度」『한국고대사논총』9.
남동신, 주 41) 논문.
47) "國統一人〈一云寺主〉眞興王十二年 以高句麗惠亮法師爲寺主"(『三國史記』卷40 雜志9 職官下 武官).
"新羅眞興王十一年庚午 … 明年辛未 以高麗惠亮法師爲國統 亦云寺主"(『三國遺事』卷4 義解5 慈藏定律).
48) 정병삼, 주 46) 논문, 206쪽.
49) 정병삼, 주 46) 논문, 206~207쪽.
남동신, 2000,「新羅의 僧政機構와 僧政制度」『한국고대사논총』9, 157·167·172쪽.

이렇게 중앙 승관의 대표격인 國統과 계통을 달리해서 국사를 임명한 것은 기존의 승관제의 틀을 해치지 않으면서도 감통능력으로 백성들의 신뢰를 받는 이들을 '상징성'에 그친다고 하더라도 불교계의 대표로 추대하여 백성들의 지지를 이끌어 내려는 의도가 있었다고 여겨진다. 이러한 점은 신라 하대에도 계속되어 선종 승려들이 당시 지방세력과 연결된 부분이나 해당 승려의 명성 등과 관련하여 신라 중앙 정부가 선승들과 연결될 필요성을 느꼈기 때문에 국사 책봉·추봉이 계속되었던 것이다.

지금까지 간략히 신라의 국사를 살펴보았다. 삼국통일 이후 임명되기 시작한 국사는 크게 두 부류로 나뉜다. 첫 번째는 선종이 유행하기 전의 국사들로 그들의 특징적인 부분은 感通 능력이 강조되었다는 것이다. 이러한 요소는 고려시대에 들어서도 왕사·국사, 특히 왕사에게서 강조되었던 부분이다. 이는 고려시대의 왕사·국사에 대한 서술에서 이어 설명하겠다. 두 번째 부류는 신라 하대의 선종 승려로, 당시 지방세력이나 민중들과 연결되어 세력을 형성하기 시작한 이들을 국가에서 국사로 책봉·추봉하였다. 신라의 국사는 중앙의 僧官制와는 구별되었는데, 기존의 승관제를 유지하면서도 백성들이나 지방세력의 지지를 받는 승려를 우대하기 위하여 국사로 책봉하였다고 파악하였다. 이 또한 고려시대에 들어와 고승을 우대하기 위해 상징적인 존재로서 국사로 임명한 사실과 연결된다. 즉 신라 국사의 사례를 통해 고려시대의 왕사·국사의 임명 이유·원인과 유사한 내용을 유추해 볼 수 있고 이러한 부분은 바로 신라의 국사 임명이 고려시대의 왕사·국사 제도에도 영향을 주었음을 확인시켜 준다.

## 3. 高麗初 大師 追封의 의미와 王師·國師와의 관계

大師는 일반적으로 중생의 모범이 될 만한 사람, 남을 가르칠 수 있는 사람을 의미한다.[50] 중국의 경우 大師라는 호칭이 처음으로 사용된 것은 唐 懿宗 때로[51] 승려를 존칭하기 위해서였다. 반면 고려시대의 大師는 僧階의 하나로서 가장 하위인 大德 다음의 위치였으나[52] 지금까지의 연구에 의하면 광종 연간에 전형적인 고려 僧階 제도가 만들어지기 시작했다고 하므로[53] 고려초 고승의 '大師'라는 호칭은 僧階가 아니다. 게다가 고려초는 왕사·국사가 제도화되지 못한 때이기도 하다. 그러므로 고려의 전형적인 왕사·국사 제도가 정립되기 이전에 고승에게 주어졌던 고려 초 '大師'의 호칭에 유의해 볼 필요가 있다.

한편 고려 초에 만들어진 고승비문은 형식적일 뿐이라도 국왕의 명령으로 만들어지는 만큼 관찬사료적인 성격을 가지고 있기 때문에 그곳에서 자주 사용되는 '大師'라는 용어는 국가가 고승의 우대를 표현하기 위해 공식적으로 사용한 것이라고 생각된다. 그렇지만 고려 초에 세워진 비라고 해서 일괄적으로 볼 수 없는 부분이 있다. 해당 승

---

50) 『佛光辭典』 835쪽, 「大師」.
51) 『大宋僧史略』 卷下 「賜師號」, "師號謂賜某大師也 遠起梁武帝號婁約法師 … 至懿宗咸通十一年(870년, 경문왕10)十一月十四日延慶節 因談論 左街雲顥賜三慧大師 右街僧徹賜淨光大師 可乎法智大師重謙靑蓮大師 賜師號懿宗朝始也 … 至龍德元年 不許僧妄求師號紫衣 後唐晋漢周咸同 今大宋止行師號紫衣"(『大正新脩大藏經』 卷54, 249중쪽).
52) 許興植, 1986, 「佛敎界의 組織과 行政制度」 『高麗佛敎史研究』, 一潮閣, 324~327쪽 ; 1987, 『斗溪李丙燾博士九旬紀念 韓國史學論叢』.
53) 許興植, 위의 논문, 326쪽.

려가 후삼국시대에 사망하여 신라 정부에 의해 비 건립이 추진되다가 여의치 않은 사정으로 인해 고려 건국 후에 세워진 경우도 있고,[54] 역시 후삼국시대에 죽었지만 후삼국 통일 이후 고려에 의해 주도되어 건립된 경우도 있기 때문이다.[55] 이런 경우는 비문의 내용이 신라의 관습에 영향을 받았을 것이다. 특히 전자의 경우가 그럴 가능성이 있다고 생각한다. 그러므로 고려 초 '大師'라는 호칭의 사례와 그 의미를 생각할 때는 고려의 영향 아래서 살다가 사망하고 고려의 왕에 의해서 비문이 찬술되도록 명령된 것을 중심으로 한다. 물론 위의 두가지 경우의 비문도 참고자료로써 사용할 것이다. 우선 고려에서 활동하다가 사망하여 비 건립이 추진된 승려들의 비문을 들면 아래와 같다.

> 다-① (麗嚴이) 同光 7년(태조 12년) 1□월 □8일에 병이 났다. 다음해 2월 17일 법당에서 죽으니 春秋 69, 僧臘 50이었다. … 임금은 갑자기 스님이 죽었다는 것을 듣고 몰래 통곡을 심히 하였으며 특별히 弔贈을 내리도록 하고 예를 국사보다 중하게 하였다. … (결락) 融蘭, 昕政 등 5백여인이 공손히 (麗嚴이) 남긴 덕을 써서 표로써 임금에게 아뢰었으므로 시호를 大鏡大師라고 塔名을 玄機之塔이라고 하였다.[56]
>
> ② (利嚴이) 淸泰 3年(태조 19년) 8월 17일 한밤중에 當寺(=廣照寺) 法堂에서 죽으니 俗年 67, 僧臘 48이었다. … 이로부터 특별히 親官에

---

54) 澄曉大師 折中은 孝恭王 4년(900) 3월에 사망하여 景明王에 의하여 비 건립이 명해졌지만 실제로 건립된 것은 惠宗 원년(944)이고, 郎空大師 行寂은 神德王 5년(916)에 사망하여 景明王이 崔彦撝에게 비문을 짓도록 하였으나 고려가 후삼국을 통일한 후 光宗 5년(954)에 비가 세워졌다.
55) 先覺大師 逈微와 朗圓大師 開淸이 이런 경우이다. 逈微는 912년 弓裔에 의해 죽임을 당하고 고려 太祖에 의해서 비의 건립이 명해진 후 定宗 원년(946)에 세워지게 된다. 開淸은 고려가 건국된 후인 930년 사망하기는 하지만 신라의 후원 아래에 살다가 사망하였고 태조 23년(940)에 비가 세워졌다.
56) 「高麗國彌智山菩提寺故敎諡大鏡大師玄機之塔碑銘幷序」(『韓國金石文大系』卷6-서울特別市編, 53쪽).

제1장 王師·國師의 기원    29

게 명하여 멀리서 弔祭를 베풀었다. … 그러므로 추증하여 眞澈大師라 하고 塔名을 寶月乘空之塔이라 했다.57)

③ (□運이) 天福 2년(태조 20년) 秋9월 1일에 (결락) 죽었다. … 전법제자 玄讓禪師, 行熙禪師 등 4백여인이 … 이로 말미암아 외람되이 표장을 올려 임금에게 아뢰었다. (결락) 그러한 까닭으로 시호를 眞空大師라 하고 塔名을 普法之塔이라고 하였다.58)

④ (玄暉가) 天福 6년(태조 24년) 11월 26일 새벽에 門人에게 이야기하였다. … 말이 끝나자 앉은 채로 죽었으니 俗年 63, 僧臘 41이었다. … 임종할 때 표를 바쳐 작별을 고하기를, "노승이 평소 품은 생각을 이루지 못하고 영원히 聖代를 하직합니다"라고 하였다. 임금이 이에 (표를) 펴서 보고는 슬퍼하였다. 이에 시호를 내려 法鏡大師라 하고 塔名은 慈燈之塔이라고 하였다.59)

⑤ 龍集協洽(定宗 2년)60) 4월 20일 大師(=慶甫)가 장차 입적하려고 하면서 盥浴하였다. 방 앞에서 대중에게 명하여 모두 뜰에 이르게 하고는 遺戒하였다. … 말을 마치고 방에 들어가 繩床에 기대어 趺坐하고는 근엄하게 玉龍寺 上院에서 죽었다. 아! 부모에게 몸을 받은 지 80년이요, 菩薩位에 들어간 지 62년이다. … 文明大王(=定宗)이 이를 듣고 몹시 슬퍼하였고 제대로 대접하지 못한 것을 한으로 여겼다. … 그런 까닭에 추증하여 洞眞大師라 하고 塔號를 寶雲이라고 하였다.61)

⑥ 顯德 3年(광종 7년) 秋8월 19日 갑자기 대중에게 이야기하였다. … 이야기를 끝내고 앉은 채 죽었으니 享齡 79, 歷夏 60이었다. … 임금이 이를 듣고는 매우 슬퍼하고 침전에서 통곡하였다. 左僧維·大

---

57) 「有唐高麗國海州須彌山廣照寺故敎謐眞澈大師」(『한국서예사특별전』 18, 104쪽).
58) 「毗驢庵眞空大師普法塔碑」(『韓國金石文大系』 卷3-慶尙北道編, 69쪽).
59) 「有晉高麗國中原府故開天山淨土寺敎謐法鏡大師慈燈之塔碑銘幷序」(『增補韓國金石文大系』 卷2-忠淸南北道編, 41쪽).
60) 龍集은 歲次를, 協洽은 未年을 의미한다. 이 내용의 앞에 定宗이 즉위[文明大王 陟崗致美 莅阼重光]한 기사가 있고 그 후 3년에 해당하는 協洽이라고 되어 있으므로 이 해는 丁未年인 定宗 2년이다.
61) 「□麗國光州晞陽縣故白雞山玉龍寺制謐洞眞大師寶雲之塔幷序」(『朝鮮金石總覽』 上, 192~193쪽 ; 『韓國金石全文』 中世上, 371~372쪽).

德 淡猷와 元尹・守殿中監 韓潤弼 등을 보내어 (결락) 하였다. 또 諡号塔名使 元輔 金俊巖과 使副 佐尹・前廣評侍郎 金廷範 등을 보내 깨끗한 시호를 내려 靜眞大師, 圓悟之塔이라고 하였다.<sup>62)</sup>

⑦ 顯德 5년(광종 9년) 歲集敦牂 秋八月 20일에 대사(=찬유)가 장차 입적하고자 盥浴을 마쳤다 … 말이 끝나자 房에 들어가 근엄하게 가부좌하고 當院의 禪堂에서 돌아가셨다. … 임금이 이것을 듣고 … 星使를 내려보내 鵠書로써 조문하고 시호를 추증하여 元宗大師, 塔号는 惠眞이라 하였다.[63]

①의 麗嚴은 태조에 의해 菩提寺의 주지로 임명되기도 하였는데[64] 태조 12년에 사망한 후 국왕에 의해서 시호가 大鏡大師로 내려졌다. ②의 利嚴도 역시 태조에게 부름을 받아 개경으로 와서 泰興寺, □那內院과 廣照寺에 모셔졌다가[65] 사후 眞澈大師로 추증되었다. ③□運은 태조 20년에 사망하여 眞空大師라는 시호를 받았는데 생전에 태조에 의해 小伯山寺에 머물렀다.[66] ④의 玄暉는 태조가 제자라고 칭하면서 中州의 淨土蘭若에 머물도록 했는데[67] 태조 24년에 죽은 후 法鏡大師라는 시호를 받았다. ⑤의 慶甫는 甄萱의 보호아래 있다가 후삼국통일 후 개경으로 오지는 않았지만 太祖・惠宗・定宗의 존숭을 받았고[68] 定宗 2년에 죽어 洞眞大師로 추증되었다. ⑥의 兢讓은 太

---

62) 「高麗國尙州曦陽山鳳巖寺王師贈諡靜眞大師圓悟之塔碑銘幷序」(『韓國金石文大系』卷3-慶尙北道編, 76쪽).
63) 「高麗國廣州慧目山高達院故國師制贈諡元宗大師慧眞之塔碑銘幷序」(『韓國金石文大系』卷5-京畿道編, 22쪽 ;『한국서예사특별전』18, 133쪽).
64) 「高麗國彌智山菩提寺故教諡大鏡大師玄機之塔碑銘幷序」(『韓國金石文大系』卷6-서울特別市編, 53쪽).
65) 「有唐高麗國海州須彌山廣照寺故教諡眞澈大師」(『한국서예사특별전』18, 104쪽).
66) 「毘嚧庵眞空大師普法塔碑」(『韓國金石文大系』卷3-慶尙北道編, 69쪽).
67) 「有晉高麗國中原府故開天山淨土寺教諡法鏡大師慈燈之塔碑銘幷序」(『增補韓國金石文大系』卷2-忠淸南北道編, 41쪽).
68) 「□麗國光州晞陽縣故白雞山玉龍寺制諡洞眞大師寶雲之塔幷序」(『朝鮮金石

祖・惠宗・定宗・光宗의 존경을 받으면서 摩納袈裟와 『華嚴經』을 하사받기도 하였는데,69) 광종 7년에 사망하여 靜眞大師라는 시호를 받았다. ⑦璨幽는 太祖・惠宗・定宗・光宗의 귀의를 받고70) 광종 9년 사망하였는데, 元宗大師라는 시호를 받았다. 이들 7명의 승려들은 모두 죽은 후 시호를 받는데 이때 大師라는 호칭도 함께 받고 있다. 그들이 某大師로 추증되었기 때문에 비문에서 그 주인공을 언급할 때 大師라고 하였으며 비문의 제목이라고 할 수 있는 서두에서도 大師라고 쓰였던 것이다.

고려 초에 비가 세워지기는 했지만 비문의 내용이 신라 때 만들어졌거나 해당 승려가 고려 건국 이전에 죽은 경우도 이런 원칙을 지키고 있다.

라-① 다음해(신덕왕 5년)71) 春2월 初에 大師(=行寂)가 몸이 편치 않음을 깨닫고 작은 병이 들었다고 하였다. 12일 새벽에 대중에게 말하였다. … 繩床에서 趺坐한 채 근엄하게 죽으니 報齡 85, 僧臘 61이었다. … 今上(=경명왕)이 洪基를 능히 이어받아 공손히 寶籙를 잇고 禪化를 존숭하는 것이 前朝와 다르지 않아 시호를 내려 郎空大師라 하고 塔名을 白月栖雲之塔이라고 하였다.72)

② (折中이) 乾寧 7년(효공왕 4년) 3월 9일 새벽에 갑자기 門人에게 말하기를 … 말을 끝내고 앉은 채 죽었으니 報年 75, 積夏 56이었다. … 傳法弟子 如宗・弘可・理靖・智空 등 1천여인이 … 표를 올려

---

總覽』上, 189~194쪽 ; 『韓國金石全文』中世上, 367~374쪽).
69) 「高麗國尙州曦陽山鳳巖寺王師贈諡靜眞大師圓悟之塔碑銘幷序」(『韓國金石文大系』卷3-慶尙北道編, 76쪽).
70) 「高麗國廣州慧目山高達院故國師制贈諡元宗大師慧眞之塔碑銘幷序」(『韓國金石文大系』卷5-京畿道編, 22쪽 ; 『한국서예사특별전』18, 133쪽).
71) 이 내용 앞에 至貞明元年(915년, 신덕왕 4)이 있으므로 明年은 신덕왕 5년(916)이다.
72) 「新羅國故兩朝國師教諡郎空大師白月栖雲之塔碑銘幷序」(『韓國金石文大系』卷6-서울特別市編, 58쪽).

대궐에 이르러 비 세워줄 것을 陳請하였다. 孝恭大王이 … 시호를 내려 澄曉大師라 하고 塔名을 寶印之塔이라고 하였다.[73]

③ (경명왕 원년[917년]에 형미가 궁예에게 죽으니)[74] 俗年 54, 僧臘 35였다. … (결락) … 今上(=太祖)이 존귀한 자리에 오른 때에 群臣에게 이르기를, "생각건대 돌아가신 대사는 도가 十地보다 높고 덕은 諸□에 으뜸이다. … 과인은 (대사에게) 鑽仰을 폈고 공손히 歸依하였다. 인연을 맺기를 원하였으니 항상 스님을 잃은 슬픔이 간절하다"고 하고 눈물을 흘렸다. (결락) 明年 3月 日에 門弟子 閑俊·化白 등을 불렀다. … 그 날에 먼저 절을 세우고 높은 탑을 만들도록 하였다. 탑이 완성되자 스님 등이 울면서 시신을 받들어 □의 무덤에 옮겨 묻었다. □에 詔하기를, "禪德을 드러내기 위해 마땅히 嘉名을 내려야 한다"고 하였다. 이에 시호를 내려 先覺大師라 하고 塔名을 遍光靈塔이라 하였다.[75]

④ (開淸이) 同光 8년(경순왕 4년) 秋9月 24日 普賢山寺 法堂에서 죽으니 俗年 96, 僧臘 72였다. … 上足弟子 神鏡·聰靜·越晶·莀言·惠如·明然·弘琳禪師 등이 … 바라는 바는 대사의 言說이 기록되어 멀리 무궁하게 보이는 것이고 吾道의 祖宗이 유포되어 不朽하게 전해지는 것이었다. 이로 말미암아 門徒가 표를 올려 자주 金門을 두드리고 대중들이 간절히 天에 알리니 임금에게 전달되었다. … 이로써 시호를 내려 朗圓大師라 하고 탑명을 悟眞之塔이라고 하였다.[76]

---

73) 「有唐新羅國師□山□□□□□敎諡澄曉大師寶印之塔碑銘幷序」,『韓國金石文大系』卷7−江原道編, 28쪽 ;『朝鮮金石總覽』上, 161∼162쪽).
74) 逈微의 죽은 해나 죽은 이유는 비문이 결락되어 정확히 알 수 없지만 54세로 죽었다 하고 咸通 5년(864년, 경문왕4)에 태어났으므로 죽은 해가 917년(경명왕 원년)일 것이다. 또한 仍加捨命之時라는 글이 있고 중국의 불교탄압이 비유로 이야기되고 있는 것으로 逈微의 죽음은 궁예와 관련 있다고 파악된다.
崔柄憲, 1975,「羅末麗初 禪宗의 社會的 性格」『史學研究』25, 23쪽.
沈在明, 1996,「高麗 太祖와 四無畏大士−太祖의 結緣意圖를 중심으로−」『高麗 太祖의 國家經營』, 서울대학교출판부, 415∼416쪽 등에서도 형미가 궁예에 의해 죽임을 당했다고 보았다.
75) 「高麗國故無爲岬寺先覺大師遍光靈塔碑銘幷序」,『增補 韓國金石文大系』卷1−全羅南北道編, 31쪽 ;『朝鮮金石總覽』上, 173쪽).
76) 「高麗國溟州普賢山地藏禪院故國師朗圓大師悟眞之塔碑銘幷序」,『韓國金石

①의 行寂은 神德王 때 사망한 후 景明王에 의해서 郎空大師라는 시호를 받았다. ②의 折中은 효공왕 4년에 죽은 후 시호를 澄曉大師라 하였다. ③의 逈微는 궁예에게 살해된 후, 태조가 즉위하여 시호를 先覺大師라고 받았다. ④의 開淸은 경순왕 4년에 사망하고 朗圓大師라는 시호를 받았다. 사료 라)에 인용된 승려들도 사료 다)처럼 大師로 추증받았고 비문의 서술 중에도 계속 大師로 표현되고 있다.

반면 大師로 추증받지 못한 승려는 비문의 서술에서도 大師라고 할 수 없었다. 慈寂禪師 洪俊에게서 이 점이 확인된다.

> 마. (洪俊이) 天福 4년(태조 22년) 10월 1일에 龜山寺의 法堂에서 죽었다. … 임금이 항상 玄宗을 믿었는데 갑자기 죽었다는 것을 듣고 눈물을 흘리며 매우 애통해하였다. 시호를 내려 慈寂禪師라 하고 塔名을 凌雲之塔이라고 하였으니 禮이다.77)

홍준은 慈寂禪師로 추증되었기 때문에 서두에 「高麗國尙州鳴鳳山境淸禪院故敎諡慈寂禪師凌雲之塔碑銘幷序」(이후 「洪俊碑」로 약칭)라고 하여 '禪師'로 표현되었으며 비문 서술 중에도 禪師로 기록되었다. 한편 「洪俊碑」에는 자적선사 홍준의 스승인 審希의 이야기가 많은 부분을 차지하고 있다. 그런데 심희가 홍준의 스승이라고 하더라도 비문의 주인공인 홍준은 禪師라고 쓰여진 데에 비하여 심희는 계속 大師로 언급되고 있다.78) 그것은 신라때 지어진 것이기는 하지만 「有唐新羅國故國師諡眞鏡大師寶月凌空之塔碑銘幷序」(이후 「審希碑」로 약

---

文大系』卷7-江原道編, 24쪽).
77) 「高麗國尙州鳴鳳山境淸禪院故敎諡慈寂禪師凌雲之塔碑銘幷序」(1999, 『黃壽永全集』4-금석유문, 혜안, 129쪽 ; 『韓國金石文大系』卷3-慶尙北道編, 72쪽).
78) 홍준은 黑巖禪院에 있던 심희에게 출가하고 景明王 때 심희를 따라 경주로 가고 있는데 「洪俊碑」에서 심희를 眞鏡大師나 鳳林大師로 서술하고 있다.

칭)에서 확인되듯이 심희는 大師로 추증되었고[79] 그에 반해 홍준은 禪師로 추증되었기 때문에, 「洪俊碑」에서 심희는 大師로 홍준은 禪師로 기록될 수밖에 없었다. 반대의 경우도 있다. 다)-⑥의 兢讓은 大師로서 비문에서 계속 표기되는데 비해 그의 스승이나 수제자가 禪師로 표현되었다. 兢讓이 출가할 때의 스승인 如解[80]나 선종 계보 상 자신의 스승으로 표현한 楊孚,[81] 그리고 죽을 때 유언을 따로 남긴 수제자 逈超[82] 모두가 일관되게 禪師라고 기록된 것은 그들이 大師로 추증되지 못했기 때문이다.[83]

---

79) 「有唐新羅國故國師諡眞鏡大師寶月凌空之塔碑銘幷序」(『韓國金石文大系』 卷6-서울特別市編, 42쪽).

80) 「高麗國尙州曦陽山鳳嚴寺王師贈諡靜眞大師圓悟之塔碑銘幷序」, "乃懇白於慈母嚴君 固請許於出家入道 投於本州南穴院如解禪師 因爲剃髮 便以留身"(『韓國金石文大系』 卷3-慶尙北道編, 76쪽).

81) 「高麗國尙州曦陽山鳳嚴寺王師贈諡靜眞大師圓悟之塔碑銘幷序」, "遂謁西穴院楊孚禪師 禪師 豁靑眼以邀迎 推赤心而接待"(『韓國金石文大系』 卷3-慶尙北道編, 76쪽).

82) 「高麗國尙州曦陽山鳳嚴寺王師贈諡靜眞大師圓悟之塔碑銘幷序」, "至顯德三年 秋八月十九日 忽告衆曰 … 又謂傳法之首逈超禪師曰 尒宜搆室 繼以傳燈 唯事光前 無墜相付者 言訖 而泊然坐滅"(『韓國金石文大系』 卷3-慶尙北道編, 76쪽).

83) 신라 말에는 선종 승려들을 禪師로 추증한 예가 더 많았으나 점차 大師로 추봉하는 경우가 증가하였으며, 고려에 들어와서는 洪俊만이 禪師이고 대부분 大師였다. 大師가 禪師의 지위를 대신한 것인지, 아니면 禪師와 大師가 각각 존재했던 것인지에 대해서는 고려초에 禪師로 추봉된 것이 사료상으로 홍준만이어서 현재로서는 알 수 없다. 다만 禪師로 추증된 홍준이나 그외 大師로 추증된 여러 승려들이 모두 塔名을 가지고 있었던 점을 참고하여, 국가로부터 부처에 버금갈 정도로 成佛하여 탑명을 받을 수 있는 자격을 가진 이들로 우선 구분되어지고 그 안에서 禪師와 大師로 나뉜 것이 아닐까 하는 생각을 해본다. 그러나 禪師로 언급된 모든 승려가 추증받았다고 확언할 수는 없다. 사망 후 禪師로 추봉되었음이 확인되는 것은 홍준뿐인데 비해 비문에서 승려들을 禪師로 존칭하고 있는 경우가 많기 때문이다. 그러므로 신라말 고려초의 '禪師'는 선종 승려를 가리키는 일반명사와 국가로부터 추봉받은 지위를 가리키는 고유명사의 두 가

즉 통일신라말 후삼국시기에 생존하고 신라에 의해서 비문이 만들어진 승려들의 경우를 검토하면, 초기의 선승들은 和尙[84]이나 禪師[85]라고 불렸다. 비문 내용상에서 시호가 某禪師로 주어진 것은 光啓 2년 (정강왕 원년)에 비가 세워진 弘覺禪師 利觀이 가장 처음이다.[86] 그러나 그 이후의 비문에서도 시호로 주어진 호칭과 비문 서술 상의 표기가 정확히 일치하지 않고 있다. 다만 후대로 갈수록 시호와 명칭이 일치하기 시작하며, 신라 때 세워진 가장 후대의 비인「審希碑」에서는 심희가 眞鏡大師로 시호를 받고 비문의 서술에서도 일관되게 大師로 표현되고 있어[87] 고려 초 비문의 서술 원칙과 동일해진다. 신라말 고려초에 쓰여진 비문의 내용을 통해, 신라 말부터 고승들에게 大師의

---

지 의미를 모두 가지고 있었고, 용례에 따라 의미를 달리하여 쓰였다고 판단된다.

84) 「有唐新羅國師□山□□□□□教諡澄曉大師寶印之塔碑銘幷序」, "(折中) 企聞楓岳長潭寺 有道允和尙 久遊華夏 纔返故鄕 特詣禪扉 自投五體"(『韓國金石文大系』卷7－江原道編, 28쪽 ;『朝鮮金石總覽』上, 158쪽).
「□麗國光州晞陽縣故白雞山玉龍寺制諡洞眞大師寶雲之塔幷序」, "大師(=慶甫)卽以形開 因而警戒 以爲道之將行 時不可失 昧爽坐以待旦 挈山裝鳥逝 乃詣白雞山 謁道乘和尙 請爲弟子"(『朝鮮金石總覽』上, 190쪽 ;『韓國金石全文』中世上, 369쪽).

85) 「有唐新羅國故智異山雙谿寺教諡眞鑒禪師碑銘幷序」, "興德大王 飛鳳筆 迎勞曰 道義禪師 曩已歸止 上人(=慧昭)繼至 爲二菩薩 昔聞黑衣之傑 今見縷褐之英 彌天慈威 擧國欣賴 寡人行當以東雞林之境 成吉祥之宅也 始憩錫於尙州露岳長栢寺"(『韓國金石文大系』卷4－慶尙南道·濟州道編, 40쪽).
「高麗國尙州曦陽山鳳巖寺王師贈諡靜眞大師圓悟之塔碑銘幷序」, "(兢讓) 乃懇白於慈母嚴君 固請許於出家入道 投於本州南穴院如解禪師 因爲剃髮 便以留身"(『韓國金石文大系』卷3－慶尙北道編, 76쪽).

86) 『朝鮮金石總覽』上에 실려있는「沙林寺弘覺禪師碑」(「弘覺禪師碑」로 약칭)의 내용이 얼마 되지 않은 반면,『韓國金石全文』古代에는 풍부한 내용이 전제되어 있으므로 시호와 관련된 부분은『韓國金石全文』古代를 참고하였다.

87) 「有唐新羅國故國師證眞鏡大師寶月凌空之塔碑銘幷序」(『韓國金石文大系』卷6－서울特別市編, 42쪽).

시호를 내려주었고 해당 승려를 대사로 호칭하는 것이 원칙처럼 여겨졌음이 확인된다.

이와 같이 大師와 시호가 계속 주어지게 되면서 이제 大師는 하나의 지위처럼 여겨졌던 것같다. 고려시대 관인 중 시호가 내려지는 대상이 宰臣 이상이었던 것[88]과 같이 시호를 받기 위해서는 승려들도 일정한 자격을 갖추어야 했을 것이다. 그런데 고려 초 고승들은 僧階를 가지고 있지 않기 때문에 그들의 지위를 확인할 방법으로 사용된 것이 大師였다. 그것은 시호가 내려지면서 대부분 大師도 함께 내려지고 있었던 점으로 추측된다. 그러니까 고려초 비문에 쓰인 大師는 僧階는 아니었지만, 그와 비슷하게 고승의 지위를 나타내는 기능을 하였다고 판단된다.

반대로 고려 초 大師는 화상처럼 고승의 존칭으로 쓰였다는 견해도 있다.[89] 그러나 앞에서 언급했듯이 모든 고승들이 大師로 불리지는 않았으므로 일반적인 존칭어는 아니다. 대신 모든 승려들에게 시호를 내려줄 수 없는 상태에서 그 대상자를 선정할 때의 기준이 필요했는데 그 역할을 大師가 했다고 판단된다. 관인 중 재신이 되지 못하고 죽은 자에게 시호를 내리는 경우 먼저 재신으로 贈職하고 그에 따라 시호를 내려주듯이[90] 大師라는 명칭이 국가가 공인하는 고승을 상징

---

88) 『高麗史』 卷111 列傳24 李嵒 附 李岡, "拜密直副使卒 年三十六 王悼甚 賜重贈 樞密例不得諡 特諡文敬"
　　『經國大典』에 의하면, 조선에서는 實職 정2품 이상만이 시호를 받았다(『經國大典』 卷1 吏典 贈諡, "宗親 及文武官實職正二品以上 贈諡").
89) 許興植, 주 52) 논문, 324쪽.
　　許興植, 1976, 「高麗時代의 僧科制度와 그 機能」 『歷史敎育』 19 ; 1986, 『高麗佛敎史硏究』, 一潮閣, 365쪽.
90) "衍憂懣 疽發背而死 天陰旬餘 至是開霽 時順安侯琮監國 惟茂 請贈叅知政事 諡莊烈"(『高麗史』 卷130 列傳43 林衍).
　　조선의 경우에도 정2품 이상이 아닌데도 별도로 시호를 내려주어야 하면 그 직위를 정2품으로 올린 후 시호를 의논했다고 한다(『孝宗實錄』 卷21,

하게 되면서 승려에게 시호를 내려줄 때 大師라는 칭호를 함께 내려주었던 것이다.

大師가 국가에서 인정하는 고승의 지위를 상징하게 되면서 생존시에 大師라는 호칭이 주어지는 경우도 생겨났다. 위에서 인용한 다)-⑥의 앞선 내용을 살펴보자.

> 바. 新羅 景哀王이 멀리서 玄杖에 의지하여 洪綱을 정리하고자 하였다. 비록 像季의 때였지만 禪那의 가르침을 받들기 원하였다. 이에 사신을 보내어 글을 부쳤다. … 인하여 別號를 올려 奉宗大師라고 하였다. … 임금(=光宗)이 羣臣에게 이르기를, "… 지금 曦陽大師를 보니 진실로 보살의 화신이다. 어찌 師資之禮를 펴지 않겠는가"라고 하였다. 모두 옳다고 하고 다른 말이 없었다. 이에 왕이 兩街僧摠·大德 法興와 內議令 □□□□□□□□에게 명하여 禪扃에 나아가 聖旨를 전하였다. … 인하여 翰林學士·太相·守兵部令 金岳에게 詔하여 綸制를 공포하도록 하니, "… 원컨대 스승으로 삼는 예를 펴서 여러 겁의 인연이 이루어지기를 바랍니다"라고 하였다. 몸소 松關에 나아가 … 尊號를 가하여 證空大師라 하였다.91)

兢讓은 경애왕에게서 奉宗大師라는 별호를, 광종에게서는 證空大師라는 존호를 받았다. 물론 사료 다)-⑥에서 확인했듯이 광종 7년에 사망한 후 다시 靜眞大師라는 시호를 받고 있다. 생존시에 大師라는 칭호를 받은 경우는 신라의 심희도 있는데 그는 景文王이 法膺大師라고 존호를 올렸다.92) 또한 사료 다)-⑦에서 언급된 璨幽는 생전에 광종에게서 證眞大師라는 師號를 받고 있다.93) 살아 있을 때 大師라는 존호

---

"(孝宗 10년 3월) 丁亥 憲府啓曰 贈諡之典 至嚴且重 必正二品以上然後 方許賜諡 其意非偶然也 如有品秩未准 而別賜諡號者 則亦必先贈其職 陞正二品然後 乃議其諡焉 …").

91) 「高麗國尙州曦陽山鳳巖寺王師贈諡靜眞大師圓悟之塔碑銘幷序」(『韓國金石文大系』 卷3-慶尙北道編, 76쪽).

92) 「有唐新羅國故國師諡眞鏡大師寶月凌空之塔碑銘幷序」(『韓國金石文大系』 卷6-서울特別市編, 42쪽).

를 받고 있는 것으로써 大師가 단순하게 '스승이 될만한 자'라는 일반 명사가 아닌 특정 지위를 가리키는 고유명사가 되어 가고 있음을 보여준다고 생각한다.

한편 시호로 주어진 이름이 중복되는 경우가 있었다. 사료 다)-④의 玄暉가 法鏡大師였듯이 慶猷도 법경대사로 시호를 받았다.94) 그리고 忠湛95)과 사료 다)-③의 □運은 眞空大師였다. 慶猷는 비가 혜종 원년에 세워지기는 했지만 태조 4년에 사망하여 바로 다음 해에 시호를 내리고 비문을 짓도록 했다. 玄暉는 태조 24년 죽은 직후에 시호가 내려지고 있으며 비는 역시 혜종 원년에 세워졌다. □運은 태조 20년에 사망하여 2년 후에 비가 세워졌고 忠湛은 태조 23년에 사망하여 바로 비문이 만들어졌으므로 이들의 사망이나 비 건립의 시간차도 크지 않다.

게다가 4명의 승려들은 모두 개경으로 와서 태조 왕건과 접촉했었고 慶猷와 玄暉는 문도들의 요청이 없었는데도 불구하고 태조가 비 건립을 명령했던 만큼 시호의 중복은 실수나 무성의였다고만 보기는 힘들다. 물론 시호가 중복되는 경우는 있어 왔다. 逈微가 태조에게서 先覺大師라는 시호를 받는데, 이후 인종 때가 되면 道詵이 先覺國師로 추봉받는다.96) 이렇게 시호가 중복되는 경우라도 보통 시간적 차이가

---

93) 「高麗國廣州慧目山高達院故國師制贈諡元宗大師慧眞之塔碑銘幷序」, "上(=광종)乃信向心深 欽承志至 遂奉師號 爲證眞大師"(『韓國金石文大系』 卷5 －京畿道編, 22쪽 ; 『한국서예사특별전』 18, 133쪽).

94) 「有晋高麗國踊巖山五龍寺故王師教諡法鏡大師普照慧光之塔碑銘幷序」, "貞明七年三月 … 示滅于日月寺法堂 俗年五十有一 僧臘三十有三 … 至明年 … 上洒仍飛丹詔 以慰門人曰 … 正當追福之辰 宜擧易名之典 乃賜諡曰法鏡 塔名普照慧光"(『朝鮮金石總覽』 上, 165~166쪽 ; 『韓國金石全文』 中世 上, 331쪽).

95) 「高麗國原州靈鳳山興法寺故王師眞空大師(결락)」(『韓國金石文大系』 卷6－서울特別市編, 56쪽).
忠湛의 비는 결락이 많아 大師의 추봉과 관련한 내용은 본문에서 인용하지 않았다.

96) 「海東白雞山玉龍寺贈諡先覺國師碑銘幷序」, "逮于我聖考恭孝大王 丕揚列

있었는데 비하여 慶猷와 玄暉, □運과 忠湛은 아주 가까운 시일 내에 시호가 내려지고 있는데도 동일한 이름이 선택되었다. 시호가 불교적인 용어를 가지고 만들어지는 만큼 중복될 수도 있고 또 그 이름이 선호될 수도 있었겠지만, 짧은 기간 내에 만들어지는 시호가 중복된다면 비의 찬술을 요청한 문도들의 항의가 있거나 개정이 요구될 수도 있다. 그런데도 시호의 중복이 있었던 것은 시호로 주어진 이름보다는 그와 함께 내려진 大師라는 지위가 더 중요했기 때문이다. 大師가 특정지위를 가리키는 단어로 인식되면서 이름보다는 그 지위가 더 큰 의미를 가졌기 때문에 시호의 중복이 나타났고 또 그것이 큰 문제가 되지 않았다고 추측된다. 이러한 생각은 고려 초의 大師라는 명칭이 이제는 '僧階'처럼 그 스님의 지위를 알려주는 것으로 변모했다는 점을 다시 확인시켜준다.

고려 초 비문에서 보이는 大師가 승려의 지위를 표현하게 된 계기는 선종 승려들을 和尙, 禪師, 禪和尙97) 등으로 부르다가 고승으로 인정할 만한 승려를 다른 이들과 구별할 필요가 생겼기 때문이다. 그래서 신라에서 처음에 禪師로 추증하고 나말여초에는 점차 大師로 추증하여 국가와 긴밀한 관계를 가진 승려에 대한 존중을 나타내었다. 大師의 추증이 계속되면서 시호로 내려지는 이름보다 大師라는 지위가 더 중요하게 인식되었고, '대사'의 호칭이 국가가 공인한 일정한 지위를 가진 승려로 인정받았음을 의미하게 되었던 것이다.

한편 고려 초 비문에는 승려의 지위를 알려주는 것으로 大師 외에 王師·國師가 있다. 고려 건국후부터 광종 연간까지에 임명된 王師·國師는 모두 大師로 추봉되고 있으므로 王師나 國師는 大師라는 또다

---

聖 所以念功報德之意 遂進封爲先覺國師"(『東文選』 卷117 碑銘).
97) 「□麗國光州晞陽縣故白雞山玉龍寺制諡洞眞大師寶雲之塔幷序」, "文明大王 聞之震悼 恨不憖遺 乃使駪弔以書曰 故玉龍禪和尙 片月遊空 孤雲出岫 乘桴西泛 掬寶東歸 慈風吹萬里之邊 禪月照九天之外者 唯實吾師矣"(『朝鮮金石總覽』 上, 193쪽 ; 『韓國金石全文』 中世上, 372쪽).

른 지위를 가지고 있었다. 고려시대에 僧階와 王師·國師의 僧職이 정비된 후는 '大覺國師'처럼 보통 시호의 다음에 國師나 王師의 명칭을 썼는데, 제도가 정비되기 이전에는 이러한 원칙이 지켜지지 못했다. 고려초 왕사였던 慶猷는 '故王師 敎諡法鏡大師', 忠湛은 '故王師 眞空大師', 兢讓은 '王師 贈諡靜眞大師'였고 국사였던 璨幽는 '故國師 制贈諡元宗大師'였다. 官階와 官職 개념을 차용해보면, 大師는 그 스님을 국가에서 인정해준 기준되는 지위가 되고 그러한 大師들 중 일부가 왕사나 국사로서 임명되었던 것이다. 즉 당시 일반승려들과 국가가 인정한 승려를 구분하는 가장 중요한 계선으로 역할한 것은 大師였고 그들 중 국왕과 특별한 관계를 가진 자들만이 왕사·국사가 되었다.

이처럼 아직 僧階나 僧職이 정비되지 않은 상황에서 고려초에 大師가 僧階처럼 이용되고 있었음은 王師나 國師라는 지위와 함께 서술된 비문의 서두에서 더 명확히 드러난다. 이는 경종 2년 건립된 法印國師 坦文의 비문에 '故國師 制贈諡法印三重大師'라고 되어 있는 것에서도 확인할 수 있다. 즉 僧階가 정비되기 시작하면서 大師가 들어가야 할 자리에 삼중대사라는 僧階가 들어가고 있으므로 이전의 大師가 僧階의 역할을 했음을 알려준다.

요약하면 처음에는 그저 '스승이 될만한 자'라는 의미를 가진 大師라는 명칭이 신라 말 고승에게 시호와 함께 주어지기 시작하면서 고려에 들어와 某大師라는 시호가 정례화되고 또 그것이 왕실과 국가로부터 일정한 지위를 인정받은 승려를 표현하는 단어로 변화했다. 사실상 僧階와 같은 기능을 하였던 것이다.[98]

게다가 '大師'로의 추봉은 당시 고승에 대한 예우의 한 방법으로 파악된다. 현존하는 자료가 적기는 하지만, 당시 승려 중 '大師'로 추봉

---

[98] 고려초의 '大師'가 승계의 역할을 하였기 때문에 이후 광종 때 僧階가 체계화되면서 僧階 중 하나로 大師가 자리잡았다고 판단된다.

된 이들은 극소수였을 것이므로 이후 왕사나 국사로 임명·추봉되는 자들과 비슷한 정도의 국가적 대우를 받았다고 추정된다. 이러한 점은 이후 서술할 고려시대의 왕사·국사의 임명 이유 중 하나인 고승에 대한 예우와 유사한 것이다. 즉 왕사·국사가 제도화되기 이전에 '大師'는 국가가 공인한 고승이었으며 이후의 왕사·국사와 유사한 존재였음이 확인된다.

## 제2장

# 高麗前期 王師·國師의 사례와 기능

## 1. 王師 임명 사례와 활동

고려시대에 들어와서 왕사는 태조 때부터 임명되기 시작했다. 고려 전기에 책봉된 왕사를 모두 확인할 수는 없지만, 사료를 통해 찾아지는 왕사들을 표로 제시하고 그들의 활동에 대해 간략하게 서술하도록 하겠다.

〈표 2〉高麗前期 王師 역임자

| 법명 | 시호 | 종파 | 역임 시기 | 전거 |
|---|---|---|---|---|
| 慶猷 | 法鏡大師 | 선 종 | ?~太祖4년(사망) | 「碑」 |
| 忠湛 | 眞空大師 | 선 종 | ?~太祖23년(사망) | 『史』卷2, 「碑」 |
| 智□ | 惠居國師 (弘濟尊者) | 선 종 | 定宗2년~光宗19년(국사책봉) | 「碑」 |
| 兢讓 | 靜眞大師 | 선 종 | ?~光宗7년(사망) | 「碑」 |
| 坦文 | 法印(國師) | 화엄종 | 光宗19년~光宗26년(국사책봉) | 『史』卷2, 「碑」 |
| 智宗 | 圓空國師 | 선 종 | 顯宗4년~顯宗9년(사망) | 「碑」 |

| 法鏡 | 大智國師 | 유가종 | 顯宗11년~德宗원년(국사책봉) | 『史』 卷4·5, 「玄化寺碑」, 「碑」 |
| 決凝 | 圓融國師 | 화엄종 | 靖宗7년~文宗원년(국사책봉) | 『史』 卷7, 「碑」 |
| 鼎賢 | 慧炤國師 | 유가종 | 文宗3년~文宗8년(국사책봉) | 「碑」 |
| 海麟 | 智光國師 | 유가종 | 文宗10년~文宗12년(국사책봉) | 『史』 卷8, 「碑」 |
| 爛圓 | 景德國師 | 화엄종 | 文宗12년~文宗20년(사망) | 『史』 卷8, 「墓」, 「海麟碑」 |
| 韶顯 | 慧德王師 | 유가종 | 肅宗원년 사망하면서 추봉 | 「碑」 |
| 德昌 |  | 유가종 | 睿宗즉위년~(睿宗2년?) | 『史』 卷12 |
| 曇眞 | 惠照國師 (慧炤國師) | 선 종 | 睿宗2년~睿宗9년(국사책봉) | 『史』 卷12·13 |
| 樂眞 | 元景(王師) | 화엄종 | 睿宗9년~睿宗12년이전(사망) | 『史』 卷13, 「碑」 |
| 德緣 (德淵) |  | 유가종 | 睿宗12년~仁宗즉위년(국사책봉) | 『史』 卷14·15, 「(僧)金德謙墓誌銘」 |
| 學一 | 圓應國師 | 선 종 | 仁宗즉위년~仁宗22년(사망) | 『史』 卷14, 「碑」 |
| 坦然 | 大鑑國師 | 선 종 | 仁宗23년~毅宗12년(사망) | 「碑」 |
| 曇休 | 正慧王師 | 유가종 | (睿宗 때 활동) | 「(僧)金義光墓誌銘」 |

※ 『高麗史』는 『史』로, 『高麗史節要』는 『要』로 전거표시를 한다. 승려들의 비문은 본인의 비일 경우는 「碑」로만, 다른 승려의 비문에 언급되었을 경우 간단히 「某碑」라고 표시하고 본문에서 정확한 비의 명칭을 기록하도록 하겠다. 묘지명일 경우 역시 「墓」로만 표현하고, 다른 사람의 묘지명에서 이야기되었을 때는 비와 동일한 원칙으로 기록한다.

※ 위의 승려들은 法名으로 구분하였고 시호는 최종적으로 받은 것을 기록하였다. 그들의 임명 시기가 정확하지 않을 경우 물음표로 표시하고 본문의 서술에서 추정을 해보았으며 왕사 역임 이후 국사로 책봉되었는지 아니면 왕사로 사망했는지를 구분하여 보았다.

慶猷와 忠湛은 태조가 즉위한 이후 어느 때인가 王師로서 책봉되었다. 비문에 王師로 책봉했다고 분명히 표현되지 않았지만, '왕사로서 대우한다', '왕사의 예로서 대우한다'라고 기록되어 있고 비문의 서두에 王師라고 쓰여 있다.[1] 또한 忠湛은 『高麗史』에도 王師라고 분명히 기록되어 있다.[2] 慶猷와 忠湛이 왕사인 점은 분명하지만 책봉 시기가

---

1) 「有晋高麗國踊巖山五龍寺故王師敎諡法鏡大師普照慧光之塔碑銘幷序」(『朝鮮金石總覽』 上, 163~165쪽 ; 『韓國金石全文』 中世上, 328~331쪽).
「高麗國原州靈鳳山興法寺故王師眞空大師(결락)」(1993, 『韓國金石文大系』 卷6-서울特別市編, 圓光大學校 出版局, 56쪽).

기록되지 않아 그들이 중복되어 임명되었는지는 알 수 없다. 慶猷는 태조 4년, 忠湛은 태조 23년에 사망하고 있는 사실만이 전할 뿐이다.3)

智□는 定宗 2년에 왕사로 책봉되어 光宗 19년에 국사로 승격했다. 그는 왕사로 책봉된 다음해에 왕의 명령으로 弘化寺 轉藏法事의 住席이 되었고, 광종 13년에는 역시 명을 받아 廣明寺로 옮겨 仁王般若會를 7일간 設하였다.4)

兢讓의 비문에는 광종이 '스승으로 삼는 예를 폈다'는 내용이 있고 비문의 서두에 王師라고 표현되어 있다.5) 위의 慶猷와 忠湛의 예와 유사하게 왕사였던 점은 분명하다. 책봉 시기에 대해서는 光宗 원년부터 쓰인 光德이라는 연호 이후 문장이 결락되어 몇 년인지 정확히 파악되지 않는다. 다만 광종 7년에 사망하고 있어 그 이전까지 왕사였음을 알 수 있다. 그런데 兢讓과 智□의 왕사 역임 기간을 비교하면 최소한 몇 년간은 겹친다. 이러한 현상은 이후에 쉽게 보이지 않는 것으로 아마도 왕사제도가 정비되는 과정 중에 있었던 특수한 사례라고 생각된다.

이상에서 살펴보았던 광종 19년까지 왕사를 역임했던 4명의 승려들은 모두 선종 승려라는 점도 특이하다. 신라말 고려초 선종의 융성과 관련된 현상일 것이다.

---

2) "(太祖二十三年) 秋七月 王師忠湛死 樹塔于原州靈鳳山興法寺 親製碑文"(『高麗史』卷2 世家2).

3) 朴胤珍, 2003, 「高麗初 高僧의 大師 追封」『韓國史學報』14, 30~32쪽.

4) 「高麗國水州府花山葛陽寺辯智無碍圓明妙覺興福佑世惠居國師諡洪濟尊者寶光之塔碑銘〈並序〉」, "開運四年(947, 정종2)秋 我定宗大王 特降璽書 封師爲王師 … 明年二月 設轉藏法事於弘化寺 命王師住席 賜辯智無碍之號 及我光宗大王十三年壬戌(962년) 命王師 移住廣明寺 爲設仁王般若會七日 … 十九年戊辰(968년, 광종19)正月 陞王師爲國師"(1917, 『朝鮮佛敎叢報』1, 24~25쪽 ; 1976, 『韓國佛敎雜誌叢書』14).

5) 「高麗國尙州曦陽山鳳巖寺王師贈諡靜眞大師圓悟之塔碑銘幷序」(1983, 『韓國金石文大系』卷3-慶尙北道編, 圓光大學校 出版局, 76쪽).

坦文은 智□가 국사로 승격하는 광종 19년의 10월에 왕사가 되었고 광종 26년6)에 국사로 책봉받았다.7) 그는 왕사가 되기 전부터 많은 활동을 했던 것으로 보이는데 태조와 惠宗, 定宗 때의 일이 비문에 많이 기록되어 있다.8) 또한 왕사였던 광종 23년에 이후의 景宗인 태자를 위해 千佛道場에 들어가 祝壽하고 있다.9) 한편 坦文은 고려 최초의

---

6) 『高麗史』卷2에 의하면 "(光宗 25년) 僧惠居死 以坦文爲國師"라고 하여 탄문이 국사가 된 해를 광종 25년이라고 하였다. 그러나 「坦文碑」에서는 '開寶八年(광종 26년)春正月'에 국사가 된 것으로 기록되어 있다. 혹 비문의 연도가 오류여서 開寶 7년이 아닐까도 생각해보았지만 「惠居國師碑」에 의하면 智□는 광종 25년 2월에 사망하였고 탄문은 「坦文碑」에서 광종 26년 정월에 국사가 되었으므로 開寶 8년을 7년의 오자로 볼 경우 탄문이 정월에 국사가 된 후 그 전의 국사인 智□가 2월에 죽은 상황이 된다. 그러므로 당대 사료인 「坦文碑」의 내용을 따라 탄문이 국사가 된 해를 광종 26년으로 파악했다.

7) 「高麗國運州迦耶山普願寺故國師制贈諡法印三重大師之碑銘幷序」, "是歲(광종19년) 冬十月 大王 … 迺使太相金遵巖等 奉徽號 爲王師弘道三重大師 翌日 大王躬詣內道場 拜爲師 … 開寶八年(975년, 광종26)春正月 … 大王躬詣道場 服冕拜爲國師 陳之以避席之儀 展之以書紳之禮"(2000, 『增補 韓國金石文大系』卷2-忠淸南北道編, 圓光大學校 出版局, 50쪽).

8) 「高麗國運州迦耶山普願寺故國師制贈諡法印三重大師之碑銘幷序」, "故乃太祖 聞大師緇林拔萃 覺樹慧柯 制曰 旣幼年之異異 號聖沙彌 宜今日之標奇 稱別和尙 … 龍德元年(921년, 태조4) 置海會 選緇徒 制曰 庄義別和尙 何必更爲居士 方作名僧 遂擇爲問者 … 同光紀曆 丙戌司年(926년, 태조9)冬十月 太祖以劉王后 因有娠得殊夢 爲其賴棄心之丹 願誕玉裕之英姿 遂請大師 祈法力 於是 香爇金鑪 經開玉軸 願維熊之吉夢 叶如牽之誕生 果驗日角奇姿 天顔異相 有以見端居鶴禁 嗣守鴻圖 是大成王也 … 明年(927년, 태조10) 春 以大師行修草繫之心 冠結花嚴之首 擢授別大德 … 天福七年(942년, 태조25) 秋七月 塩白二州地界 螟蝗害稼 大師爲法主 講大般若經 一音纔演法 百騰不爲灾 是歲 卽致年豊 翻成物泰 惠宗嗣位(943년) 寫花嚴經三本裁竟 卽於天成殿 像設法筵 請大師講覽 兼申慶讚 爲其弘宣寶偈 永締芳緣 附大師 送納於九龍山寺 別贈法衣 贊之珎茗 副以仙香 定宗踐阼(945년) 遂於九龍山寺 置譚筵 大師爲法主 □□□□□□□□□□ 君臨之多福"(『增補 韓國金石文大系』卷2-忠淸南北道編, 50쪽).

9) 「高麗國運州迦耶山普願寺故國師制贈諡法印三重大師之碑銘幷序」, "開寶五

화엄종 출신 왕사로 당시 불교 판도 변화를 읽게 한다.
坦文이후 오랫동안 왕사의 책봉을 사료상으로 확인하기 힘들다.

가. (穆宗 12년 春正月) 임신일에 임금이 詳政殿에 납시어 觀燈하였다. 大府의 油庫에 불이 나서 千秋殿이 延燒되었다. 임금이 殿宇·府庫가 타버린 것을 보고 悲嘆하여 병이 생겨 聽政하지 못했다. 王·國師 두 승려 … 등이 銀臺에서 直宿했다.10)

다만 위의 사료를 통해 목종 12년 당시 왕사가 있었다는 것이 확인되지만, 그의 법명·법호나 종파 등을 알 수는 없다.
이후 顯宗代가 되어야 다시 왕사의 임명이 보이는데, 智宗이다. 智宗은 선종 중 法眼宗 계열로 광종 때 승과에 합격한 후 光宗, 景宗, 成宗, 穆宗 때 승계가 계속 승진되면서 佛恩寺·外帝釋院 등의 주지를 맡았고 현종 때 禪宗의 최고 승계인 大禪師를 제수받으면서 廣明寺의 주지가 되었다. 그 후 智宗은 현종 4년에 왕사로 책봉받고 同王 9년에 사망하였다.11)

---

季(972년, 광종23) 大師特爲儲后 季齊鶴箄 日盛龍樓 扶玉扆以儲休 佐瑤圖以演慶 洒入千佛道場 焚禱"(『增補 韓國金石文大系』 卷2-忠淸南北道編, 50쪽).
10) 『高麗史』 卷3 世家, 穆宗 12년 春正月 壬申.
11) 「高麗國原州賢溪山居頓寺故王師慧月光天遍照至覺智滿圓默寂然普化大禪師贈諡圓空國師勝妙之塔碑銘〈幷序〉」, "顯德初 光宗大王 … 選丹霞之佛 明示懸科 師雄入議圍 首探理窟 衒疊雙之絶藝 彰累百之高名 … 三年(개보3년, 970년, 광종21) 攓袂而興 泛盃而渡 已叶易東之志 人稱居右之才 光宗視以羅什如秦 摩騰入漢 益厚優賢之意 彌敦獎善之仁 初署大師 延請居於金光禪院 末年加重大師 施磨衲袈裟 自後衆所具瞻 … 至景宗踐祚 除三重大師 賜水精念珠 成宗朝 遷住積石寺 號爲慧月 淳化中 以特飛芝詔 迎入蕊宮 請啓高談 冀聞妙義 寧效少林之觀壁 且同宣室之話釐 載寵宸襟 優承寵貺 仍受磨衲蔭脊 穆宗繼承先志 … 累加天遍炤至覺智滿圓默禪師 贈繡方袍 兼以佛恩寺 護國外帝釋院等 爲住持之所焉 曁今上(현종) … 崇授大禪師 請住廣明寺 進法稱曰寂然 開泰二年(1013년, 현종4)秋 … 上 親詣拜爲王師 …

유가종[12] 승려인 法鏡은 현종 11년 왕사가 되었다가 덕종 원년에 국사가 되었다.[13] 법경은 유가종의 본찰인 玄化寺가 창건된 현종 11년에 그곳의 첫 주지로 임명되고 있다.[14] 한편 法鏡은 파편만이 전하는「大智國師碑」의 주인공으로 생각되고 있는데[15] 그 비는 파손 상태가 심하여 그의 행적은 확인되지 않는다.

決凝은 화엄종 승려로 靖宗 7년에 왕사로 책봉되었다가 문종 원년 국사로 옮겼다.[16] 그는 靖宗 9년 문덕전에서 화엄경을 講하면서 祈雨를 하여 비를 내리게 하는 感通 능력[17]을 보이고 있다.[18]

---

天禧二年(1018년, 현종9)首夏 … 止于原州賢溪山居頓寺 方閑宴座 … 是月十七日 病而彌亮 顧以眞泠 謂衆曰 … 言訖示化 壽八十九 臘七十二"(1998, 『韓國金石文大系』卷7－江原道編, 圓光大學校 出版局, 31쪽 ; 1981, 『한국서예사특별전』18－韓國의 名碑古拓, 우일출판사, 46쪽).

12) 瑜伽宗보다는 法相宗이 일반적으로 더 많이 알려져 있다. 그러나 고려시대에 법상종이란 종파가 실재한 적이 없으며 瑜伽業이나 慈恩宗이 쓰였다는 견해에 따라 '瑜伽宗'이라는 용어를 쓰기로 한다(황인규, 2003, 「여말선초 유가종승의 동향」『東國史學』39 ; 2003,『고려후기·조선초 불교사 연구』, 혜안, 274쪽).

13) "(顯宗 11년) 冬十月 己丑 以玄化寺僧法鏡 爲王師"(『高麗史』卷4 世家). "(德宗 元年 8월) 戊午 王如奉恩寺 以僧法鏡爲國師"(『高麗史』卷5 世家).

14) 「有宋高麗國靈鷲山新創大慈恩玄化寺之碑銘(幷序)」, "遂命三川寺主□師都僧□法鏡住持 領衆傳法 納田地□□頃 奴婢一百人 牛馬供具等 以充 (결락)"(『한국서예사특별전』18, 136쪽 ; 『朝鮮金石總覽』上, 245쪽).

15) 崔柄憲, 1981,「高麗中期 玄化寺의 創建과 法相宗의 隆盛」『韓沽劤博士停年紀念史學論叢』, 지식산업사, 248~249쪽.

16) "(文宗 원년 6월) 乙卯 王率公卿大夫 如奉恩寺 以王師決凝爲國師"(『高麗史』卷7 世家).
「浮石寺圓融國師碑」, "重熙十載(1041년, 정종7) 靖宗欲封爲王師 遣中樞知奏事兵部侍郎王寵之 先之宣諭 … 其年六月 幸城南聖祖留眞之大精舍 日奉恩 行摳衣之禮 玆日雨絲 繼灑霙服 爲憂國師 … 今上(문종)分身 珂□□□□ 千萬壽年 協繡龜之算 泰平天子 應文石之祥 運洽熙寧 懇崇衆妙 何況 救世菩薩 當來解脫 相遇之秋 故命稷君□□葹 降德牧以嗛書 幸于舊宮 拜爲國師"(『韓國金石文大系』卷3－慶尙北道編, 81쪽 ; 『한국서예사특별전』18, 150쪽 ; 『朝鮮金石總覽』上, 269~270쪽).

鼎賢은 유가종 승려이며 성종 15년 승과에 합격한 후 목종때 大師가 되었고 그 이후의 승계 승진은 현종, 덕종 때 기록되어 있다. 그는 문종 3년에 왕사로 책봉되었으며 문종 8년에 하산하겠다고 하자 국사로 책봉되었다.19) 鼎賢은 왕사가 되기 전인 문종 즉위년에 『金鼓經』을 講하였고 문종 2년에 文德殿에서 8권 『金經』을 講하니 비가 내렸다.20)

海麟은 穆宗 7년에 승과에 합격한 후 顯宗朝에 대사·중대사, 德宗 때 삼중대사·수좌, 靖宗 11년에 승통이 되었으며 여러 차례 法號를 받고 있다.21) 海麟은 文宗 10년에 왕사가 되었다가 문종 12년에 국사

---

17) 제1장, 주 22) 참고.
18) 「浮石寺圓融國師碑」, "癸未歲(1043년, 정종9년) □□□□□ 師於文德殿 祈甘霖 講雜花 憑彎几而五雲塡空 掉綺紋而一雨普潤"(『韓國金石文大系』 卷3 – 慶尙北道編, 81쪽 ; 『한국서예사특별전』 18, 150쪽 ; 『朝鮮金石總覽』 上, 270쪽).
19) 「(결락)利朗哲破有通化無著靈敏淵奧具行定覺道首都僧統贈諡慧炤國師碑銘幷序」, "統和十四載(996년, 성종15) 赴彌勒寺五敎大選 … 名振講場 譽錚談會 … 己亥歲(999년, 목종2) 勅加大師 … 顯宗朝 益重石師 別褒琦行 超□ □□□□□磨衲方袍一領 未幾 加□首座 … 德宗 敎移住法泉寺 … 尋徑山 □□□□□推鵬俊簡□鷹耆□□僧統 請住玄化寺 賜紫繡僧伽梨□□ □□□一領 … 己丑歲(1049년, 문종3) … 上率羣有司 幸奉恩寺 膜拜王師 … 甲午年(1054년, 문종8) □□□□□□ 年頤漸逼 齒載將臨 豈宜鐘漏之殘年 長居輦下 願以桑榆之遺質 退臥山中 飛方底以連□向匪閭而欲往攝齋 請益 雖增倚德之誠 棹軏言歸 敢負考槃之志 以□□□□□奉恩寺 備法儀 親加懿號 禮爲國師 九拜忘勞"(1988, 『韓國金石文大系』 卷5 – 京畿道編, 圓光大學校 出版局, 28쪽 ; 『朝鮮金石總覽』 上, 274~277쪽).
20) 「(결락)利朗哲破有通化無著靈敏淵奧具行定覺道首都僧統贈諡慧炤國師碑銘幷序」, "洎我皇上 踐祚 丙戌歲(1046년, 문종즉위년) 春正月 洗心香海 植福情田於□□□□ 師講金鼓經 □實謂智頭重生 成顒再化 賜紫繡僧伽梨一領 錦貼法衣一領 比肩薩埵□耀僧田 後於戊子歲(1048년, 문종2) 五月 甘澍阻霑 驕陽爲冷 走羣望而無益 禜百神而不□□□□□ 師於文德殿 講八卷金經 師手捧銀塗 徐擧象王之步 身昇蓮座 高騰師子之音 □軸未終 遊雲四□ 霈然下雨"(『韓國金石文大系』 卷5 – 京畿道編, 28쪽 ; 『朝鮮金石總覽』 上, 276쪽).
21) 「高麗國原州法泉寺講眞弘道明了頓悟戒正高妙應覺探玄道源通濟淵奧法棟

로 봉해지는데,22) 왕사가 되기 전 궁궐로 들어가 법화경을 강하여 비가 오도록 하였으며 唯心妙義를 講하기도 하였다.23)

爛圓은 문종 12년에 왕사가 되고 있다.24)「(僧)金爛圓墓誌銘」에 '纔及順耳 陟爲王師'25)라고 표현되어 있는데 묘지명의 기록을 통해 나이를 계산해 보면 실제로 60세에 왕사가 되었다. 난원은 文宗의 아들인 大覺國師 義天의 스승으로 유명하다.26)

---

具行了性導首融炤朗徹贈諡智光國師玄妙之塔碑銘〈幷敍〉」, "春秋二十一(1004년, 목종7) 赴王輪寺大選 … 仍署大德 … 統和年中 受法号曰 講眞弘道 屬統和末 我聖考顯宗 御宇第五年也(1013년, 현종4) 特蒙睿獎 加□□□ 太中祥符十□□□ 号爲明了頓悟 … 太平年中(1021년, 현종12~1030년, 현종 21) 加重大師 戒正高妙應覺爲号 住持水多寺 十秊(태평10년, 1030년, 현종21) 有勅移住海安寺 迄于惪宗臨朝(1031년, 덕종즉위년) 轉甚重之 特授三重大師 幷賜磨衲法服一領 加法稱曰 探玄道源 未幾加授首座 兼賜磨衲田衣一笥者 … 重熙季中(1032년, 덕종원년~1054년, 문종8) 加號曰通濟淵奧法棟 … 十四年(1045년, 정종11) 擢授僧統"(『韓國金石文大系』卷7-江原道編, 33쪽 ; 『한국서예사특별전』18, 154쪽).

22) "(文宗 10년 11월) 壬午 幸內帝釋院 以僧海麟 爲王師"(『高麗史』卷7 世家). "(文宗 12년 5월) 戊子 王如奉恩寺 册海麟 爲國師 爛圓爲王師"(『高麗史』卷8 世家).
「高麗國原州法泉寺講眞弘道明了頓悟戒正高妙應覺探玄道源通濟淵奧法棟具行了性導首融炤朗徹贈諡智光國師玄妙之塔碑銘〈幷敍〉」, "淸寧二年(1056년, 문종10) … 卽以十一月四日 大駕 行幸于內帝釋院 備禮拜爲王師 … 四年(1058년, 문종12) 五月 初一日 上欲封爲國師 致書三請 以是月十九日 備金駕 親幸奉恩寺 封我師爲國師 封靈通寺主僧統爛圓 爲王師者"(『韓國金石文大系』卷7-江原道編, 33쪽 ; 『한국서예사특별전』18, 154쪽).

23)「高麗國原州法泉寺講眞弘道明了頓悟戒正高妙應覺探玄道源通濟淵奧法棟具行了性導首融炤朗徹贈諡智光國師玄妙之塔碑銘〈幷敍〉」, "重熙季中(1032년, 덕종원년~1054년, 문종8) … 忽一旦 宣許入內 俾演蓮經 師螭陛蹋雲猊床講雨 … 迨于今聖上(문종) … 酒召師於琳宮 講唯心妙義"(『韓國金石文大系』卷7-江原道編, 33쪽 ; 『한국서예사특별전』18, 154쪽).

24) "(文宗 12년 5월) 戊子 王如奉恩寺 册海麟 爲國師 爛圓爲王師"(『高麗史』卷8 世家).

25)「(僧)金爛圓墓誌銘」(『高麗墓誌銘集成』, 24쪽).

제2장 高麗前期 王師·國師의 사례와 기능  51

그리고 韶顯은 지금까지의 다른 왕사들과 달리 숙종 원년에 사망하면서 慧德王師로 추봉받고 있다. 물론 사망하기 직전 숙종은 韶顯을 왕사로 책봉하려 했으나 그의 사양으로 이루어지지 않았다고 비문에 기술하고 있기는 하다. 소현이 왕사로 책봉받지 못한 이유는 무엇일까. 소현은 李子淵의 아들로, 智光國師 海麟에게 출가하여 문종 15년에 승과에 합격하고 문종조에 수좌까지 올라간 후 宣宗 원년에 승통이 되고 있다. 또한 문종 33년에 왕의 명령으로 大張法席의 說主가 되었으며 宣宗 원년에 승과를 주관하고 內賜法會에 나가기도 하였다. 그리고 숙종 즉위년에는 국왕에 의해 인왕경을 강하는 법주가 되었다.[27] 그러므로 그의 활동이나 자격이 왕사가 되기에 부족해 보이지

---

26) 「(僧)王釋煦墓誌銘」(『高麗墓誌銘集成』, 31쪽).
「高麗國五冠山大華嚴靈通寺贈謚大覺國師碑銘〈並序〉」(『한국서예사특별전』 18, 158쪽 ; 『大覺國師外集』 卷12).
「南嵩山僊鳳寺海東天台始祖大覺國師之碑銘〈幷序〉」(『韓國金石文大系』 卷3-慶尙北道編, 83쪽 ; 『大覺國師外集』 卷13).

27) 「高麗國全州大瑜伽業金山寺普利了眞精進饒益融慧廣祐護世能化中觀贈謚慧德王師眞應之塔碑銘〈幷序〉」, "年甫十一(1048년, 문종2) 就海安寺麟公所落髮 麟公卽故法泉寺國師 謚智光 諱海麟也 … 淸寧七年(1061년, 문종15) 赴王輪寺大選場 一捷爲大德 … 太康五年(1079년, 문종33)秋 上命有司於內殿 大張法席 請師充說主者 爲大宋回使 利涉大洋故也 …□九年(1083년, 문종37) 又加首座 是歲 文宗昇遐 順宗嗣位 未幾而又崩 卽宣宗承纂之元年也(1084년, 선종원년) 上以端拱無爲 坐見中興者 豈非師福利之功耶 下批署爲僧統 其時 師年四十七也 …又其年 王命師移住玄化寺 仍於開國慈雲兩寺選場 再爲都□□□□□又赴內賜法會 … 壽昌元年乙亥(1095년, 숙종즉위년) 冬十月 聖考肅宗 慶襲宗祧 必歸佛法 □□□□□□ 召師爲法主 講仁王經者 祈天祚業故也 洎二年(1096년, 숙종원년) 十二月 十八日 師於寺之奉天院 深夜看經 次有斯疾 旣以聞 卽遣御醫 診視之 未回 續差中使 押送尙乘鞍焉 施納其寺 以□□□□□□ 內侍少卿 池澤厚 至奉傳聖旨 今欲封師爲王師 師頓首言 德薄行庸 豈堪聖獎 … 遙明以入寂 聞上乃震悼 遣入內奉御王叚 吊慰之 … 二十七日 遣使尙書右僕射陳謂 使副尙書左丞·左諫議大夫金統等 賫持璽書 封爲王師 謚曰慧德 塔号眞應 幷贈"(1983, 『金山寺誌』, 亞細亞文化社, 182~186쪽 ; 1994, 『增補 韓國金石文大系』 卷1-全羅南北

는 않는다. 아마도 〈표 2〉에서 확인되듯이 順宗·宣宗 이후부터 肅宗 때까지 왕사의 책봉이 없었던 점과 관련있을 것이다. 왕사·국사 책봉은 고승의 임명이라는 의미도 있지만, 당시 융성했던 종파에 대한 특혜이자 종파간의 안배라는 의미도 지니고 있었다.[28] 그런데 順宗·宣宗 이후부터는 국왕과 귀족들 사이에 알력이 있었고 불교에서도 이들간의 대립이 화엄종과 유가종의 다툼으로 나타났다.[29] 이러한 대립 속에서 즉위한 숙종은 왕권강화를 위한 많은 노력을 하였지만, 숙종조까지 왕사와 국사의 임명이 이루어지지 못한 것을 보아 불교계의 대립을 완전하게 해결하지 못했다고 생각하게 한다. 이러한 사정으로 소현의 생전 왕사 책봉이 이루어지지 못했을 것이다.

德昌은 睿宗 즉위년에 왕사가 되고 있고 玄化寺 僧이라고 했으므로 유가종 출신이다.[30] 또한 예종 원년 7월에 가뭄이 들자 般若道場을 設하여 비를 기원하고 있다.[31] 그가 언제까지 왕사였는지는 기록상으로 확인되지 않지만, 曇眞이 예종 2년에 왕사로 책봉받은 것과 대체로 두 명의 왕사가 중복되어 책봉된 예가 없다는 사실을 참고하면 예종 2년 즈음에는 왕사의 자리를 떠났다고 추정된다.

睿宗 2년 왕사가 되고 睿宗 9년 국사로 옮겨가는 曇眞은 왕사가 되기 전인 睿宗 원년에 長寧殿에서 禪을 設하여 祈雨하였으며 국사가 된 이후 睿宗 11년에 역시 왕을 모시고 禪을 설하고 있다.[32] 담진에

---

道編, 圓光大學校 出版局, 37쪽 ; 『朝鮮金石總覽』上, 297~301쪽).
28) 許興植, 1975,「高麗時代의 國師·王師制度와 그 機能」『歷史學報』67 ; 1986, 『高麗佛敎史硏究』, 一潮閣, 419~425쪽.
29) 崔柄憲, 주 15) 논문.
韓基汶, 1990,「高麗 中期 興王寺의 創建과 華嚴宗團」『鄕土文化』5 ; 1998, 『高麗寺院의 構造와 機能』, 民族社 참조.
30) "(睿宗 卽位年 十二月) 辛卯 以玄化寺僧德昌 爲王師"(『高麗史』卷12 世家).
31) "(睿宗 元年) 秋七月 庚寅朔 設般若道場于會慶殿 召王師德昌 講經祈雨"(『高麗史』卷12 世家).
"(睿宗 元年) 七月 庚寅朔 召王師德昌 講經祈雨"(『高麗史』卷54 志8 五行2 金).

대해 전하는 기록들이 모두 그가 禪을 설했다는 점에서 선종 승려라는 것을 알 수 있다. 그래서 선종 승려로서 당시 국사였던 惠照國師[33]와 동일인으로 파악된다.[34]

樂眞은 문종 22년에 승과를 보아 대덕이 되었고 원래는 경덕국사 난원의 제자였으나 난원의 사망 이후 의천의 문도로 통합되었다. 낙진은 의천이 몰래 송으로 가자 왕의 명령에 따라 의천을 뒤따라갔다. 숙종 때 수좌·승통을 역임하였고 예종 연간에 奉先寺, 曇華寺, 佛國寺, 安嚴寺 등에서 주지로 지냈으며 예종 9년에 왕사가 된 후[35] 예종 12년 이전[36]에 사망하였다.[37] 숙종이 잠저시에 백일간의 도량을 열었

---

32) "(睿宗 元年 六月) 己丑 御長寧殿 命僧曇眞 說禪 祈雨 …"(『高麗史』 卷12 世家).
"(睿宗 二年 正月) 乙卯 御明慶殿 以僧曇眞 爲王師"(『高麗史』 卷12 世家).
"(睿宗 九年 三月) 癸巳 王如奉恩寺 以僧曇眞爲國師 樂眞爲王師"(『高麗史』 卷13 世家).
"(睿宗 十一年 閏正月) 壬寅 幸普濟寺 聽國師曇眞說禪 賜施優厚"(『高麗史』 卷14 世家).
33) 『破閑集』 卷中 「眞樂公李資玄」, "眞樂公李資玄 … 惠照·大鑑兩國師 皆遊其門"
선종승려인 惠照國師는 『東文選』 卷50(李資玄,「慧炤國師眞贊」)이나 『補閑集』 卷上(「尹文康公彦頤」),「坦然碑」,「(僧)王之印墓誌銘」 등에서 慧炤國師라고 쓰여있기도 하다. 어떤 것이 정확한 명칭인지는 현재 알 수 없다. 한편 유가종 승려인 鼎賢도 慧炤國師이므로 구별하여 살펴보아야 한다.
34) 許興植, 주 28) 논문, 428~429쪽.
崔柄憲, 1983,「高麗中期 李資玄의 禪과 居士佛敎의 性格」『金哲埈博士華甲紀念史學論叢』, 지식산업사, 951~952쪽.
金相永, 1991,「高麗中期 禪僧 慧照國師와 修禪社」『李箕永博士古稀紀念論叢 佛敎와 歷史』, 362쪽.
鄭修芽, 1994,「慧照國師 曇眞과 '淨因髓'」『李基白先生古稀紀念 韓國史學論叢』 上-古代篇·高麗時代篇, 一潮閣, 619쪽.
35) "(睿宗 九年 三月) 癸巳 王如奉恩寺 以僧曇眞爲國師 樂眞爲王師"(『高麗史』 卷13 世家).
36) 낙진의 사망연대는 비문의 결락으로 알 수 없다. 다만 德緣이 예종 12년

는데 이때 낙진을 講主로 삼았고,38) 결락으로 구체적인 내용을 알 수는 없지만 예종이 東宮이었을 때 낙진이 예종에게 화엄종의 교리를 가르친 것 같다.39) 또한 국가에 한재나 수재가 있으면 낙진으로 하여금 기복하는 법회를 열도록 하였고 그때마다 효과가 있어 임금의 총애가 남달랐다고 한다.40) 한편 낙진은 왕사로 사망한 후 국사로 추봉받지 못한 드문 사례이다.

德緣은 德淵으로도 기록되었는데, 睿宗 12년에 왕사가 되었고 仁宗

---

에 왕사로 책봉받고 있으므로 그 이전 시기라고 추정된다.
37) 「高麗國大華嚴業第四代王師歸法法水兩寺住持悟空通慧僧統詔諡元景大和尙碑銘〈幷序〉」, "咸雍四戊申歲(1068년, 문종22) 赴大選場 受大德 自是 不離景德之門 (결락) … 丙□歲(1066년, 문종20) 景德遷化 大覺傳繼法師 景德門人□□□□□□□講下 … (결락) 有奏請而竟不得報□悱憤憤 志不可奪 (결락) 商船浮海 上聞之驚歎 命師及大師慧宣・道隣等 追之 … 肅王卽政 制加首座 … 甲申(1104년, 숙종9)季夏 制加僧統 … 戊子歲(1108년, 예종3) 移住□□□□□□□□□□ 曰奉先 曰曇華 曰佛國 曰安嚴 (결락) … 甲午歲(1114년, 예종9) 季春 駕幸奉恩寺 拜□□□□□□□ 上欲有是命以師懇讓 (결락) … (결락) 上 以歸法寺 爲師燕息之所 以法水寺 爲師香火之所 及示疾 命御醫 往爲之 師曰 老病 人之常態 無煩理也 三月三日 (결락) … 須臾入滅 俗壽七十 法夏六十二"(1985,『韓國金石文大系』卷4-慶尙南道・濟州道編, 圓光大學校 出版局, 54쪽 ;『朝鮮金石總覽』上, 318~321쪽).
38) 「高麗國大華嚴業第四代王師歸法法水兩寺住持悟空通慧僧統詔諡元景大和尙碑銘〈幷序〉」, "肅王在藩邸時 □□□□□□□□□□□□□□□□□ 道場 一百日 請師爲講主 道俗聽衆 □有數百人 由是 聲名益振 曾是(결락)"(『韓國金石文大系』卷4-慶尙南道・濟州道編, 54쪽 ;『朝鮮金石總覽』上, 318쪽).
39) 「高麗國大華嚴業第四代王師歸法法水兩寺住持悟空通慧僧統詔諡元景大和尙碑銘〈幷序〉」, "睿王之在東宮也 遊心於華嚴敎 (결락) 雖造次酬酢之間 未嘗不□□揚弘護爲 (결락) 法匠"(『韓國金石文大系』卷4-慶尙南道・濟州道編, 54쪽 ;『朝鮮金石總覽』上, 319쪽).
40) 「高麗國大華嚴業第四代王師歸法法水兩寺住持悟空通慧僧統詔諡元景大和尙碑銘〈幷序〉」, "凡國朝 有水旱災變 必請師爲邀福之事 師自來常讀大經於性起 (결락) 其應多不虛故 恩禮之數□於他等"(『韓國金石文大系』卷4-慶尙南道・濟州道編, 54쪽 ;『朝鮮金石總覽』上, 319쪽).

즉위년에 국사가 되었다.[41] 德緣은 왕사가 된 후 예종 15년과 16년에 각각 국왕의 명령으로『金剛經』을 講하거나 기우제를 지내고 있다.[42] 그리고『弘贊法華傳』의 발문을 통해 왕사가 되기 전인 예종 10년에 弘化寺 주지이자 僧統이었음도 확인된다.[43] 한편「(僧)金德謙墓誌銘」 에 의하면 德淵은 예종 때 明慶殿에 머물렀으며 德謙이 長嚴寺 주지가 되어 떠날 때 명경전 문밖에서 작별연을 베풀어 주었다. 덕연이 덕겸을 자신의 계승자로 지목했다는 점[44]에서 덕겸과 덕연은 동일하게 유가종 승려임을 알 수 있다.[45]

---

41) "(睿宗 十二年 正月) 壬子 幸法王寺及神衆院 還御明慶殿 以僧德緣 爲王師"(『高麗史』卷14 世家).
    "(仁宗 卽位年 六月) 己亥 以僧德緣 爲國師 學一爲王師"(『高麗史』卷15 世家).
42) "(睿宗 十五年 五月) 乙丑 召王師德緣 講金剛經 飯僧"(『高麗史』卷14 世家).
    "(睿宗 十六年 閏五月) 丁卯 召王師德緣 禱雨 於乾德殿 五日 又禱于佛宇神祠 辛未 聚巫禱雨 壬申 復召德緣 禱于山呼亭"(『高麗史』卷14 世家).
43) "時天慶五年歲在乙未 季春月十七日 於內帝釋院明慶殿記 海東高麗國義龍山弘化寺住持・究理智炤淨光處中吼石法印僧統・賜紫沙門德緣勘校"(『弘贊法華傳』跋;『卍續藏經』第149 中國撰述 史傳部, 73상쪽).
44) 「(僧)金德謙墓誌銘」,"睿王時□師德淵 嘗居大內明慶殿 上問曰継國師者誰歟 國師以師對 及初住長嚴寺 就辭國師 國師設祖席於殿門外 以寵之"(『高麗墓誌銘集成』, 117쪽).
45) 德緣(德淵)을 숙종 3년에 간행된『金剛般若經義記』의 교감 참여 인물이었던 講華嚴經・興王寺大師・賜紫沙門 臣德延(南權熙, 2002,『高麗時代 記錄文化 硏究』, 淸州古印刷博物館, 158쪽)과 동일인이라고 보아서 화엄종 승려로 여기는 견해도 있다. 그러면서 덕겸에 대한 추천은 그의 義學 능력을 중요하게 여겼기 때문이라고 하였다(安田純也, 2005,「高麗時代の內道場－內帝釋院を中心として」『朝鮮學報』194, 26쪽).
    그러나 이름의 유사성 외에는 德緣(德淵)과 德延의 공통점이 없으므로 大師였던 숙종 3년과 이미 僧統이 된 시기인 예종 10년이 17년 차이가 난다는 점을 고찰해보아야 한다. 기존의 연구성과에 의하면, 평균적으로 24세경이 되면 승과에 급제하여 대덕을 승계로 받고 대사는 32.5세 정도에 된다고 한다. 또한 승통이나 대선사같은 최고의 승계에 오르기 위해서는 50

學一은 예종 때 다시 부흥한 선종계열로 宣宗 원년 33세의 조금 늦은 나이로 승과에 합격한다. 예종 연간에 三重大師·禪師·大禪師를 역임하였으며 주지한 사원으로는 法住寺·迦智寺·龜山寺·內帝釋院·安和寺 등이 있다. 예종 17년에 임금이 왕사로 삼고자 했지만 책봉례를 하기 전에 예종이 사망하여 인종이 선왕의 뜻을 이어 받아 왕사로 책봉하였다.46) 인종 7년에 하산하면서 왕사의 印과 임명장으로 생각되는 狀을 반납하였지만 돌려받은 것으로 보아 계속 왕사의 지위에 있었다고 여겨진다. 그후 인종 22년에 사망하였다.47) 학일은 대반

세 초반 정도가 되어야 한다(김용선, 2004, 「고려 승려의 일대기」 『고려금석문 연구』, 일조각, 354~355쪽). 물론 승계에 임명된 나이가 파악되는 사례가 적어 평균화하기는 곤란한 면이 있지만, 위와 같은 검토를 통해 대사에서 승통이 되려면 최소한 20년 정도의 시간이 필요함을 알 수 있다. 그러므로 大師였던 德延이 별다른 어려움없이 승통이 되었다고 하더라도 평균적으로 예종 13년 이후에나 가능하다. 게다가 고려전기의 왕사들은 고려 초의 慶猷·忠湛·智□를 제외하고 60세 이후에야 임명되고 있다. 따라서 德緣(德延)도 왕사로 임명되던 睿宗 12년 즈음에는 60세가 넘어 있어야 하므로 숙종 3년에는 역시 40대 이후였을 것이다. 그러므로 숙종 3년에 대사였던 德延과는 나이에서 큰 차이를 가지므로 德緣(德淵)과 德延을 동일인물로 보기는 힘들다.
그뿐만 아니라 본문에서도 언급했듯이 德緣이 德謙을 후계자로 지목한 것은 義學 능력을 중시해서가 아니라 같은 종파였기 때문이라고 보는 것이 타당하다고 여겨진다. 게다가 德謙의 법명 중 '德'이 德緣(德淵)과 같아, 법명을 지을 때부터 그의 후신 또는 후계자임을 자처했다고 추정되는 점도 德緣(德淵)과 德謙을 같은 유가종 승려로 파악하도록 한다.

46) "(仁宗 卽位年 六月) 己亥 以僧德緣 爲國師 學一爲王師"(『高麗史』 卷15).
47) 「高麗國雲門寺圓應國師之碑」, "我宣王二年(1084년, 선종원년) 宋神宗元豊七年甲子 赴廣明選佛場 優中□□□□ … 我肅王四年(1098년, 숙종3) 宋紹聖五年戊寅 … 上飽聞師□ □□住法住寺 我睿王元年(1105년, 예종즉위년) 宋崇寧四年 加三重大師 住迦智寺 不數月 移住龜山寺 宋道君大觀二年戊子(1108년, 예종3) 加禪師 政和三年癸巳(1113년, 예종8) 住內帝釋院 四年甲午(1114년, 예종9) 加大禪師 七年丁酉(1117년, 예종12) 住安和寺 宣和四年□□(1122년, 예종17) 上因疾 召師於內殿 欲拜爲王師 師牢讓不受 侍中金仁□等 謂師曰 上 欲以不臣禮 事師久矣 師之不受 非也 師不得已受命 於是

야에 뛰어나 삼매력을 얻어 사람들의 병을 고쳤다고 하며, 이후 원명국사가 되는 징엄의 병도 낫게 해준다. 왕사가 된 후 인종 원년에 큰 가뭄이 있자 大禪師 得善과 함께 기우제를 지내 바로 다음날 비를 내리게 했고 그후 수재나 한재 때 기도하면 매번 효과가 있었다. 또한 하산 후 인근 산에 불이 나자 주문으로 이것을 진화했다고도 한다. 한편 인종 원년에 승과를 주관하기도 했다.[48]

坦然은 출가하기 전 明經生이 되었고 숙종이 왕위에 오르기 전에 훗날의 예종을 모시기도 하다가 19살이 되는 宣宗 4년에 승려가 되어 慧炤國師 曇眞을 스승으로 섬겼다. 숙종 9년에 승과에 합격한 후 예종 연간에 大師・重大師・三重大師・禪師를 역임하고 인종 때 大禪師가

---

上 便行師拜 然 未及册禮而登遐 四月□□ 仁王卽位 追述先志 七月七日 遣中使以書致意 越明日 如之 師具狀辭免 至于再三 十二日 備禮儀 册爲王師 十六日 上幸明慶殿 伸弟子之禮 百官拜賀 … 七年己酉(1129년, 인종7) 九月十九日 封王師印幷狀 納王朝 潛發瓊嵓 行至廣州 上聞之 遣內臣庾弼 傳宣懇款 又命左右街 令所過州郡 依普照國師下山例迎送 仍還印寶 十月十九日 入雲門 □□□□□ … 四年甲子(1144년, 인종22) 十月二十一日 示疾 … 至十一月十五日 復示疾 … (결락)二月九日 夜五鼓 剃頭沐浴 整法服 說遺偈 … 跏趺叉手 端坐不動 門人跪侍 至哺時撼之 已化矣"(『韓國金石文大系』卷3-慶尙北道編, 86쪽 ; 『朝鮮金石總覽』上, 349~351쪽).

48) 「高麗國雲門寺圓應國師之碑」, "師於此有省 旣□□□□□ 洞明禪旨 又閑經律論 無所不究 尤長於大般若 得三昧力 凡人間疾病 無問貴賤 一切救之 動輒有驗 … 有王子 年九歲 卽今所謂圓明國師也 忽一日暴死 暖氣都絕 □會人 憎惶顚倒 不知所以救之之方 大覺請師 救之 師密念大般若 良久 王子乃甦 … 五年癸卯(선화5년, 1123, 인종원년)春夏 大旱 □□□□□□□師於玉燭亭 與大禪師得善等 擧揚禪旨 翌日大雨 田野告足 後有水旱災異 祈禳無不效應 … 是年 主盟選席時 學者 盛談二種自己 師曰 自己一而已 安有二哉 從今已往 宜禁止之 □□□□□久致疑於其間者衆 及惠洪僧寶傳至 判古師三失 以分自己 爲一失 學者見此 然後斷惑 … 七年己酉(1129년, 인종7) … 十月十九日 入雲門 … 皇統二年壬戌(1142년, 인종20) 二月八日 山火大作 衆撲滅不勝 師不起于座 向山祝之 雨降而火滅 後□□□□□□□□□如是乎"(『韓國金石文大系』卷3-慶尙北道編, 86쪽 ; 『朝鮮金石總覽』上, 349~351쪽).

되었다. 仁宗 23년에 왕사로 책봉되었으며 毅宗 원년에 하산을 청하
여 斷俗寺로 간 후 毅宗 12년에 사망하였다.49) 탄연은 왕사가 되기 이
전부터 세상으로부터 추앙받아 국가에 큰일이 있을 때마다 왕이 자문
했다고 하며 인종이 탄연에게 왕사가 되어 줄 것을 청하자 당시의 가
뭄과 혜성의 출현이 모두 해결되었다.50) 한편 탄연은 명필로도 유명
하여51) 圓應國師 學一의 비문도 썼다고 한다.52)

---

49) 「高麗國曹溪宗崛山下斷俗寺大鑑國師之碑銘幷序」, "十五(1083년,선종즉위
년)補明經生 有聲於世 老儒無不推重 肅王在藩邸 雅聞其賢 招致宮中 俾侍
世子 不令一日離去 世子卽睿王也 … 泊聞師安先已披剃 則潛出宮 徑往京
北山安寂寺 從寺主落髮 時年十九也(1087년, 선종4) 師素慕禪悅 乃就廣明
寺 依慧炤國師 服勤承事 遂傳心要 … 十年大遼乾統四年甲申(1104년, 숙종
9) 赴大選復中 … 睿王卽政(1105년, 예종즉위년) 尤加愛重 元□□大師 …
四年戊子(1108년, 예종3) 加重大師 十年甲午(1114년, 예종9) 特授三重大師
仍賜法服 … 十六年庚子(1120년, 예종15) 制加禪師 … 十年辛亥(1131년,
인종9) 制加大禪師 續金襴袈裟 … 二十四年乙丑(1145년, 인종23) 上尊師道
德 … 五月六日 始降請封王師書 時□□王師 卽於是日 天乃大雨 上謂封崇
耆德所致 益加信嚮 厥明 就金明殿 行北面摳衣之禮 … 二年丁卯(1147년,
의종원년) 師乞歸老于晉州斷俗寺 … 至七月十三日 潛發便抵□ 上知不可
以勸留 乃遣中貴人金存中 右街僧錄翰周 陪行 … 十三年戊寅(1158년, 의종
12) 六月四日 復示疾 至十五 囑門人曰 … 仍說偈言 … 偈畢端坐 叉手而化
顔色如平日 春秋九□□"(『朝鮮金石總覽』上, 563~564쪽 ; 『韓國金石全文』
中世下, 821~823쪽).

50) 「高麗國曹溪宗崛山下斷俗寺大鑑國師之碑銘幷序」, "十八年己未(1139년, 인
종17) 移住廣明寺 師之德行道譽 爲世所仰 每國大事 上必以御筆 諮問于師
由是名□ … 二十四年乙丑(1145년, 인종23) 上尊師道德 四月七日 右副承
宣李舖予 傳宣以致師事之意 席不□□ 遣知奏事金永寬 繼傳上意 師復牢讓
至于再三 然上亦勤請不已 是時彗星出 已經二十餘日 而又大旱 朝野憂懼
五月六日 始降請封王師書 時□□王師 卽於是日 天乃大雨 上謂封崇耆德所
致 益加信嚮 厥明 就金明殿 行北面摳衣之禮 九月七日 師入普濟寺 十一月
五日 宸駕幸於寺 以□致謁 □造赤黃羅地繡帖袈裟"(『朝鮮金石總覽』上,
564쪽 ; 『韓國金石全文』中世下, 821~822쪽).

51) 『補閑集』卷下「大鑑國師坦然」, "大鑑國師坦然 筆蹟精妙 詩格高淡 所過多
題詠".

正慧王師 曇休는 義光의 출가스승으로 언급되어 있다.53) 「義光墓誌 銘」의 내용으로 사망 나이와 승랍을 비교해 보면, 義光은 예종 12년 출가했는데 이때 正慧王師 曇休의 문도가 되었다고 하였다. 예종 12년 은 德緣이 왕사였고 〈표 2〉에서 알 수 있듯이 예종과 인종 대에는 왕 사로 책봉된 승려들이 줄곧 있었다. 고려 초 한번을 제외하고는 왕사 의 중복 책봉이 이루어진 적이 없으므로 曇休는 사망 이후 왕사로 추 봉되었다고 판단된다. 曇休의 제자 義光이 유가종 승려였으므로 담휴 의 종파가 짐작될 뿐 더 이상의 정보는 없다.

이밖에 〈표 2〉에는 넣지 않았지만 「兢讓碑」에 王師 道憲이 나온 다.54) 하지만 도헌은 신라시대에 활동한 승려로 그의 왕사 칭호는 추 봉이라고 파악하여 본문에서는 다루지 않는다.55)

───────

「東國諸賢書訣評論序〈幷贊〉 晉陽公令述」, "則金生之書 與右軍無異明矣 然則當以金生 處神品之第一 王師坦然書 於行尤所長 … 此豈學而得之 必 受之天者歟 然則當以坦然 居神品之第二"(『東國李相國後集』 卷11 序).
52) 「高麗國雲門寺圓應國師之碑」, "王師 斷俗寺住持 □□□□□□□ 奉宣書" (『韓國金石文大系』 卷3-慶尙北道編, 86쪽).
53) 「(僧)金義光墓誌銘」, "師投正慧王師曇休門徒 削染(1117년, 예종12) 年甫十 六(1122년, 예종17, 인종즉위년) 就仏日寺戒壇 … 正豊二年冬(1157년, 의 종11) 示疾 十二月二十八日卯時 順世于玄化寺上淸院 … 壽五十一 臘四十 夏"(『高麗墓誌銘集成』, 160~161쪽).
54) 「高麗國尙州曦陽山鳳巖寺王師贈諡靜眞大師圓悟之塔碑銘幷序」, "神鑑猶東 顧 傳于海東 誰其繼者 卽南嶽雙磎慧明禪師焉 明復傳賢磎王師道憲 憲傳康 州伯嚴楊孚禪師 孚卽我大師嚴師也"(『韓國金石文大系』 卷3-慶尙北道編, 76쪽 ;『한국서예사특별전』 18, 130쪽).
55) 「道憲碑」에 의하면 그는 왕사나 국사로 책봉된 적이 없다. 그런데도 불구 하고 「兢讓碑」에서 왕사로 기술되어 있는 것은 몇가지 가능성을 생각하 게 한다. 우선은 그가 신라시기에 국사로 책봉되었는데 고려시대에 왕사 의 책봉이 시작되자 「兢讓碑」에 왕사 도헌이라고 기술했다는 것이다. 그 러나 도헌에 대한 가장 중요한 기록이라고 하는 「道憲碑」에 국사 책봉의 내용이 없다는 것과 郎空大師 行寂이 신라 하대에 국사로 책봉되었는데 한참 후인 고려 光宗 5년에 세워진 行寂의 비문 후기에서 그를 '新羅國石 南山故國師'라고 기록하고 계속 국사라고 언급한 사실에서 신라의 국사

이상 사료에서 찾아지는 고려전기의 왕사와 그들의 활동에 대해서 살펴 보았다. 고려전기에 왕사의 책봉 사례를 찾을 수 없는 경우는 惠宗, 景宗, 成宗, 順宗, 宣宗, 獻宗, 肅宗 때이다. 成宗처럼 유교적 질서를 지향한 때는 왕사의 책봉이 없을 수도 있고 惠宗, 順宗, 獻宗처럼 짧은 기간 재위한 경우 왕사를 책봉할 겨를이 없었을 수도 있다.[56] 그러나 肅宗 때처럼 불교가 융성하고 많은 고승이 활약했던 시기에 왕사의 책봉이 없었던 것에 대해서는 慧德王師 韶顯의 추봉에 관해서 언급한 대로 당시 유가종과 화엄종의 대립, 더 나아가 천태종의 개창 이후 왕사의 책봉이 가능할 정도로 불교계가 정리되지 못했기 때문이

---

　　를 왕사로 고쳐 부를 이유는 없다고 판단된다. 다음의 가능성은 신라 때 도헌이 왕사로 책봉되었다는 것인데, 왕사는 고려시대에 들어와 책봉되었다는 지금까지의 통설에 의하면 옳지 않다. 물론 책봉 가능성에 대해서는 계속 추적해보아야겠지만 현재로서는 한 건의 왕사 책봉 사실도 찾아지지 않는다. 다음에 생각되는 것이 도헌이 고려시대에 들어와 왕사로 추봉받았다는 추정이다. 이 추론이 가장 타당할 듯하지만 여기에도 문제는 있다. 바로 도헌의 바로 직계인 楊孚禪師는 추봉하지 않은 채 왜 도헌만을 추봉했는가이다. 이는 兢讓이 曦陽山門을 개창하면서 그의 스승들인 도헌과 양부의 윗 法系를 개정했다는 주장에서 설명을 찾을 수 있을 것 같다(金煐泰, 1979,「曦陽山禪派의 成立과 그 法系에 대하여」『韓國佛敎學』4, 34~35쪽). 긍양은 자신이 南宗禪계열임을 이야기하기 위해 법계를 개정하면서도 도헌과 양부를 포기하지 않고 있다. 자신의 법계를 중국 승려와 직접 연결하지 않고 도헌을 할아버지뻘 스승으로 기록한 이유에 대해 긍양이 자리잡은 희양산이 도헌이 개창한 鳳巖寺였으므로 그 장소와 法祖를 살리기 위해서 그렇게 하였다는 견해는 어느 정도 타당해 보인다. 긍양이 법계를 고치는 중에도 계속 스승으로 여겼던 도헌은 그 계보에서는 開山祖였기 때문에, 兢讓의 생존시기를 전후해서 직계 스승인 양부가 아닌 도헌이 왕사로 추봉되었다고 생각된다. 또한 양부가 신라 하대나 고려시대에 도헌에 비해 불교계에 대한 영향력이나 명성이 떨어졌으리라는 점도 양부가 아닌 도헌의 왕사 추봉에 대한 추정을 가능케 한다. 그러나 고려전기에 도헌 이외에 얼마나 왕사 추봉이 있었는지는 자료의 미비로 확인되지 않는다.
56) 許興植, 주 28) 논문, 419쪽.

아닐까 추정해보았다.

또한 〈표 2〉 19명 왕사 중 慧德王師 韶顯과 正慧王師 曇休만을 제외하고 대부분의 왕사는 생전에 책봉을 받았다. 다음 절에서 보이듯이 국사는 추봉이 많은 수를 차지하는데 비해 왕사는 대부분 책봉을 받아 실제로 활동을 하고 있다. 다만 소현의 경우 정치적 이유로 책봉받지 못했고 담휴는 당시 왕사들이 계속 있었기 때문에 이후 추봉받은 것이므로 대체적으로 왕사는 책봉이 원칙이었다고 판단된다. 이러한 특징은 이후 국사와 비교해서 자세히 설명하겠다.

그리고 왕사로 책봉받은 승려들은 고려초에는 慶猷·忠湛·兢讓의 경우처럼 大師로 추봉받은 것에 비해[57] 그 이후는 생전에 국사로 옮겨가거나 사후에 국사로 추봉받았다. 19명의 왕사 중 사후 왕사로 추봉된 韶顯, 曇休 그리고 고려초의 慶猷·忠湛·兢讓를 제외한 14명을 살펴보면, 8명이 국사로 옮겨가고 4명이 사후에 국사로 추봉받고 있다. 그외에 德昌은 관련 기록이 없어서 국사와의 관련성을 알 수 없고 낙진은 왕사로 사망하였으나 국사로 추봉받지 못한 특이한 사례이다. 이들 왕사들과 국사의 관련성도 다음 절에서 서술하겠다.

## 2. 國師 임명 사례와 활동

국사는 승려가 맡을 수 있는 僧職 중 최고위인데, 고려시대에는 광종 때 처음 책봉되었다.[58] 그런데 광종 이전에 국사의 예우를 받은 승려가 있다. 태조가 '待以賓禮'했던 允多,[59] '待以國師'한 玄暉,[60] '待以

---

57) 朴胤珍, 주 3) 논문, 35쪽.
58) 朴胤珍, 주 3) 논문, 34~35쪽.
59) 「有唐高麗國武州故桐裏山大安寺敎諡廣慈大師碑銘幷序」(『韓國金石全文』 中世上, 354쪽 ; 1984, 『泰安寺誌』, 亞細亞文化社, 42쪽).

師資之禮'한 利嚴[61]과 사망 후 태조로부터 '特令弔贈 禮重國師'한 麗嚴[62] 등이 그들이다. 允多・玄暉・利嚴이 태조로부터 스승이나 국사로서 대우받았다고 하더라도 이들은 국사가 아니었다. 이들의 최종 지위를 알려주는 비문의 서두에서 國師의 지위를 찾을 수 없기 때문이다. 또한 麗嚴이 사망하자 태조가 '특별히 弔贈을 내리도록 하고 예를 국사보다 중하게 하였다'고는 하지만, 국사로 책봉・추봉된 것은 아니다. 고려초에는 신라의 국사 책봉에 대해 알고 있어서 고승을 국사로서 대우하거나 장례때 국사이상의 예우를 해주기는 했지만 책봉하지는 않고 있었다. 고려 초에 국사 책봉이 없었던데 비해 왕사의 책봉은 태조때부터 있었다는 점은 당시에는 왕사만을 책봉하려 했음을 짐작하게 한다. 고려초에 왕사만이 책봉되었음은 왕사・국사의 차이와 책봉 이유를 밝히는 중요한 논거가 될 것이다. 이는 3절에서 설명하도록 하겠다.

한편 국사는 왕사와 달리 추봉받는 자들도 많고 책봉과 추봉은 그 당사자들이 하는 역할에 있어서도 차이가 있으므로 두 경우를 달리해서 살펴보려고 한다. 다만 책봉인지 추봉인지 불명확한 경우는 추봉 사례와 함께 기술하겠다.

元宗大師 璨幽는 太祖・惠宗・定宗의 귀의를 받았으며, 光宗에게 證眞大師라는 호를 받고 舍那院에 머물렀다. 그후 광종은 重光殿에서 법회를 열고 璨幽를 국사로 책봉하였다. 찬유는 국사가 된 후 高達院으로 하산하고 광종 9년에 사망하면서 元宗大師로 추봉되었다.[63] 찬

---

60) 「有晉高麗國中原府故開天山淨土寺敎諡法鏡大師慈燈之塔碑銘幷序」(『增補 韓國金石文大系』卷2-忠淸南北道編, 41쪽).
61) 「有唐高麗國海州須彌山廣照寺故敎諡眞澈大師」(『한국서예사특별전』 18, 104쪽).
62) 「高麗國彌智山菩提寺故敎諡大鏡大師玄機之塔碑銘幷序」(『韓國金石文大系』卷6-서울特別市編, 53쪽).
63) 「高麗國廣州慧目山高達院故國師制贈諡元宗大師慧眞之塔碑銘幷序」, "遠携

유는 고려 최초의 국사이다.

〈표 3〉 高麗前期 國師 역임자

| 법명 | 시호 | 종파 | 역임 시기 | 전거 |
|---|---|---|---|---|
| 璨幽 | 元宗大師 | 선 종 | 光宗?~光宗9년(사망) | 「碑」 |
| 智□ | 惠居國師<br>(弘濟尊者) | 선 종 | 光宗19년~光宗25년(사망) | 『史』卷2,「碑」 |
| 坦文 | 法印(國師) | 화엄종 | 光宗26년(책봉, 사망) | 『史』卷2,「碑」 |
| ? | 弘法(國師) | 선 종 | 穆宗 | 「碑」 |
| 法鏡 | 大智國師 | 유가종 | 德宗원년~? | 『史』卷5,「碑」 |
| 決凝 | 圓融國師 | 화엄종 | 文宗원년~文宗7년(사망) | 『史』卷7,「碑」 |
| 鼎賢 | 慧炤國師 | 유가종 | 文宗8년(책봉,사망) | 「碑」 |
| 海麟 | 智光國師 | 유가종 | 文宗12년~文宗24년(사망) | 『史』卷8,『要』卷5,「碑」 |
| 曇眞 | 惠照國師<br>(慧炤國師) | 선 종 | 睿宗9년~? | 『史』卷13,「坦然碑」 |
| 德緣 |  | 유가종 | 仁宗즉위년~? | 『史』卷15 |

※ 전거표시는 〈표 2〉와 같이 한다.
※ 왕사였다가 국사로 책봉된 이들의 활동은 국사 이후로 한정하여 서술하 겠다.

---

藜杖 逕詣玉京 遂入勤太祖大王 大王 以大師 玄道周行 法身圓對 芳請住廣 州天王寺 遂從之住焉 居則化矣 而以慧目山 乃霞嶠偏宜於宴坐 雲溪甚愜於 禪居 逐而住焉 … 未幾 太祖天崩杞國 … 惠宗大王 踐阼思恭 … 贄以茗馞 幷紋羅法衣 大師啓以佛心 陳之神力 越三年 恭王昇遐 定宗大王 統承寶業 瞻仰眞風 送雲□袈裟 磨衲法衣 大師深喜 聖朝聿興佛事 豈悟遽宮車於雲闕 俄脫屣於人寰 今上當璧承基 垂衣理國 … 上乃信向心深 欽承志至 遂奉師 號 爲證眞大師 仍遣道俗重使 遽飛芝檢 徵赴金城 大師 以爲道之將行 時不 可失 念付囑故 吾其往矣 遂出虎溪 特詣龍闕 … 送至王城舍那院 翌日 上幸 舍那院 謝曰 … 越三日 於重光殿 開法筵 … 上覩菓脣而禪悅 奉蓮眼以精誠 爲其環區 申避席之儀 擧國展書紳之志 … 卽以服冕 奉爲國師 虔虔結香火 之緣 惱惱結師資之禮 … 大師洒言曰 老僧 年迫桑楡 齒衰蒲柳 但願往松門 而休足 向金闕而歸心而已 上雖戀慈顔 祗遵玄旨 望象軒而目送 瞻鷰刹以心 傾 … 顯德五季(958년, 광종9, 무오년) 歲集敦牂 秋八月 月缺五日 大師將 化往 盥浴訖 房前命衆 悉至于庭 酒遺訓曰 … 言畢入房 儼然趺坐 示滅於當 院禪堂 於戲 應東身者 九十春 服西戒者 六十九夏 … 弔以鵠書 追諡元宗大 師 塔号惠眞"(『韓國金石文大系』卷5-京畿道編, 22쪽 ; 『한국서예사특별 전』18, 133쪽).

智□는 왕사였다가 광종 19년 정월에 국사가 되었다. 智□는 국사가 되자마자 왕의 명령으로 百座會에서『圓覺經』을 說하였고 그해 6월에 기우제를 지내 곧 비가 오도록 하였다. 광종 23년에 국사의 印을 내어놓으면서까지 하산을 청하여 葛陽寺로 옮겼으며 광종 25년 사망하여 弘濟尊者란 시호를 받았다.[64]

坦文은 광종 19년에 왕사로 책봉받았다가 광종 26년에 국사가 되었다. 국사가 된 후 광종이 도를 묻자 자신은 늙었으므로 하산하고 싶다고 하면서 이후에라도 왕의 장수를 빌겠다고 하였다. 그후 곧 伽耶山寺로 하산하여 사망하였다.[65]

「弘法國師碑」는 결락이 많아 홍법국사의 법명도 알 수 없다. 다만 성종 때 대선사가 되었으며 목종에 의해서 국사로 책봉되어 奉恩寺에 머물렀던 듯하다. 이후 어느 시기인가에 淨土寺로 하산하여 목종의 치세 기간 중 사망하였다.[66] 弘法國師는 목종 때 국사로 책봉되기는

---

64) 「高麗國水州府花山葛陽寺辯智無碍圓明妙覺興福佑世惠居國師諡洪濟尊者寶光之塔碑銘〈幷序〉」, "十九年戊辰(968년)正月 陞王師爲國師 於慶雲殿 設百座會 請國師 說圓覺經 同年六月 亢嘆 命國師 禱雨於崇景殿 國師執香爐 誦大雲輪經 小頃 有物如蚯蚓 欻從淨甁中出 噏雲淸空 大雨滂沱 左右莫不驚歎 咸以爲神聖 … 壬申(972년, 광종23)春 國師屢乞退養 至於納印上表 王優詔許之 … 光廟二十五年甲戌(974년) 二月十五日 … 泊然入寂 報齡七十六 戒臘六十一 … 上使所司議諡 是年七月日 贈諡曰洪濟尊者 塔曰寶光" (1917,『朝鮮佛敎叢報』1, 25쪽 ; 1976,『韓國佛敎雜誌叢書』14).

65) 「高麗國運州迦耶山普願寺故國師制贈諡法印三重大師之碑銘幷序」, "大王躬詣道場 服冕拜爲國師 陳之以避席之儀 展之以書紳之禮 于以問道 于以乞言 大師言曰 僧但緣當蒲柳之先衰 憩煙蘿之淨境 身歸松徑 心在藥宮 仰戀龍顔 唯祈鳳祚而已 … 行至迦耶山寺 … 開寶八年(975년, 광종26) 龍集乙亥春三月十九日 大師將化往 盥浴訖 房前命衆 洒遺訓曰 … 言畢入房 儼然趺坐 示滅于當寺法堂 俗年七十六 僧臘六十一"(『增補 韓國金石文大系』卷2-忠淸南北道編, 50쪽).

66) 「開天山淨土寺故國師弘法大禪師之碑」, "成宗文懿大王 加大禪師 穆宗宣讓大王 (결락) 徽號□□國師 … 仍勸移住奉恩寺 … 大駕 備親餞之□ □□□ □□送以 (결락) … 祝皇齡然後 居于開天山 淨土招提 … 先王 聞之震悼 …

했지만, 목종 12년 정월 壬申에 왕이 병들자 銀臺에서 直宿한 국사[67]
와는 다른 사람으로 판단된다. 왜냐하면 목종 12년 2월 戊子에 康兆가
목종을 쫓아내는데, 홍법국사는 목종조에 사망하여 시호를 받고 있기
때문이다. 壬申과 戊子는 16일간의 차이가 있으므로 홍법국사가 사망
하여 목종에 의해서 弘法이라는 시호를 받을 시간적 여유가 없다. 그
러므로 〈표 3〉에는 기록되지 못한, 이름도 모르는 국사가 목종 12년
당시에 따로 있었다고 볼 수 있다.

 大智國師 法鏡은 왕사였다가 德宗 원년 국사로 책봉받았는데, 「大
智國師碑」의 심한 파손으로 국사로서의 활동과 사망 시기는 확인되지
않는다. 다만 「大智國師碑」의 찬자가 李靈幹이라고 하는데[68] 그는 李
令幹으로도 불린 인물로 靖宗과 文宗 때 활약한 사람이다. 그러므로
法鏡은 늦어도 문종 연간 이전에 사망했다고 추측된다.[69]

 決凝은 문종 원년에 왕사에서 국사로 책봉되었다. 국사로 책봉받기
전인 靖宗 7년 浮石寺로 하산하기는 하였지만, 동왕 9년 文德殿에서
기우제를 지낸 것으로 보아 수도에 왕래를 계속했던 듯하다. 그후 문
종 7년에 사망하여 圓融이라는 시호를 받았다.[70]

---

   □□易名之古典 將傳不朽之徽猷 諡曰弘法 塔名實相 … 歲次丁巳(1017년,
   현종8) 九月日立"(『朝鮮金石總覽』上, 237~238쪽 ;『韓國金石文大系』卷6
   −서울特別市編, 65쪽 ;『海東金石苑』上, 358~359쪽 ;『韓國金石全文』中
   世上, 437~438쪽).
67) "(穆宗 12年 春正月) 壬申 御詳政殿 觀燈 大府油庫災 延燒千秋殿 王見殿宇
   府庫煨燼 悲嘆成疾 不聽政 王・國師二僧 … 等 直宿銀臺"(『高麗史』卷3
   世家).
68) 『新增東國輿地勝覽』卷3 漢城府 佛宇.
69) 이는 黃壽永이『金石遺文』(1999, 혜안, 135~138쪽)에서 「大智國師碑」의
   건립을 문종대로 추정한 것에서도 유추된다.
70) 「浮石寺圓融國師碑」, "重熙十載(1041년, 정종7) … 遂乞還舊山 … 屆浮石
   寺 … 癸巳(1053년, 문종7) … 其年不起 卽四月十七日也 … 賫璽書 贈諡曰
   圓融"(『韓國金石文大系』卷3−慶尙北道編, 81쪽 ;『한국서예사특별전』18,
   150쪽 ;『朝鮮金石總覽』上, 271~272쪽).

鼎賢은 왕사로서 문종 8년에 하산하겠다고 하자 국왕이 국사로 삼아 漆長寺로 내려보냈고 바로 그 해 사망하여 慧炤國師라는 시호를 받았다.71)

智光國師 海麟은 왕사로서 文宗 12년에 국사가 되는데, 이때 화엄종 승려인 爛圓이 왕사로 함께 책봉되었다. 해린은 문종 13년 내전에서 百座會의 第一說主로 활약하기도 하였으며 문종 21년 法泉寺로 하산하였다. 문종 24년에 사망하여 智光이라는 시호를 받는다.72)

惠照國師 曇眞은 예종 9년에 왕사로서 국사로 책봉되었다는 것만이 알려졌을 뿐이고 언제 사망했는지 등 이후의 생애에 대해서 확인되지 않는다. 다만 그가 거사불교로서 유명한 李資玄73)과 교류한 사실을 『破閑集』을 통해서 알 수 있다.74) 德緣도 인종 즉위년에 국사가 되었

---

71)「(결락)利朗哲破有通化無著靈敏淵奧具行定覺道首都僧統贈諡慧炤國師碑銘幷序」, "甲午年(1054년, 문종8) … 長居輦下 願以桑楡之殘質 退臥山中 … 以□□□□□□奉恩寺 備法儀 親加懿號 禮爲國師 九拜忘勞 一辭將退 遣宰臣朴成傑 於郊亭龍送 仍差大府少卿金陽 左街僧正道元等 送到漆長寺 … 十一月 十五日 … 言訖趺坐示滅 色兒如生 嚮年八十三 僧臘七十四 … 爰擧易名之典 增光追遠之儀 贈諡曰慧炤國師"(『韓國金石文大系』 卷5－京畿道編, 28쪽 ; 『朝鮮金石總覽』 上, 277～278쪽).

72)「高麗國原州法泉寺講眞弘道明了頓悟戒正高妙應覺探玄道源通濟淵奧法棟具行了性導首融炤朗徹贈諡智光國師玄妙之塔碑銘〈幷敍〉」, "四年(1058년, 문종12) 五月 初一日 上欲封爲國師 … 親幸奉恩寺 封我師爲國師 封靈通寺主 僧統爛圓 爲王師者 … 五季(1059년, 문종13) 陽月八日 師赴內殿 爲百座會 第一說主 … □□(문종24년)仲夏之月 … 是歲十月 二十三日 晏陰右臥而寢 此夜 零雨其濛 師寤而趺坐 謂弟子曰 □□□□答曰 雨也 聞言則示化矣 … 贈諡曰智光"(『韓國金石文大系』 卷7－江原道編, 33쪽 ; 『한국서예사특별전』 18, 154쪽).

73) 徐景洙, 1975,「高麗의 居士佛敎」『崇山朴吉眞博士華甲紀念 韓國佛敎思想史』, 원광대출판국, 588～589쪽.
    崔柄憲, 주 34) 논문, 944～948쪽.

74)『破閑集』卷中「眞樂公李資玄」, "眞樂公李資玄 … 惠照・大鑑兩國師 皆遊其門"

음을 알려주는 것 외에 또다른 자료가 없다.

지금까지 고려전기에 책봉된 국사들에 대해서 살펴보았다. 10명의 국사들 중 元宗大師 璨幽와 弘法國師만을 제외하고는 모두 왕사로부터 승진했다. 弘法國師는 비문 내용이 많이 결락되어 왕사의 책봉이 있었을 가능성도 있으므로 왕사를 거치지 않고 국사가 된 확실한 사례는 찬유 뿐이다. 또한 찬유는 자료상 고려 최초의 국사이므로 그의 국사 책봉 이유를 찾아보면 왕사와 별도로 국사를 설치한 이유를 찾을 수 있을 듯하다. 찬유를 국사로 책봉한 광종 연간에는 왕사가 계속 존재하고 있었다. 물론 광종 때 兢讓과 智□의 왕사 책봉이 몇 년간 중복되었지만 이후 왕사 제도가 정비되면서 중복이 거의 나타나지 않은 점과 관련시켜 보면, 왕사와의 중복 책봉을 피하기 위해 신라부터 있었던 국사로 임명한 것이 아닌가 한다. 또한 찬유는 국사가 된 후 곧 하산하는데, 이는 이후 국사들의 특징이기도 하다. 그러므로 늙어서 하산하는 고승들에 대한 배려로서 국가 원로라는 의미를 가지고 국사로 책봉했다고 판단된다.

더욱이 국사로 책봉된 뒤의 활동상을 보면, 대부분 하산하거나 곧 사망하고 있는 것이 확인되는데 璨幽, 坦文, 弘法國師, 鼎賢 등이 그렇다. 또 決凝은 수도로 오가기는 했지만 국사가 되기 전부터 하산한 상태였다. 이는 찬유의 국사 책봉 이유에 대한 서술에서도 이야기했듯이 국사의 책봉이 고승에 대한 배려로서 이루어진 것이라는 추정을 하게 한다.

물론 국사로서 구체적인 역할을 한 경우도 있다. 惠居國師 智□는 국사 책봉 후 『圓覺經』을 講하거나 기우제를 지냈다. 또한 智光國師 海麟도 국사가 된 후 百座會의 제1설주로서 활약한다. 智□와 海麟은 아직 하산하여 후학을 기르면서 말년을 정리할 상황이 아니었는데 국사로 책봉되었던 것이다. 이들의 경우는 약간 특이한데 당시 함께 왕사가 된 승려들을 살펴보면 그 이유를 알 수 있다. 智□가 국사가 된 광종 19년에는 화엄종 승려인 탄문이 왕사가 되었다. 이 당시는 광종이 왕권을 강화하면서 불교계에서는 화엄종의 지지를 받으려고 하였으므로[75] 국왕의 입장에서는 선종 승려인 智□을 국사로 승진시켜 우대하는 모습을 보이면서도 왕과 밀접한 관련을 가지는 지위인 왕사에 화엄종 승려를 임명했다고 판단된다. 또한 海麟이 국사가 될 때 爛圓이 함께 왕사로 책봉되는데 이도 당시의 불교 판도와 관련된다. 문종 때는 현종 이후 융성했던 유가종에 대항하여 화엄종이 다시 흥기하던 때이다.[76] 그러므로 국사와 비교했을 때 더 실제적인 활동을 하고 국왕과 가까운 존재인 왕사에 화엄종 승려를 책봉하고, 이전의 왕사인 유가종 승려를 국사로 승진시켰다고 이해된다. 이러한 점은 의천의 출가와도 관련시킬 수 있는데, 그의 출가는 본인의 뜻도 있었겠지만 아버지 문종에 의해 이루어진다. 그때 해린이 국사, 난원이 왕사였는데 국사가 아닌 왕사에게 출가시킨 것은 바로 화엄종을 융성시키고 왕실과 더 밀접한 관계를 맺으려 한 의도에서 비롯되었다고 여겨진다.

이제 책봉이 아니라 추봉된 국사에 대해서 살펴보겠다. 이 사례에는 책봉·추봉의 여부를 확인할 수 없는 것도 포함시켰다.

먼저 태조와 神明王太后 劉氏의 아들로 證通國師가 있다.[77] 그러나 증통국사에 대해서는 그 이름 외에 전하는 기록이 없다. 『高麗史』나 비문 등에서 고려 초의 국사 책봉이 찾아지지 않으므로 증통국사도 고려초에 국사로 책봉된 것이 아니라 신라의 유제에 영향을 받아 국

---

75) 許興植, 주 28) 논문.
　　金龍善, 1981, 「光宗의 改革과 歸法寺」『高麗光宗研究』, 一潮閣.
　　金杜珍, 1983, 『均如華嚴思想研究－性相融會思想－』, 一潮閣.
　　崔柄憲, 1990, 「高麗時代 華嚴宗團의 展開過程과 그 歷史的 性格」『韓國史論』 20, 국사편찬위원회 참조.
76) 韓基汶, 주 29) 논문, 52~56쪽.
77) "太祖二十五子 … 神明王后劉氏 生太子泰·定宗·光宗·文元大王貞·證通國師"(『高麗史』卷90 列傳3 宗室).

사의 예우를 받았다가 후대에 국사로서 기술되었거나 국사 제도가 정비된 이후 태조의 아들이라는 이유로 추봉된 것으로 판단된다.

〈표 4〉 高麗前期 추봉된 國師

| 법명 | 시호 | 종파 | 추봉 시기 | 활동 시기 | 전거 |
|---|---|---|---|---|---|
| ? | 證通國師 | ? | | | 『史』卷90 列傳3 |
| 謙信 | | 화엄종 | | 光宗 | 『均如傳』 |
| 慧炬 | (慧炬國師) | 선 종 | | 光宗 | 「碑」, 「英俊碑」 |
| ? | 澄賢國師 | ? | | 景宗 | 『東文選』卷9「澄賢國師影堂」 |
| 英俊 | 寂然國師 | 선 종 | 顯宗5년 사망 후 추봉. | | 「碑」 |
| 智宗 | 圓空國師 | 선 종 | 顯宗9년 사망 후 추봉. | | 「碑」 |
| 爛圓 | 景德國師 | 화엄종 | 文宗 20년 사망. 추봉시기는 불명확. | | 「墓」 |
| 釋煦(義天) | 大覺國師 | 화엄종 | 肅宗6년 사망 후 추봉. | | 『史』卷90 列傳3,「(靈通寺)碑」,「(僊鳳寺)碑」,「墓」 |
| ? | 普照國師 | ? | 仁宗7년 이전. | | 「學一碑」 |
| 戒膺(繼膺) | 無㝵智國師(無碍智) | 화엄종 | | 睿宗, 仁宗 | 『破閑集』卷中,「靈通寺大覺國師碑」,「(僧)康敎雄墓誌銘」,『史』卷16 |
| 澄儼 | 圓明國師 | 화엄종 | 仁宗19년 사망 후 추봉. | | 「墓」 |
| 學一 | 圓應國師 | 선 종 | 仁宗22년 사망 후 추봉. | | 「碑」 |
| 坦然 | 大鑑國師 | 선 종 | 毅宗12년 사망 후 추봉. | | 「碑」 |
| ? | 圓眞國師 | ? | | 毅宗 전후시기 | 「冲曦碑」 |
| ? | 圓鏡國師 | ? | | 明宗4년 이전 | 『補閑集』卷下,『新增東國輿地勝覽』卷11 |

※ 전거표시는 〈표 2〉와 같이 한다.
※ 왕사로 사망한 후 국사 추봉을 받은 이들에 대한 설명은 생략하고 앞에서 언급된 적이 없는데 국사로서 사료에 제시되는 사람들의 활동에 대해서만 서술하겠다.

『均如傳』에 의하면 謙信은 광종 4년에 균여를 광종에게 천거하였다.78) 그러나 역시 그 외에는 관련 기록이 없다. 광종 초반기에는 璨幽가 국사로 있었지만 그도 언제 책봉되었는지 알 수 없다. 따라서 광종 당시의 국사 역임자와 비교할 때 광종 4년 당시에 겸신이 국사였는지 정확히 파악되지 않는다. 그러나 이후의 추봉된 국사들을 살펴볼 때, 대체로 국사로 추봉이 되면 그 이전의 일을 서술하면서도 국사로 표기한 경우들이 많이 있기 때문에 겸신도 그들과 같이 이후 어느 시기에 추봉되었다고 생각된다.

慧炬國師의 비문은 『大東金石書』에 실려있는 일부의 탁본뿐인데79) 그 내용으로는 慧炬의 활동상을 알 수 없다. 한편 『景德傳燈錄』에 의하면 道峯山 慧炬國師가 본국 즉 고려의 임금에게 존중받았다고 하는데80) 그때의 고려 임금도 누구인지 기록되어 있지 않다. 다만 寂然國師 英俊이 혜종 2년에 구족계를 받은 후 광종 19년 중국으로 가기 전에 慧炬를 스승으로 모신 적이 있으므로81) 慧炬가 광종 연간에 활동했음이 확인된다. 또한 「璨幽碑」의 이면에 실려있는 高達院・曦陽

---

78) 『均如傳』「第六感通神異分者」, "廣順三年(953년, 광종4) … 詰旦 欲索聖賢僧 以邀法席 緇班彦碩 悉辭避焉 時國師謙信 奏薦師"
79) 「寧國寺慧炬國師碑」(『大東金石書』, 53쪽).
80) 『景德傳燈錄』卷25 「淸涼文益禪師法嗣」, "高麗道峯山慧炬國師 始發機於淨慧之室 本國主思慕 遣使來請 遂迴故地 國主受心訣 禮待彌厚 一日請入王府上堂 師指威鳳樓示衆曰 威鳳樓爲諸上座擧揚了 諸上座還會麽 儻若會且作麽生會 若道不會威鳳樓作麽生不會 珍重 師之言敎 未被中華 亦莫知所終"(『大正新脩大藏經』권51, 414중~하쪽).
81) 「大宋高麗國加壽縣靈巖寺主大禪師贈諡寂然國師慈光之塔碑銘幷序」, "天祐二年(천우2년은 905년임, 사망나이와 승랍을 비교해보면 14살이 되는 945년〈開運2년, 혜종2〉이어야 함)窮月 稟具於京城興國寺官壇 … 先撫實於雜花之本 後尋芳於五葉之蕖 遂往道峰山寧國寺慧炬國師 … 泊乎年逾壯歲 志在他方 嗟滯跡於桑丘 一身匏繫 要觀光於□壤 萬里雲遊 乾德六年(968년, 광종19) 春三月日 利涉大洋 旋登彼岸 行至吳越國 謁永明寺主延壽禪師"(『韓國金石全文』中世上, 457쪽 ; 서울대 소장 탁본).

院・道峰院을 不動寺院으로 삼도록 한 광종의 조서82)에서 도봉원이 기록된 것을 慧炬의 활동과 관련시켜 본다면, 慧炬의 주된 활동시기 는 光宗代로 추정된다. 다만 광종 19년 이후 광종의 사망시기까지 계속 국사의 책봉이 있었으므로 慧炬는 광종 때 국사로 책봉받았다기 보다는 이후 추봉받은 것으로 생각된다. 그리고「慧炬國師碑」가 세워진 시기가 현종 이후로 파악되는 점도 慧炬國師가 추봉된 것으로 생각하게 한다. 즉「慧炬國師碑」에서 '大宋'의 단어83)를 사용한 것이나 慧炬國師를 비문 내에서 국사로 칭한 점 등이 비의 성립을 현종 이후로 추정하게 한다. 景宗 때 만들어진「坦文碑」에서도 法印國師 坦文을 大師라고 호칭하는데 비해 현종 때 만들어진 비부터는 국사로 책봉・추봉받았을 경우「慧炬國師碑」와 같이 國師라고 서술하고 있기 때문이다. 즉 혜거국사비가 현종 연간에 세워졌다면 사후 한참의 시간이 지나서 비가 건립되었다는 것이고, 이는 혜거국사의 사후에 추봉과 비 건립 명령이 있었기 때문이라고 추정하게 한다.

澄賢國師의 경우도 澄賢이 시호인지 법명인지도 알 수 없다. 다만 『東文選』에 전하는 시의 내용 중에 景宗 때 그의 행적이 나타났으며 비문을 周佇가 지었다는 점이 주목된다.84) 주저는 목종때 宋 溫州에서 귀화하여 현종 때 활약하다가 同王 15년에 사망한 사람이므로85)

---

82) 「高麗國廣州慧目山高達院故國師制贈諡元宗大師慧眞之塔碑銘幷序(이면)」, "乾德九季(971년, 광종22) 歲次辛未 十月 二十一日 於元和殿 開讀大藏經時 皇帝陛下(광종) 詔曰 國內寺院 唯有三處 只留不動 門下弟子 相續住持 代代不絶 以此爲矩 所謂 高達院 曦陽院 道峰院 住持三寶 須憑國主之力 所以釋迦如來出世 道佛法 付囑國王大臣 是以我皇帝陛下 情深敬重 釋門妙理 共結良因 軌矩恒流 門下弟子 道俗等 姓名 如後 … 始丙寅年(966년, 광종17) 郢工碑塔 終至丁丑年(977년, 경종2) 功畢也"(『朝鮮金石總覽』上, 214~215쪽;『韓國金石全文』中世上, 399~400쪽).
83) 한국역사연구회 편, 1996, 『譯註 羅末麗初金石文』上, 혜안, 348쪽.
84) 印毅, 「澄賢國師影堂」, "異跡景宗代 遺碑周佇詞"(『東文選』卷9 五言律詩).
85) 『高麗史』卷94 列傳7 周佇.

澄賢國師의 비도 늦어도 현종 때 세워졌을 것이다. 그러나 이런 내용을 통해서는 澄賢國師의 책봉·추봉 여부도 파악되지 않는다.

寂然國師 英俊은 혜종 2년에 구족계를 받은 후 현종 때 대선사가 되었다. 그후 현종 2년에 靈巖寺로 하산하여 동왕 5년에 사망하기 전까지 국왕의 관심으로 선물 등을 받기도 하였다. 사망 후 寂然國師로 추증받았다.[86]

大覺國師 釋煦는 義天이라는 字로 더 알려져 있는데, 문종 19년 11살의 나이에 훗날 경덕국사로 추증받는 爛圓을 내전으로 불러서 출가하고 그해에 불일사에서 구족계를 받았다. 출가한 지 3년만인 문종 21년에 祐世僧統이 되고 洪圓寺·興王寺 등의 주지를 역임하였다. 숙종 6년에 사망하여 바로 대각국사로 추봉되었다.[87] 그는 예종이 동궁이

---

86) 「大宋高麗國加壽縣靈巖寺主大禪師贈諡寂然國師慈光之塔碑銘幷序」, "天祐二年(천우2년은 905년임, 사망나이와 승랍을 비교해보면 14살이 되는 945년〈開運2년, 혜종2〉이어야 함)窎月 稟具京城興國寺官壇 … 我大王殿下(=현종) … 加大禪師 幷賜繡緣磨衲袈一副 後乃請住於內帝釋院 … 統和二十九年(1011년, 현종2) 仲呂之月 … 乞返林泉 上志在尊賢而念深安老 許從丹請 俾遂幽捿 迺命加壽縣靈巖寺居之 … 上寵眷攸深 始終不替 遣道俗使 □□甫閤門通事舍人張延範 尙書都官郎中兼閤門使金崇義等 惠之以銀棬紫筍 加之以御藥天香 四年之中 累度馳訊 其殊遇如此也 忽於開泰三年(1014년, 현종5) 龍集攝提格 六月□□二日 辰時 因老且病 命觀侍者 擊金鍾 集大衆 慇然示滅 享年八十三 過臘六十九 … 上聞之震悼 … 仍擧易名之典 增光追遠之儀 遂贈諡曰寂然國師慈光之塔"(『韓國金石全文』 中世上, 457~459쪽 ; 서울대 소장 탁본).

87) 『高麗史』卷90 列傳3 宗室.
「高麗國五冠山大華嚴靈通寺贈諡大覺國師碑銘〈並序〉」(『한국서예사특별전』18, 158쪽 ;『大覺國師外集』卷12).
「南嵩山僊鳳寺海東天台始祖大覺國師之碑銘〈幷序〉」(『韓國金石文大系』 卷3-慶尙北道編, 83쪽 ;『大覺國師外集』卷13).
의천이 僧統을 받았던 때에 대해 「靈通寺大覺國師碑」에서는 문종 21년이라고 서술하였는데 「僊鳳寺大覺國師碑」에서는 "文朝二十三年"이라고 하였다. 僊鳳寺 碑의 연도가 즉위한 때부터 1년으로 계산한 것이라고 해도 靈通寺 碑와 1년의 차이가 있지만, 대체로 문종 21년에 승통을 받았다고

었을 때 병이 들자 금강반야경을 읽어 낫도록 하는 능력을 보이기도 하였고 국가의 尊親이어서 큰 정사가 있을 때마다 자문을 받았다는 기록도 있다.88) 그러나 의천은 당시의 명망이나 영향력과는 달리 왕사나 국사로 책봉받지 못하고 사후 국사로 추봉받았다. 이는 의천이 왕자라는 사실에 기인한다고 생각한다. 즉 왕자들이 관직에 나아가 활동할 수 없었듯이 왕사·국사에는 직접 임명하지 않은 것이다. 또한 문종 때까지만 왕사와 국사의 책봉이 있고 그 이후 숙종 연간까지는 왕사·국사의 책봉이 찾아지지 않는 것도 하나의 이유일 것이다.

普照國師라고 하면 修禪社를 개창한 知訥을 생각하게 되는데, 이 知訥이 태어나는 의종 12년 이전에 또다른 普照國師가 있었던 듯하다. 「學一碑」에 의하면 원응국사 학일이 인종 7년 하산할 때 왕명에 의해 普照國師 下山例에 따라 迎送되었다.89) 이때 「學一碑」의 普照國師를 惠照國師로 보는 경우도 있지만, 탁본을 통해서 보았을 때 분명히 普照國師이다. 「學一碑」에 쓰여있는 것이 普照國師가 맞는다고 하더라도 비문의 찬자나 글을 쓴 사람의 실수로 인해 잘못 쓰여진 것으로 생각할 수 있지만 우선은 비문의 내용을 그대로 받아들이고자 한다. 그렇다면 지눌과는 다른 普照國師가 고려전기 어느 시기에 존재했던 것이다. 물론 어느 시기에 살았는지 책봉인지 추봉인지는 알 수 없다. 다만 圓應國師 學一의 하산 때 언급된 것으로 보아 학일보다는 앞서

---

파악되고 있으므로 이곳에서도 문종 21년을 따르겠다.
88) 「高麗國五冠山大華嚴靈通寺贈諡大覺國師碑銘〈立序〉」, "睿考 在東宮 被疾 請詣師爲讀金剛般若經 至乙夜 光自口出 燭於戶牖 傳所謂神異感通者 豈是歟 … 師旣爲一國尊親 有大政事 必款密諮決 故所興上 論列國家事甚多 而有陰德於人民亦厚 世莫得而盡知"(『한국서예사특별전』18, 158쪽 ;『大覺國師外集』卷12).
89) 「高麗國雲門寺圓應國師之碑」, "七年己酉(1129년, 인종) 九月十九日 封王師印幷狀 納王朝 潛發瓊嵓 行至廣州 上聞之 遣內臣庾弼 傳宣懇款 又命左右街 令所過州郡 依普照國師下山例迎送"(『韓國金石文大系』卷3-慶尙北道編, 86쪽 ;『朝鮮金石總覽』上, 350쪽).

지만 그리 멀지는 않는 시기라고 추측해 본다.

　無㝵智國師 戒膺은 繼膺이라고도 불린 듯하며 大覺國師 義天의 제자로「靈通寺大覺國師碑」의 大覺國師門徒職名에 三重大師로 실려있다.[90] 義天이 어린 戒膺의 글 읽는 소리를 듣고 法器라고 생각하여 출가시켰다고 한다. 또한 계응은 太白山에 覺華寺를 창건하고 제자들을 가르쳤으나 수도에 자주 왕래하였던 듯하다.[91] 그리고 仁宗 12년에 왕의 부름을 받고『華嚴經』을 講한 것[92]으로 보아 이때까지 생존했다. 이후 언제 사망했는지는 기록이 없지만 圓妙國師 了世를 추봉하는 교서에서 이전까지 추봉받은 사람으로 무애지를 언급한 것을 보건대[93] 계응은 사후 국사가 되었다.

　圓明國師 澄儼은 숙종의 아들인데, 삼촌인 大覺國師 의천을 스승으로 숙종 2년에 출가했다. 이후 숙종 3년에 구족계를 받고 동왕 10년에 福世僧統이 되었다. 인종 즉위 후 五教都僧統이 되었으며 인종 19년 사망한 후 곧 원명국사로 추봉받았다. 澄儼은 종친이라는 이유로 지방의 주지를 맡아도 京師에 머물면서 遙領하는 등의 특혜를 받았다.[94] 그러나 이런 특혜에도 불구하고 왕사나 국사를 역임하지 못하

---

90)「大覺國師墓室及碑銘安立事跡記」(『朝鮮金石總覽』上, 315쪽 ;『韓國金石全文』中世上, 586쪽).

91) "太白山人戒膺 大覺國師適嗣也 幼時寓僧舍讀書 大覺隔墻 聞其聲 曰此眞法器也 勸令祝髮在門下 … 繼大覺 弘揚大法 四十餘年 爲萬乘敬仰 常不離葷穀 累請歸太白山 手剙覺華寺 大開法施 四方學者輻湊 日不減千百人 號爲法海龍門 時興王寺有智勝者 嗜學 詣帳下 摳衣請益 踰年 將還山 作詩送之"(『破閑集』卷中「太白山人戒膺」).
「(僧)康敎雄墓誌銘」, "□無㝵智國師 遊太伯山 遂以盡一性之宗 窮萬相之理 而名益著屬 仁宗以至誠 繡內問可使弘揚聖教者誰歟 無㝵智國師 薦之曰 莫如師 由是 仁宗甚厚遇"(『高麗墓誌銘集成』, 136쪽).

92) "(仁宗 十二年 八月) 壬寅 召山僧繼膺 講華嚴經"(『高麗史』卷16 世家).

93) 閔仁鈞,「萬德山白蓮社主了世贈諡圓妙國師敎書」(『東文選』卷27 制誥).

94)「(僧)王澄儼墓誌銘」, "八歲於大遼壽昌三年丁丑(1097년, 숙종2) 詣京南興王寺投大覺國師 四年戊寅(1098년, 숙종3) 落髮於明慶殿 受具於佛日寺 … 乾

는데, 의천의 경우처럼 왕자라는 신분이 책봉을 불가능하게 했을 것으로 추정된다.

또한 仁宗과 恭睿太后 任氏의 4자인 冲曦의 비 일부가 탁본으로『大東金石書』에 실려있는데, 그 내용 중 처음에 이름이 玄曦95)였다가 '玄'자를 圓眞國師 때문에 고쳤음을 짐작하게 하는 부분이 있다.96) 보통 圓眞國師라고 하면 熙宗・康宗・高宗 연간에 활약하다가 고종 8년에 사망하여 국사로 추봉받은 承逈으로 알려져 있다. 그렇지만 冲曦는 의종 원년에 출가하여97) 명종 13년에 사망98)하였는데 반해 承逈은 명종 13년에 비로소 출가를 하였다.99) 그렇다면 충희가 승형 때문에 이름을 현희에서 바꾸었다는 사실이 논리적으로 설명되지 않는다. 설명이 되기 위해서는 흔히 알고 있는 圓眞國師 承逈 외에 고려전기에 또 다른 圓眞國師가 있었고 고려전기의 원진국사의 이름을 피휘하기 위

---

統 … 五年乙酉(1105년, 숙종10) 詔除僧統 賜号福世 … 及今上(=인종)嗣位 詔加五敎都僧統 … 先是 師雖歷住名藍 而以宗親之故 特留京師 但遙領而已 … 大金皇統元年辛酉(1141년, 인종19)春正月 … 至四月 … 二十一日入滅 … 上聞之震悼 不視朝三日 册贈國師 諡曰圓明"(『高麗墓誌銘集成』, 73~74쪽).

95) "元敬國師冲曦 一名玄曦"(『高麗史』卷90 列傳3 宗室).
96) 「興敎寺冲曦禪師碑」, "(없음)知 後以玄字 避圓眞國師(없음)"(『大東金石書』, 91쪽).
「興敎寺冲曦禪師碑」가 인종의 아들인 冲曦의 비임과 이 비문 명칭의 문제점은 고려후기 국사를 다루는 장에서 언급하도록 하겠다.
97) 「高麗國大華嚴浮石寺住持贈諡玄悟國師碑銘〈幷序〉」, "皇統七年丁卯(1147년, 의종원년) 二月 迎入于大內 遂命師手削大弟(=충희)頂髮"(『韓國金石文大系』卷5-京畿道編, 31쪽 ;『朝鮮金石總覽』上, 406쪽).
98) "(明宗 13年 冬12月) 癸未 王太后任氏薨 是年夏 冲曦死"(『高麗史節要』卷12). "元敬國師冲曦 … 明宗 … 十三年死"(『高麗史』卷90 列傳3 宗室).
99) 「高麗國寶鏡寺住持大禪師贈諡圓眞國師碑銘〈幷序〉」, "師諱承逈 字永廻 俗姓申氏 … 十三(1183년, 명종13) 投曦陽山鳳嵓寺洞純師 剃落其髮 明年(1184년, 명종14) 就金山寺戒壇 受具"(『韓國金石文大系』卷3-慶尙北道編, 95쪽 ;『朝鮮金石總覽』上, 450쪽).

해 현희에서 충희로 이름을 바꾸었다고 추론해야 한다. 그러나 고려 전기의 圓眞國師에 대해서는 「冲曦碑」의 언급 이외에는 다른 사료가 없어 추봉인지 책봉인지 알 수 없고, 법명이나 종파 등에 대해서도 파악되지 않는다. 다만 冲曦가 출가 후 이름을 바꾸게 되는 毅宗 연간 이전에 원진국사가 책봉되었거나 추봉되었으리라는 것만 추측된다.

圓鏡國師는 『補閑集』에 의하면 檜巖寺에 글을 남겼다고 한다.[100] 그 글을 明宗 4년에 금나라 사신이 보았다고 하니 圓鏡國師는 그 이전에 살았던 인물일 것이다. 한편 『補閑集』과 거의 비슷한 내용이 『新增東國輿地勝覽』 卷11에 전하고 있는데, '高麗王子僧圓鏡'이라고 하였다.[101] 왕자로서 국사가 된 이로는 圓鏡과 발음이 같은 元敬國師 冲曦가 있기는 하다. 다만 금나라 사신들이 그의 글을 보았다는 기록만 있고, 그를 만났다던가 하는 이야기가 없어 명종 4년 이전에 사망했을 것으로 추정되는데 冲曦는 명종 4년에 승통으로 살아있었으므로 冲曦와는 동일 인물이 아닌 듯하다. 그러므로 圓鏡國師도 그 국사라는 호칭만이 확인될 뿐 그 생애나 활동은 알 수 없다. 또한 다른 왕자들이 왕사나 국사를 역임하지 못하고 국사로 추봉받은 것을 참고한다면, 圓鏡國師도 추봉되었을 가능성이 높다.

그외에도 고려전기에는 신라 승려로서 추봉받은 이들이 있다. 和諍國師 元曉,[102] 圓敎國師 義相,[103] 先覺國師 道詵[104]이 그들이다. 이들

---

100) 『補閑集』 卷下 「檜巖寺有圓鏡國師手蹟」, "檜巖寺 有圓鏡國師手蹟 在南樓東西壁及客室西偏小樓間 寺僧云 大定甲午歲(1174년, 명종4) 西都叛 時大金使 至國朝 患西北路梗 從春州路導送 一行擧入寺 禮像設訖 聚觀書 一人曰 貴人筆也 一人曰 此山人書 蔬笋之氣頗存 時有僧統宗呂 在其傍 以實告 二人皆喜其言中"

101) 『新增東國輿地勝覽』 卷11 京畿 楊州牧 佛宇 檜巖寺.

102) 『高麗史』 卷11 世家, 肅宗 6年 八月 癸巳.
『高麗史』 卷15 世家, 仁宗 6年 夏四月 乙卯.

103) 『高麗史』 卷11 世家, 肅宗 6年 八月 癸巳.
『高麗史』 卷15 世家, 仁宗 6年 夏四月 乙卯.

은 고려시대의 국사·왕사 제도가 정비된 이후 전 시대의 고승으로서 추봉받은 것이므로 이 곳에서는 언급하지 않겠다.

지금까지 고려전기에 추봉된 국사의 사례를 살펴보았다. 왕사로 사망한 후 국사로 추봉되는 것은 관리들이 사망후 그들의 실직보다 더 높은 지위를 추봉받는 사례와 비슷하게 여겨진다. 한편 왕사를 역임하지 않은 채 국사 추봉을 받은 자들은 고승에 대한 대우 차원으로 파악된다. 이와 관련하여 주목되는 사례가 있다.

> 나. 교하노라 운운. 비상한 사람이 있어야만 비상한 증직이 있는 것이다. 국가가 3백여 년 이래로 대화상을 추숭하여 국사를 삼은 것이 오직 大覺·無碍智·普照·眞覺 등의 대덕 뿐이었다. 그 뒤로 비상한 덕이 있어서 이전 사람으로 하여금 美名을 독차지하지 못하게 한 이는 곧 우리 스님이다.105)

이는 白蓮社를 연 了世를 圓妙國師로 추증하는 교서이다. 이때 국사의 추봉은 非常한 사람에게 이루어지는 것이라고 하면서 추봉된 사람으로 大覺·無碍智·普照·眞覺國師를 언급하고 있다. 물론 〈표4〉에서 살펴보았듯이 이 4명을 제외하고도 국사로 추봉된 사람이 더 있다. 아마도 위의 사료는 국사 추봉이 그만큼 얻기 어려우며 큰 의미를 가진다는 것을 강조하기 위해서 쓰였다고 보인다. 한편 추봉은 그 승려의 명성을 더욱 높여주는 역할을 했을 것이다. 이는 국사 추봉이 고승에 대한 예우 차원의 것임을 다시 확인시켜 준다. 또한 추봉은 책봉과 달리 같은 시기에 중복되어도 상관없는 것이기 때문에 국왕이나 국가의 입장에서 고승들에 대한 예우로서 많은 추봉을 했을 것이다.

---

104) 『高麗史』 卷15 世家, 仁宗 6年 夏四月 乙卯.
　　崔應淸, 「玉龍寺王師道詵加封先覺國師敎書」(『東文選』 卷27 制誥).
　　崔惟淸, 「白雞山玉龍寺贈諡先覺國師碑銘」(『東文選』 卷117 碑銘).
105) 閔仁鈞, 「萬德山白蓮社主了世贈諡圓妙國師敎書」(『東文選』 卷27 制誥).

## 3. 王師·國師의 기능

王師·國師의 기능에 대해서 지금까지는 그들을 엄밀히 구분하지 않고 불교사회에서 통치자와 민중을 일치시키는 상징적인 면모를 강조해왔다.106) 기존의 연구에서 지위상 국사가 왕사보다 우위에 있는 정도로 구분했을 뿐 별다른 차이를 설명하지 않았으나, 1·2절의 내용을 통해 왕사와 국사의 기능을 달리 볼 수 있을 것 같다. 무신정권기의 기록이기는 하지만 왕사와 국사의 일차적 차이에 대해서 확인시켜 주는 사료가 있다.

　다. 칭호를 이와 같이 한 것은, 대개 이름은 실상을 따라 자연적으로 나타나기 때문이다. 스님은 도가 온전하고 덕이 갖추어져 當世의 모범이 되므로 국사의 이름으로 추숭하는 것이다. 대개 왕사라는 것은 다만 한 임금이 본받는 것이요, 국사라는 것은 곧 한 나라가 의지하는 것이다.107)

이것은 承逈을 국사로 추봉하는 교서로 이규보가 쓴 글이다. 여기서 왕사는 '한 임금이 본받는 것'이요, 국사는 '한 나라가 의지하는 것'이라고 하였다. 물론 왕사·국사의 명칭 자체에 이러한 의미가 포함되어 있기는 하다. 그러나 위의 글을 통해 왕사와 국사가 구분된다는 것을 알 수 있다. 또한 왕사가 국왕과 더 밀접했고 그로 인해 국사와 다른 면모를 가졌음을 추측하게 한다.

그뿐만 아니라 태조때부터 왕사만 책봉되고 광종때가 되어서야 국사가 책봉되었다는 점도 왕사와 국사가 구별되었음을 확인시켜준다. 신라때 국사가 존재했으므로 고승에 대한 우대로 선종 승려를 책봉하

---

106) 許興植, 주 28) 논문, 407~410쪽.
107) 「故寶鏡寺住持大禪師贈諡圓眞國師敎書」(『東國李相國全集』 卷34 ; 『東文選』 27 制誥).

는 것이었다면 국사로 책봉하는 것이 순리일텐데, 왕사를 임명했다는 것은 기존의 국사와는 다른 기능을 기대했기 때문이라고 판단된다.

왕사와 국사의 이러한 차이는 그들의 활동을 통해서도 확인된다. 왕사로서 智□, 德緣 등은 국왕의 명령으로 법회를 주관하였다. 또 坦文의 경우처럼 왕이나 태자를 위한 축수를 하거나 決凝, 德昌, 樂眞, 德緣, 學一과 같이 기우제를 열어 바로 비가 오도록 한 사례도 많았다. 坦然은 왕이 그에게 왕사가 되어달라고 청한 것만으로 가뭄 끝에 비가 오고 있다. 鼎賢, 海麟, 韶顯, 曇眞은 왕사가 되기 전부터 국왕의 명령으로 법회를 주관하거나 기우제를 지내고 있으며 學一은 사람들의 병을 낫게 하는 기적을 보이고 있다.

반면 국사는 특수한 시기에 임명된 智□와 海麟의 경우만이 구체적인 활동을 할 뿐 대부분은 하산하고 있다. 즉 국사로 책봉된 이들이 특별한 활동을 하지 않은 사실에서 국사가 상징적 존재였음이 드러난다. 또한 1·2절에서 확인되듯이 왕사는 대부분이 책봉되었음에 비해 국사의 경우 사후 추봉이 과반수를 차지했다는 사실은 국사가 이전까지 왕사·국사의 기능으로 언급된 '상징적인 기능'에 더 합당하다는 점을 설명해주는데 추봉은 당시 고승들에 대한 예우로서 사용되었을 것이기 때문이다.

그리고 왕사로서 활동하다가 하산하겠다고 했을 때 왕사의 지위를 그대로 유지한 채 하산한 경우도 있기는 하지만, 국사로 책봉하여 하산하도록 한 坦文이나 鼎賢의 사례를 살펴보면 국사가 별다른 기능을 가지지 않은 지위였다는 사실이 재확인된다. 왕사였다가 국사로 책봉하여 하산시켰다는 것은 국사에게 주어진 구체적인 역할이 없어서이며, 하산하는 승려에게 왕사보다는 국사가 더 적당한 지위였기 때문이다.

그렇다면 왕사는 앞에서 언급한 활동 외에 어떠한 역할을 했을까? 우선 고려 초부터 살펴보자.

라-① 今上(=太祖)이 서쪽에서 정해진 의논을 모아 북쪽에서 임금의 자리에 올랐다. … 홀연히 大師(=慶猷)가 惠日을 엿보고 玄風을 들었으며 큰 파도를 배로 건너 中華에서 도를 물었다는 것을 들었다. … 그래서 누차 警誡를 구하고 다시 간절하게 歸依하여 王師로서 대우하고 君臨의 □를 돕게 하였다.108)

② 왕사의 禮로써 대우하였다. … 大師의 가르침을 받지 않은 자는 곳곳의 精舍에서 그 문도들이 배척하여 종일토록 더불어 이야기를 할 수 없었고 하룻밤도 유숙하지 못했다. (결락)109)

① 法鏡大師 慶猷가 왕사가 된 후 '君臨의 (결락)'을 도왔다는 문구에서 '君臨'은 天子를 가리키거나 임금을 위해 主宰함을 의미한다. '君臨'은 앞뒤에 이를 보충해 주는 기사가 없어 구체적인 사실이 확인되지 않으므로 왕의 정치를 도왔다기보다는 상징적인 표현으로만 볼 수도 있다. 그러나 ②의 사료를 살펴보면 실제적인 역할도 추정된다.

②는 眞空大師 忠湛이 왕사로 책봉된 후 그의 가르침을 받지 않은 자들은 충담의 문도들에게 배척되어 곳곳의 사원에서 머물지도 못하고 대화도 하지 못했다는 내용을 담고 있다. 충담의 문도가 아니란 이유로 이런 차별을 받게 된다면, 많은 수의 승려들이 그의 문도로 유입되었을 것이다. 사실 힘있는 승려에게 억압당해 제자가 되기도 하였고, 이를 거부하였다가 지방사원으로 쫓겨나기도 한 사례가 있다.110)

---

108) 「有晋高麗國踊巖山五龍寺故王師敎諡法鏡大師普照慧光之塔碑銘幷序」(『朝鮮金石總覽』上, 165쪽 ; 『韓國金石全文』中世上, 330~331쪽).
109) 「高麗國原州靈鳳山興法寺故王師眞空大師(결락)」(『韓國金石文大系』 卷6 -서울特別市編, 56쪽).
110) 「(僧)朴敎雄墓誌銘」, "時有一宗長 以師傑然 獨立不禮於其門 爲疾 將害之而未果 適乘時執事 貶住洪州白嵓寺"(『高麗墓誌銘集成』, 76쪽).
「(僧)金德謙墓誌銘」, "及仁王初國戚李氏擅權 其子爲浮屠者 居玄化 倚勢乘威 劫諸老師有德 爲門弟 故趨炎炙手者 日盈其門 師獨厲色叱之 曰師之所存 道之所存也 安有達士 迫於豪强 反爲兒子文眷耶 李氏子大惡之 欲中傷之者數矣"(『高麗墓誌銘集成』, 117쪽).

물론 여기서 '處處精舍'가 국내의 모든 사원을 의미하지는 않을 것이다. 그러나 충담과 그 제자들에게 장악된 사원에서 충담의 문도가 아니란 이유로 배척을 받은 것은 사실이며, 이러한 일이 있을 수 있는 이유는 충담이 왕사로서 국왕의 원조아래 권력을 가지고 있었기 때문이다. 그러므로 충담은 왕사의 권한으로써 기존에 예속된 것보다 더 많은 사원과 승려들을 장악해 갔을 것이다. 정치권력에 의탁하였으므로 자연스러운 통합은 아니었지만 불교계의 통합은 태조와 국가의 입장에서는 장려해 왔던 부분이었다.[111] 바로 이것이 충담이 왕사로서 한 기능이라고 판단된다. 따라서 ①의 사료도 명확히 사례를 제시한 것은 아니지만 ②와 관련하여 왕사의 역할로 추정된다.

그후 仁宗 연간에 왕사였던 學一에게서도 구체적 활동이 찾아진다.

> 마. (宣和) 5년 癸卯(인종 원년) … 이 해에 選席을 主盟했을 때 學者들이 '二種自己'를 많이 이야기하였다. 스님이 말하기를 "自己는 하나일 뿐인데 어찌 둘이 있겠는가. 지금부터는 이러한 논의를 마땅히 금지하라"고 하였다. (결략) 그 사이에서 오랫동안 의심하는 자가 많았다. 惠洪의 『僧寶傳』이 전래되자 (그 내용에) 古師의 3가지 실수를 분별함에 自己를 구분하는 것을 하나의 실수라고 하니, 學者들이 이것을 본 연후에야 의심을 끊었다.[112]

學一은 왕사가 된 다음해에 僧科를 관장하게 되는데 이때 '二種自己'에 대한 토론에서 자신의 의견을 관철시키고 '二種自己'의 언급을 금지시키고 있다. 뒤에 중국 승려인 惠洪의 글이 전해지면서 학일의 의견이 맞았음이 증명되고 있어 그의 학식이 높았음을 과시하기 위해 이 내용이 비문에 실렸을 것이다. 그러나 당시 僧科는 하나의 주제에

---

111) 金杜珍, 1981, 「王建의 僧侶結合과 그 意圖」『韓國學論叢』 4, 141쪽.
許興植, 2000, 「高麗의 僧職과 僧政」『僧伽教育』 3, 168~169·176쪽.
112) 「高麗國雲門寺圓應國師之碑」(『韓國金石文大系』 卷3-慶尙北道編, 86쪽 ;『朝鮮金石總覽』 上, 350쪽).

대한 공개토론형식을 취하였으므로,113) 어떤 주제에 대해 의심하는 자가 많았음에도 불구하고 학일 자신의 의견을 가지고 승과를 진행하였다는 것은 그가 왕사로서 권위를 가졌기 때문이다. 즉 당시 불교계의 논쟁을 자신의 견해대로 제약할 수 있었던 것은 국왕으로부터 주어진 왕사의 권한 때문이었다. 이 또한 불교계를 통합하고자 하는 국왕의 의도를 왕사가 대신한 사례로 여겨진다.

물론 학일이 승과의 주관자였으므로 승과의 토론 내용에 대한 제재를 가했겠지만 학일에게 승과를 맡긴 국왕의 의도도 생각해보아야 한다. 즉 당시 통일되지 않은 논쟁이 계속되고 있을 때 학식과 덕망이 있는 왕사를 시험관으로 뽑아 그런 논쟁을 종식시키고자 했던 것이다. 또한 국왕으로부터 부여받은 왕사라는 지위와 그에 기반한 권한을 가지고 있었기 때문에 논쟁의 해결책에 대해 불만이 많았음에도 불구하고 겉으로는 논쟁이 그칠 수 있었다.

또한 왕사가 승정에 간여했음을 짐작케 하는 기록이 있다.

> 바. 睿王 때 □師 德淵은 항상 大內의 明慶殿에 머물렀다. 上이 묻기를, "국사를 계승할 자는 누구입니까"라고 하자 국사(=德淵)는 스님(=德謙)이라고 대답하였다. 처음에 長嚴寺에 주지함에 미쳐 국사에게 나아가 작별하자 국사가 (明慶)殿 문 밖에 祖席을 베풀어 총애함을 보였다.114)

이 글은 현화사 주지이자 승통이었던 德謙의 묘지명 일부로 德謙과 德淵(德緣)의 관계, 그리고 덕겸이 무척이나 촉망받던 스님이라는 것을 표현하기 위한 것이다. 그런데 덕겸이 장엄사 주지로 가면서 당시 왕사였던 덕연에게 작별인사를 하고 있다. 물론 덕연이 덕겸을 총애

---

113) 許興植, 1976,「高麗時代의 僧科制度와 그 機能」『歷史敎育』19 ; 1986,『高麗佛敎史硏究』, 一潮閣, 377~378쪽.
114)「(僧)金德謙墓誌銘」(『高麗墓誌銘集成』, 117쪽).

하였기 때문에 그에 대한 인사였을 수도 있지만, 자신을 장엄사의 주지로 임명해준 덕연에 대한 감사의 표시였다고 여겨진다. 뿐만 아니라 덕연이 예종에게 자신을 계승할 자로 추천했다는 점도 이후 덕겸의 승직과 승계 임명에 큰 영향을 주었을 것이다. 물론 사료 바)만을 가지고 왕사가 주지 임명에 간여했음이 증명되지 않지만, 최소한 형식적으로나마 승정에 참여했을 가능성이 엿보인다.115)

다음으로 무신정권기의 기록으로 왕사의 기능에 대해서 시사하는 사료가 있다.

> 사-① 지난날 聖考께서 중흥한 때를 만나 그릇되게 僧流의 末品에서 채택되어 특별히 스승의 예로 높이시고 명령하여 臣이라 칭하는 것을 없애게 하셨습니다. 이와 같이 임금의 존엄을 낮추신 것은, 대개 수명을 연장하고자 하는 것이었습니다. 이 늙은 중의 공적이 없어 仙路의 기한을 재촉하게 하였으니, (남보다) 열배나 염치가 없습니다. 죄는 만 번 죽어 마땅하니 현저한 징벌을 받지 아니한 것만도 큰 행운인데, 또 능히 스스로 책망하고 물러가지도 못했습니다. 뜻밖에 聖上陛下께서 잘 계승하는 효성이 독실하여, 前朝의 舊物을 버리지 않으시고 오히려 孤跡을 포용하여 오랫동안 영화스러운 길에 붙어 있게 하셨습니다. 헛되이 넉넉한 공양을 입었으나 윤택한 이익이 없었고 부끄러움을 알고도 물러나지 않았으므로 비방을 입은 것도 또한 많았습니다.116)

사료 사)-①은 康宗 2년에 왕사가 된 至謙으로 추정되는117) 승려를 대신하여, 이규보가 쓴 하산을 요청하는 내용으로 되어 있다. 이곳에서 왕사를 임명한 이유가 국왕의 수명을 연장하기 위한 것이라는 언

---

115) 4장에서 언급할 왕사·국사가 임명장과 함께 가지고 있었던 인장은 그들이 형식적으로나마 어떠한 직무를 맡았음을 알려준다.
116) 李奎報,「王師乞下山狀」(『東國李相國全集』 卷30;『東文選』 卷48 狀).
117) "(康宗 二年 六月) 甲申 王受菩薩戒 於內殿 以僧至謙 爲王師"(『高麗史』 卷21 世家).

급이 있다. 이어서 그러한 본인의 역할에도 불구하고 국왕이 사망하였으니 죄를 받아야 한다는 반성도 형식적이나마 하고 있다.

> 사-② (의종이 다스린 지) 2년째인 정묘년에 스님이 晋州 斷俗寺로 歸老하는 것을 원하였다. 서울에 머물도록 했으나 스님의 뜻은 더욱 굳어졌다. 上이 부득이 잠시 歸休하도록 허락하였다. … 上이 머물도록 권할 수 없다는 것을 알고 이에 中貴人 金存中과 右街僧錄 翰周를 보내어 배행하도록 하였다. 9월 3일에 절로 들어갔다. 스님은 비록 山林으로 퇴거하였지만 祝聖하는 정성이 날로 더욱 돈독하였으니, 上의 총애함도 또한 줄어들지 않았다.118)

사료 사)-②는 坦然이 왕사로서 단속사에 하산 후 계속 祝聖 즉 임금의 장수를 위한 정성을 독실하게 했다는 내용이다. 여기서 '祝聖'은 수사적인 단어로도 볼 수 있지만, 사료 사)-①과 연결시켜 보면 왕사가 해야될 일로 왕의 장수를 위한 기도가 있었을 것이다.

물론 한 인간의 수명을 승려의 기도나 불교 행사로써 연장하는 것은 불가능하다. 그러나 종교적인 믿음에 의해 장수나 개인의 행복을 비는 것도 사실이다. 또한 불교에는 참회 등을 통해 죄가 씻기고 그로 인해 자신의 생명이 연장된다는 신앙적인 면모도 있다. 이러한 믿음 아래 고승을 통해 국왕같은 권력자가 자신의 장수를 빌었다고 생각된다. 왕사들의 기록에 感通 능력이 강조되어 병을 낫게 하였다거나, 비를 오게 하였다는 내용들이 특기되는 이유가 그 승려의 도가 높았다는 사실을 이야기함과 동시에 그들이 왕사로 임명된 까닭을 설명해 주는 것이다. 바로 이러한 이유로 국왕은 感通을 통해 자신의 생명이 연장되기를 왕사에게 기대했다고 파악된다.

그렇다고 해서 왕사만이 감통 능력을 갖춘 승려라는 것은 아니다.

---

118)「高麗國曹溪宗崛山下斷俗寺大鑑國師之碑銘幷序」(『朝鮮金石總覽』上, 564쪽 ;『韓國金石全文』中世下, 822쪽).

제2장 高麗前期 王師·國師의 사례와 기능 85

승려가 가지고 있었던 주술적인 영험함은 많은 종교의 사제들이 가졌던 능력이고 이것은 그들의 부수적인 능력이었을 뿐이다. 감통 능력만으로 승려가 왕사로 임명되지는 않았겠지만, 국왕의 스승으로 밀접한 관계를 유지했을 왕사로서 생명을 연장할 수 있는 영험함마저 가졌다면 더욱 존중받았을 것이고 왕사의 선택에 조금이나마 영향을 주었다고 추측된다.[119]

실제로 왕사가 국왕의 생명 연장을 위한 효과있는 일을 했든지 그렇지 않았든 지간에 사)-①·②를 통해 왕사가 국왕의 장수를 위한 기도를 했다는 사실이 확인된다. 또한 국왕의 사망은 왕사 역할을 제대로 수행하지 못한 것이 되어 처벌받아야 하는 일로 이야기하고 있다. 이런 역할은 왕사를 국왕과 더 밀접한 관계로 만들어 주었을 것이고, 이를 통해 왕사가 국왕을 대신하여 불교계에 영향력을 행사할 수도 있었다고 판단된다.

게다가 왕사들의 이러한 感通 행위는 기우제에서도 나타난다. 위의 서술에서 확인했듯이 왕사들의 비문에는 그들이 기우제에서 성과를 거두었음을 강조하고 있다. 그 이유는 왕사들의 기우제가 효과를 보게 되면 국왕의 정성이 하늘을 감동시켰다는 증거가 되기 때문이다. 천재지변을 국왕이나 관료가 정치를 제대로 하지 못하고 있다는 증거로 보는 天人合一思想에 의하면,[120] 가뭄 같은 재해가 계속될 경우 국

---

119) 이러한 점은 문신 유자였던 金仁存이 曇眞의 왕사 책봉 때는 이를 반대하다가 이후 學一에게는 왕사로 취임하도록 권유한 이유를 설명한 논문에서도 언급되었다. 즉 김인존은 유자로서 승려를 왕사·국사로 책봉하는 것에 반대했지만, 당시 예종이 위독한 상태에서 국왕의 질환 치유라는 절박한 상황 때문에 질병과 災異를 물리치는 신통력을 발휘하는 학일의 왕사 책봉을 추진하였다고 보았다(邊東明, 2005, 「高麗時期의 儒敎와 佛敎」, 『한국중세사연구』 18, 52쪽).

120) 李熙德, 1984, 「高麗初期의 天文·五行說과 儒敎政治思想」, 『高麗儒敎 政治思想의 硏究-高麗時代 天文·五行說과 孝思想을 中心으로-』, 一潮閣. 李熙德, 1984, 「祈雨行事와 五行說」, 『高麗儒敎 政治思想의 硏究-高麗時

왕은 정치적 부담을 안게 된다. 이럴 때 왕사가 기우제를 지내고 때마침 비가 오게 되면 그 공로는 국왕에게까지 파급되어 정치가 다시 잘 되고 있다고 선전할 수 있었을 것이다. 반면 비문에는 언급되지 않았지만 왕사들의 기우제에도 불구하고 비가 오지 않는 경우는 그 실패 원인이 왕사의 약한 法力으로 돌려지게 되고 국왕이 짊어져야 하는 책임을 분담 또는 전가시켰을 것이다.[121]

　지금까지 서술한 내용을 통해서 보면, 고려전기의 왕사들은 국왕을 대신하여 승려를 장악함으로써 불교계를 통합시키는 역할을 하였고 승과에서 자신의 의견을 관철시켜 불교계의 논쟁을 종식시키기도 하였다. 이러한 활동은 불교계를 통일하여 국왕을 지지하도록 하는데 많은 도움이 되었을 것이다. 사료상 확인되는 왕사의 역할들이 '법제적 기능'으로 정해져 있었는지는 알 수 없지만, 왕사의 활동 내용은 그 자체가 곧 기능으로 볼 여지가 있다. 즉 왕사로서 국왕을 대신하여 불교계를 장악하도록 하는 것이 그 책봉의 한가지 이유였다면 왕사의 이러한 활동은 기능으로 파악된다.

　또한 왕사가 국왕의 장수에 대한 기도를 책임지고 있었다는 언급을 통해, 왕사가 국사에 비해 국왕과 더 밀접하게 관련을 맺고 있었으며

---

　　代 天文・五行說과 孝思想을 中心으로-』, 一潮閣 참조.
121) 물론 기우제나 왕을 위한 기도를 왕사만이 한 것은 아니다. 이러한 일들은 대체로 內道場에 상주하던 승려들이 맡았다고 보아야 한다. 현재까지 내도량 내의 승직이나 그 기능이 정확히 연구되지 않았지만, 내도량에 상주한 승려가 확인되고 있고 국왕과 가까운 거리에 있었던 만큼 왕이나 왕실을 위한 법회를 주관했으며(安田純也, 2005,「高麗時代の內道場－內帝釋院を中心として」『朝鮮學報』194, 27~29쪽). 다만 내도량의 승려들이 행한 기우제가 별다른 효과를 보지 못했을 때 더 영험하다고 알려진 승려를 찾아 기우제를 맡겼을 것이고 왕의 건강이나 장수와 관련한 문제도 마찬가지였다고 생각된다. 그럴 때 왕사가 기우제나 왕의 장수를 위한 기도를 담당했을 것이다. 그러므로 상시적이지는 않았다고 하더라도 이러한 법회의 주관자로서 왕사의 역할을 부정할 수는 없을 것이다.

왕사와 국왕의 밀접한 관계로 인해 왕사의 권한이 컸다고 설명할 수 있다. 그리고 기우제를 성공시켰다는 점이 강조된 것은 그것이 국왕의 정치적 부담을 분담해주었기 때문이며 이러한 기능으로 왕과 왕사는 더욱 밀착되었다고 생각된다.

반면 생전에 국사로 책봉된 승려들은 별다른 기능을 하지 못했다. 智□나 海麟의 경우만 국사로서 활동한 사례가 있을 뿐 대부분은 국사 책봉 이후 하산하고 있다. 2절에서 설명했듯이 智□나 海麟은 당시 불교 판도 변화로 왕사에서 국사로 일찍 옮겨졌다고 보이므로 다른 국사들과는 조금 다른 경우이다. 그러므로 대부분 국사는 책봉 이후 하산하였다. 이는 사료 다)에서 언급한대로 국사는 '한 나라가 의지하는' 대상으로 불교계의 지도자로서 대표성만을 가지고 있었기 때문이다. 그러므로 추봉받는 예도 많고 책봉받았다고 하더라도 곧 하산하여, '한 임금이 본받는' 왕사와 달리 실제적인 활동을 하지 못했던 것이다. 그리고 왕사로서 하산을 청하는 坦文이나 鼎賢을 국사로 책봉하여 하산시켰던 사실에서도 노년을 편히 쉬고 싶어하는 승려에게 더 적당한 지위가 국사였음을 다시 한번 확인하게 해준다.

또한 왕사·국사의 기능을 살펴보면, 고려시대에 왕사가 처음으로 임명된 이유가 찾아진다. 신라의 국사는 당시 불교계의 대표들을 우대하기 위해 임명되었고 신라 말 선종 승려의 국사 책봉이 그 대표적인 사례였다. 당시 불교계의 변화를 인정하고 고승을 우대한다는 것을 보여주기 위해 책봉한 국사는 '상징적' 기능만을 할 수밖에 없었을 텐데, 고려시대에 들어와서는 왕과 결합되어 국왕의 의사를 대변하고 그들의 정치를 보좌하는 승려가 필요했다고 판단된다.

때문에 신라의 국사와는 다른 왕사를 임명하고, 국사의 임명사례에서 언급했듯이 광종대에 이르러 다시 고승들에 대한 예우 표시가 필요하게 되면서 국사도 책봉하기 시작했던 것이다. 즉 신라때부터 존재했던 국사가 아닌 왕사를 고려에서 새롭게 임명하였다는 것 자체가 왕사·국사가 구별되어 각각 다른 기능을 하였기 때문임을 확인시켜 준다.

# 제3장

# 高麗後期 王師·國師의 사례와 기능의 변화

## 1. 王師 임명 사례와 활동

　사료상 나타나는 고려 전기의 마지막 왕사는 大鑑國師 坦然으로 仁宗 23년에 임명되어 毅宗 12년 사망하였다. 그 이후 의종조에는 더 이상의 왕사 책봉은 보이지 않고 무신란으로 새롭게 즉위한 명종 때가 되어야 다시금 왕사를 책봉하게 된다.

〈표 5〉高麗後期 王師 역임자

| 법명 | 시호 | 종파 | 역임시기 | 전거 |
|---|---|---|---|---|
| 德素 | 圓覺國師 | 천태종 | 明宗원년~明宗4년(?,사망) | 「碑」, 『史』卷19 |
| 志謙<br>(至謙) | 靜覺國師 | 선　종 | 康宗2년~高宗16년(사망) | 「碑」, 『史』卷21 |
| 混元 | 眞明國師 | 선　종 | 高宗46년~元宗12년(사망) | 「碑」, 『史』卷25 |

| | | | | |
|---|---|---|---|---|
| 丁午 | 無畏國統<br>(國師) | 천태종 | 忠烈王33년~忠肅王즉위년<br>(國統책봉) | 『東文選』卷68, 『史』卷34,<br>『要』卷23, 『萬德寺志』 |
| 混丘 | 寶鑑國師 | 선 종 | 忠肅王 즉위년~忠肅王9년<br>(사망) | 『史』卷34, 「碑」 |
| 祖衡 | | | 忠肅王 12년~? | 『史』卷35 |
| 乃圓 | | | 忠惠王 원년~? | 『史』卷36 |
| 復丘 | 覺眞國師 | 선 종 | (忠惠王 후2년 이전)~恭愍<br>王4년(사망) | 「碑」,「白巖山淨土寺事蹟」,<br>「白巖山淨土寺橋樓記」 |
| 普愚<br>(普虛) | 圓證國師 | 선 종 | 恭愍王5년~恭愍王15년(辭<br>位) | 「碑」,『史』卷39 |
| 禪顯 | | | 恭愍王16년~? | 『史』卷132 |
| 惠勤 | 禪覺王師 | 선 종 | 恭愍王20년~禑王2년(사망) | 「碑」,『牧隱文藁』卷14,『東文<br>選』卷119,『史』卷43 |
| 粲英<br>(贊英) | 大智國師<br>(智鑑國師) | 선 종 | 禑王9년~昌王원년 | 「碑」,『史』卷135·137 |

※ 전거표시는 〈표 2〉와 같이 한다.
※ 역임 시기가 정확하지 않을 경우 물음표로 표시하고 본문의 서술에서 추정을 해보았으며 왕사 역임 이후 국사로 책봉되었는지 아니면 왕사로 사망했는지를 구분하여 보았다.

고려후기에 들어와 가장 먼저 왕사가 되는 이는 德素로 明宗 원년에 책봉되었다.[1] 덕소는 睿宗 2년에 태어나 9살에 대각국사 의천의 제자인 천태종 승려 敎雄에게 출가하였다. 승과에 합격한 후 仁宗 15년경을 전후로 重大師의 승계를 가지고 있었고[2] 毅宗 7년에 禪師가 되었다. 의종 18년 이후 어느 시기에 大禪師가 된 후 명종 원년에 왕사로 임명되었다. 비문의 결락으로 인해 정확하지는 않지만 명종 4년에 사망하였고 '贈諡圓覺國師碑銘'이라고 비명을 시작한 것으로 보아 사망 이후에 국사로 추봉받은 듯하다.[3] 덕소가 왕사로 임명될 때 홍

---

1) "(明宗 元年) 九月 癸未 以僧德素 爲王師"(『高麗史』卷19).
2) 「強圉荒落年應鍾月南嵩山寺天台始祖碑陰記」(1983, 『韓國金石文大系』卷3 - 慶尙北道編, 圓光大學校 出版局, 84쪽).
3) 「□□□台宗贈諡圓覺國師碑銘〈幷序〉」, "丁亥(1107년, 예종2)三月六日 母南原郡夫人梁氏 感夢自京洛 至州界 軒盖滿路 而師是夕生焉 … 投大禪 師敎雄門下 九歲(1115년, 예종10)剃髮 … 戊□(결락)開場大選者 前選落子

미로운 사실은 명종이 스스로 결정하지 못해 禪敎의 고승들을 골라 그 이름을 봉하여 佛殿 앞에 두고 기도한 후 선택했다는 것이다.[4] 이는 무신란으로 즉위하게 된 명종이 자의적인 판단으로 왕사를 임명하지 못하고 무신 집권자들의 눈치를 볼 수밖에 없었음을 알려준다.

그 이후 오랫동안 왕사의 책봉은 이루어지지 않는데, 이는 德素의 왕사 임명 당시의 사정과 유사하게 국왕이 스스로 왕사를 임명할 수 없었던 것에 기인한다고 생각한다. 전기에 왕사가 국왕과 밀접한 관계를 유지하며 국왕의 의사를 대변했던 점을 참고한다면,[5] 무신정권기에 왕사의 임명은 쉽지 않았을 것이다. 또한 무신정권이 시작된 이후 계속된 敎宗 계열의 항쟁[6]과, 반항하는 교종 세력을 대신하여 집권자들과 결탁될 수 있는 대안세력이 아직 없었기 때문에[7] 새로운 왕

---

美也 翌日果中 … (결락)政之八年癸酉(1153년, 의종7) 以師爲禪師 … 甲申夏(1164년, 의종18) … (결락)隨駕 所以護行在也 卽輦下命師 擧一宗碩學 可授批職者 其所薦 皆副公望 還駕駐平州 以師爲大禪師 (결락) … (결락)上 於是 遣戚弟拯世僧統 右僕射朴景瑞等 傳宣已後 繼日累請 師皆讓以不稱 遣使三請 師知上意 (결락)而受命焉 …(결락)… 備禮封崇 十一月甲戌 大會道俗羣臣 陳師禮起 … 甲午(1174년, 명종4)十月己丑 … 十一月庚寅 命禪師承智 奉骸骨□□□下安于陽山管內智勒山寧國寺"(2000,『增補 韓國金石文大系』卷2-忠淸南北道編, 圓光大學校 出版局, 58쪽;『朝鮮金石總覽』上, 398~400쪽).

4) 「□□□□台宗贈諡圓覺國師碑銘〈幷序〉」, "於是 □思□碩德 以爲師範 而聖意不敢自專 乃擇禪敎知舊宏德 各封其名 置佛像前 □俯伏祈禱□□□一封 (결락)"(『增補 韓國金石文大系』卷2-忠淸南北道編, 58쪽;『朝鮮金石總覽』上, 399쪽).

5) 朴胤珍, 2004,「高麗前期 王師·國師의 임명과 그 기능」『韓國學報』116, 一志社, 165~172쪽.

6) 閔賢九, 1973,「月南寺址 眞覺國師碑의 陰記에 대한 一考察」『震檀學報』36, 28~31쪽.

7) 蔡尙植, 1991,「修禪結社 성립의 사회적 기반」『高麗後期佛敎史硏究』, 一潮閣, 37~39쪽.
채상식은 최충헌이 등장하면서 기존의 불교계에 대한 대대적인 개편작업을 시도하였지만 그것도 종래의 비주류인 일부 선종계를 중심으로 한 것

사를 책봉하기 어려웠을 것이다. 그렇기 때문에 덕소의 경우는 전기의 관례가 지속되면서 임명된 것이고 그 이후는 한동안 왕사가 책봉되지 못했다고 판단된다.

德素 이후 왕사로 임명되는 승려는 志謙이다. 지겸은 毅宗 9년 출가하여 明宗 원년에 승과에 합격한 후 同王 연간에 三重大師, 禪師로 임명되었다. 희종 즉위년에 大禪師가 된 후 강종 2년에 왕사로 책봉되다. 그가 주지했던 절은 登高寺, 郁錦寺, 國淸寺 등이며 고종 16년 사망하여 靜覺國師라는 시호를 받았다.[8] 지겸은 덕소의 왕사 임명 때와 같이 국왕이 직접 선택하지 못하고 최충헌의 추천을 받아 임명하게 된다.[9] 위에서 설명했듯이 왕권이 무신집권자인 최충헌에게 억압되어 있던 상황이었기 때문이다.

그 다음 왕사인 混元은 명종 21년 태어나 13세의 나이로 외삼촌인

---

이었고 최우가 등장한 고종6년(1219년) 이후에야 새로운 국면을 맞게 된다고 하였다.

8) "(康宗 二年 六月) 甲申 王受菩薩戒 於內殿 以僧至謙 爲王師"(『高麗史』 卷21).
「故華藏寺住持王師定印大禪師追封靜覺國師碑銘奉宣述」, "年甫九歲(1153년, 의종 7) 懇求出家 十一(1155년, 의종9) 就禪師嗣忠祝髮 明年(1156년, 의종10) 就金山寺戒壇受具 … 明廟卽祚元年(1171년, 명종원년) 始擧禪選 … 大定己酉(1189년, 명종19) 始住登高寺 明昌四年(1193년, 명종23) 批除三重大師 七年(1196년, 명종26) 加禪師 泰和四年(1204년, 희종즉위년) 又加大禪師 … 承安四年(1199년, 신종2) 移住郁錦寺 … 泰安辛未(1211년, 희종7) 移住國淸寺 崇慶二年(1213년, 강종2) 康王卽祚 … 上特遣上將軍盧元崇等兩使 就所寓普濟寺 備禮封崇 受册訖 遂入大內 親受師禮 上以廣明寺近帝闕 請住焉 … 今上(=고종)嗣位 以寧考師 復崇師禮 恩遇益縟 … 下寺之十三年己丑(1229년, 고종16) … 叉手當胸 儵然坐逝 … 仍降制贈諡靜覺國師"(『東文選』 卷118 ;『東國李相國全集』 卷35).

9)「故華藏寺住持王師定印大禪師追封靜覺國師碑銘奉宣述」, "崇慶二年(1213년, 강종2) 康王卽祚 循祖宗舊例 欲得釋門重望爲師 時晉康公當國 爲上遴選 凡於兩宗五敎 求可以承當大任者 無出師右 遂以師薦焉"(『東文選』 卷118 ;『東國李相國全集』 卷35).

宗軒에게 출가하였고 僧科에 합격한 후에는 수선사의 2대 社主 眞覺國師 惠諶과 3대 사주 淸眞國師 夢如에게 사사하였다. 晉陽公 崔怡의 주청으로 三重大師가 되고 고종 연간에 禪師·大禪師가 되었다. 고종 39년에 夢如가 사망하였으므로 혼원이 修禪社의 4대 법주가 되었다가 고종 43년에 天英에게 대신하게 하였다. 이후 고종 46년 5월에 왕사로 책봉되었지만 그 해 6월에 고종이 승하하였다. 원종에게도 계속 존숭받기는 하지만 하산을 요청하여 원종 원년에 다시 왕사로 책봉된 후 臥龍寺로 갔다. 이후 와룡사에서 머물다가 원종 12년 사망하고 진명국사로 추봉되었다.10) 혼원은 고종 46년 왕사로 책봉되었다가 원종 원년에 다시 왕사로 재책봉되고 있다. 게다가 『高麗史』에는 이런 내용을 前王師 혼원을 스승으로 삼았다11)라고 기록하고 있어 주목된다.

---

10) 「臥龍山慈雲寺王師贈諡眞明國師碑銘〈幷序〉」, "年甫十三(1203년, 신종6) 投舅氏品日雲孫禪師宗軒 披剃受具 … 遂爲崛山蕶席之首 中禪選上上科 … 初謁雙峯辯靑牛 服勤數載 因得其闌奧 次詣曹溪無衣堂下 大爲器許 又嘗師事淸眞國師 所至相從 … 柱國晉陽公 嚮師道行 奏加三重太師 又奏請住定慧社 無何 以領衆不無憂累 抵書晉陽公固辭 尋例加禪師 … 乙巳歲(1245년, 고종32) 晉陽公創禪源社 大張落成會 請師主盟 明年丙午(1246년, 고종33) 師領精鍊衲子二百 赴京師入禪源 高王特批爲大禪師 … 至壬子(1252년, 고종39)八月 淸眞臨滅 以院門事屬師 上於是 命住曹溪 爲第四世 … 丙辰(1256년, 고종43)秋 請禪院法主且公自代 … 至戊午歲(1258년, 고종45) 上欽師道德 欲以不臣禮事之 命立封崇都監 仍命斷俗寺 遣中使禮部郞中崔鐸迎之 師不欲受敎 中使陳主上渴仰之誠 師强起西上 上使迎勞入慈雲寺 時久旱 其夕 忽霈雨 中外慶嘆 旣已請摳衣之禮 己未(1259년, 고종46)五月十一日 册爲王師 上欲親行師禮 因不豫寢之 俄而上僊 元王卽祚 遹追寧考 禮遇殊加 以臥龍寺 爲下山所 師懇乞退休 至于再三 上曰 朕欲留師 親蒙法蔭 師意確切 竟不可違 冀無以遠邇渝意 永福三韓 延入大內 親行師禮 手自進饌 從容接話 至晚乃辭 輒命中使護行 以庚申(1260년, 원종원년)十月下山 … 至元八年辛未(1271년, 원종12)十二月 … 十日晨 … 作上國王書 幷封印信 付侍者 至申時 更衣着伽梨 坐禪床 叉手當胸 端然示寂 … 門人奉遺書幷印信 乘傳申聞 上震悼 加封國師 贈諡眞明"(『東文選』卷117 ; 『止浦集』卷3).

11) "(元宗 元年 八月) 癸亥 王邀前王師混元爲師 親自進食"(『高麗史』卷25).

이러한 재신임 문제에 대해서는 장을 달리하여 언급하기로 하겠다.

한편 圓鑑國師 冲止가 冲鏡王師의 祭文을 쓰고 있는데, 이때의 충경왕사가 바로 혼원인 듯 하다. 제문의 내용 중에 眞覺國師의 제자였다던가 萬乘의 스승이 되고 나이가 80을 넘었다는[12] 것이 당시 고승 중 혼원과 일치하기 때문이다. 또한 「薦冲鏡王師疏」에서 두 임금의 스승이 되었다는[13] 언급도 혼원의 경우와 같다. 그리고 冲止가 쓴 「定慧入院祝法壽疏」에 의하면 定慧社主로써 淸眞國師 夢如 이후 冲鏡이 뒤를 이었다고 하는데,[14] 수선사가 아니기는 하지만 몽여의 다음 代가 충경이라는 사실은 시기적으로도 혼원과 일치하고 실제로 혼원은 정혜사의 주지를 맡은 적이 있다.[15] 그러므로 혼원의 비문에 왕사일 때의 법호가 기록되지는 않았지만, '冲鏡'이 혼원의 법호 중 하나였을 것이다.

無畏國統은 승과 합격 후 충렬왕 28년 妙蓮社主가 되었고 동왕 32년에 大禪師, 다음해에 왕사로 책봉받았다. 이때 받은 법호와 『湖山錄』 跋文을 쓴 승려의 법호가 일치하고 동일한 시기에 왕사라고 칭하고 있으므로[16] 무외국통이 곧 丁午이다.[17] 정오는 왕사였던 충선왕 즉위년에 '禪教各宗山門道伴摠攝調提'라는 승직을 받고 共議事를 위임받았으며 충선왕 원년에 국청사의 주지가 되었다. 그후 충숙왕이 즉위하자 충선왕의 命으로 국통으로 책봉받고 있다.[18] 그런데 『高麗史節要』

---

12) 釋宓菴, 「冲鏡王師祭文」, "久遊眞覺之門 … 而况位尊萬乘之師 齒邁八旬之壽"(『東文選』 卷109 祭文).
13) 釋宓菴, 「薦冲鏡王師疏」, "望傾朝野 卒爲二代之師"(『東文選』 卷112 疏).
14) 釋宓菴, 「定慧入院祝法壽疏」, "降及淸眞之世 大振禪風 洎于冲鏡之時 繼興祖道"(『東文選』 卷112 疏).
15) 「臥龍山慈雲寺王師贈諡眞明國師碑銘〈幷序〉」, "柱國晉陽公 嚮師道行 奏加三重太師 又奏請住定慧社"(『東文選』 卷117 ; 『止浦集』 卷3).
16) "大德十一年(1306년, 충렬왕33)十月日 王師佛日普照靜慧妙圓眞鑒大禪師丁午跋"(1977, 『萬德寺志』, 亞細亞文化社, 56쪽).
17) 『萬德寺志』(1977, 亞細亞文化社, 62쪽)에서 丁若鏞도 법호와 왕사가 된 일자를 가지고 무외국통과 정오가 동일인임을 이야기하였다.

卷23에는 丁午가 국통으로 책봉받은 지 12일 후에도 왕사라고 칭해지고 있다.19) 이는 우선 『高麗史節要』의 誤記로 판단되지만, 여러 가능성에 대해서 계속 생각해 보겠다.

混丘는 위의 丁午가 왕사에서 국통이 될 때 왕사로 책봉되었는데20) 고종 38년에 태어나 10살 때 출가하였으며 승과에 합격한 후 一然을 스승으로 섬겼다. 충렬왕 때 大禪師에까지 이르렀으며 충선왕 때 兩街都僧統이 되었다. 충숙왕 즉위년에 왕사가 되었으며 몇 년 후 瑩源寺로 하산하여 충숙왕 9년에 사망하였다. 사망소식을 들은 충숙왕은 혼구를 寶鑑國師로 추봉하였다.21)

---

18) 朴全之,「靈鳳山龍巖寺重創記」, "惟我國統妙齡 試僧選捷上上科 卽脫身名網 循山住庵 有年矣 上聞師所行 以大德六年壬辰(대덕6년은 임인, 1302년, 충렬왕 28)夏 特遣中使祗侯金光軾 迎師于月出山白雲庵 命主於願刹妙蓮社焉 至十年丙午(1306년, 충렬왕32)冬 上法號爲白月朗空寂照無㝵大禪師 明年丁未(1307년, 충렬왕33)夏 瀋王與父王 欲共行摳衣之禮 封爲王師 進法號曰佛普照靜慧妙圓眞鑑大禪師 … 至大元年戊申(1308년, 충선왕즉위년)秋 瀋王卽祚之日 請師上龍床並坐 又進禪敎各宗山門道伴摠攝調提之號 仍委差共議事 己酉(1309년, 충선왕원년)冬 上命移住國淸寺 以五臺・水巖・槽淵・安樂・瑪瑠等五寺 屬于是寺 爲下院也 … 及皇慶二年癸丑(1313년, 충숙왕즉위년)夏六月 今上嗣位 至冬十一月 承父王之命 復册師爲國統 加法號曰大天台宗師雙弘定慧光顯圓宗無畏國統焉"(『東文選』 卷68).
"(忠肅王 즉위년) 十一月 戊子 以王師丁午 爲國統 國一大禪師混丘 爲王師"(『高麗史』 卷34).
19) "(충숙왕 즉위년 11월) 八關會 王御儀鳳樓 上王與王師丁午・混丘 在樓西 公主與王・淑妃 在樓東 觀樂"(『高麗史節要』 卷23).
위의 『高麗史節要』 기록에는 간지가 표시되어 있지 않지만, 『高麗史』를 통해서 정오와 혼구가 각각 국통・왕사가 된 일자는 戊子이고, 팔관회가 개최된 것은 庚子임이 확인된다.
20) "(忠肅王 즉위년) 十一月 戊子 以王師丁午 爲國統 國一大禪師混丘 爲王師"(『高麗史』 卷34).
21) 「有元高麗國曹溪宗慈氏山瑩源寺寶鑑國師碑銘〈幷序〉」, "以忠憲王二十七年辛亥(신해는 고종38년)七月二十七日誕焉 … 十歲 投無爲寺禪師天鏡祝髮 以九山選首 登上上科 棄去 從普覺學 … 忠烈王賜伽梨法服 累下批至大禪

混丘 이후 왕사가 된 이는 祖衡[22)]인데, 그에 대한 기록은 忠肅王 12년의 왕사 책봉 기사 뿐이다. 또한 忠惠王 元年에 왕사가 되는 乃圓[23)]도 책봉 기사 외에는 그에 대한 사료가 없어, 왕사로 사망했는지의 여부나 國師로 책봉이나 추봉되었는지 등을 확인할 수 없다.『法華靈驗傳』을 쓴 了圓을 乃圓과 동일인물로 보는 견해도 있지만[24)] 이름의 유사성 외에는 방증할 만한 자료가 없어 동의하기 힘들다.[25)]

---

師 德陵卽政(1308년) 特授兩街都僧統 加大師子王法寶藏海國一之號 皇慶癸丑(1313년, 충숙왕즉위년) 德陵謝位 處永安宮 屢遣中使 興而致之 從容談道 或至日暮 於是諗國王 以祖宗舊例 册命師爲悟佛心宗解行圓滿鑑智王師 兩王同摳衣請益 前古未有 旣數年 乞退甚懇 許之 因命住瑩源寺 … 至至理二年(1322년, 충숙왕9)冬十月 … 越三十日 盥浴 說法別衆 … 旣乃還方丈 據床而逝 … 報年七十三 僧夏六十三 王聞訃追悼 贈諡寶鑑國師"(『東文選』卷118 ;『益齋亂藁』卷7).

22) "(忠肅王 12年 9月) 辛酉 以僧祖衡 爲王師"(『高麗史』卷35 世家).
23) "(忠惠王 元年 2月) 壬戌 以僧乃圓 爲王師"(『高麗史』卷36 世家).
24) 黃浿江, 1976,「法華靈驗傳 解題」『法華靈驗傳』, 檀國大學出版部, 1쪽
  鎌田茂雄, 1987,『朝鮮佛敎史』, 東京大學出版會, 178쪽 ; 1988,『한국불교사』, 민족사, 171쪽.
  그 외에 蔡尙植은 乃圓을 수선사 계통으로 송광사 11대 국사인 慧覺國師로 파악하고 있으나 구체적인 설명을 하고 있지 않다(蔡尙植, 1991,『高麗後期佛敎史硏究』, 一潮閣, 91쪽).
25)『法華靈驗傳』을 쓴 了圓은 우왕 3년에도 생존해 있다. 그러나 乃圓은 忠惠王 元年에 왕사가 되었고 이후 우왕 3년까지 復丘·普愚·禪顯·惠勤이 왕사를 역임했다. 만약 了圓이 乃圓이라면 충혜왕 원년에 왕사로 임명된 후 충혜왕 후2년 이전에 왕사에서 물러나 우왕 3년까지 생존한 것이 되어 기존의 왕사 임명 원칙과 충돌하게 된다. 또한 우왕 3년의 요원은 判天台宗事·龍岩寺住持·大禪師로 기록되었을 뿐 왕사와의 연관성은 전혀 표시되지 않았다. 그러므로 了圓은 乃圓과는 전혀 다른 인물이다. "宣光七年丁巳十二月一 時主靈嵒寺住持禪師妙慧謹識/ 同願/ 判天台宗事 龍岩寺住持□□□忍演妙普濟大禪師了圓/ … 書寫 大選 性徹/ 校整 大選 慶廉/ 化主 道人 覺環/ 刻手 □行 幻岑 達桓/ 鍊板 □□ 鐵匠 金元"(『法華三昧懺助宣講義』권말; 南權熙, 2002,『高麗時代 記錄文化 硏究』, 淸州古印刷博物館, 99쪽).

覺眞國師로 추봉되는 復丘는 원종 11년에 태어나 10살의 나이로 圓悟國師 天英에게 출가하였고 천영의 사망이후 大禪師 道英을 스승으로 삼아 10년을 공부하였다. 그리고 충렬왕 16년 승과에 합격하여 慈覺國師를 섬기기도 하였다. 이후 白巖寺·月南寺·松廣寺 등의 주지가 되었고 만년에는 佛岬寺에 주지하기도 하였으며 공민왕 4년에 사망하였다.26) 그런데 李達衷에 의하여 쓰여진 「復丘碑」에 의하면 복구는 공민왕 원년에 왕사로 임명되었다. 물론 그 내용 중 '前代의 그릇된 은혜를 입어 외람되게 스승의 자리에 있었는데 지금 또 重命을 욕되게 한다'27)는 복구의 언급이 있어 그가 전대에도 왕사이지 않았을까 추측을 하게 한다. 실제로 忠惠王 후2년인 至正 元年에 쓰여진 「白巖山淨土寺事蹟」에 '王師 覺儼尊者'28)라고 되어 있고, 「白巖山淨土寺橋樓記」에는 복구가 忠定王 2년에 왕사로 책봉되었다29)고 한다. 3가

---

26) 「王師大曹溪宗師一邱正令雷音辯海弘眞廣濟都大禪師覺儼尊者贈諡覺眞國師碑銘〈幷序〉」, "泊至元庚午(1270년, 원종11)九月十五日而生 … 年甫十歲(1279년, 충렬왕5) 就曹溪圓悟國師 剃落受具 未幾 圓悟順寂 以遺囑從大禪師道英 孜孜請益 十年而學通 叢林推爲衆首 庚寅(1290년, 충렬왕16)秋 中禪選上上科 時年二十一 … 慈覺國師 師之二師也 待之甚禮 … 遂往白巖寺 與同志如干人 蚤夜叅究 十又餘年 住月南·松廣大道場 前後四十餘年 … 晩住佛岬寺 王命也 … 乙未(1355년, 공민왕4) 移寓白嵓寺 夏六月 示疾 七月二十七日疾小間 … 儼然而化 … 冬十二月 上遺使弔慰 諡曰覺眞國師"(『東文選』 卷118 ; 『霽亭集』 卷3).

27) 「王師大曹溪宗師一邱正令雷音辯海弘眞廣濟都大禪師覺儼尊者贈諡覺眞國師碑銘〈幷序〉」, "洪惟我主上勵精圖理 宵旰憂勤 凡所施爲 率繇舊章 咨于相府 訪諸宗門 若曰 眇沖嗣位 適値時艱 恐無以臨涖 將以僧中碩德者 尊拜爲師 以輔予理 用光祖訓 疇歟 僉曰 無如覺儼尊者 前代尊崇 號稱其德 迺命有司 遂册爲王師 時住佛岬寺 以年高道阻 未敢屈致 畫像瞻禮 俾益齋李侍中爲讚 大備物儀 使還師所 以申師事之禮 誠敬篤至 師奉國書 乃曰 老僧譽荷前代誤恩 濫居師位 今又辱重命 深有兢慚 第以香火之勤 庶幾奉福耳 實上卽位之二年壬辰也(1352년, 공민왕원년)"(『東文選』 卷118 ; 『霽亭集』 卷3).

28) 1968, 『增補校正 朝鮮寺刹史料』 上, 中央文化出版社, 164~165쪽.

29) 「白巖山淨土寺橋樓記」, "王師 覺儼尊者者 … 至庚寅(1350년, 충정왕2)十月

지 기록이 복구의 왕사 책봉에 대해서 다르게 이야기하고 있어 의문을 남기지만, 최소한 충혜왕 후2년 이전에 왕사로 책봉되었고 충정왕 2년과 공민왕 원년에 왕사로 다시 책봉되었다고 파악된다. 이렇듯 復丘의 왕사 책봉 기록이 다양하게 남은 것은 混元의 경우처럼 재책봉의 과정을 거쳤기 때문이라고 판단된다.

普愚는 普虛라고 불리기도 했는데,30) 忠烈王 27년에 태어나 13세에 출가하였고 忠穆王 2년에 중국으로 가서 石屋淸珙에게서 사사하였다. 충목왕 4년에 귀국하여 迷源莊에서 머물기도 하였으며 공민왕 5년에 왕의 부름을 받고 奉恩寺로 와서 설법을 하였다. 그리고 그해 4월에는 왕사로 책봉되었으며 圓融府와 그 요속이 두어졌다. 공민왕 6년에 하산하였고 그후 국왕의 명령으로 陽山寺・迦智寺 등의 주지가 되었다. 공민왕 15년에는 신돈의 전횡 때문에 왕사의 자리를 내어놓게 되며 동왕 17년에는 신돈의 모함으로 속리사에 금고되기도 하였다. 그러나 신돈이 주살된 후 공민왕 20년에 국사로 進封되었다.31) 보우는 고려

---

望 進封王師 以法贊王化者二朝"(『增補校正 朝鮮寺刹史料』上, 172쪽).
30) "(恭愍王 5年 2月) 丙子 王飯僧普愚于內佛堂 普愚卽普虛"(『高麗史』卷39).
31) 「高麗國國師大曹溪嗣祖傳佛心印行解妙嚴悲智圓融贊理王化扶宗樹教大願普濟一國大宗師摩訶悉多羅利雄尊者諡圓證塔銘〈幷序〉」, "以大德五年辛丑(1301년, 충렬왕27) 九月二十一日 生師 ⋯ 十三(1313년, 충숙왕즉위년) 投檜巖廣智禪師出家 ⋯ 辛巳春(1341년, 충혜왕 후2) 住漢陽三角山重興寺 ⋯ 至正丙戌(1346년, 충목왕2) 師年四十六 遊燕都 ⋯ 至湖州霞霧山 見石屋珙禪師 ⋯ 屋臨濟十八代孫也 ⋯ 師拜受 迴至燕都 道譽騰播 天子聞之 請開堂于永寧寺 賜金襴袈裟 沉香拂子 ⋯ 戊子春(1348년, 충목왕4) 東歸 入迷源小雪山 躬耕以養者四年 歲壬辰夏(1352년, 공민왕원년) 玄陵邀師 不應 再遣使 請益勤 師乃至秋 力辭還山 未幾 日新亂作 丙申三月(1356년, 공민왕5) 請師說法于奉恩寺 禪教俱集 玄陵親臨 ⋯ 四月 二十四日 封爲王師 立府曰圓融 置僚屬 ⋯ 留居廣明寺 明年(1357년, 공민왕6) 辭位不允 師夜遁 玄陵知師志不可奪 悉送法服印章于師所 壬寅秋(1362년, 공민왕11) 請住陽山寺 癸卯春(1363년, 공민왕12) 請住迦智寺 師皆應命 丙午(1366년, 공민왕15)十月 辭位 封還印章 仍乞任性養眞 玄陵從之 辛旽用事故也 ⋯ 戊申春(1368년, 공민왕17) ⋯ 旽下其事 雜訊之 誣服師之左右 錮于俗離寺 己酉(1369년, 공

전기에 대부분의 왕사가 죽거나 국사로 책봉되지 않는 이상 그 자리를 떠나지 않았던 것과는 달리 왕사를 그만두었다는 특징을 가지고 있다. 물론 왕사의 지위를 그만 둔 것은 일시적이었고 또한 신돈의 전횡이라는 이유가 있기는 하다.

보우가 왕사의 자리를 사직한 후 그를 이은 자는 禪顯이다.[32] 禪顯은 신돈과 친했다고 함으로 보우의 사직 이후 신돈의 추천으로 왕사가 된 듯하다. 『高麗史』 卷132 列傳45 辛旽傳에 의하면 공민왕 16년에 선현이 왕사로 책봉되었다고 하나 그 이후의 행적에 대해서는 알 수 없다. 다만 곧이어 왕사로 임명되는 것은 禪覺王師 惠勤인데, 그가 공민왕 20년에 책봉되므로 禪顯은 그 이전에 왕사의 지위에서 떠났다고 생각된다. 실제로 禪顯이 신돈과의 친분관계로 왕사가 되었다면 신돈의 몰락으로 선현도 자연스럽게 왕사 자리에서 물러나야 했을 것이다.

禪覺王師 惠勤은 충숙왕 7년에 태어나 20살때쯤 출가하였다. 충목왕 4년에 중국으로 가서 指空 등을 사사한 후 원 황실에서도 우대를 받다가 공민왕 7년에 귀국하였다. 그후 공민왕의 관심을 받아 神光寺・淸平寺・廣明寺・檜巖寺 등에 머물렀다. 동왕 19년에 있었던 功夫選을 관장하고 이듬해 왕사로 책봉되었다. 혜근이 회암사에 머물고 싶어해 중창까지 하였지만 우왕 2년에 회암사가 수도와 너무 가까워서 폐해가 있다는 지적에 의해 瑩原寺로 옮겨가던 중 신륵사에서 사망하였다.[33] 그런데 약간 소략한 편인 「碑」의 내용에 비해 그의 「行狀」은

---

민왕18)三月 玄陵悔之 請還小雪 辛亥(1371년, 공민왕20)七月 旽誅 玄陵 遣使備禮 進封國師 請住瑩源寺"(1988, 『韓國金石文大系』 卷5 - 京畿道編, 圓光大學校 出版局, 48쪽).

"(恭愍王 5年 夏4月) 癸酉 封普愚爲王師 立府曰圓融 置官屬 左右司尹 丞・舍人・注簿 左右寶馬陪指諭・行首"(『高麗史』 卷39).

32) "有僧禪顯・千禧 皆旽所善者也 千禧自言 入江浙 傳達磨法 王親訪于佛腹藏 尋封國師 又邀禪顯于康安殿 封王師 王九拜 禪顯立受"(『高麗史』 卷132 列傳45 辛旽).

33) "(恭愍王 20年) 八月丁亥 以僧惠勤 爲王師"(『高麗史』 卷34).

혜근의 일생에 대해 자세한 데, 그것에 의하면 惠勤은 우왕 즉위년에 왕사로 재책봉34)되고 있으므로 왕사의 임명에 관한 새로운 자료를 제공한다.

고려의 마지막 왕사인 粲英(贊英)은 충숙왕 15년에 태어나 14살에 圓證國師 普愚에게 출가했고 이후 몇번의 승과에 합격하고 있다. 大興寺의 주지가 되었으나 그곳을 떠나 小雪山과 三角山 등에 머물렀다.

---

「高麗國王師大曹溪宗師禪教都摠攝勤脩本智重興祖風福國祐世普濟尊者諡禪覺(결락)」, "玄陵在位之二十年庚戌(1370년, 공민왕19) 秋九月十日 召師 入京 十六日 就師所寓廣明寺 大會兩宗五教諸山衲子 試其所自得 號曰功夫選 … 辛亥(1371년, 공민왕20)八月二十六日 遣工部尙書張子溫 書降印·法服鉢盂皆具 封爲王師·大曹溪宗師·禪教都摠攝·勤脩本智重興祖風福國祐世普濟尊者 謂松廣寺東方第一道場 酒命居之 壬子(1372년, 공민왕21)秋 偶念指空三山兩水之記 欲移錫檜嵒 會以召赴是寺法會 得請居焉 … 丙辰(1376년, 우왕2)四月 大設落成之會 臺評以謂檜嵒 密邇京邑 士女往還 晝夜絡繹 或至廢業 禁之便 於是 有旨 移住瑩原寺 … 寓神勒寺 五月十五日 … 是日辰時 寂然而逝 … 事聞于朝 諡曰禪覺 … 師諱惠勤 號懶翁 初名元惠 … 以延祐庚申(1320년, 충숙왕7) 正月十五日生 年甫冠 … 走入功德山 投了然師 祝髮 … 至正甲申(1344년, 충목왕즉위년) 至檜嵒 晝夜獨坐 忽得開悟 尋師中國之志決矣 戊子(1348년, 충목왕4)三月 至燕都 叅指空 侖問契合 十年庚寅 … 是春 南游江淛湖 秋八月 叅平山 … 壬辰(1352년, 공민왕원년) 至伏龍山 叅千嵓 … 是歲北還 再叅指空 空授以法衣拂子梵書 於是 游涉燕代山川 蕭然一閑道人也 名聞于內 乙未(1355년, 공민왕4)秋 奉聖旨 住大都廣濟寺 … 戊戌(1358년, 공민왕7)春 辭指空 得受記 東還 且行且止 隨機說法 庚子(1360년, 공민왕9) 入臺山居焉 辛丑(1361년, 공민왕10)冬 上遣內詹事方節 迎入京 請說心要 賜滿繡袈裟·水精拂子 公主獻瑪瑙拂子 太后親施布施 請住神光寺 … 丁未(1367년, 공민왕16)秋 住淸平寺 … 己酉(1369년, 공민왕18) 再入臺山 庚戌(1370년, 공민왕19)春 … 因赴召 結夏廣明寺 秋初還檜嵒 九月 卽功夫選也"(『韓國金石文大系』卷5-京畿道編, 40쪽;『牧隱文藁』卷14;『東文選』卷119).

34) 「高麗國王師大曹溪宗師禪教都摠攝勤脩本智重興朝風福國祐世普濟尊者諡禪覺懶翁和尙行狀」, "甲寅(1374년, 공민왕23)春 … 九月二十三日 上薨 師躬詣殯殿 對靈小叅 脩書還印于朝 今上卽位 遣內臣周彦邦 降內香 幷送印寶 再封爲師"(『懶翁和尙語錄』;『韓國佛教全書』卷6, 707하쪽~708상쪽).

그러다가 공민왕 8년 왕의 부름을 받아 兩街都僧錄을 몇 년간 맡았으며 동왕 21년에 禪師, 우왕 즉위년에 都大禪師가 되었지만 병을 핑계로 승직을 떠나기도 하였다. 결국 우왕 9년에 왕사로 책봉되었고[35] 창왕이 즉위하자 왕사의 자리를 사양하지만 다시 임명되었다.[36] 그후 億政寺로 하산하여 있었는데 공양왕이 즉위하게 되면서 다시 왕사로 책봉하는 것에 대한 대간의 반대로 왕사로 재신임되지 못한채[37] 억정사에서 공양왕 2년에 사망하였다. 공양왕에 의해 智鑑國師라는 시호를 받았다가 조선이 개국된 후 大智國師란 시호로 고쳐졌다.[38] 이렇

---

35) "(禑王 9년) 二月 戊寅 … 翼日 … 以僧混修爲國師 粲英爲王師"(『高麗史』 卷135).
36) "(昌王 즉위년 6월 辛亥) 以僧混修爲國師 贊英爲王師"(『高麗史』 卷137).
37) "王遣吏曹摠郞李滉 迎曹溪僧粲英爲師 紹宗與兼大司憲成石璘等 伏閤諫 … 疏上 王勉從之 英至崇仁門 臺省遣吏逐之 不得入而還"(『高麗史』 卷120 列傳33 尹紹宗).
38) 「有明朝鮮國忠州億政寺故高麗王師諡大智國師碑銘〈幷序〉」, "師諱粲英 字古樗 號木菴 俗姓韓氏 … 以泰定戊辰(1328년, 충숙왕15) 正月八日 誕焉 年十四(1341년, 충혜왕 후2) … 投重興圓證國師 祝髮受法 五年卓然有成 造淨慧國師 赴叢林 升迦智山下第二座 選充行誼 名出行輩 又叅楡岾守慈和尙 薰陶未幾 已飽禪悅 登庚寅(1350년, 충정왕2)九山選上上科 癸巳(1353년, 공민왕2)又魁辯師科 … 尋住大興寺 嘆曰 出家而爲住持 非吾素志也 遂拂衣入小雪山 以究明一大事爲期 至三角山 住三夏 己亥(1359년, 공민왕8)春 玄陵召致之 敬其法 奇其貌 歎賞不已 稱爲碧眼達磨 又以僧錄司所繫 甚重 不可處以冗僧 乃選於釋林 以師爲兩街都僧錄 大師典其司數年 師辭之甚懇 許之 厥後累承特命 歷住石南・月南・神光・雲門等寺 … 壬子(1372년, 공민왕21)春 王邀置于內院 賜號淨智圓明無礙國一禪師 … 甲寅(1374년, 우왕즉위년)春 … 新王勉留之 仍命住迦智寺 特加禪敎都摠攝・淨智圓明妙辯無礙玄悟國一都大禪師 歲丁巳(1377년, 우왕3) 固辭不允 遂入寶盖山 抗書謝病而去 明年(1378년, 우왕4)住迦智 又明年(1379년, 우왕5)住太子山 皆承特旨也 壬戌(1382년, 우왕8)春 去之淸凉舊方丈居焉 王慕之彌篤 以癸亥(1383년, 우왕9)三月乙丑 冊命爲王師・大曹溪宗師・禪敎都摠攝・圓明佛日明辨大智祐世利生普濟無礙都大禪師・妙辯智圓應尊者 仍備儀遣使 邀安于忠之億政其燕居 … 明年乙丑(1385년, 우왕11) 王邀至于廣明寺 事之益謹 歲戊辰(1388년, 창왕즉위년) 幼君嗣位 遣還印章于師 復以先君所事者事之 是年十

게 찬영은 우왕 9년에 왕사로 임명되어 창왕 즉위년과 공양왕 2년에 재신임의 절차를 겪게 된다. 그러나 공양왕 2년에는 대간들의 반대로 다시 왕사가 되지 못하고 있다.39)

이상 고려후기에 임명된 왕사를 정리해보았는데 사료상으로는 神宗·熙宗·恭讓王 때만 왕사가 보이지 않는다. 神宗·熙宗 연간에 왕사가 임명되지 못한 것은 앞에서 언급했듯이 국왕이 스스로 왕사를 선택하지 못했기 때문이다. 德素와 志謙의 책봉과정에서 보이듯이 국

---

月 移錫于興聖寺 三以疾辭 明年(1389년, 창왕원년)二月 王專師護行 復安于億政 恭讓君 卽位之明年庚午(1390년, 공양왕2) 卑辭遣使 邀至于京城 將册命爲師 時臺諫有斥異端之議 師乃色斯擧矣 … 遂如億政 … 越是年 六月二十八日 … 言訖北首 下右脇 寂然而逝 … 王聞訃 追悼致賻厚 贈諡曰智鑑國師 … 恭惟主上殿下 卽位之初 … 而於師蓻四年 追慕其德行 更諡曰大智國師"(『增補 韓國金石文大系』卷2-忠淸南北道編, 73쪽).

39) 조선시대 들어와서 임명되는 왕사는 自超인데 흔히 無學으로 알려져 있는 승려이다. 조선시대 왕사이므로 간략한 약력만 언급하겠다. 自超는 충숙왕 14년에 태어나 18살에 慧鑑國師의 上足弟子인 小止禪師에게 출가하였고 慧明國師에게도 법을 들었다. 공민왕 2년에 중국으로 가서 指空을 만나고 다음해에는 혜근에게 參禮하였다. 그후 동왕 4년에 귀국하여서도 혜근과 계속 만나고 있다. 고려에서도 왕사로 임명하고자 했으나 자초의 사양으로 이루어지지 않았다고 하며, 조선이 개창된 바로 다음달 왕사로 임명되었다. 그후 정종이 즉위하자 하산하였고 태종 5년에 사망하였다. 「朝鮮國王師大曹溪師禪敎都摠攝傳佛心印辯智無碍扶宗樹敎弘利普濟都大禪師妙嚴尊者塔銘〈幷序〉」, "我太祖之元年(1392년, 태조원년)冬十月 師以召至松京 太祖以是月十一日誕晨 具法服若器 封爲王師 … 戊寅(1398년, 정종즉위년)秋 師以老辭 歸居于龍門 … 以乙酉(1405년, 태종5) 九月十一日示寂 … 以泰定丁卯(1327년, 충숙왕14)後九月二十日生 … 年十八(1344년, 충목왕즉위년) 脫然有出世之志 依慧鑑國師上足弟小止禪師 薙髮具戒 至龍門山 咨法于慧明國師法藏 … 癸巳(1353년, 공민왕2)秋 挺身走燕都 參西天指空 … 次年甲午(1354년, 공민왕3)正月 到法泉寺 參懶翁 … 丙申(1356년, 공민왕4)夏 欲東還 … 師旣還 懶翁 亦以指空三山兩水 投記 還國 住天聖山元曉菴 己亥(1359년, 공민왕8)夏 往見 翁以拂子與之 翁在神光寺 師亦往焉 … 前朝之季 召以名利 至欲封爲師 師皆不至"(『朝鮮金石總覽』下, 1280~1282쪽;『春亭續集』卷1).

왕은 스스로 왕사를 결정하지 못해 佛殿 앞에서 기도를 한 후 선택한 다든가 무신집정자의 추천을 받아들이는 형식을 취하고 있다. 게다가 무신란 이후 계속된 교종계열의 정권에 대한 항쟁으로 인해 불교계를 재편성하던 상황이었기 때문에 왕사 책봉이 이루어지지 않았다고 판단된다. 한편 恭讓王 때는 粲英이 대간들의 반대로 왕사로 재신임되지 못한 사실에서 알 수 있듯이 당시 성리학을 이념으로 받아들여 斥佛을 주장했던 이들의 반대로 책봉하지 못한 경우이다.

또한 고려전기에 왕사가 국왕의 측근에서 실제적인 활동을 하던 것과 대조적으로 대부분의 왕사들이 책봉 후 곧 하산하고 있다. 덕소는 책봉 이후의 이야기가 별로 기술되지 않았고 혼원·보우·혜근 등은 책봉 직후, 지겸·혼구은 몇 년 후에 하산하고 있다. 또 찬영은 책봉 전부터 하산한 상태였다. 이는 고려후기 왕사의 위상이나 기능이 변화했다는 것을 알려준다.

그리고 전기에는 왕사였다가 국사로 승진하는 경우도 꽤 있었지만 후기에는 丁午와 普愚만이 국사로 進封되고 있다. 한편 대부분의 왕사가 사망 후 국사로 추봉받은 것에 비해 惠勤만이 왕사로서 사망하여 禪覺이라는 시호만을 받았을 뿐이다. 이는 혜근이 밀성의 영원사로 쫓겨났다가 사망[40]하였기 때문이라고 추정된다.

---

40) "(禑王 2年 4月) 懶翁設文殊會于楊州檜巖寺 中外士女 無貴賤 賫布帛果餌 施輿 恐不及 寺門嗔咽 憲府遣吏 禁斥婦女 都堂又令閉關 尙不能禁 放于慶尙道密城郡 行至驪興神勒寺死"(『高麗史』 卷133).
「高麗國王師大曹溪宗師禪敎都摠攝勤脩本智重興祖風福國祐世普濟尊者諡禪覺(결락)」(『韓國金石文大系』 卷5-京畿道編, 40쪽 ; 『牧隱文藁』 卷14 ; 『東文選』 卷119).

## 2. 國師 임명 사례와 활동

고려전기에 국사로 책봉된 승려는 거의 대부분 왕사였다가 승진한 경우였다. 이들은 왕사가 실제적인 활동을 한 것에 비해 책봉 후 곧 하산하는 상징적인 존재였고 그로 인해 국사 책봉은 고승에 대한 대우로 파악되었다. 또한 왕사와 달리 추봉의 경우도 많았는데 이 또한 해당 승려에 대한 예우로 생각되었다.[41] 그러나 후기에는 이러한 국사의 모습이 변하고 있는 듯하다. 구체적인 사례를 살펴보자.

〈표 6〉 高麗後期 國師 역임자

| 법명 | 시호 | 종파 | 책봉시기 | 전거 |
|---|---|---|---|---|
| 一然 (見明) | 普覺國尊 | 선 종 | 忠烈王9년~忠烈王15년(사망) | 「碑」,『史』卷29 |
| 惠永 | 弘眞國尊 | 유가종 | 忠烈王18년~忠烈王20년(사망) | 「碑」,『史』卷30 |
| 景宜 | 圓慧國統 (國尊) | 천태종 | 忠烈王21년~? | 『史』卷31,『東文選』卷68 ·109·111·118,「混丘碑」 |
| 丁午 | 無畏國統 (國師) | 천태종 | 忠肅王 즉위년~(忠肅王5년 이후) | 『史』卷34,『東文選』卷68·118 |
| 彌授 (子安) | 慈淨國尊 | 유가종 | 忠肅王11년~忠肅王14년(사망) | 「碑」 |
| 千熙 (千禧) | 眞覺國師 | 화엄종 | 恭愍王16년~(恭愍王20년, 하산) | 「碑」,『史』卷132 |
| 普愚 | 圓證國師 | 선 종 | 恭愍王20년~禑王8년(사망) | 「碑」 |
| 混修 | 普覺國師 | 선 종 | 禑王9년~太祖원년(사망) | 『史』卷135·137,「碑」 |

※ 전거표시는 〈표 2〉와 같이 한다.
※ 왕사였다가 국사로 책봉된 이들의 활동은 국사 이후로 한정하여 서술하겠다.

고려후기 최초의 국사는 普覺國尊 一然인데 국사가 아닌 국존으로 불린 것은 원나라의 호칭과 같을 수 없었기 때문이다.[42] 일연이 忠烈

---

41) 朴胤珍, 주 5) 논문, 157~158·164~165쪽.

王 9년에 책봉받고 있는데, 그 이전 무신정권기동안은 국사의 책봉이 찾아지지 않는다.

일연은 見明이라는 법명을 쓰다가 一然으로 고쳤으나 개명한 이름이 더 알려져 있다. 희종 2년에 태어나 9세에 출가하고 고종 6년에 陳田寺에서 구족계를 받았으며 동왕 14년에 승과에 합격하였다. 고종연간에 三重大師·禪師를 받았고 동왕 36년에는 鄭晏이 세운 定林社의 주지가 되기도 하였다. 충렬왕 3년부터 雲門寺의 주지로 있던 중 동왕 7년의 일본 정벌로 왕이 경주에 행차했을 때 만나 자신의 結社에 충렬왕을 받아들이기도 하였다. 그리고 충렬왕 8년에 왕의 명령으로 수도로 옮겨왔다가 동왕 9년에 국존이 되었다. 그러나 곧 어머니의 봉양을 핑계로 서울을 떠났고 다음해에 어머니가 돌아가시자 麟角寺를 下安할 곳으로 지정받았다. 인각사로 간 일연은 그곳에서 2번의 九山門都會를 개최하였고 충렬왕 15년에 사망하여 보각이라는 시호를 받았다.[43] 일연은 고려전기 국사의 책봉이 왕사를 거친 자로만 이루어

---

42) 「高麗國華山曹溪宗麟角寺迦智山下普覺國尊碑銘」, "改國師爲國尊者 爲避大朝國師之號也"(「普覺國師碑」, 1981, 韓國精神文化研究院).

43) "(忠烈王 9年 3月) 庚午 以僧見明 爲國尊"(『高麗史』 卷29).
「高麗國華山曹溪宗麟角寺迦智山下普覺國尊碑銘」, "國尊諱見明 字晦然 後易名一然 俗姓金氏 慶州章山郡人也 … 泰和丙寅(1206년, 희종2) 六月辛酉誕焉 … 年甫九歲(1214년, 고종원년) 往依海陽無量寺 … 興定己卯(1219년, 고종6) 就陳田長老大雄 剃度受具 … 時輩 推爲九山四選之首 丁亥冬(1227년, 고종14) 赴選佛場 登上上科 厥後 寄錫于包山寶幢庵 … 丙申秋(1236년, 고종23) … 明年夏 … 是年(1237년, 고종24)批授三重大師 丙午(1246년, 고종33)加禪師 己酉(1249년, 고종36) 鄭相國晏 捨南海私第 爲社 曰定林 請師主之 己未(1259년, 원종즉위년) 加太禪師 中統辛酉(1261년, 원종2) 承詔赴京 住禪月社開堂 遙嗣牧牛和尙 … 上卽祚四年丁丑(1277년, 충렬왕3) 詔住雲門寺 … 辛巳夏(1281년, 충렬왕7) 因東征 駕幸東都 詔師赴行在 及至䟽請陞座 倍生崇敬 因取師佛日結社文 題押入社 明年秋(1282년, 충렬왕8) 遣近侍將作尹金頵 賫詔迎至闕下 請於大殿說禪 喜溢龍顔 勅有司舘于廣明寺 … 明年春(1283년, 충렬왕9) 上謂羣臣曰 … 今雲門和尙 道尊德盛 人所共仰 豈宜寡人 獨蒙慈澤 當與一國共之 於是 遣右承旨廉承益 奉綸旨 請行闍國尊

지던 경우44)와 달리 바로 국존으로 임명받고 있다.

일연 이후 국존으로 임명되는 자는 유가종 승려인 弘眞國尊 惠永이다. 그는 고종 15년에 태어나 11살에 출가하였으며 17살에 승과에 합격하여 興德寺의 주지가 되었다. 俗離寺·佛國寺·重興寺·瑜伽寺 등의 주지를 역임하였으며 충렬왕 16년에 사경승을 이끌고 원나라로 갔다가 다음해에 사경을 완성한 후 돌아왔다. 충렬왕 18년에 국존으로 책봉되고 五敎都僧統의 승계를 더해 받았다. 충렬왕 20년 사망하여 弘眞이라는 시호를 받았다.45) 惠永도 일연과 마찬가지로 왕사를 거치고

---

師之禮 師上表固讓 上復遣使 牢請至三 仍命上將軍羅裕等 册爲國尊 號圓徑冲照 册訖 四月辛卯 迎入大內 躬率百僚 行謁衣禮 … 師素不樂京輦 又以母老 乞還舊山 辭意甚切 上重違其志 而允之 命近侍佐郎黃守命護行 下山寧親 朝野嘆其希有 明年(1284년, 충렬왕10)母卒 年九十六 是年朝廷 以麟角寺 爲下安之地 … 師入麟角 再闢九山門都會 藂林之盛 近古未曾有也 越己丑六月(1289년, 충렬왕15) 示疾 至七月七日 … 翌日乙酉 … 泊然示滅 … 仍降制諡曰普覺"(『普覺國師碑』, 1981, 韓國精神文化硏究院).

44) 朴胤珍, 주 5) 논문, 154쪽.

45) 「高麗國大瑜伽桐華寺住持五敎都僧統普慈國尊贈諡弘眞碑銘〈幷序〉」, "師諱惠永 俗姓康氏 … 師生於戊子歲(1228년, 고종15) 年至十一(1238년, 고종25) 投首座冲淵堂下 剃髮于南白月寺 十七(1244년, 고종31) 中王輪寺選佛場 初住興德寺 己未歲(1259년, 원종즉위년) 批授三重大師 … 中統癸亥(1263년, 원종4) 加首座 至元四年(1267년, 원종8) 移住俗離寺 己巳(1269년, 원종10) 加僧統 … 甲戌(1274년, 충렬왕즉위년) 移住佛國寺 丙子 … 是年 移住重興寺 命留京輦 凡九年 嘗獻詩 乞退云 … 乙酉(1285년, 충렬왕11) 移住瑜伽寺 庚寅(1290년, 충렬왕16) 領寫經僧衆一百員 到大元國大都 … 至翌年(1291년, 충렬왕17) 以金泥 寫大藏經事畢 帝乃嘉之 賜遺甚厚 遣使伴還本國 … 壬辰(1292년, 충렬왕18) 上欲封師爲國尊 命近侍內衣直長閔頔 往迎於瑜伽寺 師愕然不悅 意欲避之 緣督强起 十月入京師 上命大將軍黃元吉 持內馬出天壽寺 迎入崇敎寺別院 二十二日 册爲國尊 法號普慈 二十六日 於壽寧殿 上率群臣 行納拜之禮 又加五敎都僧統 命住桐華寺 癸巳(1293년, 충렬왕19) 三殿朝覲 請師駐錫成道寺主法 至元三十一年(1294년, 충렬20) 正月 十九日 師示微恙 … 至二十四日 … 俄頃泊然而逝 … 贈諡弘眞"(『朝鮮金石總覽』上, 597쪽 ; 1918,『朝鮮佛敎通史』下篇, 新文館, 176~177쪽 ;『韓國金石全文』中世下, 1078~1080쪽).

않고 바로 국존이 되었으며 원나라 간섭기에 寫經 등의 이유로 유가종이 다시 융성하게 된 배경46) 속에서 국존으로 책봉된 듯하다.

다음으로 국존이 된 승려는 景宜로 충렬왕 21년에 책봉된다.47) 따라서 그 다음해에 충렬왕에게 사냥에 빠지지 말라고 조언한 '國師僧'48)도 景宜로 파악된다. 그런데 「靈鳳山龍巖寺重創記」에 의하면 瑩源寺는 無畏國統 丁午가 충선왕 2년에 하산소로 삼기 전에도 前代 國統의 하산소였다49)고 한다. 또한 「混丘碑」에 의하면 忠烈王 21·22년에는 瑩源寺가 智者宗의 소유이다.50) 國統을 國師(國尊)의 이칭으로 파악한다면 丁午 이전에 자료상 확인되는 국사는 一然·惠永·景宜인데 일연은 선종 중 가지산문 출신이고, 혜영은 유가종 승려이다. 그러므로 景宜가 바로 「靈鳳山龍巖寺重創記」와 「混丘碑」에서 이야기한 智者宗 즉 天台宗51)의 국통이다. 실제로 景宜는 忠烈王 21년에 국존으로 책봉받아 시기적으로도 일치한다.

---

"(忠烈王 18年 冬十月) 己酉 册僧惠永爲國尊"(『高麗史』 卷30).

46) 토니노 푸지오니, 1996, 『高麗時代 法相宗敎團의 推移』, 서울대학교 박사학위논문, 153~155쪽.
  사경활동 외에 고려후기의 유가종, 즉 법상종이 대두되었던 요인으로 교학 측면에서 원 라마교와 일정부분 공감대를 형성할 수 있었다는 것과 왕권을 강화하려는 충렬왕의 후원을 제시한 연구도 있다(邊東明, 2002, 「高麗後期의 法相宗」, 『한국중세사연구』 12, 186~200쪽).

47) "(忠烈王 21年) 五月 辛巳 以僧景宜 爲國尊"(『高麗史』 卷31).

48) "(忠烈王 22年 2월) 丙寅 王獵于西郊 國師僧獻書曰 殿下換甲之年 宜小心修德 不可荒于遊畋 王曰 非敢好獵 逐虎也 其實憚公主妬悍 因獵而出 私嬖妾也"(『高麗史』 卷31).

49) 朴全之, 「靈鳳山龍巖寺重創記」, "至二年庚戌(1310년, 충선왕2) 上復命移住瑩源寺 然以其寺爲前代國統下山所 故師欲辭之而未卽果遂"(『東文選』 卷68).

50) 「有元高麗國曹溪宗慈氏山瑩源寺寶鑑國師碑銘(幷序)」, "因命住瑩源寺 寺本禪院 元貞中(1295년, 충렬왕21~1296년, 충렬왕22) 爲智者宗所有 以師故始復其舊焉"(『東文選』 卷118 ;『益齋亂藁』 卷7).

51) 智者는 중국 천태종의 시조인 智顗를 가리키는 것으로 지의는 智者大師·天台大師라고 불리었다. 그러므로 智者宗은 天台宗을 말한다.

한편 당시 국사의 호칭을 띠고 있는 자로는 圓慧國師가 있는데 圓慧國統이라고 불리기도 하였다. 無畏國統 丁午가 남긴 祭文이나 疏에서 圓慧國統은 丁午의 法兄52)으로 白蓮社에 주석하다가 국통이 되었다53)고 한다. 또한 「妙蓮寺重興碑」에 의하면 圓慧國師는 충렬왕 때 활약하였다고 한다.54) 圓慧國師는 시기나 종파가 景宜와 유사함으로 동일인물로 추정된다.55)

無畏國統 丁午는 왕사였다가 충숙왕 즉위년에 국통으로 임명되었다.56) 「靈鳳山龍巖寺重創記」에 의하면 무외국통은 충숙왕 5년에도 용암사의 낙성법회에 참여57)하고 있는 만큼 당시까지 생존한 듯하다.

---

52) 釋無畏, 「薦法兄圓慧國統疏」, "惟彼還源之國統 實吾並世之門兄 自童孩 至于長成 以慈愛 勤于訓誨 法恩重如山岳 無以報之 齋供略備涓埃 庶幾薦也"(『東文選』 卷111 疏).

53) 釋無畏, 「圓慧國統祭文」, "初主白蓮兮 重興祖道 卒爲國統兮 德輿名具"(『東文選』 卷109 祭文).

54) 李齊賢, 「妙蓮寺重興碑」, "堂構于至元二十年(1283년, 충렬왕9)之秋 明年之夏而落成 開山者 師子菴老宿洪恕 實惟其人 洎圓慧國師主盟結社 而恕又副之 三傳而至無畏國師 學者益臻 自忠烈王旣嘗重席於圓慧 攝齋於無畏 而忠宣王尤重其禮"(『東文選』 卷118 ; 『益齋亂藁』 卷6).

55) 蔡尙植, 주 24) 책, 188~189쪽.
다만 丁午가 瑩源寺를 하산소로 명령받자 前代 국통의 하산소란 이유로 사양하는데 그 이유를 정확히 알 수 없다. 대체로 하산소로 정해진 사찰은 이후 해당 승려의 문도들이 대대로 소유하도록 하는데 丁午가 그의 법형인 景宜 제자들의 지지 기반을 빼앗지 않으려 했던 것이 아닐까 생각되기는 한다. 물론 瑩源寺를 의례적으로 사양했다고 볼 여지도 있지만 정확한 이유가 밝혀지면 丁午와 景宜의 관계 더 나아가 景宜와 圓慧國師의 동일인 여부를 분명히 결정할 수 있을 것 같다.

56) "(忠肅王 즉위년) 十一月 戊子 以王師丁午 爲國統 國一大禪師混丘 爲王師"(『高麗史』 卷34).

57) 朴全之, 「靈鳳山龍巖寺重創記」, "及皇慶二年癸丑(1313년, 충숙왕즉위년)夏六月 今上嗣位 至冬十一月 承父王之命 復冊師爲國統 加法號曰大天台宗師 雙弘定慧光顯圓宗無畏國統焉 … 以五年(1318년, 충숙왕5)十一月十八日 迎師入院 約七日間 大設落成法會"(『東文選』 卷68).

다만 그 이후의 기록이 없어 정오의 사망연대나 활동상을 알 수 없다. 丁午 이후의 국통인 彌授가 충숙왕 11년에 책봉되므로 이보다는 전에 사망했으리라 추측될 뿐이다.

충숙왕 11년에 국존에 임명되는 子安은 후에 彌授로 이름을 바꾸었다. 그는 13살에 출가하여 19살에 승과에 합격하여 國寧寺의 주지가 되었고 이후 熊神寺・莊義寺・法住寺 등의 주지로 옮겨가면서 승계도 승진하였다. 충선왕에게 총애를 받았던 것 같은데58) 승계나 법호 뿐만 아니라 세속의 직함인 三重大匡・祐世君과 1품의 녹봉을 받기도 한다. 충숙왕 2년에는 懺悔府가 설치되어 五敎二宗의 共議에 차출되기도 하였고 충숙왕 8년 이후에는 하산하여 지방 사원의 주지를 역임하였다. 충숙왕 11년에 드디어 국존에 책봉되었으나 충숙왕 14년에 사망하기까지의 활동 내용은 전하는 것이 없다.59) 彌授의 경우도 왕

---

58) 충숙왕이 상왕인 충선왕계를 견제하기 위하여 彌授를 등용하고 참회부를 설치하였으며 미수의 등장은 당시 상왕계인 국통 丁午와 왕사 混丘를 유명무실하게 했다는 견해도 있다(史文卿, 2001,『高麗末・朝鮮初 佛敎機關 硏究』, 忠南大學校 박사학위논문, 18쪽). 그러나 충렬왕 24년 충선왕이 즉위하였을 때에야 彌授는 도승통으로 임명되고, 이후 충선왕 재위시 법호도 계속 받고 있다. 또한 彌授가 충선왕이 사망하는 충숙왕 12년에 하산하고 있다는 점이나 비문에서 충선왕과 관련된 활동이 많이 언급되어 있는 것을 보건대 미수와 충선왕이 밀접한 관계라고 파악된다.
  필자의 의견과 유사한 견해로는 邊東明의 연구가 있다. 즉 미수가 참회부를 개설하고 승정을 장악하도록 위임한 것은 충선왕이라고 파악하였다. 당시 고려의 실질적인 통치자는 원에 머물던 충선왕이었고 충숙왕은 실권을 지니지 못한 국왕으로 보았기 때문이다(邊東明, 주 46) 논문).

59) 「高麗國俗離山法住寺慈淨國尊碑銘〈幷序〉」, "師諱子安 後因夢感 改彌授 俗姓金氏 … 十三(1252년, 고종39) 投元興寺宗然堂下 剃度受具 習經論 十九(1258년, 고종45) 登選佛場 上品科得 住國寧寺 二十九(1268년, 원종9) 拜三重大師 … 二住熊神寺 別批爲首座 三住莊義寺 又加僧統 四住俗離山法住寺 … 五住重興寺 至太尉大王 卽阼之年 戊戌(1298년, 충렬왕24) 五月 下批爲釋敎都僧統・重興寺住持・行智圓明大師 六住瑜伽寺 … 七復住莊義寺 戊申(1308년, 충렬왕34)四月 下批爲大慈恩宗師・開內三學都壇主・大莊義

사를 거치지 않고 바로 국존에 임명되었는데 다만 국존에 임명되기 전부터 하산한 상태로 파악된다. 반면 彌授는 국존 책봉 전인 충숙왕 2년에 內殿懺悔師로 封해지고 있는데 그것의 역할이 무엇이었는지는 생각해 볼 필요가 있다.

충숙왕 이후 국사의 임명이 없다가 공민왕 때 들어서 새로운 국사가 임명되니 眞覺國師 千熙이다. 그는 충렬왕 33년에 태어나 13살에 출가하였고 19살이 되던 해 승과에 합격한 후 10여 개 절의 주지를 역임하였다. 공민왕 13년에 중국으로 유학을 떠났다가 동왕 15년에 돌아왔으며 다음해에 국사로 책봉받았다. 千熙는 공민왕 19년 惠勤이 주도한 功夫選에서 證明으로 참여했으며[60] 그후 敬天寺에 머물렀고 공민왕 20년 이후 하산하여 우왕 8년에 사망하고 있다.[61] 그런데 千熙

---

寺住持・五教都僧統・廣智妙辯佛覺普明大師 開內三學都壇主 七字寶錄□ 受 己酉(1309년, 충선왕원년) 爲崇教院教學 癸丑(1313년, 충숙왕즉위년) 下批爲大慈恩宗師・三重大匡・兩街都僧統・菩提薩埵摩訶那伽國一大師・祐世君 別頒一品俸祿 甲寅(1314년, 충숙왕원년)首春 延慶宮 百八萬齋僧日 上(=충숙왕)手獻兩街都僧統新鑄印 乙卯(1315년, 충숙왕2) 封爲內殿懺悔師・三學法主・德慧圓證藏通玄辯國□□師 命立懺悔府 別鑄銀印 專管僧政 始差五教二宗共議寺舍 丁巳(1317년, 충숙왕4) 加封佛海澄圓弘慈廣智大導師 戊午(1318년, 충숙왕5) 備法駕 邀入大旲天寺講院 講三家章疏 辛酉(1321년, 충숙왕8) 以□□寺爲下山所 又移住桐華寺 甲子(1324년, 충숙왕11) 封崇爲悟空眞覺妙圓無礙國尊 乙丑(1325년, 충숙왕12) 復住法住寺 至丁卯(1327년, 충숙왕14)十二月吉旦 命入室修書上主上封印 付尙州牧使金永煦 重封 日將晡 蕭然坐逝 … 贈諡慈淨國尊"(『增補 韓國金石文大系』卷2-忠淸南北道編, 61쪽).

60) 「高麗國王師大曹溪宗師禪教都摠攝勤修本智重興祖風福國祐世普濟尊者諡禪覺懶翁和尙行狀」, "洪武庚戌春 … 九月 設工夫選 大會兩宗五教諸山衲子 選其所自得 請師主盟 十六日 開選席 … 禪講諸德江湖衲子 悉皆集會 時雪山國師 亦赴是會 師與國尊相見 初入方丈 提起座具云和尙 國尊擬議 師以座具打垜頭 便出舍那堂中 排設法座"(『懶翁和尙語錄』;『韓國佛教全書』卷6, 707상쪽).

여기서 雪山은 千熙의 호이다(「贈諡眞覺國師碑銘」,『韓國金石文大系』卷5-京畿道編, 51쪽 ;『朝鮮金石總覽』上, 531쪽).

제3장 高麗後期 王師·國師의 사례와 기능의 변화  111

의 경우 공민왕 20년 이후 계속 국사였는지가 의심스러운데 그 이유
는 普愚가 바로 공민왕 20년에 국사로 책봉받고 있기 때문이다. 사실
千熙는 禪顯이 왕사로 책봉될 때 국사가 되는 千禧와 동일인물로 여
겨진다. 책봉시기가 공민왕 16년으로 일치하고 이름도 漢字가 약간
다르기는 하지만 같은 음이기 때문이다. 禪顯이나 千禧가 신돈과 친했
다는 것이 기록62)되고 있는 만큼 신돈의 몰락과 함께 千禧도 운명을
같이 했다고 생각된다. 마침 신돈의 처형이 공민왕 20년 7월인데63) 천
희도 바로 그 해 초반부터 금강산을 유람하다가 가을에 하산하였다고
기록되어 있다. 그러므로 천희는 하산하면서 국사의 지위에서 물러난
것으로 파악해야 한다. 또한 지금까지 국사의 중복책봉이 없었던 만큼
보우를 책봉하면서 천희는 국사에서 해임되었다고 짐작된다.64)

---

61) 「贈諡眞覺國師碑銘」, "洪武十五年(1382년, 우왕8) 夏六月十六日 華嚴浮石
國師 示寂于彰聖社 … 上賜諡曰眞覺國師 … 甲辰(1364년, 공민왕13)秋 吾
師航海抵杭 … 丙午(1366년, 공민왕15)春 … 師隱于雉岳 … 丁未(1367년,
공민왕16)正月 還雉岳 上遣使 邀師者三 師始至 五月 封爲國師·大華嚴宗
師·禪敎都摠攝·傳佛心印大智無碍性相圓通·福□□□□□□□□□
圓應尊者 置府設寮屬 賜印章法服 庚戌(1370년, 공민왕19)九月 玄陵 請王
師懶翁 選境內禪敎諸僧 功夫節目 師爲證明 旣罷 居敬天 辛亥(1371년, 공
민왕20) 遊金剛山 五月 上遣使請還 其秋懇乞歸雉岳 歲壬子(1372년, 공민
왕21) 住浮石 … 師諱千熙 號雪山 … 以大德丁未(1307년, 충렬왕33) 五月
二十一日生 師年十三(1319년, 충숙왕6) 投華嚴盤龍社主一非大師 薙髮 十
九(1325년, 충숙왕12) 登上品選 歷住金生 德泉 符仁 開泰等十餘寺"(『韓國
金石文大系』卷5-京畿道編, 51쪽 ; 『朝鮮金石總覽』上, 530~531쪽).
62) "有僧禪顯·千禧 皆旽所善者也 千禧自言 入江浙 傳達磨法 王親訪于佛腹
藏 尋封國師 又邀禪顯于康安殿 封王師 王九拜 禪顯立受"(『高麗史』卷132
列傳45 辛旽).
한편 천희가 신돈의 적극적인 지지로 국사가 되었다고 하지만, 入元印可
가 유행하던 당시에 그가 중국 강남을 유력하고 임제종 승려와의 교류
및 인가를 받았던 것도 국사가 된 한 요인이라고 파악하는 견해가 있다
(姜好鮮, 2001, 「충렬·충선왕대 臨濟宗 수용과 고려불교의 변화」『韓國
史論』46, 서울대, 101쪽).
63) 『高麗史』卷43 世家, 恭愍王 20년 秋七月.

普愚는 恭愍王 15년에 신돈 때문에 왕사의 자리에서 물러났다가 신

---

64) 그런데 우왕 3년의 기록에 千熙를 국사라고 표현한 문구가 있다.
「浮石寺祖師堂棟梁記」, "宣光七年丁巳五月初三日立柱. 大施主 寺住持 國師圓應尊者雪山和尙 …"(李基白 編著, 1993, 『第二版 韓國上代古文書資料集成』, 一志社, 237쪽).
이 기록에 대한 설명을 조금 하자면, 圓應尊者가 바로 千熙이며 雪山은 그의 호이다. 또한 宣光은 원의 연호로 공민왕 18년(1369년)부터 사용되었다. 그러므로 宣光 7년은 우왕 원년(1375년)이지만 干支를 우선시하여 우왕 3년(1377년)으로 파악되고 있다.
그런데 이 기록대로라면 우왕 3년 당시에도 천희가 국사였다고 보아야 한다. 그렇게 되면 공민왕 20년에 임명되어 우왕 8년까지 국사였던 보우와 중복된다. 자료의 한계인지는 모르겠지만, 왕사나 국사가 중복 책봉된 적이 거의 없으므로 단순하게 천희와 보우가 동시에 국사였다고 볼 수는 없다. 그렇다면 「浮石寺祖師堂棟梁記」에 國師라고 기록된 千熙는 어떻게 파악해야 할까. 천희는 공민왕 20년에 신돈의 몰락과 동시에 하산하였고 그후 부석사를 重營했다는 기록만이 있을 뿐 별다른 활동이 없었다. 반대로 보우는 공민왕 20년에 국사로 책봉되어 塋源寺를 遙領했다는 등의 활동이 구체적으로 기록되어 있다. 그러므로 본문에서 서술한대로 천희는 공민왕 20년에 하산할 때 국사의 지위에서 해임되었다고 파악해야 할 것이다. 다만 하산하기는 했지만, 천희가 부석사를 중영하는데 큰 역할을 하였고 해당사찰 입장에서는 천희가 해직되어 하산했다고 하더라도 부석사와 관련되어 중요한 인물이었던 만큼 '前國師'가 아닌 '國師'로만 표기했을 가능성이 있다.
그리고 전통적으로 왕사나 국사가 해임된 적은 거의 없지만, 보우가 신돈 때문에 왕사에서 사직한 경우가 바로 직전에 있었으므로 천희도 해임되었다고 생각된다. 게다가 천희는 신돈과 친밀한 사이였던 만큼 신돈이 제거됨과 동시에 국사에서 쫓겨났을 것이다. 또한 「千熙碑」나 「普愚碑」를 모두 이색이 짓고 있는데, 천희와 보우가 동시에 국사였다는 등의 언급이 없었던 것에서도 그 이전의 국사제도처럼 중복되어 운영된 적이 없었다고 파악된다.
한편 보우와 천희가 왕사와 국사의 지위를 중간에 그만두게 된 것은 당시 정치적 변화때문이었다. 신돈이라는 전무후무한 권력자의 존재로 인해 왕사와 국사가 해임되기도 하는 상황까지 나타난 것이다. 즉 당시 정치권력의 향배에 따라 왕사와 국사의 지위까지도 영향을 받았음은 당시 정치적 문란이 불교계에까지 미쳤음을 확인시켜 준다.

돈의 제거 이후 다시 동왕 20년에 국사로 進封되었다. 국사 책봉과 동시에 瑩源寺의 주지가 되었으나 7년간 遙領만 하다가 우왕 4년에 영원사로 내려가 1년을 머물렀다. 이어 우왕 7년에 陽山寺로 옮겨가면서 다시 국사로 책봉받고 다음해 12월에 사망한다.65) 그런데 보우가 국왕의 즉위를 전후한 시기가 아닌 우왕 7년에 국사로 재책봉받는 것은 특이하다. 보통 재신임이라고 하면 새로운 왕의 즉위 때 이루어지고 있던 것과는 다른 양상이기 때문이다. 우선 이 상황에 대해서 추측되는 것은 보우가 陽山寺로 옮기면서 국사의 직을 내놓았는데 국왕이 그것을 받아들이지 않았고 다시 재책봉을 하는 형식을 취하지 않았을까 하는 점이지만, 당시의 정국과 관련해서 더 생각해 보아야 할 문제이다.66)

고려의 마지막 국사인 普覺國師 混修는 충숙왕 7년에 태어나 12살

---

65) 「高麗國國師大曹溪嗣祖傳佛心印行解妙嚴悲智圓融贊理王化扶宗樹教大願普濟一國大宗師摩訶悉多羅利雄尊者謚圓證塔銘〈幷序〉」, "辛亥(1371년, 공민왕 20)七月 昉誅 玄陵 遣使備禮 進封國師 請住瑩源寺 師以疾辭 有旨遙領寺事 凡七年 戊午冬(1378년, 우왕4) 被今上命 始至寺(=영원사) 居一年而還 辛酉冬(1381년, 우왕7) 移陽山寺 入院之日 上再封國師 先君之思也 壬戌夏(1382년, 우왕8) 還小雪 冬十二月十七日 感微疾 二十三日 召門人□ 明日酉時 吾當去矣 可請知郡 封印口占辭世狀數通 時至 沐浴更衣 端坐說四句偈 聲盡而逝 … 癸亥(1383년, 우왕9)正月十二日 降香茶毗 … 命攸司 謚曰圓證"(『韓國金石文大系』卷5-京畿道編, 48쪽).

66) 禑王은 재위 6年 6月에 비로소 報平廳에 나아가 정사를 처리하였는데(『高麗史』卷134, "(禑王 六年 六月) 禑始出報平廳 聽政 謂諸相曰 …"), 당시는 이인임이 정권을 장악하고 있을 때라 실제로 親政을 했다고 파악하기보다는 상징적인 행동으로 보아야 할 듯하다(李亨雨, 1999, 『高麗 禑王代의 政治的 推移와 政治勢力 연구』, 고려대학교 박사학위논문 참조). 또한 우왕 6년 6월의 보평청에서의 정사는 그 이전인 5월에 憲府의 '報平之禮'를 폐하지 말라는 상소(『高麗史』卷134, (우왕) 六年 五月)를 받아들인 결과로 보이므로 친정의 의미로 파악하기 힘들다. 다만 우왕이 처음으로 聽政 하였다고 하여 국왕의 친정이라는 상징적인 의미를 강조하여 국사의 재책봉이 있지 않았을까 추정해볼 수 있다.

에 출가하고 22살에 승과에 합격하였다. 공민왕이 계속 부르지만 사양하고 나아가지 않았는데 그동안 혜근을 만나서 신표를 받기도 하였다. 이후 공민왕 19년 혜근이 주도한 공부선에 합격하고 여러 사찰의 주지를 맡기도 하였다. 우왕이 즉위하자 10자의 법호를 받고 松廣社의 주지가 되었지만 동왕 2년에 다시 하산하였다. 우왕 9년에 국사로 책봉받고[67] 開天寺를 하산소로 삼았다. 우왕 11년에는 국왕의 명령으로 災變을 없애기 위한 도량을 열었고 동왕 12년에는 공민왕을 위한 佛頂會를 주도하였으며 다음해에는 별들의 움직임이 이상하다고 하여 消灾席을 주관하였다. 한편 창왕이 즉위하자 자신의 하산소로 가고는 있지만 다시 국사로 책봉되었다.[68] 또한 공양왕이 즉위했을 때는 印章을 돌려보내면서 국사의 자리에서 물러날 의사를 보이지만 다시 책봉되었다. 그리고 조선이 건국된 이후에도 국사의 지위와 자신의 하산소를 내어놓지만 반환되었고 그해 9월에 사망하여 普覺이라는 시호를 받았다.[69] 混修도 왕사를 거치지 않고 바로 국사로 임명된 경

---

[67] "(禑王 9년) 二月 戊寅 ··· 翼日 ··· 以僧混修爲國師 粲英爲王師"(『高麗史』 卷135).

[68] "(昌王 즉위년 6월 辛亥) 以僧混修爲國師 贊英爲王師"(『高麗史』 卷137).

[69] 「有明朝鮮國普覺國師碑銘〈幷序〉」, "師諱混脩 字無作 號幻菴 本姓趙氏 ··· 憲部出宰龍州 以延祐庚申(1320년, 충숙왕7) 三月十三日 生師于治所 ··· 年甫逾一紀(1331년, 충혜왕원년) ··· 令投大禪師繼松祝髮 ··· 至正紀元辛巳(1341년, 충혜왕 후2) 赴禪試 登上上科 ··· 玄陵 高師行誼 請住檜巖寺 不就 乃入金鼇山 又入五臺山 居神聖菴時 懶翁勤和尙 亦住孤雲菴 數與相見 咨質道要 翁後以金襴袈裟·象牙拂·山形杖 遺師爲信 辛丑(1361년, 공민왕10)秋 命江陵道按廉使 起師赴闕 俾主登壇之戒 師於中道遯走 ··· 洪武三年庚戌(1370년, 공민왕19)秋七月 上設功筭選場 大集禪敎山門衲子 命懶翁試之 上親臨觀 ··· 翁乃領之 上勅攸司製入格文 留宗門 師知上欲命住院 不告出城 隱於圍鳳山 五年壬子(1372년, 공민왕21) 壓於上命 住佛護寺 越明年(1373년, 공민왕22) 有旨徵入內佛堂 師用夜半潛出 直往平海之西山 勅諸道搜之不已 迺出應命 甲寅(1374년, 공민왕23)正月 始入院 上屢咨法要 王太后 尤加敬重 及九月 上賓于天 康寧君立 賜以廣通無碍圓妙大智普濟之號 乙卯(1375년, 우왕원년)秋 移住松廣社 丙辰(1376년, 우왕2)三月 上書辭院

우이다.[70]

 이상 고려 후기에 임명된 국사들을 살펴보았다. 국사는 무신정권기 동안 계속 임명되지 못했고 이러한 양상은 원종 재위까지 계속되다가 충렬왕 때가 되어서야 국사 책봉이 이루어진다. 그러나 이후에도 忠宣王과 忠惠王부터 忠定王 때까지는 또다시 국사 책봉이 찾아지지 않는다. 그리고 고려전기에는 왕사·국사가 동시에 존재했던 적이 많았던데 비해 후기에는 자료상 동시에 존재하는 때는 충숙왕 재위기간과 공민왕 이후의 시기이다.

 후기에 책봉된 국사 중 일연 등은 책봉 후 바로 하산하고 있고 미수는 하산한 상태에서 국존으로 임명되어 책봉 이후 활동상은 알려져 있지 않다. 반면 천희·보우·혼수는 책봉 후 일정기간 수도에서 활동하고 있다. 이러한 양상은 왕사의 활동상과 비교해보아야 할 부분이다.

---

 歸瑞雲寺 … 癸亥(1383년, 우왕9)二月 … 夏四月朔甲戌 王遣相臣禹仁烈等 奉御書印章·法服·禮幣 就所寓宴晦菴 册爲國師 大曹溪宗師禪敎都摠攝悟佛心宗興慈運悲福國利生妙化無窮都大禪師 正遍知智雄尊者 以忠之開天寺 爲下山所 其秋 往瑞雲山 … 乙丑(1385년, 우왕11)秋 命設五十白傘盖道場 以禳天地災變 … 會末王亦駕幸以致禮 丙寅(1386년, 우왕12) 大妃安氏 爲導玄陵 請莅佛頂會于輔國寺 王又幸問法作禮而去 丁卯(1387년, 우왕13) 八月 星躔失度 又請於壽昌宮 主消災席 及還 命代言李穡伴送 用表尊敬 戊辰(1388년, 우왕14)夏 王遜于外 幼君襲位 師乞歸開天 專使護行 己巳(1389년, 공양왕원년)之冬 恭讓君卽阼 具牋封印 送納于朝 入雉嶽山 未數月 更封國師 遣使復于開天 … 壬申(1392년, 태조원년)秋七月 我主上 革命啓統 師卽表賀 俄以老病 乞解其位與寺 修牋送印 遂移錫于靑龍 … 上意欲仍師事 卽還其印 … 至九月 十有八日丙申 命作遺書 又謂門人曰 吾行在今晩 可請州官封印 至晩 坐曰 如今臘除已到 吾當逝矣 卽設偈 儼然示寂 … 賜諡曰 普覺"(『增補 韓國金石文大系』卷2 – 忠淸南北道編, 76쪽 ;『陽村集』卷37).
70) 조선시대에는 祖丘가 태조 3년 9월에 국사로 임명되어 동왕 4년 11월에 사망하였다. 조선시대의 국사 책봉이므로 간단히 언급하는데 그친다.
 "(太祖 3年 9月 乙巳) 以天台宗僧祖丘 爲國師"(『太祖實錄』卷6).
 "(太祖 4年 11月 甲戌) 國師祖丘病死 爲之停朝"(『太祖實錄』卷8).

또한 고려 전기의 책봉된 국사들은 대부분 왕사를 거쳤던 것에 비해 후기에는 丁午・普愚만이 왕사를 역임하였고 一然・惠永・彌授・千熙・混修 등은 바로 국사로 임명되고 있다. 역시 국사의 기능과 위상의 변화에서 나타나는 현상이다.

한편 후기에는 국사를 國尊이나 國統으로 호칭하고 있다. 국존은 원나라의 국사와 동일한 호칭을 사용할 수 없기 때문에 피한 것이다. 반면 국통이라고 불린 것은 고려후기의 국사 중에서 구체적인 활동을 한 이들이 있어 신라의 국통과 비슷하게 여겨졌기 때문으로 판단된다. 이러한 기능의 변화는 별도의 절에서 서술하겠다.

다음 〈표 7〉은 추봉받았거나 책봉시기가 분명하지 않은 국사이다.

玄悟國師 宗璘은 비문의 결락으로 정확하지는 않지만 숙종과 明懿太后 柳氏의 아들인 帶方公 俌의 아들인 듯하다. 13살인 인종 17년에 출가하는데 대각국사 의천의 餘風을 이을 사람으로 생각되어 圓明國師 澄儼을 스승으로 삼았다.

〈표 7〉 高麗後期 추봉된 國師

| 법명 | 시호 | 종파 | 추봉시기 | 활동시기 | 전거 |
|---|---|---|---|---|---|
| 德素 | 圓覺國師 | 천태종 | 明宗 4년(?) 사망 후 | | 「碑」 |
| 宗璘 | 玄悟國師 | 화엄종 | 明宗 9년 사망 후 | | 「碑」 |
| 冲曦 (玄曦) | 元敬國師 | 화엄종 | 明宗 13년 사망 후 | | 『史』 卷17・88・90, 『要』 卷12, 「碑」, 「宗璘碑」, 『新增』 卷46 |
| 知訥 | 普照國師 (佛日普炤) | 선 종 | 熙宗 6년 사망 후 | | 「碑」 |
| 承逈 | 圓眞國師 | 선 종 | 高宗 8년 사망 후 | | 「碑」 |
| 志謙 (至謙) | 靜覺國師 | 선 종 | 高宗 16년 사망 후 | | 「碑」 |
| 惠諶 | 眞覺國師 | 선 종 | 高宗 21년 사망 후 | | 「碑」 |
| 了世 | 圓妙國師 | 천태종 | 高宗 32년 사망 후 | | 「碑」 |
| 天因 | 靜明國師 | 천태종 | 高宗 35년 사망 후 (?) | | 『東文選』 卷83 |

제3장 高麗後期 王師・國師의 사례와 기능의 변화   117

| | | | | | |
|---|---|---|---|---|---|
| 夢如 | 清眞國師 | 선 종 | 高宗 39년 사망 후 (?) | | 「惠諶碑」,「混元碑」,「天英碑」 |
| 混元 | 眞明國師 | 선 종 | 元宗 12년 사망 후 | | 「碑」 |
| 鏡智 | 圓靜國師 | 선 종 | | 高宗・元宗 | 『史』卷88・91,『動安居士行錄』卷1,「承逈碑」,「混元碑」 |
| 覺膺 | 冲明國師 | 화엄종 | | | 『史』卷88・91 |
| 天英 (安其) | 慈眞圓悟國師 | 선 종 | 忠烈王 12년 사망 후 | | 「碑」 |
| 冲止 (法桓) | 圓鑑國師 | 선 종 | 忠烈王 19년 사망 후 | | 「碑」 |
| 天頙 | 眞靜國師 | 천태종 | | 高宗・元宗・忠烈王 | 『湖山錄』,『東文選』卷14 |
| | 慈悟國師 | 선 종 | | 忠烈王 | 『新增』卷17,「普光寺重刱碑」 |
| | 慧覺國尊 | | | 忠烈王 | 「華嚴經觀音知識品」(『韓國佛敎全書』6) |
| | 慈覺國師 | 선 종 | | 忠烈王 | 「復丘碑」 |
| 萬恒 | 慧鑑國師 (惠鑑國師) | 선 종 | 忠肅王 6년 사망 후 | | 「碑」,『史』卷34,『要』卷23,「安于器墓誌銘」 |
| 混丘 | 寶鑑國師 | 선 종 | 忠肅王 9년 사망 후 | | 「碑」 |
| 中亘 | 弘慧國師 | 선 종 | 忠肅王 12년 이전 | | 『東文選』卷72,『牧隱文藁』卷1,『新增』卷39 |
| 冲鑑 | 圓明國師 | 선 종 | ?, (忠肅王 後8년 사망 후) | | 『新增』卷17,「普光寺重刱碑」 |
| | 慈忍國師 | | | 忠惠王 | 『雪谷先生集』下 |
| | 淨慧國師 | 선 종 | | 忠穆王(?) | 「粲英碑」 |
| 法藏 | 慧明國師 | 선 종? | | 忠穆王 | 「自超碑」 |
| 復丘 | 覺眞國師 | 선 종 | 恭愍王 4년 사망 후 | | 「碑」 |
| 粲英 (贊英) | 大智國師 (智鑑國師) | 선 종 | 恭讓王 2년 사망 후 | | 「碑」 |

※ 전거표시는 〈표 2〉와 같이 한다. 그 외『新增東國輿地勝覽』은『新增』으로 표시하였다.
※ 왕사로 사망한 후 국사 추봉을 받은 이들에 대한 설명은 생략하고 앞에서 언급된 적이 없는데 국사로서 사료에 제시되는 사람들의 활동에 대해서만 서술하겠다.

15살에 구족계를 받고 그후 5년만에 首座, 그 다음해에는 僧統이 되는 특혜를 입고 있다. 승통이 된 해에는 의종의 동생으로 후에 元敬國

師로 추증되는 冲曦의 출가스승이 되었다. 종린은 출가 후 초기부터 내도량에서 활약했고 명종 때에는 百座會를 주최하여 왕실과 밀접한 관련을 보였다. 그리고 명종 9년에 사망하여 국사로 추증되고 玄悟라는 시호를 받았다.71) 종린의 사제관계를 살펴보면, 그의 출가스승인 징엄은 혈연적으로 삼촌이 되며, 그의 제자가 된 충희는 5촌간이 된다. 왕실에서의 계속된 출가와 또 그들간의 사제관계는 고려가 상당할 정도로 불교적인 국가였음을 확인시켜 주는 사례일 뿐만 아니라 불교계에 친왕실 세력을 만들기 위한 노력을 알려준다. 게다가 인종이 대각국사 의천의 餘風을 이을 사람이 없는 것을 걱정했다72)는 기록은 의천이라는 사상가를 잇는다는 의미와 함께 왕실에서 불교계를 장악하기 위한 대표자가 필요했다는 의미로 파악할 수 있다.

仁宗과 恭睿太后 任氏의 4자인 冲曦는 玄曦라고도 불렀다.73) 의종 원년에 출가74)하여 다음해에 僧統이라는 승계를 받았다.75) 충희와 관

---

71) 「高麗國大華嚴浮石寺住持贈諡玄悟國師碑銘〈幷序〉」, "師諱宗璘 字重之 俗姓王氏 帶方公(결락) … 年甫十三(1139년, 인종17) 教□院□請度爲沙門 仁廟 嘗恐大覺餘風 無人得嗣 及是欣然 命圓明國(결락) … 年當十五 就佛日寺 受戒 乃辛酉十二月也(1141년, 인종19) 仁廟 常於內道場 請師講論 日吳聽之不倦 皇統□□□□□□□□□□□□□ 於毅宗元年丙寅(1146년, 의종즉위년) 下批爲首座 歷住歸信・國泰・重□・浮石等寺 … 酒□爲僧統 皇統七年丁卯(1147년, 의종원년) 二月 迎入于大內 遂命師手削大弟(=충희)頂髮 … 歲在庚寅(1170년, 명종즉위년) 今上踐祚 復加佐世之號 辛卯年秋(1171년, 명종원년) 召至內殿 賜滿繡袈裟一領 至冬百座會 俾師□□□□ □□□□□□月少不豫 門人□□請師曰 □之□□矣 □未□呼醫巫 洎六月二十九日 病革 酒以手指日沒處 倏然而化(1179년, 명종9) … 上聞之震悼 輟朝三日 使近臣致祭 於七月十六日 遣殿中少監任忠質 尙書戶部員外郞崔光裕 內侍含慶殿錄事 □□□□□國師 贈□曰玄悟"(『韓國金石文大系』 卷5 - 京畿道編, 31쪽 ; 『朝鮮金石總覽』 上, 406~407쪽).
72) 「高麗國大華嚴浮石寺住持贈諡玄悟國師碑銘〈幷序〉」(『韓國金石文大系』 卷5 - 京畿道編, 31쪽 ; 『朝鮮金石總覽』 上, 406쪽).
73) "元敬國師冲曦 一名玄曦"(『高麗史』 卷90 列傳3 宗室1).
74) 「高麗國大華嚴浮石寺住持贈諡玄悟國師碑銘〈幷序〉」, "皇統七年丁卯(1147

련된 자료들은 대부분 그에 대한 비행이고[76] 불교와 관련된 것은 거의 없다. 다만 사망연대에 대한 기록이 문제가 있는데 『高麗史節要』[77]나 『高麗史』의 宗室傳[78]에서는 明宗 13년에 죽었다고 하는데 비해 恭睿太后 任氏傳[79]에서는 명종 12년이라고 기록되어 있다. 우선은 冲曦 본인 전기의 기록과 사망 시기가 명시된 『高麗史節要』를 따라서 명종 13년을 사망한 시기로 한다. 그리고 국사의 임명은 다른 왕자 출신 승려들과 유사하게 사후 추봉받은 듯하다.

한편 『大東金石書』에 「興敎寺冲曦禪師碑」 일부가 탁본으로 남겨져 있는데, 元敬國師 冲曦는 화엄종 승려인데 반해 禪師라고 표기되어 있으므로 동명이인으로 의심된다. 그러나 圓眞國師와 피휘하기 위해 이름의 한글자인 玄을 바꾸었다는 부분은 元敬國師 冲曦가 玄曦라고도 불린 적이 있었다는 점과 일치한다. 또한 『新增東國輿地勝覽』에 興敎寺에 있는 비가 高麗 仁宗의 아들인 冲曦의 것이라는 내용[80]을 통해 興敎寺의 승려 冲曦는 元敬國師임이 확인된다. 물론 이 비는 아주 작은 부분만이 탁본으로 남겨져 있어 원경국사 충희에 대한 자료로 활용하기 힘들다. 다만 「興敎寺冲曦禪師碑」에서 禪師는 冲曦가 화엄종 승려로 僧統이었던 만큼 어떤 착오에서 생긴 표기라는 사실만 부기하

---

년, 의종원년) 二月 迎入于大內 遂命師手削大弟(=충희)頂髮"(『韓國金石文大系』 卷5-京畿道編, 31쪽 ; 『朝鮮金石總覽』 上, 406쪽).

75) "(毅宗 二年 十二月 丁未) 以弟興王寺法尊玄曦 爲拯世僧統"(『高麗史』 卷17).

76) 『高麗史』 卷90 列傳3 宗室1, 齊安公偦・元敬國師冲曦 ; 『高麗史』 卷99 列傳12 崔惟淸 ; 『高麗史』 卷101 列傳14 安劉勃.

77) "(明宗 13年 冬12月) 癸未 王太后任氏薨 是年夏 冲曦死"(『高麗史節要』 卷12).

78) "元敬國師冲曦 … 明宗 … 十三年死"(『高麗史』 卷90 列傳3 宗室1).

79) "明宗十二年冲曦死"(『高麗史』 卷88 列傳1 后妃1 恭睿太后任氏).

80) "興敎寺〈在大華山 西有高麗僧冲曦碑 曦仁宗之子 碑文剝落 讀不能句 唯碑陰誌師之門人 而寶文閣學士崔詵 奉宣爲之 …〉"(『新增東國輿地勝覽』 卷46 寧越郡 佛宇).

여 둔다.

普照國師 知訥[81]은 고려후기에 불교계에서 가장 큰 영향을 끼치는 修禪社의 개창자로 의종 12년에 태어나 8살에 출가한 후 명종 12년에 승과에 합격하여 昌平 淸源寺에 주석하였다. 그후 普門寺와 公山의 居祖寺, 지리산의 上無住庵 등에 머물면서 깨달음을 얻고 松廣山 吉祥寺에서 수선사를 열었으며 이후 熙宗 때에 曹溪山 修禪社라는 사액을 받았다.[82] 그리고 희종 6년에 사망하여 佛日普炤(普照)國師로 추증되었다.[83]

---

81) 지눌의 비문은 「曹溪山修禪社佛日普炤國師碑銘」이란 이름으로 『東文選』 卷117에 실려 있고, 1678(조선 숙종4)년에 중건된 「海東朝鮮國湖南路順天府曹溪山松廣寺贈諡佛日普炤國師碑銘〈幷序〉」가 『增補 韓國金石文大系』 卷1－全羅南北道編(1994, 圓光大學校 出版局, 109~110쪽)에 탁본으로 존재한다. 조선시대에 새로이 만들어진 비문과 『東文選』의 내용을 비교해 보았더니 얼마간 글자의 출입이 있고 의미는 유사하지만 다른 글자를 사용한 정도로, 지눌의 일생을 설명해주는데는 큰 차이가 없었다. 그러나 여기서는 『東文選』의 기록을 중심으로 서술하도록 하겠다.

82) 수선사의 사액과 이후 지눌이 입적하고나서 普照國師라는 시호를 받는 것에 대해 蔡尙植(주 24) 책, 39쪽)은 당시 수선사만을 우대하기 위한 조처라기보다 일반적으로 불교교단에 대해 행해진 일종의 관행이거나 수선사가 중심교단으로 부각된 이후의 조처를 가탁하여 연대를 끌어 올려 기록한 것인지도 모른다고 보았다. 일반적으로 불교교단에 행해진 우대의 표현이라는 것에는 동의하지만 이후 수선사가 중심교단으로 부각된 이후 연대를 끌어올렸다는 추측은 재고의 여지가 있다. 그 이유는 『曹溪山松廣寺史庫』(1977, 亞細亞文化社, 381쪽)와 『朝鮮佛敎通史』 下(李能和, 1918, 新文館, 342쪽)에만 실려있는 내용이기는 하지만 지눌의 비가 康宗 2(1213)년에 세워졌다는 기록 때문이다. 지눌이 사망한 것이 熙宗 6(1210)년으로 비의 건립과는 3년의 차이가 있으므로 수선사의 사액과 보조국사로의 추증은 그 이전에 있었다고 판단된다.

83) 「曹溪山修禪社佛日普炤國師碑銘」, "師諱知訥 京西洞州人也 嘗自號爲牧牛子 俗姓鄭氏 … (1158년, 의종12)生而多病 … 年甫八歲(1165년, 의종19) 投曹溪雲孫宗暉禪師 祝髮 受具戒 … 二十五(1182년, 명종12) 以大定二十二年壬寅 擧僧選中之 未幾 南遊 抵昌平淸源寺 住錫焉 … 越二十五年乙巳 (1185년, 명종15) 遊下柯山 寓普門寺 … 適有舊識得才者 住公山居祖寺 邀

圓眞國師 承逈은 명종 13년에 출가하여 동왕 27년에 승과에 합격하였으나 지방으로 遊歷하다가 희종 4년에 楡岾寺의 주지가 되었다. 이후 강종 2년에 三重大師가 되었고 자신이 머물렀던 절이 국가에 의해 중수되기에 이르렀다. 또한 고종 원년에는 禪師, 그 이듬해에는 大禪師가 되었다. 그후 伏安寺의 도둑을 교화한다던가, 가뭄일 때 설법이나 기도로써 비를 내리게 하는 신이한 행동을 하였다. 고종 8년 사망한 후 圓眞國師로 추봉받는데,[84] 추봉하는 교서와 관고를 이규보가

請懇至 遂往居焉 … 至承安三年戊午春(1198년, 신종원년) 與禪侶數子 一鉢尋勝 登智異山 隱居上無住庵 … 五年庚申(1200년, 신종3) 移居松廣山吉祥寺 領徒作法 十有一年 … 上自潛邸 素重其名 及卽位 命改號松廣山爲曹溪山 吉祥寺爲修禪社 親書題榜 旣又就賜滿繡袈裟一領 … 大安二年(1210년, 희종6) … 俄三月二十日示疾 … 將曉問曰 今是何日 曰三月二十七也 … 因執杖踞床 不動泊然而逝 … 上聞之慟 贈謚曰佛日普炤國師"(『東文選』 卷117).

84) 「高麗國寶鏡寺住持大禪師贈謚圓眞國師碑銘〈幷序〉」, "師諱承逈 字永廻 俗姓申氏 … 十三(1183년, 명종13) 投曦陽山鳳嵓寺洞純師 剃落其髮 明年(1184년, 명종14) 就金山寺戒壇 受具 … 越丁巳春(1197년, 명종27) … 是年秋 … 於是 赴廣明寺選佛場 … 擢爲上上品 然師旣於名利 殊無芥滯 但欲遊歷名山 遂往參曹溪山普炤國□ … 泰和八年戊辰(1208년, 희종4) 命住皆骨山楡岾寺 … 至康廟卽政之三季(1213년, 강종2) 批受三重大師 師固讓欲避 時晉康公 秉政承上旨 敦諭至切 强以就職 是年冬 上召入秘殿 點破禪錄 特加敬重 因遣中使內侍大官署令邵敬興 重修所住精舍 … 以二年甲戌(1214년, 고종원년) 命設落成法會 大弘禪旨 下批爲禪師 … 明年秋(1215년, 고종2) 又加大禪師 因詔住東京理內淸河縣寶鏡寺 先是 命住淸平山文殊寺 雪嶽寒溪寺 而皆固辭不就 至是而强之 亦非師意也 … 雲門□有伏安寺者 乃降賊主萃淵藪舊染之餘 或未頓正 堂頭老宿患之 欲開悟以導 自新之路 請師 別張□會 演說六祖壇經 群賊 皆感悟流涕 無復萌於兇焰 自是一方 晏然高枕 … 昔於淸道郡七□寺叢林 久無雨 井泉渴涸 衆皆患之 師齋心滌慮 談揚慈覺禪師所說 … 相續演說 至一夜 霈然下雨 又在公山念佛蘭若 與兩三道伴 會于東峰 煮茗 時大旱 一堁茶 置嵓石上 禱于阿羅漢 以禪月和尙禮懺文 作梵唱未畢 而膏雨忽降 田畝告足 凡師之德行 所感多類 … 至大金貞祐九年辛巳夏(1221년, 고종8) … 九月初二日 … 因叩繩床三下而寂 … 上聞訃震悼 追贈國師 贈謚曰圓眞"(『韓國金石文大系』 卷3-慶尙北道編, 95쪽 ; 『朝

쓰고 있다.85)

　승형에게 있어 특기할 만한 것은 승과를 치루는 과정에 있었던 특혜이다. 그는 명종 27년 談禪法會를 치르는 중에 스승인 洞純의 사망 소식을 접하게 되고, 결락으로 인해 정확한 내용이 파악되지는 않지만 스승의 상례에 참여하기 위해 승과 과정을 다 거치지 못한 듯하다. 그런데 명종이 有司에게 내린 凡例에 구속되지 말라는 명령에 의해 選佛場에 참여하게 되고 上上品으로 합격하게 되었던 것이다.86) 이때 명종이 승형의 道行을 평소에 들었기 때문에 이러한 특혜가 있었다고는 하지만, 승형이 승과 규정을 어겼는데도 계속 시험을 치를 수 있었던 것은 그의 숙부 申光漢의 덕분이라고 판단된다. 승형은 어려서 고아가 되고 숙부인 신광한에 의해 양육되었다고 하는데,87) 신광한은 최충헌이 명종을 폐하고 신종을 세울 때 유배당하였다.88) 물론 신광

---

鮮金石總覽』上, 450~453쪽).
85) 李奎報, 「故寶鏡寺住持大禪師贈諡圓眞國師教書」(『東文選』卷27 制誥 ; 『東國李相國全集』卷34 教書・麻制・官誥).
李奎報, 「(故寶鏡寺住持大禪師贈諡圓眞國師)官誥」(『東文選』卷27 制誥 ; 『東國李相國全集』卷34 教書・麻制・官誥).
86) 「高麗國寶鏡寺住持大禪師贈諡圓眞國師碑銘〈幷序〉」, "越丁巳春(1197년, 명종27) 例赴普濟寺談禪法會 純公凶訃至 將赴喪 就叔父侍御君曰 人生若朝露 富貴如浮雲 吾於世味若嚼蠟 然今吾師永逝 □□便去 以成吾志 乃杖策經往 時明廟當宁 素聞師之道行 及於抄選 詔有司 特加抄錄 此不拘凡例也 是年秋 宗門耆宿輩 皆固勸 於是 赴廣明寺選佛場 對問 若□□之傳聲 飛辯如懸河之注水 聞者莫不潸然 場內中使 及證官碩德 皆下床 拱立而聽 擢爲上上品"(『韓國金石文大系』卷3-慶尙北道編, 95쪽 ; 『朝鮮金石總覽』上, 450쪽).
87) 「高麗國寶鏡寺住持大禪師贈諡圓眞國師碑銘〈幷序〉」, "師諱承迥 字永廻 俗姓申氏 上洛山陽人也 家世業儒 父通漢 以□□□□□□內給事 出倅錦城 而卒於任 母亦早逝 師三歲而孤 鞠於叔父侍御史光漢"(『韓國金石文大系』卷3-慶尙北道編, 95쪽 ; 『朝鮮金石總覽』上, 450쪽).
88) "忠獻・忠粹 欲廢王 設醮告天 是夕 大雷電雨雹 暴風拔木 墻屋多頹 … 議乃定 忠獻・忠粹 與晉材・碩崇 及其族人金躍珍等 勒兵市街 爲中軍 分諸

한이 왜 유배되었는지는 정확히 기록되어 있지 않지만, 명종의 폐위와 시기를 같이 하고 있으므로 그가 명종과 밀접한 관계였음이 유추된다. 그러므로 승형이 승과 과정에서 받았던 특혜는 그 삼촌 신광한과 명종의 덕분이었던 것이다. 또한 승형의 승과 합격 후에 바로 神宗이 즉위하고 그의 삼촌이 유배당하여서 인지 그후 얼마의 기간동안 주지를 역임하였다는 기록은 없고 名山을 유력하였다고 한다.89) 이것을 통해 승형이 정치권력과 밀착된 승려였다는 점이 확인되지만, 생전에 그는 왕사나 국사가 되지 못하고 사망 후에 국사로 추봉받았다. 이는 승형이 활약했던 시기에 志謙이 왕사인데다가, 무신정권기에 왕사의 책봉이 전기에 비해 적고 국사 책봉이 거의 없었다는 것도 한 원인이 될 것이다.

修禪社의 2대 社主인 惠諶은 神宗 4년에 司馬試에 합격하였지만, 어머니의 사망 후인 동왕 5년에 普照國師 知訥에게 출가하였다. 희종 6년에 지눌의 입적 후 수선사에 주석하였고 康宗이나 崔怡에게까지도 추앙을 받았다. 고종이 즉위한 후 禪師와 大禪師의 승계를 받았으니, 승과를 보지 않고 바로 승계를 받은 것은 처음이라고 한다. 고종 6년에 단속사의 주지로 임명되기도 하였고 고종 21년에 사망하여 眞覺國師로 추봉되었다.90) 수선사가 중앙정부로부터 지대한 관심을 받게 되

---

衛兵 爲左右前後軍 屯于四街 又遣將卒閉諸城門 召杜景升 流紫燕島 又流樞密院副使柳得義・將軍高安祐・大將軍白富公・親從將軍周元迪・將軍石城柱・侍郎李尙敦・郎中宋蘊・廉克鬈・御史申光漢等十二人 及大禪師淵湛等十餘僧于嶺南 又配洪機等小君十餘人于海島 忠獻・忠粹 遣人入闕 逼王 以單騎 出向成門 幽于昌樂宮"(『高麗史』卷129 列傳42 叛逆3 崔忠獻).
89) 「高麗國寶鏡寺住持大禪師贈諡圓眞國師碑銘〈幷序〉」, "越丁巳春(1197년, 명종27) … 是年秋 … 擢爲上上品 然師旣於名利 殊無芥滯 但欲遊歷名山"(『韓國金石文大系』卷3- 慶尙北道編, 95쪽 ;『朝鮮金石總覽』上, 450~451쪽).
90) 「曹溪山第二世故斷俗寺住持修禪社主贈諡眞覺國師碑銘〈幷序〉奉宣述」, "國師諱惠諶 字永乙 自號無衣子 俗姓崔氏 名寔 羅州和順縣人也 … 承安六年辛酉(1201년, 신종4) 擧司馬試中之 是年入大學 聞母病 遂還鄕侍 … 明年

면서 國師로 추봉받은 예이다.

  白蓮社의 개창주인 了世는 의종 17년에 태어나 12살의 나이로 출가하였고 23세에 僧科에 합격하였다. 神宗 원년에 동지들과 名山을 유력하다가 지눌의 밑에서 몇 년간 생활하기도 하였다. 그후 熙宗 7년에 萬德寺로 옮겨 중창을 시작하여 고종 3년 낙성법회를 개최하였다. 또한 고종 8년에는 卜章漢의 요청으로 대방의 백련산으로 옮겼다가 동왕 10년에 돌아왔고 동왕 19년에는 보현도량을 시작하였다. 이후 고종에게 禪師의 승계를 받고 국왕과 최이에게 관심을 받다가 고종 32년 上首弟子 天因에게 付囑한 후 사망하였다. 그후 圓妙國師로 추봉받았는데,91) 추봉 교서와 관고가 『東文選』에 전한다.92)

---

    (1202년, 신종5) 母卽世 時普照國師在曹溪山 新開修禪社 道化方盛 師徑造衆禮 請營齋薦母 因乞剃度 國師許之 … 大安庚午(1210년, 희종6) 國師入寂 門徒聞于上 承敕繼住 師不獲已入院開堂 於是四方學者及道俗高人逸老 雲奔影鶩 無不臻赴 社頗隘 康廟聞之 命有司增構 屢遣中使督役 遂闢而廣之 又遣使就賜滿繡袈裟磨衲各一領 幷茶香寶瓶 因求法要 師撰心要以進 今行于世 自是公卿貴戚四岳邦伯 聞風慕道 或遙禮爲師 或親趨下風者 不可勝紀 … 今門下侍中晉陽崔公 聆師風韻 傾渴不已 屢欲邀致京輦 師竟不至焉 然千里相契 宛如對面 復遣二子叅侍 凡師之常住資具 莫不盡力營辦 至於茶香藥餌珍羞名菓及道具法服 常以時餉遺 連亘不絶 今上卽位(1213년, 고종즉위년) 制授禪師 又加大禪師 其不經選席 直登緇秩 自師始也 … 貞祐己卯(1219년, 고종6) 詔住斷俗寺 累辭不允 明年(1220년, 고종7)入院 然以本社爲常栖之所 癸巳(1233년, 고종20)仲冬 在本社示疾 晉陽公聞之大驚 遂聞于上 遣御醫某診視 春徙處月燈寺 … 甲午(1234년, 고종21)六月二十六日 召門人囑事 … 師微笑跏趺而化 … 上聞之震悼 贈諡眞覺國師"(『東文選』卷118 ; 『東國李相國全集』卷35).

91) 「萬德山白蓮社圓妙國師碑銘〈幷序〉」, "師諱了世 字安貧 俗姓徐氏 … 以大定癸未(1163년, 의종17)冬十月誕生 … 十二(1174년, 명종4)出家 依江陽天樂寺沙門均定 爲沙彌 始天台敎觀 … 二十三(1185년, 명종15)中僧選 … 是年(1198년, 신종원년)秋 與同志十餘輩 遊歷名山 初止靈洞山長淵寺 … 時曹溪牧牛子 … 以偈寄師 勸令修禪 … 師見而心愜 徑往從之 然爲法友 助揚道化 居數年 … 耽津縣有信士崔彪·崔弘·李仁闡等 來謁師曰 今法侶漸盛 山居甚隘 吾郡南海山側有古萬德寺基 地位淸勝 可創伽藍 盍往圖之 師往見

天因은 백련사의 2대 社主로, 17살에 진사과에 합격하였으나[93] 얼마 후 요세에게 출가하였다가 수선사의 혜심에게 가서 曹溪의 要領을 배워 돌아왔다. 보현도량을 연지 2년 후부터는 여러 곳을 옮겨다니다가 다시 돌아와 요세에게 天台敎觀을 배웠으며 요세가 백련사를 잇게 하려고 하자 사양하다가 결국 스승의 종용으로 주석하게 된다. 고종 34년 몽고의 침입으로 象王山의 法華社로 피난하였고 다음해에 사망하였다.[94] 天因은 碑가 전하지 않고 다만 그의 시집의 서문만이 남아

而肯之 以大安三年辛未(1211년, 희종7)春 矢厥謀 命門人元瑩・之湛・法安 等幹事 募工營構 凡立屋八十餘間 至貞祐四年(1216년, 고종3)秋 告成 設法會以落成 九年(1221년, 고종8)春 帶方守卜章漢 聞師道韻 請以管內白蓮山 爲道場 師率其徒往焉 見其地 阻且無水 意欲徑還 偶拔一石 淸泉忽迸 乃異之 留數年 十一年癸未(1223년, 고종10) 崔彪等奉書 請云 本社法筵久廢 不可雲遊 誠請再三 故幡然取道而還 大闢道場 … 以壬辰(1232년, 고종19)夏四月八日 始結普賢道場 … 上聞而嘉之 越丁酉(1237년, 고종24)夏 賜號禪師 厥後屢降綸旨 歲時錫賜 公府亦所 師於乙巳年(1245년, 고종32)夏四月 以院門佛事 付上首弟子天因 退居別院 … 是年 … 至七月三日 就客室 示微疾 … 至七日丑時 … 言訖 卽斂念然印 如入禪定 就視之已化矣 享齡八十三 臘七十 … 上聞之悼 命有司 册爲國師 謚曰圓妙"(『東文選』卷117).

92) 閔仁鈞,「萬德山白蓮社主了世贈謚圓妙國師敎書」(『東文選』卷27 制誥).
閔仁鈞,「(萬德山白蓮社主了世贈謚圓妙國師)官誥」(『東文選』卷27 制誥).
93)「權學士適入朝擢甲科」,"師(=天因)年十七 擢進士科 旋入賢關 其年冬考藝 爲第一生 卽謝世 投萬德社剃髮 道行日進 爲一家之法"(崔滋,『補閑集』卷下).
94) 林桂一,「萬德山白蓮社靜明國師詩集序」,"國師諱天因 系出朴氏 燕山郡人也 弱齡穎悟 博聞強記 以能文稱 擧秀士入賢關 以直赴第一生 失意春官 士林皆爲嘆惜 卽謝世 與同舍士許迪・前進士申克貞 拂衣長往 抵萬德山 叅圓妙國師 旣零染 因造謁松廣山諶和尙 得曹溪要領 而還舊山 祗服師訓 誦蓮經 始開普賢道場 涉二稔 歸隱智異山 又移錫毗瑟山 屛跡修眞 累歲迺還 後國師傳天台敎觀 慧解果發 機辯風生 及國師旣耄 欲令繼席 師卽脫身 避之上洛功德山 會今相國崔公滋守洛 創米麵社 以邀之 師將老焉 國師再遣人 強迫且讓云 何背絶之甚 率不得已 來主院門 從衆望也 丁未(1247년, 고종34)冬 避胡寇 入象王山法華社 示微疾 上遣中使 以書遺藥餌 明年孟秋初七 法付門人圓睆 仍囑曰 吾沒後 無厚葬立塔 無謁有位求碑銘 但就棄地茶毗耳 是日退寓山南龍穴庵 掩關絶事淡如也 八月四日 召門弟曰 吾當行矣 爲書寄

있어 대략의 생애를 알 수 있는데, 추봉에 대한 언급은 없다. 다만「萬德山白蓮社靜明國師詩集序」란 글의 제목을 통해서 임계일이 이 글을 짓기 전에는 국사로서 추봉받은 듯하다. 또한 임계일의 생몰연대는 모르지만 元宗 7년에 지은 글도 전하고 있으므로[95] 그 당시까지 생존해 있었을 것이고, 이러한 사실들로 천인은 고종 35년에 사망한 후 元宗 연간까지는 추봉받지 않았을까 짐작해본다.

수선사의 3대 사주인 몽여는 비문이 전하고 있지 않아 정확한 일생을 알기 힘들다. 다른 이들의 비문에 언급된 내용으로 약간의 사실만이 확인되는데, 혜심의 사망 후 그의 행장 서술과 비문의 수립을 주도[96]했던 만큼 혜심의 직계 제자로 파악되며 수선사의 4·5대 사주가 되는 混元과 天英의 스승이기도 했다.「混元碑」와「天英碑」를 통해 후대에 淸眞國師로 불렸다는 사실과 고종 39년에 사망했음을 알 수 있는데[97], 이규보와의 교류에서 禪師나 大禪師라고만 불린 점[98]과 이전

---

崔相國及鄭叅政・法弟天吉 至五日 浴䞋更衣 陞座 … 言訖而逝 年四十四 臘二十三"(『東文選』卷83).

95) 『東文選』卷14, 七言律詩에 林桂一의「丙寅秋仲一日 謁平章慶源公 因談及宋學士王文公禹偁西湖蓮社詩 其起聯云夢幻吾身是偶然 勞生四十又三年 時予適已過先師不惑之年而加數歲 惻然有感 因和成一篇 遙寄呈大尊宿仗下 以達鄙懷 且約他時間道 冀綠蘿煙月無以予爲生客耳」라는 시가 전하고 있어, 최소한 丙寅年 즉 원종 7년까지는 생존해 있었을 것이다.

96)「曹溪山第二世故斷俗寺住持修禪社主贈諡眞覺國師碑銘〈幷序〉奉宣述」, "嗣法禪老夢如 亦法王也 請逸庵居士鄭君奮 草具行錄 以立碑 請於晉陽公"(『東文選』卷118 ;『東國李相國全集』卷35).

97)「臥龍山慈雲寺王師贈諡眞明國師碑銘〈幷序〉」, "次詣曹溪無衣堂下 大爲器許 又嘗師事淸眞國師 所至相從 稟受曲折 盡得其骨髓 … 至壬子(1252년, 고종39) 八月 淸眞臨滅 以院門事屬師"(『東文選』卷117 ;『止浦集』卷3).「曹溪山第五世贈諡慈眞圓悟國師碑銘幷序」, "丙申歲(1236년, 고종23) 赴禪選 中上上科 旣而擺撥名塵 一杖南遊 時淸眞國師 盛化曹溪 徑造叅知 慧能增明 又嘗從眞明國師 諮稟法票 … 壬子(1252년, 고종39) 淸眞順世 上命眞明住曹溪 以師爲禪源法主"(『曹溪山松廣寺史庫』, 444~445쪽 ;『韓國金石全文』中世下, 1054쪽).

의 수선사 사주인 지눌이나 혜심이 국사로 추봉받았던 사실 등을 통해 국사의 지위는 사망 후 추봉받았다고 짐작된다.

희종의 넷째 아들인 鏡智는 『高麗史』에 大禪師[99]로만 서술되어 있지 국사와의 관련성에 대해서는 언급되어있지 않다. 그런데 『動安居士行錄』 卷1, 「病課詩」의 서문에 의하면 圓靜國師라 호칭하면서 희종의 셋째 아들이라고 표현되어 있다.[100] 희종의 넷째인데도 셋째 아들이라고 한 것은 혹 희종의 태자이기도 했던 장남 昌原公 祉가 원종 3년에 사망했으므로[101] 그렇게 표현하지 않았을까 생각된다. 그럼 국사라는 호칭은 어떻게 된 것일까. 「承逈碑」에서 鏡智는 폐위당한 상태인 희종이 고종 7년에 친히 승형에게 출가시켰다고 하며, 「承逈碑」가 지어질 당시 珍丘寺의 주지이며 선사라고 기술되어 있다.[102] 승형은 고종 8년에 사망하여 그 비가 동왕 11년에 세워졌으므로 그때까지는 선사였을 것이다. 또한 원종 12년에 사망하는 混元의 비에서는 大禪師로 기술되어 있다.[103] 그러므로 승계로는 大禪師까지 받은 것은

---

98) 李奎報, 「松廣社主大禪師夢如遺侍者二人求得丁而安墨竹二幹仍邀予爲贊云」 (『東國李相國後集』 卷11 贊 ; 『東文選』 卷51 贊).
   李奎報, 「寄松廣社主禪師夢如手書」(『東國李相國後集』 卷12 書 ; 『東文選』 卷61 書).

99) "熙宗 成平王后任氏 … 后生昌原公祉・始寧侯禕・慶原公祚・大禪師鏡智・冲明國師覺膺・安惠太后・永昌・德昌・嘉順・貞禧四宮主"(『高麗史』 卷88 列傳1 后妃1).
   "熙宗五子 成平王后任氏生昌原公祉・始寧侯禕・慶原公祚・大禪師鏡智・冲明國師覺膺"(『高麗史』 卷91 列傳4 宗室2).

100) 李承休, 「病課詩〈幷序〉」, "僕九歲 始知讀書 後三年 投熙廟第三子圓靜國師〈法諱鏡智〉方丈 國師邀世所謂名儒申公諱諝 授尤傳周易"(『動安居士行錄』 卷1).

101) "昌原公祉 … 元宗三年卒"(『高麗史』 卷91 列傳4 宗室2).

102) 「高麗國寶鏡寺住持大禪師贈諡圓眞國師碑銘〈幷序〉」, "至庚辰春(1220년, 고종7) 太上王(=희종) 親囑第四子 手落其髮 今珍丘寺住持禪師鏡智 是也"(『韓國金石文大系』 卷3 - 慶尙北道編, 95쪽 ; 『朝鮮金石總覽』 上, 452쪽).

103) 「臥龍山慈雲寺王師贈諡眞明國師碑銘〈幷序〉」, "王舅大禪師鏡智 小投陽山

확인되는데, 국사로의 임명에 대해서는 알 수 없다.

　한편『動安居士行錄』卷1의「病課詩」의 서문에 의하면 이 시는 원종 4년 정월에 병이 들었다가 2월에 나은 후 지은 것이라고 한다.104) 그렇다면 원종 4년경의『動安居士行錄』에서의 국사 호칭과 동왕 12년에 사망한 混元의 비에서 대선사로 지칭한 것은 시간 순서상 문제가 된다. 이승휴가 충렬왕 26년(1300년)까지 생존하고 있으므로 경지가 이후 국사로 추봉되고 나서 자신의 글을 수정했거나 문집이 편찬될 때 수정된 것이 아닐까 추측될 뿐이다. 이렇듯 鏡智가 언제 국사가 되었는지는 명확하지는 않지만『動安居士行錄』에 圓靜國師라고 하였으므로 국사가 된 것은 분명하다. 그리고 왕자들의 경우 대부분 추봉된 국사였던 점을 참고하면 경지도 추봉받았을 것이다.

　한편 희종의 또 다른 아들로서 국사의 지위에 오른 이가 있으니, 冲明國師 覺膺이다.105) 그에 대해서는『高麗史』에 冲明이라는 법호와 국사였던 것, 그리고 이름인 覺膺뿐이다. 그런데 그가 부석사 주지로서 승통이었음을 알려주는 기록이 있다.106) 그 외에는 그의 활동을 알 수가 없지만, 출가한 왕자들이 대부분 추봉받았다는 점에서 覺膺 또한

---

　　　圓眞國師祝髮 敬重於師 事以門人之禮 因受朝旨 移籍於崛山 爲品日孫 住斷俗寺 常來禮覲 其爲尊勝所敬重 類如此"(『東文選』卷117 ;『止浦集』卷3).
104)　李承休,「病課詩〈幷序〉」, "至癸亥(1263년, 원종4)陬月上旬 家染患 … 至如月中旬 病稍間 承順之餘日 以遊于前溪 時有村叟 予且難之 因推其言而播于諷詠 以答之 凡一百二十二韻 名之曰 病課詩"(『動安居士行錄』卷1).
105)　"熙宗 成平王后任氏 … 后生昌原公祉·始寧侯禕·慶原公祚·大禪師鏡智·冲明國師覺膺·安惠太后·永昌·德昌·嘉順·貞禧四宮主"(『高麗史』卷88 列傳1 后妃).
　　　"熙宗五子 成平王后任氏生昌原公祉·始寧侯禕·慶原公祚·大禪師鏡智·冲明國師覺膺"(『高麗史』卷91 列傳4 宗室2).
106)　"伏爲聖德遐昌 隣兵不作 朝野咸安 法輪普轉 兼及含生 共登樂岸 募工雕板 印施無窮者 庚戌(고종 37년)七月日誌 浮石寺住持 僧統 覺膺"(千惠鳳, 1977,「浮石寺의 三本華嚴經板」『佛敎美術』3-浮石寺 創建 1,300주년 特輯, 東國大學校博物館, 43쪽 재인용).

국사로 책봉받았기보다는 추봉되었을 것으로 여겨진다.

　수선사의 5대 사주인 天英은 安其·安且 등으로 법명을 바꾸기도 하였는데, 고종 2년에 태어나 14살에 진각국사의 문하로 나아가 승려가 되었다. 고종 20년의 승과 예비고시와 동왕 23년의 최종고시에 합격하였고 청진국사 몽여와 진명국사 혼원을 스승으로 섬기기도 하였다. 고종 33년에는 禪源社을 개창하여 열린 禪會에 진명국사 혼원을 따라가 참여하였고 이로 인해 최이의 존경을 받게 되었으며 이후 三重大師·禪師의 승계를 받았다. 또한 최이가 고종 36년 昌福寺를 창건하여 낙성식을 개최했을 때는 主盟으로 참여했으며 동왕 37년에는 禪源社主가 되었고 그 다음해 보제사 별원에서의 모임에서도 주맹이 되었다. 고종 39년에 청진국사 몽여가 죽자 진명국사 혼원은 曹溪 즉 수선사의 주지가 되고 천영은 선원사의 法主가 되었다. 동왕 43년에 혼원이 은퇴하면서 천영을 추천하자 천영으로 하여금 수선사를 잇게 하는 동시에 대선사의 승계를 내렸다. 한편 원종이 즉위하여서도 은총을 받았고 충렬왕 때는 개경으로 맞이하여 왕사(혹은 국사)로 삼으려고 했으나 천영의 사양과 나라의 혼란으로 이루어지지 않았다고 한다. 충렬왕 12년에 수선사에서 물러났다가 佛臺寺로 옮겨가서 사망하였고 慈眞圓悟國師로 추봉받았다.[107]

---

107)「曹溪山第五世贈諡慈眞圓悟國師碑銘幷序」, "師諱天英 後累改爲安其安且 字乃老 晚年 以字爲名 俗姓梁氏 … 師以大金貞祐三年乙亥(1215년, 고종2) 六月十三日生 … 年甫十五(1229년, 고종16) 詣曹溪第二世眞覺國師堂下 國師見而器之 因爲剃度 … 癸巳歲(1233년, 고종20) 赴談禪法會 儕輩推爲 座元 丙申歲(1236년, 고종23) 赴禪選 中上上科 旣而擺撥名塵 一杖南遊 時 淸眞國師 盛化曹溪 徑造叅知 慧能增明 又嘗從眞明國師 諮禀法要 自是 道 譽日振 聞于遐邇 丙午歲(1246년, 고종33) 柱國晋陽公 創禪源社 特大張禪 會 遂達于헌聰 乃命中使金巨卿 邀眞明爲法主 幷召致國內高名緇徒三千 招師亦赴焉 … 卽尤爲晋陽公敬重 公奏授三重大師 戊申(1248년, 고종35) 加禪師 仍奏住斷俗寺 己酉(1249년, 고종36) 公創昌福寺 設會落成 請師主 盟 庚戌(1250년, 고종37) 上命師爲禪源社主 辛亥(1251년, 고종38) 柱國崔

천영의 뒤를 이어 수선사주가 된 冲止[108]는 원래 法桓이라는 법명을 사용하다가 바꾼 것으로 宓庵이라고 自號하기도 하였다. 그는 고종 13년에 태어나 동왕 31년 과거에 장원급제를 하고 관료생활을 하다가 圓悟國師 天英를 스승으로 고종 40년을 전후한 시기에 출가하였다. 원종 7년 甘露社의 주지가 되었다가 충렬왕 12년 천영의 사망 후 수선사를 맡게 되었고 원나라에까지 명성을 떨치기도 하였다. 충렬왕 19년에 사망하여 圓鑑國師로 추봉받았다.[109]

---

公沆 建別院於普濟寺 招集九山禪侶 請師主盟 壬子(1252년, 고종39) 淸眞順世 上命眞明住曹溪 以師爲禪源法主 越丙辰秋(1256년, 고종43) 眞明乞退 擧師自代 上命師嗣曹溪 制加大禪師 迎入禁中 御手供饌 差中使韓瑛衛行 以八月二十八日 乘舟南下 九月十九日 入曹溪 … 己未歲(1259년, 고종46) 高廟昇遐 元王踐祚 恩眷日渥 今上龍飛 曁大元帝女元成宮主 强加敬住 … 尋欲邀致京師 躬伸師禮 遣使强之再三 師辭以老病 而會國家多故 竟未果致也 … 至元二十三年丙戌(1286년, 충렬왕12) 二月十二日 受請抵佛臺 … 因索紙筆 修上國王書 及洪廉兩相書畢 淨髮更衣 着袈伽梨 坐小禪床 言訖 泊然而化 … 上聞而震悼 時遣通禮門通事舍人姜就下書 予且誄贈諡 慈眞圓悟國師 塔曰靜照 御筆書諡軸"(『曹溪山松廣寺史庫』, 443~449쪽 ; 『韓國金石全文』 中世下, 1053~1056쪽).

108) 「曹溪山第五世贈諡慈眞圓悟國師碑銘幷序」, "上首止公 嗣席曹溪 爲第六世"(『曹溪山松廣寺史庫』, 447쪽 ; 『韓國金石全文』 中世下, 1055쪽).
「曹溪山第五世贈諡慈眞圓悟國師碑銘幷序」, "嗣法曹溪山修禪社傳法沙門〈臣〉冲止"(『曹溪山松廣寺史庫』, 451쪽 ; 『韓國金石全文』 中世下, 1057쪽).

109) 「曹溪山修禪社第六世圓鑑國師碑銘〈幷序〉」, "國師諱法桓 後改爲冲止 自號宓庵 … 師生於丙戌(1226년, 고종13)十一月十七日 … 十九(1244년, 고종31) 登壯元第 奉使日域 顯國美於異邦 少有出塵之志 時圓悟國師 主法於禪源社 師直造堂 卽零染受具 乃策杖南遊 歷叅講肆 … 至年四十一(1266년, 원종7) 始住金海縣甘露社 … 丙戌(1286년, 충렬왕12)二月 圓悟順世 大衆擧師次繼席 狀聞于上 命員外侍郞金浩淡 請師入院 師於是年 四月十六日 入院開堂 而嗣圓悟 爲第六世 住院七年 更光普照之遺軌 乃奏請田之表 復土如舊 其畧曰 舜厥聰明 湯其齊聖 盛業四於三王 休光隻於千古 上國聞師之風 嘉師之德 遣宮使迓師 乘馹至中夏 皇帝親自迎迓 對以賓主之禮 褒以師傅之恩 … 至壬辰(1292년, 충렬왕18)八月初旬 師示微疾 癸巳(1293년, 충렬왕19)正月初七日 疾彌重 十日晨起 淨髮更衣 … 言訖泊然而逝 … 上

백련사의 4대 사주110)인 天頙은 희종 2년에 태어난 것으로 추정111)
되며 과거에 합격112)하기도 하였지만 23세의 나이에 圓妙國師 了世에
게 출가하였다.113) 고종 23년에는 요세의 명령으로 白蓮結社文을 지
었으며114) 동왕 31년에는 사불산 동백련사의 주맹이 되었다.115) 그리
고는 정확한 시기는 알려지지 않았지만 萬德社 즉 백련사의 주맹으로
옮겼다.116) 한편 충렬왕 19년에 쓰여진 「禪門寶藏錄序」117)를 통해 당
시까지 생존했음이 확인되지만, 사망시기를 알 수는 없다. 또한 이전
의 백련사주였던 요세나 천인이 추봉으로써 국사가 되었던 것을 참고

---

聞之震悼 下勅書諫書 慰門徒 仍贈諡曰圓鑑國師 塔曰寶明"(「圓鑑國師碑銘」, 서울대 규장각소장 탁본 ; 『朝鮮金石總覽』 下, 1035~1036쪽).

110) 許興植의 1995, 『眞靜國師와 湖山錄』(民族社)의 부록으로 실려있는 一枝庵本 『湖山錄』 영인본의 서두에 『萬德山白蓮社第四代眞靜國師湖山錄』이라고 표기되어 있다.

111) 許興植, 1995, 「生涯와 時代背景」 『眞靜國師와 湖山錄』, 民族社, 11쪽.

112) 「答芸臺亞監閔昊書」, "予自七八時 始事讀書 及予十有五 濫嘗虞夏商周之書 … 國子也 忽當栢直 口尚乳年 始赴場廡 卽春登士板 秋入辟雍 … 才隔一年 擢第春官"(『湖山錄』 卷4 ; 許興植, 1995, 『眞靜國師와 湖山錄』, 民族社, 284~286쪽 ; 『萬德寺志』, 48~54쪽).

113) 釋眞靜, 「次韻答中書舍人金祿延」, "逃名入社豈徒然 正是蘇山妙悟年〈天台智者二十三 始詣大蘇山思大禪師 妙悟法花三昧 我輩亦年至二十三 始詣圓妙 聖凡雖殊 似尊遺躅 故及此云〉"(『東文選』 卷14 七言律詩).

114) 「寄金承制書」, "越歲在丙申(1236년, 고종23)春月 先師命我撰白蓮結社文 將欲刊行 已卅三年矣"(『萬德寺志』, 47쪽 ; 許興植, 주 112) 책, 322쪽).

115) 「游四佛山記」, "癸卯(1243년, 고종30)秋月 公(=최자)以狀聞于上 使山野主盟梵席 至甲辰"(1244년, 고종31)八月 予始抵此偶"(許興植, 주 112) 책, 261~262쪽).

116) 「入院祝上疏」, "弟子早捨文章小技 獲參圓妙老師 又曰 昔承人乏 曾駐跡於四佛山 今又何俾主盟於萬德社"(『萬德寺志』, 44~45쪽 ; 許興植, 주 112) 책, 321쪽).

117) 「禪門寶藏錄序」, "海東沙門內願堂眞靜大禪師天頙蒙旦序 至元卅年癸巳(1293년, 충렬왕19)十一月日也"(『萬德寺志』, 44쪽 ; 許興植, 주 112) 책, 327쪽).

한다면 천책도 그와 유사했으리라 생각된다.

慈悟國師118)라는 호칭만 전하는 이는, 圓明國師 冲鑑의 스승으로서 충렬왕 7년119)경 禪源寺에 머물고 있었다120)는 것만이 알려져 있다. 당시 선원사와 수선사를 담당했던 이들을 살펴보면, 천영은 고종 39년에서 동왕 43년까지 선원사 法主였다가 이후 수선사로 옮겼고121) 冲止는 원종 7년 甘露社의 주지였다가 충렬왕 12년에 수선사로 옮겨

---

118) 慈悟國師를 慈眞圓悟國師 天英으로 보는 견해도 있다(許興植, 1985,「高麗에 남긴 鐵山瓊의 行寂」,『韓國學報』39, 123~124·128쪽). 이때의 근거는 圓明國師 冲鑑의 출가 스승인 자오국사의 생존시기가 慈眞圓悟國師 天英과 비슷하다는 것이다. 천영이 충렬왕 12년에 사망하고, 圓明國師 冲鑑이 출가하여 慈悟國師에게 禮한 시기가 충렬왕 7년이므로 시기적으로는 겹치고 있다. 그러나 천영은 고종 39년에서 동왕 43년까지 선원사 法主였다가 이후 수선사로 옮겨가고 있다. 그리고「天英碑」에 의하면 충렬왕이 천영을 수도로 불러서 師禮를 행하고자 하였지만 천영이 병을 핑계로 사양하고 국가에 일이 많아 이루지 못했다고 함으로 충렬왕 때 천영은 계속 수선사에 머물렀다. 그러므로 충감이 충렬왕 7년에 선원사에서 출가할 때의 스승인 慈悟國師는 慈眞圓悟國師 天英과 동일인물로 보기 힘들다. 게다가 慈悟國師를 천영으로 파악하는 이유가 慈眞圓悟國師라는 시호의 유사함 때문인 듯한데, 자진원오국사를 자오국사로 불렀다는 증거가 없는 이상 이점도 慈悟國師와 慈眞圓悟國師 天英을 동일인물로 보는 근거는 될 수 없다.
119)『新增東國輿地勝覽』卷17 林川郡 佛宇 普光寺의 기록과 공민왕 7년(1358년)에 세워졌다가 임진왜란으로 훼손되어 英祖 26(1750)년에 다시 세워진「普光寺重刱碑」(『韓國金石全文』中世下, 1190쪽)에 의하면, 圓明國師 冲鑑은 忠烈王 元年(1275년)에 태어나 忠肅王 후8(1339)년에 65세로 사망하는데 僧臘이 58이었다고 한다. 그렇다면 冲鑑은 7살인 충렬왕 7(1281)년에 慈悟國師에게 출가하거나 구족계를 받았던 것이 되는데, 7살에 구족계를 받았다기보다는 출가했다고 파악하는 것이 더 타당할 듯하다.
120)"師諱冲鑑 … 稍長稟命父母 祝髮於禪源寺 禮慈悟國師"(『新增東國輿地勝覽』卷17 林川郡 佛宇 普光寺 ;「普光寺重刱碑」『韓國金石全文』中世下, 1190쪽).
121)「曹溪山第五世贈諡慈眞圓悟國師碑銘幷序」,(『曹溪山松廣寺史庫』, 445~446쪽 ;『韓國金石全文』中世下, 1054~1055쪽).

가고 있다.122) 이처럼 당시 상황을 알려주는 사료로는 충렬왕 7년을 전후로 해서 선원사의 주지였던 승려의 이름을 알 수 없다. 그러므로 慈悟國師가 충렬왕 7년을 전후로 해서 선원사를 맡고 있었다고 추측된다. 한편 당시의 명망있는 고승으로서 수선사의 5·6대 社主였던 天英과 冲止도 사망 후 국사로 추봉받았던 만큼 慈悟國師도 추봉되었으리라 짐작된다. 다만 '松廣寺 16國師'의 명단123)에서 慈悟國師가 찾아지지 않는 것이 문제인데, 우선 전하는 '松廣寺 16國師' 중 법호와 국사의 호칭만이 전하고 정확한 생존연대나 활동상을 알지 못하는 이들이 많은 만큼 실제로는 慈悟國師가 '松廣寺 16國師'의 한명이 아니었을까 추측해 볼 수 있다. 반대로 현재 '松廣寺 16國師'의 활동을 모두 알지 못하기는 하지만 그 계보가 정확하다고 가정한다면, 慈悟國師는 수선사의 주지가 되지 못한 이거나 또는 지눌로부터 시작된 계보가 어느 시기에 두 갈래로 나뉘어져 하나는 '松廣寺 16國師'이고 그 외의 계보에 慈悟國師가 있었다고 생각해볼 수도 있다.

慧覺國尊은 법명도 알려지지 않은 사람인데, 忍源이라는 승려가 남긴 글에 의하면 스승인 慧覺國尊의 사망 후 명복을 빌기 위해 『華嚴經』의 觀音別品을 30년간이나 염송했다고 한다.124) 忍源이 글을 쓴 시기가 충숙왕 16년(1329년)이므로 慧覺國尊은 1300년 이전의 충렬왕 연간

---

122) 「曹溪山修禪社第六世圓鑑國師碑銘〈幷序〉」(「圓鑑國師碑銘」, 서울대 규장각소장 탁본 ; 『朝鮮金石總覽』下, 1035쪽).
123) 『曹溪山松廣寺史庫』, 369~489쪽.
管野銀八, 1932, 「高麗曹溪山松廣寺十六國師の繼承に就て」『靑丘學叢』 9, 93~100쪽.
124) "予於齠齓時 先入早逝 就先師慧覺國尊院 日侍甁錫 未幾師又棄世 遂抱疇依之念 思欲奉薦冥福 小報師親罔極之恩 頌此觀音別品 迄今三十年 受持不節其爲信向 固不淺矣 越己巳(1329년, 충숙왕16)冬 寓靈通寺 普勸同住諸宗長 闔院同頌募工繡梓 … 月光典香普應大師忍源誌"(「華嚴經觀音知識品」;1984, 『韓國佛敎全書』6, 東國大學敎 韓國佛敎全書編纂委員會, 603 하쪽).

에 활동한 듯하다. 그외에 정확한 종파나 국존의 책봉·추봉 등에 대해서는 정보가 없다. 한편 경북 善山 朱勒寺에 安震이 쓴 慧覺의 비명이 있었다125)고 하는데 慧覺國尊의 비명이 아니었을까 하는 추측을 해본다. 그런데 『曹溪山松廣寺史庫』에 의하면 '송광사 16국사' 중 12대에 慧覺國師가 있고126) 위에서 언급한 安震이 쓴 비명의 주인공과도 연결시키고 있다. 그러나 忍源에 의해서 언급된 慧覺國尊은 1299년 즉 충렬왕 25년 즈음에 사망하였는데 비해, 『曹溪山松廣寺史庫』의 12대 慧覺國師는 10대인 慧鑑國師 萬恒보다 뒷 시기까지 생존해 있어야 하는데 만항은 충숙왕 6년에 사망하고 있다. 그러므로 『曹溪山松廣寺史庫』의 慧覺國師와 忍源의 스승인 慧覺國尊은 생존 시기에 차이가 있다. 여기서 생각할 수 있는 것은 『曹溪山松廣寺史庫』의 '16국사' 명단의 오류나 순서상의 잘못이다. 그외에는 '송광사 16국사' 외의 수선사·선원사 출신의 국사들에 대해서 언급한대로 '송광사 16국사' 외 다른 계열이 존재해 慧覺國尊이 그 중 하나일 가능성이다.127) 반면 忍源의 스승인 慧覺國尊은 지금의 자료로서는 구체적으로 종파가 확인되지 않으므로 고려후기에 '慧覺'을 시호로 받은 국사·국존이 둘 이상 존재했다는 가정이 있을 수 있다.

 復丘는 圓悟國師 天英을 섬기다가 그가 사망하자 大禪師 道英을 따랐다고 하는데,128) 이후 충렬왕 16년에 승과에 합격하고 나서 慈覺國

---

125) "有高麗安震所撰僧慧覺碑銘"(『新增東國輿地勝覽』 卷29 善山都護府 佛宇 朱勒寺).
126) 『曹溪山松廣寺史庫』, 473~474쪽.
127) 蔡尙植은 忍源을 화엄종 승려로 파악하면서도 그의 스승 慧覺國尊을 수선사 12세인 慧覺國師로 추측하고 있다. 그리고 忍源과 慧覺의 종파문제에 대해서는 최씨정권하에서 주도적인 교단인 수선사와 대장경 조판을 위해 발탁된 균여 계통의 화엄종간에 맺어진 유대가 지속되면서 나타난 산물로 추정하고 있다(蔡尙植, 1991, 「體元의 저술과 사상적 경향」『高麗後期佛敎史硏究』, 一潮閣, 203~204쪽).
128) 「王師大曹溪宗師一邛正令雷音辯海弘眞廣濟都大禪師覺儼尊者贈諡覺眞國

제3장 高麗後期 王師·國師의 사례와 기능의 변화 135

師가 學徒들을 맡기려고 했으나 사양하였다. 이때 慈覺國師는 복구의 二師라고 되어 있다.129) '二師'의 정확한 뜻은 알 수 없지만, 복구가 천영을 섬길 때 함께 스승으로 삼은 이었다고 생각된다. 한편 송광사의 8번째 국사가 慈覺國師인데, 복구의 二師인 慈覺國師와 동일인으로 판단된다. 그것은 원오국사 천영이나 각진국사 복구와의 관련이나 시기적인 일치 때문이다. 『曹溪山松廣寺史庫』에 의하면 자각국사의 諱가 晶悅이라 하고130) 『東文選』 卷27에 실린 「同前(=曹溪宗三重)神定爲禪師官誥」의 神定을 자각국사로 비정하였다. 그러나 神定과 慈覺國師를 연결하는 증거가 없기 때문에 이 설명은 믿기 어렵다.

수선사의 10대 사주인 萬恒은 고종 36년 태어나 원종 3년에 14살로 출가한 듯하며 출가할 때부터인지는 정확하지 않지만 圓悟國師 天英을 스승으로 섬겼다. 승과에 합격한 후 풍악산과 지리산을 떠돌았으며 충렬왕으로부터 三藏社의 주지로 임명되었는데 이후 朗月·雲興·禪源社 등의 주지가 되었다. 충숙왕 즉위년에 충선왕의 부름을 받아 여러 승려들과 강론하면서 왕을 기쁘게 하여 법호와 가사 그리고 銀幣까지 받았다.131) 충숙왕 6년에 병이 들어 사망하였고 慧鑑國師로 추

---

師碑銘〈幷序〉」(『東文選』 卷118 ; 『霽亭集』 卷3).
129) 「王師大曹溪宗師一邱正令雷音辯海弘眞廣濟都大禪師覺儼尊者贈諡覺眞國師碑銘〈幷序〉」, "庚寅(1290년, 충렬왕16)秋 中禪選上上科 時年二十一 … 慈覺國師 師之二師也 待之甚禮 嘗以學徒委諸師 師曰 有得於己 然後傳諸人 吾固不敢 遂往白巖寺"(『東文選』 卷118 ; 『霽亭集』 卷3).
130) "國師諱晶悅 諡慈覺 塔號澄靈 嗣第五世"(『曹溪山松廣寺史庫』, 465쪽).
131) "(忠肅王 卽位年 12月) 庚午 上王飯僧二千 點燈二千于延慶宮二日 召松廣寺僧萬恒 赴會 及還賜所御輻輬子 遣之"(『高麗史』 卷34 世家 ; 『高麗史節要』 卷23).
"(忠肅王 卽位年 12月) 壬申 上王飯僧點燈于延慶宮 又與萬恒同輦 幸演福寺 點燈凡八日 萬恒設酌 王懽甚自歌"(『高麗史』 卷34 世家).
"(忠肅王 卽位年 12月) 上王 與萬恒同輦 幸演福寺 點燈凡八日"(『高麗史節要』 卷23).
"(忠肅王) 元年 春正月 庚寅 王訪僧萬恒于銀字院"(『高麗史』 卷34 世家).

봉되었다.132)

　이색이 지은 「勝蓮寺記」에 언급된 弘慧國師 中亘은 內願堂에 머물다가 南原의 勝蓮寺로 퇴거하였으며, 얼마 후 사망하여 제자인 衍昷에게 그곳을 물려준 것으로 되어 있다.133) 中亘은 그외의 자료에서 찾아지지 않는 인물로 구체적인 활동이나 생몰연대, 국사의 책봉 여부를 알 수 없다. 다만 「勝蓮寺記」의 내용 중에 衍昷에 대해서 더 구체적이어서 衍昷이 승련사에 머물게 된 이유를 설명하기 위해 中亘을 언급한 듯하다. 물론 勝蓮寺의 중창주가 衍昷이었기 때문이기도 하겠지만 中亘이 국사로 책봉받았다가 하산하였다면 이 정도로 中亘에 대해서 소략하게 기록하지 않았을 것이라고 여겨진다. 또한 衍昷이 실제적인 중창주이기는 하지만 中亘이 책봉받은 국사였다면 승련사의 1대 주지134)를 연온으로 하지는 않았으리라 생각된다. 그러므로 中亘이 내

---

"(忠肅王 元年 春正月) 丁未 上王如元 道入延慶宮萬僧會 以白金百三十斤 施僧萬恒 …"(『高麗史』 卷34 世家).

132) 「海東曹溪山修禪社第十世別傳宗主重續祖燈妙明尊者贈諡慧鑑國師碑銘〈幷序〉」, "諱萬恒 俗姓朴氏 … 赴九山選 中魁科 拂衣往楓嶽夏滿 移栖智異山 … 忠烈王命住三藏社 其師曹溪圓悟和尙亦諭之 乃往 後歷主朗月·雲興·禪源等社 … 中吳異蒙山 … 仍貽書致古潭之號 … 皇慶癸丑(1313년, 충숙왕즉위년) 太尉王譔居永安宮 安車卑辭 邀至京城 時方聚禪敎名流 日以次講論 師至 捧喝風生 辯若懸河 王喜甚 行同輿 手捧饌 加法號別傳宗主重續祖燈妙明尊者 袈裟衣裙帽襪 先銀幣五十鎰以贐 師還山 悉以付常住 不歸於私 延祐己未(1319년, 충숙왕6)七月 遘疾 將移栖遍告山 … 至八月十八日 剃浴更衣 修遺書 自占葬地 夜艾 … 拍膝叉手 含咲而化 … 壽七十一 臘五十八 訃聞 王心惻悼 贈諡慧鑑國師 … 以己酉(1249년, 고종36)八月六日誕師"(『東文選』 卷118 ; 『益齋亂藁』 卷7).

133) 李穡,「勝蓮寺記」,"寺距府理東北一舍 舊名金剛 不知剏於何代 弘慧國師 諱中亘者 自內願堂 退老居之 屋宇卑陋 嘗欲增廣而不能也 旣沒 大禪師拙菴諱衍昷者 爲曹溪之老 弘慧之徒所推讓 合辭立卷契 俾拙菴主之 拙菴卽審工度財 其募合衆緣 則有宗閑者 實幹之 改其額曰勝蓮 經始於乙丑(1325년, 충숙왕12)之歲 訖功於辛丑(1361년, 공민왕10)之春"(『東文選』 卷72 ; 『牧隱文藁』 卷1 記 ; 『新增東國輿地勝覽』 卷39 南原都護府 佛宇 勝蓮寺).

원당에 머물면서 국왕의 측근에서 활동했을지라도 국사로 책봉받은 적은 없고 사후 추봉받았으리라 판단된다. 또한 승련사의 중창이 衍昷에 의해서 충숙왕 12년에 시작되었다고 함으로 그 이전에 사망한 것으로 짐작된다.

　圓明國師 冲鑑은 충렬왕 원년에 태어나 7살에 출가하여 慈悟國師를 섬겼고 19살에는 승과에 합격하였다. 이후 유력하다가 중국에까지 가서 鐵山瓊을 고려로 3년간 모셔오기도 하였다. 鐵山瓊이 돌아간 후 龍泉寺의 주지가 되어 百丈懷海의 淸規를 시행하기도 하였고 禪源寺의 주지를 15년간 역임하기도 하였다. 충숙왕 후4년에 普光寺로 하산하여 4년후에 사망하였다.135) 그리고 普光寺로 하산할 때 宰相 張沆136)

---

134) 李穡, 「勝蓮寺記」, "予(=이색)曰 … 今夫金剛勝蓮 其名義何重何輕 而必取彼捨此哉 然拙菴之必改其額者 示自我始也 自我爲一代 再傳而爲二代 以至百千代 可無替也 其志可謂遠矣"(『東文選』 卷72 ; 『牧隱文藁』 卷1 記 ; 『新增東國輿地勝覽』 卷39 南原都護府 佛宇 勝蓮寺).

135) "昔三韓大浮圖圓明國師 謝絕世榮 歸求其志 高麗國王 遣宰相張沆 追及於林州 州故有普光寺 溪山幽勝 耆宿惠湛·達閑等 與尙書田沖用 遮留國師 於此 其門人三千餘指 室屋不足以容 楊廣道按廉崔君玄佑 率其官屬 謀爲增葺 遠近聞風 而至施者雲委 … 師之伯氏判典客寺事致仕金君永仁 仲氏重大匡平陽君永純 感激發願 家僮百口 田百頃 歸于寺 … 其後師示寂 謂其徒紹珠等曰 寺旣重新 汝等以勿散 席甲乙而主之 於是 其徒以受師志 相繼無窮也 … 師諱冲鑑 字絶照 號雪峯 … 稍長稟命父母 祝髮於禪源寺 禮慈悟國師 以爲師年十有九 入選登上上科 … 乃舍所事 卽拂衣遊諸方 宿留吳楚 聞鐵山瓊禪師道行甚高 迎之東還 執侍三載 瓊公甚期待之 及瓊公辭歸 師主龍泉寺 始取百丈海禪師禪門淸規行之 後住持禪源寺者 十有五年 弘楊宗旨 爲國矜式 其來普光也 寔再紀至元之年(1335년, 충숙왕 후4) 越四年(후지원5년, 1339년, 충숙왕 후8)八月二十有四日 將入滅 … 言訖翛然而逝 世壽六十有五 僧臘五十有八 生在前至元之十有二年乙亥(1275년, 충렬왕원년)乙酉朔辛酉日也"(『新增東國輿地勝覽』 卷17 林川郡 佛宇 普光寺 ; 「普光寺重刱碑」『韓國金石全文』 中世下, 1189~1190쪽).

136) 冲鑑이 하산한 시기인 충숙왕 후4년에 張沆은 아직 재상이 되지 못한 시기였다. 장항은 충목왕 초에야 政堂文學(『高麗史』 卷109 列傳22)으로 임명되고 충목왕 원년에 僉理(『高麗史』 卷37)가 되고 있기 때문이다(朴龍

을 보내었다던가 보광사를 중창할 때 양광도의 안렴사가 주도하였다는 내용을 책봉받은 후 하산한 국사들과 비교해보면 유사한 점이 있어 충감의 경우 국사로 책봉을 받고 하산했다고 추측된다. 한편 冲鑑은 스승인 慈悟國師와 마찬가지로 '松廣寺 16國師'에 포함되어 있지 않다.137) 더욱이 선원사의 주지를 15년간이나 역임했는데도 말이다. 그러므로 慈悟國師의 경우에도 서술했듯이 '송광사 16국사'로 알려진 승려들 중 활동이나 이름이 명확하지 않은 이들 대신 원명국사 충감이 원래의 '송광사 16국사'일 가능성도 있고, '송광사 16국사' 계보 외에 수선사의 승려들 계보가 다양했고 그들 중의 하나에 속했을 수도 있을 것이다.

鄭誧가 충혜왕 후3년에 蔚州로 유배를 갔다가 福州 즉 安東으로 옮기게 될 때138) 慈忍國師에게 시를 부치고 있다.139) 慈忍國師에 대한 기록은 그 외 찾아지지 않아140) 당시 국사였는지 아니면 이후 책봉·

---

雲, 2000, 『고려시대 中書門下省宰臣 연구』, 一志社, 310·362쪽). 충숙왕 때는 羅州牧使와 軍簿判書를 역임(『高麗史』 卷109 列傳22)하고 있을 뿐이다. 아마도 장항의 관직 표기는 보광사의 중창비가 세워졌을 때까지의 최종관직으로 서술된 것이라 생각된다. 그러나 충숙왕 후4년에 장항이 재상이 아니었다고는 하더라도 다른 국사들이 하산할 때 전별을 맡았던 관료들의 지위와 유사하다고 파악했다.

137) 『曹溪山松廣寺史庫』, 369~489쪽.
管野銀八, 주 123) 논문, 93~100쪽.
138) 『高麗史』 卷106 列傳19 鄭瑎 附鄭誧.
김철웅, 1996, 「雪谷 鄭誧의 생애와 道敎觀」 『韓國史學報』 창간호, 90~92쪽.
139) 『雪谷先生集』 下, 「罷任蔚州 將之福州 雞林路上 寄慈忍國師」.
140) 冲止가 교류한 승려 중 慈忍和尙(1973, 「上慈忍和尙詩〈幷序〉」 『圓鑑錄』, 亞細亞文化社, 13~14쪽)이 있는데, 慈忍國師와 동일인물인지는 밝혀줄 기록이 없다. 다만 「上慈忍和尙詩〈幷序〉」의 내용 중에 "내가 자리 이어 받음 진실로 분수 아니거니, 當年의 國老風을 욕되게 할까 두렵네(我來繼席誠非分 恐忝當年國老風)"라는 구절이 있어 여기서의 國老가 慈忍和尙을 일컫는다면, 慈忍國師와 연결시킬 가능성이 있어 언급해 둔다. 물

추봉되어 문집이 만들어질 때 '국사'로 수정되었는지 알 수 없으나 별다른 기록이 남겨져 있지 않는 것으로 보아 사망 후 추봉되었을 가능성이 크다고 생각된다.

大智國師 粲英이 출가 후 찾아다녔던 스승 중에는 淨慧國師가 있다. 淨慧國師를 찾아간 정확한 시기가 언급되지 않았지만 粲英이 출가한 충혜왕 후2년에서 승과에 합격하는 충정왕 2년 사이에 만나고 있다.141) 「粲英碑」 외에 淨慧라는 이름은 송광사의 16국사 중 14대로 언급되어 있는데,142) 『曹溪山松廣寺史庫』에 의하면 覺眞國師 復丘의 뒤를 이어 송광사의 주법이 되었고 「白巖山淨土寺事蹟」을 통해 공민왕 2년에 주법143)이었음이 확인되어 활동 시기가 粲英이 찾아간 淨慧國師와 일치하기는 하지만 동일인물이라고 확신할 수 없다. 粲英 본인이나 찬영의 최초 스승인 普愚가 모두 가지산문 계열의 승려이기 때문이다. 물론 了世가 知訥의 수선사에 참여하기도 하고 天因이 惠諶에게 曹溪의 요령을 배우기도 하듯이 당시 승려들은 자신의 종파나 산문에만 한정하여 스승을 찾지는 않았다. 그러나 『曹溪山松廣寺史庫』의 淨慧와 粲英이 찾아간 淨慧國師가 시기적으로 비슷하다는 점 말고는 동일인물로 볼 증거도 없어 확실하지 않다. 우선은 충목왕 재위를 전

---

론 충지는 충렬왕 19년에 사망하고 있고 鄭誧가 慈忍國師에게 시를 부친 시기는 충혜왕 후3년이라 시간적 차이가 있고, 시의 내용을 통해 慈忍和尙은 충지보다 연배가 높은 승려로 파악되므로 이 시간적 차이는 더 크다고 볼 수 있다.

141) 「有明朝鮮國忠州億政禪寺故高麗王師諡大智國師碑銘〈幷序〉」, "年十四(1341년, 충혜왕 후2) 遊于漢濱 望見三峯 屹立超然 有出世志 投重興圓證國師(=보우) 祝髮受法 五年卓然有成 造淨慧國師 赴叢林 升迦智山下第二座 選充行誼 名出行輩 又叅楡岾守慈和尙 薰陶未幾 已飽禪悅 登庚寅(1350년, 충정왕2)九山選上上科"(『增補 韓國金石文大系』 卷2-忠淸南北道編, 71쪽).

142) 『曹溪山松廣寺史庫』, 487~488쪽.

143) 「白巖山淨土寺事蹟」(『增補校正 朝鮮寺刹史料』 上, 169쪽).

후로 한 시기에 활동한 승려로 후에 淨慧國師가 되는 이가 있었다는 것만 확인하겠다.

또한 조선 최초의 왕사였던 自超의 스승으로 慧明國師 法藏이 있다.[144] 法藏이라고 하면 흔히 조선시대에 송광사를 중창한 이가 생각나는데, 이 法藏은 自超보다도 나이가 어리고 국사로 임명되거나 추봉된 적이 없다. 그러므로 自超가 스승으로 찾아간 慧明國師 法藏은 조선 초의 法藏과는 다른 인물인 듯하다. 慧明國師 法藏은 자초가 선종이었던 만큼 역시 선종 승려였으리라 추정되고 충혜왕 후5년 이후부터 충목왕 재위 기간 즈음에 활동한 것을 알 수 있을 뿐이다.[145]

이상으로 고려후기의 추봉되었거나 책봉·추봉 시기가 정확히 알려지지 않은 국사들에 대해서 살펴보았다. 왕사로 사망한 후 국사로 추봉된 사례는 사후 본래의 지위보다 승격시켜 주는 경우이다. 왕사

---

144) 「朝鮮國王師大曹溪師禪敎都摠攝傳佛心印辯智無碍扶宗樹敎弘利普濟都大禪師妙嚴尊者塔銘〈幷序〉」, "年十八(1344년, 충혜왕 후5) 脫然有出世之志 依慧鑑國師上足弟小止禪師 薙髮具戒 至龍門山 咨法于慧明國師法藏 國師示法已 乃曰得正路者 非汝而誰 遂令居浮圖菴 … 丙戌(1346년, 충목왕2)冬 因看楞嚴經有悟 歸以告其師"(『朝鮮金石總覽』下, 1281쪽 ;『春亭續集』卷1).
145) 조선에 들어서 국사로 추봉받은 이는 正智國師 智泉이다. 지천은 충숙왕 11년에 태어나 19살에 출가하였고 공민왕 2년에 自超와 함께 중국으로 가서 指空을 만났으며 懶翁을 스승으로 섬겼다. 이후 동왕 5년에 귀국하여 여러 명산들을 유력했으며 나옹과 자초가 명성을 떨칠 때 홀로 초야에 있다가 태조 4년에 사망하여 국사로 추봉받았다고 한다.
「有明朝鮮國彌智山龍門寺諡正智國師碑銘〈幷序〉」, "洪武二十八年乙亥(1395년, 태조4) 秋七月初七日 高僧泉公 示寂于天磨山之寂滅庵 … 上聞而異之 追贈正智國師 … 師諱智泉 俗姓金氏 … 以元泰定甲子(1324년, 충숙왕11)生 年十九(1342년, 충혜왕 후3) 祝髮于長壽山懸菴寺 … 至正癸巳(1353년, 공민왕2) 與今王師無學 俱入燕京 謁指空于法雲寺 時懶翁 先入燕 受指空印可 道譽旣著 二師皆投師之 … 丙申(1356년, 공민왕5)還國 游歷諸大名山 … 懶翁無學 相繼有重聲 爲王者師 大振宗風 四衆奔波 靡然趨嚮 而公獨韜光晦迹 潛隱雲山 未嘗一領衆會 一主講席 專脩內朗 至老無倦"(『韓國金石文大系』卷5-京畿道編, 62쪽 ;『陽村集』卷38).

를 역임하지 않은 채 국사로 추봉된 것은 고승들의 예우와 그 문도들에 대한 대우로써 이루어졌다. 이러한 점들은 고려전기와 유사했다. 고려후기의 특징적인 현상으로는 修禪社와 白蓮社의 개창 이후 그곳의 고승들이 많이 국사로 추봉되었다는 것으로 당시 修禪社·白蓮社의 영향력이 확인된다.

그리고 책봉받은 국사의 경우 원나라 간섭기에 원의 國師와 중복되는 것을 피하기 위해 國尊이라 불렸던 것과는 달리 추봉받은 국사들은 그대로 '國師'라 하고 있다. 실제로 책봉할 때는 그 사실을 원에서 파악할 수 있기 때문에 '國尊'이라고 하였지만, 추봉의 경우는 원과의 관계에서 조금 더 자유로웠기 때문에 전기의 호칭인 '國師'를 그대로 사용하였을 것이다.

## 3. 王師·國師의 기능 변화

고려전기의 왕사는 국왕과 밀접한 관계를 가지면서 왕의 수명 연장을 위한 기도나 기우제 같은 기복적인 感通[146] 활동을 하고 있었다. 또한 승정 뿐만 아니라 승려들의 통합이나 불교계의 논쟁 해소를 위한 기능도 하고 있었다. 반면 국사는 상징적인 존재로서 고승으로서의 예우를 받는 것이 보통이었다.

그러나 후기 왕사·국사의 활동과 그로 인해 추정되는 기능에는 많은 변화가 있었던 듯하다. 우선 왕사의 경우 대부분이 책봉 이후 하산하고 있어 전기와는 다른 양상을 보이고 있다. 德素는 책봉 이후의 기록이 거의 없고 混元·普愚·惠勤은 책봉 직후, 志謙·混丘는 몇 년 후에 하산하고 있다. 심지어 혼원은 하산해서 12년이나 생존하고 있

---

146) 제1장, 주 22) 참고.

으므로 하산이 빨랐다고 여겨진다. 그리고 粲英은 책봉 전부터 하산한 상태였다. 특수한 경우를 제외하고는 후기의 왕사가 책봉 이후 하산하고 있으므로 중앙에서 구체적인 활동을 하기 힘들었을 것이다.

그런데 왕사로 임명된 승려의 경우 왕사로 책봉되기 전이라도 감통 능력이 강조되어 비문에 서술되어 있다. 德素는 인종 21년과 의종 4년 사이에 바다를 건너던 중 큰 파도가 쳐서 위험에 처하자 「普門品」을 염송하여 풍랑을 잠재우기도 했고 의종 18년에는 오랜 가뭄 끝에 국왕이 태화궁에서 연 說經會의 주맹이 되어 비가 오게 하였다.147) 志謙도 왕사가 되기 전인 희종 4년에 기우제를 지내 성공하였고 당시 그 비를 '和尙雨'라 불렀다고 한다.148) 이러한 감통 능력은 전기의 왕사에게도 요구되었던 것으로 그러한 능력으로 국왕의 통치를 정당화해 주는 역할을 하였다. 한편 混元의 경우는 왕사로 임명하려 하자 오랜 가뭄 끝에 비가 내렸다.149) 이런 일은 왕사의 감통 능력을 보여줌과 동시에 왕사의 선택이 잘 되었다는 하늘의 뜻을 보여주는 것으로, 그렇

---

147) 「□□□□台宗贈諡圓覺國師碑銘〈幷序〉」, "癸亥春(1143년, 인종21) 師謝遣門徒 遊歷山水 至蔚州靈鷲山 以捿止焉 則彼智者 旋鄕而□地 無以加此 而四方學者 請益日煩 (결락)會路 涉蒼海 黑風忽起 怒濤如山 舟人恐慌 莫知所爲 師恬然 誦普門品 瞬息間 風浪自滅 命棹而濟在 庚午歲(1150년, 의종4) … 甲申夏(1164년, 의종18) 久旱 毅廟設說經會于太和宮 詔師爲主 展講之初 時雨沛然 田野(결락)"(『增補 韓國金石文大系』 卷2-忠淸南北道編, 58쪽;『朝鮮金石總覽』上, 399쪽;『海東金石苑』上, 491~492쪽).

148) 「故華藏寺住持王師定印大禪師追封靜覺國師碑銘奉宣述」, "泰和戊辰(1208년, 희종4) 旱甚 上迎入內道場說法 至五日不雨 師憪之 乃禱佛曰 佛法不自行 須憑國主 今若不雨 靈應何存 無幾何 甘澍霑霈 時號和尙雨"(『東文選』卷118;『東國李相國全集』卷35).

149) 「臥龍山慈雲寺王師贈諡眞明國師碑銘〈幷序〉」, "至戊午歲(1258년, 고종45) 上欽師道德 欲以不臣禮事之 命立封崇都監 仍命斷俗寺 遣中使禮部郞中崔鐸迎之 師不欲受敎 中使陳主上渴仰之誠 師强起西上 上使迎勞入慈雲寺 時久旱 其夕 忽霑雨 中外慶嘆 旣已請摳衣之禮"(『東文選』卷117;『止浦集』卷3).

제3장 高麗後期 王師·國師의 사례와 기능의 변화 143

다면 하늘이 인정하는 왕사의 선택을 한 국왕의 통치도 정당화되었을 것이다. 즉 감통 능력을 갖춘 승려를 왕사로 임명한 것은 그러한 능력으로 국왕의 통치를 보조해주기를 바라는 기대가 있었기 때문이다. 아마도 국왕의 정치를 정당화해줄 수 있는 능력을 왕사에게 요구하면서 강조되었으리라 판단된다. 이러한 기능은 전기와 유사하게 지속된 듯하다.

감통 능력으로 정치를 보좌하는 것 외에도 실질적인 활동을 한 왕사가 찾아진다.

> 가. (大德) 10년 丙午(충렬왕 32년) 겨울에 法號를 올려 白月朗空寂照無㝵大禪師라 하였다. 다음해 丁未(충렬왕 33년) 여름에 瀋王과 (그의) 父王이 함께 摳衣의 예를 하고자 하여 王師로 封하고 법호를 佛普照靜慧妙圓眞鑑大禪師로 더하였다. … 至大 元年 戊申(충선왕 즉위년) 가을 瀋王이 즉위한 날에 스님에게 龍床에 올라 함께 앉을 것을 청하였다. 또한 禪敎各宗山門道伴摠攝調提의 호칭을 더하여 共議事를 맡겼다.150)

사료 가)의 丁午는 충렬왕 33년에 왕사로 책봉되고 그 다음해 충선왕이 즉위하자 '禪敎各宗山門道伴摠攝調提'로서 共議事를 맡고 있다. 여기서 共議란 각 宗派에서 의견을 모아 승려를 선발하여 사원에 주지를 파견하거나151) 승계의 승진을 관장하는 것을 의미하므로 丁午는 당시 僧政을 장악했던 것이다. 그러나 丁午가 승정을 맡게 된 것은 왕사여서 라기보다 그가 맡은 '禪敎各宗山門道伴摠攝調提'때문이다. 이는 충렬왕 33년에 왕사로 책봉된 후 다음해가 되어 '摠攝調提'로서 공의사를 맡고 있는 것에서 확인된다.

여기서 '摠攝調提'는 僧錄司의 都摠攝과 유사한 지위이거나 신돈이

---

150) 朴全之,「靈鳳山龍巖寺重創記」(『東文選』卷68).
151) 許興植, 1986,「佛敎界의 組織과 行政制度」『高麗佛敎史硏究』, 一潮閣, 349쪽 ; 1987,『斗溪李丙燾博士九旬紀念 韓國史學論叢』.

담당한 승록사의 提調152)와 비슷한 것으로 파악된다. 그러나 신돈이 맡았던 승록사의 제조는 승려가 아닌 관인이 임명되었으므로 丁午의 '摠攝調提'는 僧錄司의 都摠攝과 더 근접하리라 추정된다. 僧錄司는 불교와 관련된 행사나 승려의 僧籍을 관리한 곳으로153) 실제로는 僧政의 보조기관일 뿐이다. 그렇지만 고려 후기에 들어와 都摠攝이라는 승직을 맡아 승정을 장악하는 승려가 나타났는데 정오가 그 대표적인 사례이다.

다음은 왕사에게 府를 설치해 주고 승정을 맡긴 사례이다.

  나① 丙申(공민왕 5년) 3월에 스님을 청하여 奉恩寺에서 說法하게 하였다. … 4월 24일에 封하여 王師로 삼았다. 府를 세워 圓融이라 하고 僚屬을 두었는데 長官은 正3품이었으니 존숭의 지극함이었다.154)

  ② (恭愍王 5年 夏4月) 癸酉에 보우를 封하여 왕사로 삼았다. 府를 세워 圓融이라 하고 官屬으로 左右司尹, 丞·舍人·注簿, 左右寶馬陪指諭·行首를 두었다.155)

  ③ (恭愍王 5年 5月) 乙酉에 왕의 誕日이어서 보우를 內殿으로 맞이하여 승려 108명을 飯僧하였다. 이때 僧徒로 住持(의 자리)를 구하는 자는 모두 보우에게 붙어 부탁하였다. 왕이 말하기를, "지금부터 禪

---

152) "(恭愍王 十四年) 十二月 丁丑 以辛旽 爲守正履順論道燮理保世功臣·壁上三韓·三重大匡·領都僉議使司事·判監察司事·鷲城府院君·提調僧錄司事 兼判書雲觀事 旽卽遍照"(『高麗史』 卷41 世家).

153) 李載昌, 1975, 「高麗佛敎의 僧科·僧錄司制度」『崇山朴吉眞博士華甲紀念 韓國佛敎思想史』, 438~439쪽.
  許興植, 주 151) 논문, 346~347쪽.
  최근의 연구 성과로 승록사가 신라 승관 이래의 성격이 지속되어 禮法 維持를 통해서 교단을 통괄했다는 견해도 있다(安田純也, 2002, 「高麗時代の僧錄司制度」『佛敎史學硏究』 45-1, 62~67쪽).

154) 「高麗國國師大曹溪嗣祖傳佛心印行解妙嚴悲智圓融贊理王化扶宗樹敎大願普濟一國大宗師摩訶悉多羅利雄尊者諡圓證塔銘〈幷序〉」(『韓國金石文大系』 卷5-京畿道編, 48쪽).

155) 『高麗史』 卷39 世家, 恭愍王 5年 夏4月 癸酉.

敎宗門 寺社의 주지는 모두 스님의 注擬를 듣고, 寡人은 다만 除目만 내리겠다"고 하였다. 이에 僧徒가 다투어 門徒가 되어 수를 셀 수 없었다.156)

사료 나)에서는 보우가 공민왕 5년에 왕사로 봉해지고 圓融府를 세운 후 禪敎宗門 寺社의 주지 임명을 담당하게 되었음이 확인된다. 원융부는 불교를 통합하라는 의미도 있고 보우를 대우하기 위해 설치한 것이다. 그러나 부수적으로 원융부에서 승정을 행했다고 여겨진다. 이는 彌授가 국존으로 임명되기 전에 內殿懺悔師로 봉해진 후 懺悔府가 세워져 僧政을 전담하고 五敎二宗의 共議寺舍를 맡은 것157)에서도 알 수 있다.

즉 彌授의 경우와 비교해 보았을 때 普愚가 주지 임명권을 가지게 된 것은 왕사로서의 지위 때문이 아니다. 彌授는 왕사를 역임하지 않고 바로 충숙왕 11년에 국존이 된 인물인데, 그가 懺悔府에서 승정을 專管하게 된 것은 충숙왕 2년의 일이므로 미수는 국존이 되기 전 府에서 승정을 담당했던 것이다. 결국 보우가 禪敎의 주지 임명을 맡게 된 것도 그가 왕사여서가 아니라 원융부가 설치되고 승정을 위임받았기 때문이다.

한편 중국의 元과 明 시기에 불교 통제기관으로 府나 院등을 설치하고 특정승려에게 위임하고 있는데158) 고려 후기의 府설치가 원의 영향으로 설치되지 않았을까 하는 추정을 해본다.

또한 승정을 담당했다는 언급은 없지만, 惠勤의 경우도 王師로 임

---

156) 『高麗史』 卷39 世家, 恭愍王 5年 5月 乙酉.
157) 「高麗國俗離山法住寺慈淨國尊碑銘〈幷序〉」, "乙卯(1315년, 충숙왕2) 封爲 內殿懺悔師・三學法主・德慧圓證藏通玄辯國□□師 命立懺悔府 別鑄銀印 專管僧政 始差五敎二宗共議寺舍"(『增補 韓國金石文大系』 卷2-忠淸南北道編, 61쪽).
158) 道端良秀, 1963, 『中國佛敎史』, 法藏舘 ; 계환 옮김, 1996, 『중국 불교사』, 우리출판사, 253・274~275쪽.

명되면서 겸하여 禪敎都摠攝이 되고 있다.

　　다. 辛亥(공민왕 20년) 8월 26일에 工部尙書 張子溫를 보내어 (册封)書를
　　　　주고 印·法服·鉢盂의 도구를 보내었으며 封하여 王師·大曹溪宗
　　　　師·禪敎都摠攝·勤修本智重興祖風福國祐世普濟尊者로 삼았다. 松廣
　　　　寺가 동방의 제1 도량이라 하여 그곳에 거하도록 하였다.159)

　丁午가 '禪敎各宗山門道伴摠攝調提'로써 共議事를 담당했듯이 惠勤
도 '禪敎都摠攝'으로 당시 승정을 담당했을 것이다. 실제로 혜근은 王
師와 禪敎都摠攝으로 임명되기 전해에 五敎兩宗의 승려들을 모아 功夫
選을 행하고 있는데, 이때의 공부선은 僧科의 또다른 형태160)이기도
하지만 당시 승려들에 대한 종합적인 재평가였을 것이고 이러한 평가
이후 승계의 승진이나 주지 파견이 잇따르는 것은 당연한 수순이라고
생각된다.161) 순서상의 문제가 있겠으나 功夫選 이후 禪敎都摠攝을 맡
았던 혜근은 공부선의 결과를 가지고 승정을 행했을 것이다.

---

159) 「高麗國王師大曹溪宗師禪敎都摠攝勤修本智重興祖風福國祐世普濟尊者諡
　　禪覺(결락)」,『韓國金石文大系』卷5－京畿道編, 40쪽;『牧隱文藁』卷14;『東
　　文選』卷119).
160) 許興植, 1976,「高麗時代의 僧科制度와 그 機能」『歷史敎育』19;1986,『高
　　麗佛敎史硏究』, 一潮閣, 388쪽.
161) 공민왕 19년의 공부선에서 뛰어난 능력을 보인 混修가 그 당시는 왕명을
　　피해 달아났지만, 2년 후 佛護寺의 주지가 되고 그 다음해는 內佛堂으로
　　불려 들어가고 있다. 분명하게 공부선의 성적으로 이후의 승직을 받았
　　다는 언급은 없지만, 관련성은 충분하다고 본다.
　　「有明朝鮮國普覺國師碑銘〈幷序〉」,"洪武三年庚戌(1370년, 공민왕19)秋七
　　月 上設功癸選場 大集禪敎山門衲子 命懶翁試之 上親臨觀 翁下一語 諸衲
　　無一能對者 上不懌將罷 師後至 具威儀 立堂門階下 … 翁乃領之 上勅攸司
　　製入格文 留宗門 師知上欲命住院 不告出城 隱於圍鳳山 五年壬子(1372년,
　　공민왕21) 壓於上命 住佛護寺 越明年(1373년, 공민왕22) 有旨徵入內佛堂
　　師用夜半潛出 直往平海之西山 勅諸道 搜之不已 迺出應命 甲寅(1374년,
　　공민왕23)正月 始入院 上屢咨法要 王太后 尤加敬重"(『增補 韓國金石文大
　　系』卷2－忠淸南北道編, 76쪽;『陽村集』卷37).

제3장 高麗後期 王師·國師의 사례와 기능의 변화  147

고려전기의 共議에 따른 주지 임명이라는 원칙이 무너진 후 원나라 간섭기에 들어 승정에 변화가 생겨났고, 국왕이 특정 승려에게 府를 설치해주거나 '都摠攝' 등의 전에 없었던 승직을 만들어 줌으로써 승정권을 전담시켰다고 파악된다. 이때 그들이 王師라는 지위에 있었다고 하더라도 僧政의 담당은 왕사로서 행한 것이 아니라 그 외에 맡았던 특수한 지위 때문이다. 府의 설치나 도총섭이라는 승직을 통해 승정에 관여할 수 있었던 것이다. 府에서의 승정 전담은 왕사나 국사가 아니면서 懺悔府를 이용했던 彌授의 사례에서 분명히 드러난다. 또한 왕사나 국사를 역임하지는 않았으나 都摠攝을 맡았던 而安[162]·覺雲[163]·宗頂[164]과 조선 초의 旋軫[165] 등을 통해 도총섭이 꼭 왕사·국사만이 맡는 것이 아니었음이 확인된다. 丁午나 惠勤은 왕사이기 이전에 도총섭의 지위를 맡았기 때문에 승정에 관여하였던 것이다.

이러한 변화는 고려후기 특히 원나라 간섭 이후 왕사의 기능에도 영향을 미쳤다. 전기에 국왕을 대변하여 불교계를 통합하던 왕사의 기능이 점차 줄어든 대신에 그러한 기능은 국왕의 신임을 받았던 몇몇 특정 승려에게 다른 지위를 부여함으로써 이루어졌다. 즉 府가 설치되거나 도총섭을 맡은 승려가 승정을 담당했고 왕사는 전기와 달리 역할이 위축되었다. 그리하여 점차 후기의 왕사도 전기의 국사와 같

---

162) 「跋眞靜湖山錄」, "門人 釋敎都摠攝·靜慧圓照大禪師而安 旣錄之成集"(『萬德寺志』, 55쪽 ; 許興植, 주 112) 책, 323쪽).
163) "今大曹溪宗師·禪敎都摠攝·崇信眞乘勤修至道都大禪師雲公"(李穡, 「賜龜谷書畵贊〈幷序〉」 『東文選』 卷51 贊 ; 『牧隱文藁』 卷12).
164) "宗頂〈祝髮 兩街都摠攝·廣福君〉"(1929, 『成化安東權氏世譜』玄, 成化譜重刊所).
"宗頂〈祝髮 兩街都摠攝·廣福君〉"(1976, 『文化柳氏世譜』調, 文化柳氏編修委員會).
165) 「有明朝鮮國忠州億政禪寺故高麗王師諡大智國師碑銘〈幷序〉」, "前內願堂·判曹溪宗事·禪敎都摠攝·慈興慧照國一都大禪師·兼判僧錄司事 臣旋軫奉敎書幷篆額"(『增補 韓國金石文大系』 卷2 - 忠淸南北道編, 73쪽).

은 '상징적인' 존재로 변화했던 듯하다. 고려후기에 임명된 왕사들이 많은 경우 책봉 이후 빠른 시일내에 하산했던 것도 그러한 이유 때문일 것이다.

이렇게 전기와 달리 승정이 특정 승려에게 부여되었던 것은 전기의 共議에 의한다는 원칙이 무너졌기 때문이다. 무신정권과 몽고의 침입 이후 많은 사원이 공동화·폐허화되었으며, 사원전도 황폐해졌다. 그래서 승려를 수용하고 주지할 사원이 부족하게 됨에 따라 僧批가 과다해지고 주지직을 둘러싼 갈등이 많아졌다.166) 그로 인해 고려후기 특히 원간섭기에는 승정의 문제가 계속 제기되었으며 이를 개혁하기 위한 움직임이 있었지만 매번 실패를 하고 있었다. 승정의 개혁 방법이 대체로 특정승려에게 승정을 전담시키는 방법이었기 때문이다. 그것은 府의 설치나 都摠攝으로 임명하는 방식이었다. 그러므로 전기와 달리 府 안에서나 또는 都摠攝을 맡아 승정에 관여하지 못한 왕사는 불교계의 대표로서 '상징적인' 기능에 머물렀을 뿐 실제적인 활동을 하지 못하였다.

한편 고려전기에는 특별한 경우 외에 책봉된 국사들은 대부분 하산하여 당시 불교계를 대표하고 국왕의 신앙심을 보여주는 상징적인 존재에 불과했던 것에 비해 후기에 들어와서 구체적인 활동을 하기도 하였다. 가장 대표적인 사례를 살펴보자.

> 라. 다음해(충렬왕 9년) 봄에 … 上이 다시 사신을 보내 강하게 청하기를 세 번이나 하였다. 이에 상장군 羅裕 등에게 명하여 (스님을) 책봉하여 國尊으로 삼고 圓徑冲照의 호를 내렸다. … 떠나고자 하는 뜻이 심히 간절하였으므로 上도 그 뜻을 어기기 어렵다고 하여 윤허하고 近

---

166) 韓基汶, 1998, 「願堂存立의 推移와 整理」『高麗寺院의 構造와 機能』, 民族社, 327~328쪽.
韓基汶, 2001, 「高麗時期 密陽 瑩原寺의 所屬變化와 그 背景」『韓國中世社會의 諸問題』, 韓國中世史學會, 703쪽.

侍・佐郎 黃守命에게 護行하게 하였다. … 다음해 어머니가 96세로 돌아가시자 이 해에 朝廷이 麟角寺를 下安할 곳으로 삼았다. … 스님이 인각사로 가서 九山門都會를 두 번 여니 총림의 성대함이 近古에 없었던 일이었다.167)

일연은 國尊으로 책봉되자마자 하산하지만 그 다음해 麟角寺로 가서 2번의 九山門都會를 열고 있다. 구산문도회는 선종 승려들의 총모임이라는 의미지만, 고려 초에 海會나 談禪大會 이후 승려의 선발이 있었다168)는 사실과 비교해보면 구산문도회에서도 승려에 대한 평가가 있었을 가능성이 있다. 단순하게 선종 승려들의 총모임이었다면 '총림의 성대함이 近古에 없었던 일이다'라고 표현하지는 않았을 것이기 때문이다.

더불어 구산문도회의 개최로 일연과 가지산문이 禪宗界, 나아가 불교계의 전 교권을 장악하였을 것이라는 견해169)도 구산문도회를 선종 승려의 모임이라는 성격 이상으로 파악한 듯하다. 구체적으로 '구산문도회'가 어떤 절차로 진행되었는지는 알 수 없지만, 이를 통해 일연이 禪宗 세력의 우두머리라는 것을 만방에 알린 것만은 사실이라고 판단하여 국사의 구체적 활동으로 언급한다.

그리고 千熙는 국사로 책봉되면서 동시에 禪敎都摠攝이 되었고 府와 요속이 두어지고 있다.170) 그 府에서 어떠한 일을 했는지는 구체적으로 언급되지 않았지만 彌授가 懺悔府에서 승정을 담당했던 것처럼

---

167)「高麗國華山曹溪宗麟角寺迦智山下普覺國尊碑銘」(「普覺國師碑」, 1981, 韓國精神文化硏究院).
168) 許興植, 주 160) 논문, 363~365쪽.
169) 蔡尙植, 1991,「一然의 출현과 迦智山門의 추이」『高麗後期佛敎史硏究』, 一潮閣, 124쪽.
170)「贈諡眞覺國師碑銘」, "丁未(1367년, 공민왕16)正月 還雄岳 上遣使 邀師者三 師始至 五月 封爲國師・大華嚴宗師・禪敎都摠攝・傳佛心印大智無碍性相圓通 福□□□□□□□□圓應尊者 置府設寮屬 賜印章法服"(『韓國金石文大系』卷5－京畿道編, 51쪽 ;『朝鮮金石總覽』上, 531쪽).

주지 임명 등에 관여했을 가능성이 높다. 또한 千熙가 선교도총섭이었던 만큼 위에서 언급한 다른 승려들과 마찬가지로 승정을 담당했을 것이다. 물론 千熙가 선교도총섭이라는 승직을 가지고 府에서 승정에 관여했다고 해서 그것을 국사로서의 기능으로는 파악할 수 없다.

한편 고려후기에는 國統이라는 국사의 이칭이 사용되기도 하였다. 국통으로 불린 이들은 圓慧國統 景宜와 無畏國統 丁午이다. 景宜나 丁午는 비문이 남겨져 있지 않아 國統이라 불린 이유가 찾아지지 않는다. 하지만 國統이 신라 僧官의 하나였던 國統에서 연원했으리라 파악되므로,171) 고려후기에 국사를 국통으로 부르기도 한 것은 신라의 그것과 유사한 면이 있었기 때문이다. 신라의 국통은 州統·郡統 등 전국의 승관을 통제하는 구체적인 활동을 하고 있었는데,172) 고려후

---

171) 「高麗國尙州鳴鳳山境淸禪院故敎諡慈寂禪師凌雲之塔碑銘幷序」(1999, 『黃壽永全集』 4-금석유문, 혜안, 131쪽 ; 『韓國金石文大系』 卷3-慶尙北道編, 73쪽)의 음기에 보면 慈寂禪師 洪俊의 비 건립에 '國統 坦然'이 참여했다. 홍준의 비는 태조 24년(941년)에 건립되고 있으나 여기서 '國統'은 고려 고유의 제도가 아니라 신라부터의 계속되어 당시까지 남아 있었기 때문이라고 판단된다.

慈寂禪師 洪俊의 비문 음기에 대해서는 南豊鉉, 1994, 「高麗 初期의 帖文과 그 吏讀에 대하여-醴泉鳴鳳寺 慈寂禪師碑의 陰記의 解讀-」 『古文書硏究』 5 참조.

172) 許興植, 1975, 「高麗時代의 國師·王師制度와 그 機能」 『歷史學報』 67 ; 1986, 『高麗佛敎史硏究』, 一潮閣, 394~395쪽.

정병삼, 1995, 「통일신라 금석문을 통해 본 僧官制度」 『國史館論叢』 62, 206~207쪽.

남동신, 2000, 「新羅의 僧政機構와 僧政制度」 『한국고대사논총』 9, 157·167·172쪽.

許興植, 2000, 「高麗의 僧職과 僧政」 『僧伽敎育』 3, 대한불교조계종교육원, 172·176쪽.

국통이 신라 중앙 정부의 활발한 대외팽창과 그에 따른 빈번한 전쟁으로 희생된 戰死士卒을 위한 팔관회를 개최하였고 왕의 질병, 농경의 不順, 천재지변 등 국가의 대내외적 위기상황에 직면하여 안녕을 기원하는 百座講會를 주관하기는 하였지만, 당시에 이러한 국가적 사업을 관장하

기에 들어와 전기와 달리 실질적인 활동을 하는 국사들이 있었기 때문에 그 활동의 유사성을 가지고 국통이라고 불리기도 했던 것이다. 그렇다고 하더라도 후기의 국사가 신라의 국통처럼 중앙 승관을 대표했다는 것이 아니라, 국사 중 일부가 개인적으로나 또는 국왕의 위임에 의해 구체적인 활동을 했다고 판단된다.

이상에서 고려후기의 왕사·국사의 기능에 대해서 살펴보았다. 고려후기에 들어와서는 전기와 달리 왕사와 국사가 특별히 구분되지 않고 感通 능력173)이 강조되면서 국왕의 정치를 돕고 있었다. 물론 일부 승려들은 승정을 장악하기도 하였지만, 그것은 대부분 왕사나 국사의 지위로서가 아니라 승록사의 都摠攝을 맡거나 府에서 행한 것이다. 이렇듯 고려후기에 들어와서 왕사·국사의 기능에 별다른 차이가 없

---

는 책무를 주로 담당하는 승려에게 수여한 최고의 우대로서 榮典的 僧官職이었을 가능성을 이야기하는 견해도 있다. 이때의 국통은 중국의 경우와 같이 실질적인 불교 교단의 통제·감독기능과는 일정한 거리가 있었으며, 신라에서는 불교 교단의 상징적인 대표자로서 기능했다고 파악한다(中井眞孝, 1971, 「新羅における佛敎統制機關について-特にその初期に關して」『朝鮮學報』59, 14쪽 ; 蔡印幻, 1982, 「新羅 僧官制의 設置 意義」『佛敎學報』19, 251쪽 ; 李鉄動, 1990, 「新羅 僧官制의 성립과 기능」『釜大史學』14, 24쪽).

173) 위의 서술에서 언급한 왕사들의 감통 능력 외에도 국사로 추봉된 承逈도 정확한 시기는 언급되어 있지 않지만 가뭄에 비가 오게하는 능력이 있었다는 것이 기록되어 있다.
「高麗國寶鏡寺住持大禪師贈諡圓眞國師碑銘〈幷序〉」, "昔於淸道郡七□寺 叢林 久無雨 井泉渴涸 衆皆患之 師齋心滌慮 談揚慈覺禪師所說 比如沙渴 羅龍王 不離大海 不出深宮 惟以一念慈悲心 興布慈雲布 灑甘露之話 相續 演說 至一夜 霈然下雨 又在公山念佛蘭若 與兩三道伴 會于東峰煮茗 時大 旱 師謂曰 今驕陽爲沴 苗稼焦枯 可忍視□□點一塊茶 置嵓石上 禱于阿羅 漢 以禪月和尚禮懺文 作梵唱未畢 而霽雨忽降 田畝告足 凡師之德行 所感 多類 此師以傳道授業爲事 內具大妙之城 外應無窮□□ 若傳燈而相續 或 瀉瓶而不渴 四方學者 仰如山斗 圓月炤海 無波不明 甘露零天 無物不潤 其 承訓誨 若時雨 化者不可勝數矣"(『韓國金石文大系』卷3-慶尙北道編, 95 쪽 ; 『朝鮮金石總覽』上, 452쪽).

었기 때문에 전기처럼 왕사 역임 후 국사로 임명되지 않고 바로 국사로 책봉되는 경우가 많았다. 또한 왕사와 국사가 동시에 존재하는 시기보다 단독으로 책봉된 시기가 더 많았던 것도 그들의 기능이 비슷해졌기 때문에 나타난 현상이었다. 즉 왕사와 국사의 기능이 비슷해지면서 각각을 동시에 책봉할 필요가 없었던 것이다.

실제로 후기에 들어와 자료상 동시에 존재하는 때는 충숙왕 재위기간과 공민왕 이후의 시기이다. 그렇다면 충숙왕 때는 왜 왕사와 국사가 동시에 임명되었을까? 당시 忠宣王와 忠肅王 사이의 갈등과 천태종・선종 사이의 세력 다툼이 원인일 것이다. 충숙왕 재위 당시의 정치상황은 초기에 충선왕파와 충숙왕파의 분열・갈등, 이후에는 심왕파와 충숙왕파의 대립으로 인해 무척 혼란스러웠다.174) 게다가 충숙왕 즉위년에 국사와 왕사로 임명된 丁午와 混丘는 각각 천태종과 선종 승려로 당시 이들의 세력 다툼을 확인시켜 주는 것은 하산소에 대한 쟁탈이다. 瑩源寺에 대한 본격적인 분쟁은 1280년대 즉 충렬왕 6년부터라고 하는데, 충숙왕 즉위년에 국통과 왕사로 임명되는 丁午와 混丘도 동시는 아니지만 영원사를 하산소로 삼고 있다. 물론 충숙왕 즉위년에 왕사가 되는 혼구가 정오의 하산소였던 영원사를 다시 본인의 하산소로 삼으면서 충숙왕 초기의 세력 다툼은 禪宗 승려인 혼구의 승리로 끝났다. 그러나 혼구의 사망 후 영원사는 다시 천태종 승려인 義旋의 하산소로 바뀌었다.175) 이렇듯 하나의 사찰을 종파를 달리하여 계속 하산소로 정하는 것은 당시 영원사가 가진 지리적 의미나 경제적 기반 등에 기인하기 때문이기도 하지만 당시 선종과 천태종의 분쟁도 이유가 된다.176) 즉 천태종과 선종의 경쟁으로 왕사와 국사가

---

174) 鄭希仙, 1990,「高麗 忠肅王代 政治勢力의 性格」『史學研究』42 참조.
175) 韓基汶, 2001,「高麗時期 密陽 瑩原寺의 所屬變化와 그 背景」『韓國中世社會의 諸問題』, 韓國中世史學會, 695~700쪽.
176) 韓基汶, 위의 논문, 703~706쪽.

제3장 高麗後期 王師・國師의 사례와 기능의 변화  153

함께 책봉된 것이다.

그리고 공민왕 이후에도 왕사・국사가 동시에 임명되었는데, 충숙왕 때와는 달리 선종과 화엄종 승려가 임명되었고 게다가 동왕 20년 이후에는 선종에서 동시에 왕사・국사가 임명되었다. 종파의 차이가 있고 충숙왕 때와 같이 방증할 만한 사건이 없지만, 당시 화엄종과 선종의 대립이 유추된다.[177] 그리고 보우가 처음에 원융부에서 승정을 실시했고 보우의 辭位 후에는 국사인 천희가 府를 설치하여 승정에 관여했을 가능성을 함께 추론해보면, 당시 국왕의 지지 여부에 따라 한명의 승려가 권력을 가지게 됨으로 인해 각각의 종파들 그리고 왕사・국사들은 국왕의 신임를 받기 위한 경쟁을 했을 것이다.

한편 동시에 책봉되어 있던 왕사와 국사의 관계를 통해 누구를 더 국왕의 측근으로 삼았는지 파악된다. 위에서 언급한 충숙왕 대의 하산소 쟁탈에서 왕사였던 混丘가 국통인 丁午에게 승리하여 영원사를 차지한 사실을 보건대, 왕사가 국통(국사)보다 국왕이나 정치권력과 더 밀접했다. 또한 공양왕 때 이전의 국사였던 혼수는 계속 국사로서 존재했던 것에 비해 찬영은 왕사로서 재신임되지 못하였다. 그 이유로는 이보다는 조금 뒤의 상황이기는 하지만 공양왕 3년의 척불 논의가 왕의 권위를 무너뜨리고 실정을 부각시켜 역성혁명의 필요성을 부각시키기 위한 것이었다[178]는 논의가 참고된다. 즉 공양왕 즉위년의 왕사 책봉이 대간의 반대로 무산된 것도 왕의 권위를 무너뜨리기 위한

---

177) 공민왕 당시 화엄종과 조계종의 대립을 다룬 논문이 있다. 단순하게 종파 간의 대립이 아니라 그를 주도한 辛旽과 普愚의 대결, 불교사상의 차이, 국제정세의 변화에 대한 대응까지 언급하고 있다. 왕사・국사의 중복 책봉과 관련해서 당시 화엄종과 선종의 상황에 대한 참고가 될 듯하다.
허흥식, 2001,「공민왕시 曹溪宗과 華嚴宗의 갈등」『太古思想』1, 불교춘추사 ; 2004,『고려의 문화전통과 사회사상』, 집문당, 363~369쪽.
178) 李廷柱, 2003,「恭讓王代의 政局動向과 斥佛運動의 性格」『韓國史研究』120, 154쪽.

정치적 공세였다고 파악한다면, 반대로 국사의 지위가 계속 유지되었던 것은 국사가 국왕과의 친밀도에서 왕사보다 떨어지고 상징적인 존재에 국한되었기 때문이다. 그러므로 고려후기에 그들의 기능이 변화하여 전기 국사의 기능이었던 '상징적인' 면모를 왕사와 국사 모두 가졌지만 전기에 왕사가 국사보다 국왕과 더 밀접했던 성향이 그대로 유지되어 정치 권력면에서는 왕사가 여전히 더 중요했던 것이다.

제4장

# 王師・國師의 자격과 대우

## 1. 王師・國師의 자격

### 1) 僧階 정립 이전 王師・國師의 자격

관료의 경우 官階와 官職을 통해 위치를 확인하듯이 승려도 승계와 그들이 보유한 僧職으로 지위가 파악되었다. 바로 왕사와 국사[1]는 僧

---

[1] 선행 연구에서는 이들을 '국사・왕사'로 기술하여 왔는데, 이는 국사와 왕사의 기능에 차이가 없다는 해석과 지위상 국사가 상위에 있는 점에 기반한 듯하다. 그러나 필자는 2장과 3장을 통해, 제도의 전형적인 모습을 보였던 고려 전기의 왕사가 국왕과 밀접한 관련을 가지며 국왕을 대신해 불교계를 통합・통제하려는 등의 구체적인 활동을 하였던데 비해 국사는 국가의 스승이라는 고승으로서의 의미만을 가졌다고 차별해 파악하였다. 또한 왕사를 거쳐 국사가 되었던 과정을 살펴보면서 이들을 병렬로 서술할 때 '왕사・국사'로 표현하였다. 한편 『高麗史』나 『高麗史節要』에서 특정 인물을 표현하기 위해서가 아닌 일반적인 왕사・국사를 지칭하는 사례가 소수이기는 하지만 그 중에서 '國師・王師'보다 '王・國師'라고 쓰여

職 중 가장 최고의 지위인데, 이러한 최고의 승직에 알맞게 대체로 최고의 승계를 가진 자 가운데서 왕사·국사가 책봉되었다. 실제로 광종 때는 三重大師까지의 승계만이 갖추어져 있어 동왕 19년에 왕사, 26년에 국사로 책봉되는 坦文도 승계는 삼중대사였다. 이후 僧統이나 大禪師 등의 최고 승계가 갖추어지면서 왕사와 국사도 모두 이같은 승계를 가진 자들 중에서 선발되었다고 한다.[2]

그런데 승계는 광종 때부터 제도적으로 성립되었으므로 고려 개국 후부터 광종 때까지 왕사와 국사로 임명되는 이들 중 승계를 가지지 못한 경우가 있다.[3] 그때는 승계 대신 무엇이 왕사·국사 임명의 자격이 되었는지를 알아보려고 한다.

우선 고려초에 책봉된 왕사와 국사 중 승계를 가지지 못한 이들을 살펴보자.

> 가-① 今上(=太祖)이 서쪽에서 정해진 의논을 모아 북쪽에서 임금의 자리에 올랐다. … 갑작스럽게 大師(=慶猷)가 惠日을 엿보고 玄風을 들었으며 큰 파도를 배로 건너 中華에서 도를 물었다는 것을 들었다. … 그래서 누차 警誡를 구하고 다시 간절하게 歸依하여 王師로서 대우하고 君臨의 □를 돕게 하였다. … 貞明 7년(태조 4년) 3월에 … 日月寺 法堂에서 죽었다. … 다음해에 … 임금이 조서를 내려 문인을 위로하며 말하기를, "… 마침 추복의 때를 당하였으니 마땅히 시호를 내리는 법식을 거행하여야 한다"고 하였다. 이에 시호를 法鏡이라 하고 塔名을 普照慧光이라고 하였다.[4]

---

진 것이 더 많았다는 점에서도 '왕사·국사'로 지칭하는데 무리가 없을 듯하다(朴胤珍, 2006,「고려시대 王師·國師에 대한 대우」『歷史學報』190, 1쪽).

2) 許興植, 1975,「高麗時代의 國師·王師制度와 그 機能」『歷史學報』67 ; 1986,『高麗佛敎史硏究』, 一潮閣, 404~405쪽.
3) 朴胤珍, 2003,「高麗初 高僧의 大師 追封」『韓國史學報』14, 11~26쪽.
4)「有晋高麗國踊巖山五龍寺故王師敎諡法鏡大師普照慧光之塔碑銘幷序」(『朝鮮金石總覽』上, 165~166쪽 ;『韓國金石全文』中世上, 330~331쪽).

제4장 王師·國師의 자격과 대우  157

② 甲兵의 기색을 근심스럽게 보았다. 때문에 문득 金海를 하직하고 멀리서 玉京에 이르렀다. (결락) 內殿에 받들어 맞이하였다. (결락) 遙 자주 象王之說을 토로하니 거듭 避席하면서 공손히 제자의 의례를 펴고 일일이 書紳하여 王師의 예로써 대우하였다.5)

③ 聖朝 光德6) (결락) … 大師(=兢讓) 또한 東林에서 나오는 것을 본받아 장차 北闕에 조회하고자 하였다. … 그 해 4월에 舍那禪院으로 옮겨 머물렀다. … 임금이 羣臣에게 이르기를, "… 지금 曦陽大師를 보니 진실로 보살의 화신이다. 어찌 師資之禮를 펴지 않겠는가"라고 하였다. 모두 옳다고 하고 다른 말이 없었다. 이에 왕이 兩街僧摠·大德 法輿와 內議令 □□□□□□□에게 명하여 禪扃에 나아가 聖旨를 전하였다. … 몸소 松關에 나아가 … 尊號를 가하여 證空大師라 하였다. … 顯德 3年(광종 7년) 秋8月 19日 갑자기 대중에게 이야기하였다. … 이야기를 끝내고 조용히 앉은 채 죽었다. … 또 諡号塔名使 元輔 金俊嚴과 使副 佐尹·前廣評侍郎 金廷範 등을 보내 깨끗한 시호를 내려 靜眞大師, 圓悟之塔이라고 하였다.7)

④ 임금(=光宗)이 信向하는 마음이 깊고 欽承하는 뜻이 지극하여 마침내 師號를 받들어 證眞大師라고 하였다. 인하여 道俗 重使를 보내어 芝檢을 급히 보내 金城으로 불렀다. 大師(=찬유)는 … 마침내 虎溪를 나와 특별히 龍闕에 이르렀다. … 다음날 임금이 舍那院에 행차하여 사례하였다. … 3일 후에 重光殿에서 法筵을 열었다. … 즉시 면복을 입고 봉하여 國師로 삼았다. … 顯德 5년(광종 9년) 歲集敦牂 秋八月 20일에 대사가 장차 입적하고자 盥浴을 마쳤다 … 말이 끝나자 房에 들어가 근엄하게 가부좌하고 當院의 禪堂에서 죽었다. … 임금이 이것을 듣고 … 星使를 내려보내 鵠書로써 조문하고 시호를 추증하여 元宗大師, 塔号는 惠眞이라 하였다.8)

---

5) 「高麗國原州靈鳳山興法寺故王師眞空大師(결락)」(1993, 『韓國金石文大系』 卷6-서울特別市編, 圓光大學校 出版局, 56쪽).
6) 결락부분을 『韓國金石全文』 中世上에서는 二年春이라고 보았다. 光德 연간은 光宗 원년부터 광종 11년이다.
7) 「高麗國尙州曦陽山鳳巖寺王師贈諡靜眞大師圓悟之塔碑銘幷序」(1983, 『韓國金石文大系』 卷3-慶尙北道編, 圓光大學校 出版局, 76쪽).
8) 「高麗國廣州慧目山高達院故國師制贈諡元宗大師慧眞之塔碑銘幷序」(1988, 『韓國金石文大系』 卷5-京畿道編, 圓光大學校 出版局, 22쪽 ; 1998, 『한국

①의 慶猷는 책봉 연도는 알 수 없지만 태조 재위시 왕사가 되어 동왕 4년에 사망하였다. 경유의 비문을 통해서 보면, 그는 어떠한 승계를 가진 적이 없으며 다만 사망한 후 法鏡이란 시호를 받았고 비문의 서두를 통해 大師로 추봉받았음이 확인된다. ②의 忠湛의 경우도 비문의 결락이 심하기는 하지만 승계와 관련된 설명은 보이지 않고 태조에 의해서 왕사로 임명된 후 동왕 23년에 사망하였다. 비문의 서두를 통해 眞空大師라는 사실을 알 수 있는데 아마도 사망과 비 건립 사이에 慶猷처럼 대사로 추봉받았을 것이다. 사료 ③의 兢讓은 광종 어느 시기에 왕사로 책봉되었다가 동왕 7년 사망하였다. 긍양은 사후 靜眞大師로 추봉되는데, 생전에도 신라 경애왕에 의해 奉宗大師로 불려졌고, 왕사가 될 때에도 證空大師라는 존호가 더해졌다. ④의 璨幽도 정확한 시기는 모르지만, 광종에 의해서 국사로 책봉되어 동왕 9년에 사망하였는데, 국사로 임명되기 전에 證眞大師라는 호를 받았고 사망 후에는 元宗大師로 추봉되었다.

이렇듯 고려 초에 왕사나 국사로 책봉되었던 승려들은 왕사·국사 임명 전후나 사망 후에 대사라는 호를 받고 있다. 승계가 정립된 후 大師는 최하위 승계인 大德 다음에 위치했지만, 고려 초 승려들에게 주어진 '大師'는 승계가 아니었다. 고려 초의 고승들에 주어진 대사의 호칭은 신라부터 시작되었고 고려시대에 들어와서 정례화되어, 당시 국가로부터 추봉되고 비문의 건립이 이루어질 정도의 지위를 가진 승려에게 주어지는 것으로 인식된 듯하다. 이러한 인식으로 인해 사후가 아닌 생전에 대사의 칭호를 받는 자까지 생겨나게 하였다.[9] 그러므로 살아서든 죽어서든 大師로 불리게 된 자들은 당시 국가에서 인정한 고승으로 파악되었고 대사의 지위를 가졌던 승려들 중에서 왕사나 국사가 임명되었다. 즉 고려초 '大師'는 왕사나 국사로 임명될 최소

---

서예사특별전』 18 - 韓國의 名碑古拓, 우일출판사, 133쪽).
9) 朴胤珍, 주 3) 논문, 11~26쪽.

한의 자격을 갖추었음을 알려주는 지위였다.

한편 비문의 서두에 해당 승려의 모든 지위를 표시하는 문구에서 '大師'의 위치가 이후 僧階가 기술되는 자리에 서술되는 것도 '大師'가 광종대의 승계 정립 이전에 승계의 역할을 했음을 알려준다. 당시 僧階가 정리되지 않은 상태에서 이후 僧統이나 大禪師처럼 승려들 중에서 고위에 있음을 보여주는 것이 바로 '대사'의 호칭이었던 것이다.

이렇듯 승계가 정리되기 전에 왕사나 국사로 임명된 승려가 '大師'라는 호칭을 가졌던 것과는 비교되는 사례가 있다.

> 나. 天福 4年(태조 22년) 봄에 우리 太祖大王이 스님의 도덕을 흠모하여 무릇 세 번 불렀으나 나아가지 않았다. … 開運 4年(정종 2년) 가을에 우리 定宗大王이 특별히 璽書를 내려 스님을 봉하여 王師로 삼고 中涓에게 명하여 맞이하게 하였다. … 같은 해 12월에 대궐에 나아가 사은하였고 왕은 스님을 澄瀣閣에서 맞이 하였다. … (光宗) 19년 戊辰 正月에 王師를 승격시켜 國師로 삼았다. … 광종 25년 甲戌 2월 15일에 … 조용히 입적하였다. … 임금이 所司로 하여금 시호를 의논하게 하였고 그해 7월에 洪濟尊者라고 시호하였다.[10]

이렇듯 定宗 2년에 왕사로 임명되었다가 光宗 19년에 坦文에게 왕사의 자리를 내어주고 국사로 옮긴 惠居國師 智□는 대사의 칭호를 받지 않고 있으며 사망한 후 洪濟尊者라는 시호를 받았을 뿐이다. 智□의 뒤를 잇는 坦文이 왕사가 되는 동시에 三重大師라는 승계를 받고 있는 것과도 대조적이며, 앞에서 언급한 고려 초의 고승들이 '大師'의 호칭을 가지고 있었던 사실과도 비교된다.

그 이유는 무엇일까. 우선은 三重大師라는 승계나 '大師'의 호칭 어느 것이나 법제화되지 않았기 때문이라고 판단된다. 탄문이 삼중대사

---

10) 「高麗國水州府花山葛陽寺辯智無碍圓明妙覺興福佑世惠居國師謚洪濟尊者寶光之塔碑銘〈並序〉」(1917, 『朝鮮佛教叢報』 1, 24~25쪽 ; 1976, 『韓國佛教雜誌叢書』 14).

의 승계를 받고 있기는 하지만 아직 승계의 원칙이 정해지지 않아, 그 전후의 시기에 삼중대사를 받은 승려로는 元宗大師 璨幽의 제자인 昕弘,11) 坦文의 전법제자인 靈撰과 一光12) 정도가 찾아진다. 당시 삼중대사라는 승계가 만들어지기는 했지만 僧科와 僧階가 연계되고 승계의 승진이 제도적으로 이루어지지 않았던 시기이다. 또한 고려초 비문을 남긴 승려는 대부분 '대사'의 호칭을 국가로부터 받고 있기는 하지만, 慈寂禪師라는 시호를 받은 洪俊13)의 경우에서처럼 모두가 大師가 되지는 못했다.

그밖에 생각되는 것은 智□의 비가 조금 시간이 경과한 후에 만들어졌다는 점이다. 智□를 전후로 사망한 승려인 璨幽는 광종 9년에 입적하여 비가 景宗 즉위년에 세워지고, 坦文은 광종 26년에 죽어 비가 景宗 3년에 세워졌다. 그러나 智□는 광종 25년에 입적했는데 成宗 13년에야 비가 세워졌다. 그래서인지 대사로 추봉받은 승려는 비문에서 줄곧 '대사'로 호칭되고 있는데 비해 智□는 '師' 즉 '스님'으로 불려졌다. 삼중대사이자 왕사와 국사로 책봉된 탄문도 계속 비문에서 大師로 호칭되다가 국사로 책봉된 후 '國師'라고 표기되었고, 그 이후에 왕사나 국사로 임명된 승려들이 비문에서 '師'로 기술되었던 것과 비교

---

11) 「高麗國廣州慧目山高達院故國師制贈諡元宗大師慧眞之塔碑銘幷序」, "厥有大弟子 兩街僧摠 三重大師 昕弘等 法苑鯨鐘 禪門龜鏡 踵慈軒之往徹 繼法炬之餘輝 喟然歎曰 雖然秘說銘心 若不奇蹤刻石 則何以表一眞之法 盡可有矣 於是 狀大師行 覬大君恩 請幼婦之文辭 紀吾師之德業 制曰可"(『韓國金石文大系』 卷5-京畿道編, 22쪽;『한국서예사특별전』 18, 133쪽).

12) 「高麗國運州迦耶山普願寺故國師制贈諡法印三重大師之碑銘幷序」, "厥有傳法大弟子 三重大師靈撰・一光 大師明會・芮林・倫慶・彦玄・弘廉 大德玄悟・靈遠・玄光・眞幸等 並釋門龜鏡 法苑鯨鐘 繼智炬之餘輝 踵慈軒之往轍 感師恩而篆骨 歸聖化以懸心"(2000, 『增補 韓國金石文大系』 卷2-忠淸南北道編, 圓光大學校 出版局, 50쪽).

13) 「高麗國尙州鳴鳳山境淸禪院故敎諡慈寂禪師凌雲之塔碑銘幷序」(1999, 『黃壽永全集』 4-금석유문, 혜안, 126~130쪽;『韓國金石文大系』 卷3-慶尙北道編, 72쪽).

해보면 智□의 호칭은 후대적이다. 비문이 상대적으로 뒤에 만들어지면서 그곳에서 사용된 용어도 智□의 생존시기보다는 비문이 만들어진 시기의 것을 따르고 있다. 이러한 점은 고려 초의 왕사나 국사들이 '故王師 敎諡法鏡大師'나 '故國師 制贈諡元宗大師' 식으로 표현되었던 것과는 달리 智□는 '惠居國師 諡洪濟尊者'라 표기한 사실에서도 확인된다. 그렇다면 혹 洪濟尊者의 시호가 비문이 만들어지는 시기에 주어진 것인데, 비문에서는 입적 직후로 가탁하여 연도를 끌어올리지 않았을까 하는 추측도 해보게 된다. 게다가 智□의 아버지가 성종 원년~2년에 직제가 마련되고 동왕 7년에 비로소 임명14)되는 문하시중으로 추증된 사실에서도 시호 하사가 비문이 만들어지는 비슷한 시기에 이루어졌을 것이라고 파악하게 한다.

따라서 惠居國師 智□가 고려 초 다른 승려들과 달리 大師의 호칭을 가지지 못한 것은 당시 大師가 국가가 인증한 고승들을 가리키는 지위라는 인식은 있었지만 법제화되지 못했기 때문인 듯하다. 또한 智□의 비가 상대적으로 후대에 만들어진 사실을 통해 사후 바로 추봉받지 못했기 때문이 아닐까 생각되기도 한다.

惠居國師 智□의 경우가 예외적이기는 하지만, 고려 초 왕사나 국사로 책봉된 승려들은 대부분 '大師'였다. 즉 승계가 정비되어 대선사와 승통의 승계를 가진 승려들이 왕사・국사로 임명될 후보 집단으로 파악되기 이전에는 '大師'의 호칭을 가지고 있는 것이 왕사나 국사로 책봉될 수 있는 자격을 갖추고 있다고 당시 인식되었으리라 판단된다. 그러니까 고려초에는 '大師'의 호칭이 왕사나 국사가 될 자격이었다. 한편 왕사와 국사가 고려초에 '대사'의 자격을 가진 자들 중에서 임명되었다는 점을 통해 승계의 정비 과정을 파악할 수도 있을 것이다.

---

14) 朴龍雲, 1998, 「고려시대의 門下侍中」 『震檀學報』 85 ; 2000, 『고려시대 中書門下省宰臣 연구』, 一志社, 41~44쪽.

## 2) 王師·國師의 僧階와 그 지위

승계가 정립되기 이전에는 '大師'가 왕사나 국사의 최소한의 자격이었다면 승계 제도의 실시 이후에 왕사·국사로 임명될 수 있었던 후보군은 僧統이나 大禪師라는 최고 승계를 가진 이들이었다고 한다.[15] 그렇다면 실제로 왕사·국사로 임명될 당시 승려들이 어떠한 승계를 가지고 있었는지 확인하여 보자.

〈표 8〉王師·國師의 僧階

| 법명 | 승계 | 비고 | 법명 | 승계 | 비고 |
|---|---|---|---|---|---|
| (證通國師) | ? | ? | 了世 | 禪師 | 천태종 |
| 坦文 | 三重大師 | 화엄종 | 天因 | ? | 천태종 |
| 謙信 | ? | 화엄종 | 夢如 | 大禪師 | 선 종 |
| 慧炬 | ? | 선 종 | 混元 | 大禪師 | 선 종 |
| (澄賢國師) | ? | ? | 鏡智 | 大禪師 | 선 종 |
| (弘法國師) | 大禪師 | 선 종 | 覺膺 | 僧統 | 화엄종 |
| 英俊 | 大禪師 | 선 종 | 一然 | 大禪師 | 선 종 |
| 智宗 | 大禪師 | 선 종 | 天英 | 大禪師 | 선 종 |
| 法鏡 | 都僧統 | 유가종 | 冲止 | ? | 선 종 |
| 決凝 | 僧統 | 화엄종 | 天頙 | 大禪師 | 천태종 |
| 鼎賢 | 都僧統 | 유가종 | 惠永 | 五教都僧統 | 유가종 |
| 海麟 | 僧統 | 유가종 | 景宜 | ? | 천태종 |
| 爛圓 | 都僧統 | 화엄종 | (慈悟國師) | ? | 선 종 |
| 韶顯 | 僧統 | 유가종 | (慧覺國尊) | ? | ? |
| 釋煦 | 僧統 | 화엄종 | (慈覺國師) | ? | 선 종 |
| 德昌 | ? | 유가종 | 丁午 | 大禪師 | 천태종 |
| 曇眞 | ? | 선 종 | 萬恒 | ? | 선 종 |
| 樂眞 | 僧統 | 화엄종 | 混丘 | 大禪師 | 선 종 |
| 德緣 | 僧統 | 유가종 | 中亘 | ? | 선 종 |
| (普照國師) | ? | ? | 彌授 | 五教都僧統 | 유가종 |
| 學一 | 大禪師 | 선 종 | 冲鑑 | ? | 선 종 |
| 戒膺 | (三重大師이상) | 화엄종 | (淨覺國師) | ? | 선 종 |
| 澄儼 | 五教都僧統 | 화엄종 | 法藏 | ? | ? |
| 坦然 | 大禪師 | 선 종 | 祖衡 | ? | ? |

---
15) 許興植, 주 2) 논문, 404~405쪽.

| | | | | | |
|---|---|---|---|---|---|
| 曇休 | ? | 유가종 | 乃圓 | ? | ? |
| (圓眞國師) | ? | ? | (慈忍國師) | ? | ? |
| (圓鏡國師) | ? | ? | 復丘 | 都大禪師 | 선 종 |
| 德素 | 大禪師 | 천태종 | 普愚 | ? | 선 종 |
| 宗璘 | 僧統 | 화엄종 | 禪顯 | ? | ? |
| 冲曦 | 僧統 | 화엄종 | 千熙 | ? | 화엄종 |
| 知訥 | ? | 선 종 | 惠勤 | ? | 선 종 |
| 志謙 | 大禪師 | 선 종 | 粲英 | 都大禪師 | 선 종 |
| 承逈 | 大禪師 | 선 종 | 混修 | 都大禪師 | 선 종 |
| 惠諶 | 大禪師 | 선 종 | | | |

※ 전거는 2장과 3장의 왕사와 국사의 임명사례와 활동에서 언급하였으므로 이곳에서는 다시 기록하지 않는다. 법명을 위주로 구분하였지만 법명을 모르는 경우 괄호 안에 시호를 써서 표기하였다.
※ 고려 초에 승계가 없이 '대사'로서 왕사나 국사로 임명된 경우는 이곳에서 제외하였다.
※ 왕사와 국사를 구분하지 않고 책봉된 시간 순으로 기록하였다. 또한 책봉과 추봉도 구분하지 않고 서술하였다.
※ 비고란에 해당승려의 종파를 기록해둔다. 천태종이 선종과 같은 승계를 사용하고 있어 승계만으로는 그들이 구분되지 않기 때문이다.

 위의 표를 통해서 보면 탄문의 왕사·국사 책봉 시기는 승계가 성립되는 과정 중이었기 때문에 당시로는 최고인 삼중대사의 승계로써 임명되었음을 알 수 있다. 이후는 대체적으로 승통이나 대선사의 승계를 가진 승려들이 왕사나 국사가 되었다. 그러나 승통이나 대선사가 아닌 경우도 꽤 나타나는데, 대부분 승계를 알 수 없는 이들이다. 證通國師, 謙信, 慧炬, 澄賢國師, 德昌, 曇眞, 普照國師, 曇休, 圓眞國師, 圓鏡國師, 景宜, 慈悟國師, 慧覺國尊, 慈覺國師, 中亘, 淨慧國師, 法藏, 祖衡, 乃圓, 慈忍國師, 禪顯 등은 그들의 비가 남겨져 있지 않아 승계에 대한 정보가 없고, 게다가 승과를 응시했는지조차 확인되지 않는다. 승과에 합격하였을 경우 최하위이지만 대덕이라는 승계를 받게 되므로 승계 체계 내로 들어왔다고 할 수 있는데 위의 승려들은 이름만 전하는 경우가 많아 승과 응시에 대한 기록도 없다.

그외 戒膺 또한 비문이 없어 최종 승계를 알 수는 없지만, 「靈通寺大覺國師碑」의 門徒職名에 三重大師16)로 기록되어 있어 그 이후부터 사망하여 국사로 추봉될 때까지는 삼중대사 이상의 승계였으리라 판단된다. 知訥17)과 萬恒18)·冲鑑19)·千熙20)는 비문의 내용을 통해 승과를 보았다는 것이 확인되지만 승계에 대한 기록이 없다. 復丘21)도 승과에 합격했다는 언급만 있을 뿐 비문 내용 중에는 승계에 대한 서술이 없었지만, 비문 서두에 都大禪師라고 언급되어 있듯이 승과에 합격한 승려들은 승계를 가졌을 것이다.

한편 天因22)은 과거에 합격한 후 출가한 사실만이 알려졌을 뿐 비문이 남아 있지 않아 승계에 대한 기록이 없다. 冲止23)의 경우도 과거에 합격하여 관료생활까지 한 후 출가하였으나 비문에 승계와 관련해

---

16) 「大覺國師墓室及碑銘安立事跡記」(『朝鮮金石總覽』上, 315쪽 ; 『韓國金石全文』中世上, 586쪽).
17) 「曹溪山修禪社佛日普炤國師碑銘」, "二十五以大定二十二年壬寅(1182년, 명종12) 擧僧選中之 未幾 南遊 抵昌平淸源寺 住錫焉"(『東文選』卷117).
18) 「海東曹溪山修禪社第十世別傳宗主重續祖燈妙明尊者贈諡慧鑑國師碑銘〈幷序〉」, "赴九山選 中魁科"(『東文選』卷118 ; 『益齋亂藁』卷7).
19) "以爲師年十有九 入選登上上科"(『新增東國輿地勝覽』卷17 林川郡 佛宇 普光寺 ; 「普光寺重刱碑」『韓國金石全文』中世下, 1190쪽).
20) 「贈諡眞覺國師碑銘」, "十九(1325년, 충숙왕12) 登上品選 歷住金生·德泉·符仁·開泰等十餘寺"(『韓國金石文大系』卷5 - 京畿道編, 51쪽 ; 『朝鮮金石總覽』上, 531쪽).
21) 「王師大曹溪宗師一邱正令雷音辯海弘眞廣濟都大禪師覺儼尊者贈諡覺眞國師碑銘〈幷序〉」(『東文選』卷118 ; 『霽亭集』卷3).
22) "權學士適入朝擢甲科", "師(=天因)年十七 擢進士科 旋入賢關 其年冬考藝爲第一生 卽謝世 投萬德社剃髮 道行日進 爲一家之法"(崔滋, 『補閑集』卷下).
23) 「曹溪山修禪社第六世圓鑑國師碑銘〈幷序〉」, "十九(1244년, 고종31) 登壯元第 奉使日域 顯國美於異邦 少有出塵之志 時圓悟國師 主法於禪源社 師直造堂 卽零染受具"(「圓鑑國師碑銘」, 서울대 규장각소장 탁본 ; 『朝鮮金石總覽』下, 1035쪽).

서는 기록되지 않았다.24) 이들의 문제는 惠諶이 과거 합격 후 출가하여 선사와 대선사의 승계를 받았는데 승과를 거치지 않고 승계에 오른 첫 사례25)라는 것에서 힌트를 얻을 수 있을 듯하다. 승과를 거치지 않고 승계를 받은 처음 사례가 혜심이라는 언급은 이후에도 승과와 무관하게 승계를 받은 경우가 있었음을 이야기해주기 때문이다. 승과를 보지 않았지만 국왕이나 권력자에 의해 승계가 주어질 때 과거에 합격한 경험이 있다면 더욱 쉽게 승계를 받았을 것이고 天因이나 冲止는 白蓮社와 修禪社의 주요 인물이었던 만큼 혜심처럼 승계를 받았을 가능성이 크다. 다만 승계에 대한 기록이 전하지 않을 뿐이라고 생각된다.

普愚26)와 惠勤은 승계에 대한 것뿐만 아니라 승과를 보았다는 기록

---

24) 다만 「圓鑑國師碑銘原本」(1977, 『曹溪山松廣寺史庫』, 亞細亞文化社, 669~676쪽)에는 충지가 三重大師·禪師·大禪師가 되었다는 기록이 있다. 그러나 「圓鑑國師碑銘原本」을 서울대학교에 탁본으로 소장되어 있는 「冲止碑」의 내용과 비교해보면, 분량이 많은 편이고 다른 내용도 꽤 많다. 이에 대해 1701년에 충지의 비가 다시 세워지면서 원본에서 분량을 반 정도 줄여서 세운 것이라고 하면서 『曹溪山松廣寺史庫』의 「圓鑑國師碑銘原本」을 실제 원문으로 파악하는 견해도 있다(許興植, 1986, 「金石文의 落穗」 『高麗佛敎史硏究』, 一潮閣, 697~703쪽 ; 秦星圭, 1988, 『圓鑑國師集』, 亞細亞文化社, 295쪽). 그러나 李智冠(1997, 『校勘譯註 歷代高僧碑文』-高麗編4, 伽山佛敎文化硏究院, 304쪽)이 지적했듯이 「圓鑑國師碑銘原本」이 문맥에 있어 통하지 않는 부분이 많으므로 사료로 인용해도 가능한지 의문이 든다. 그러므로 「圓鑑國師碑銘原本」에 충지의 승계가 기록되었음을 언급하기만 하고 그에 대해 본문에서는 다루지 않았다.
25) 「曹溪山第二世故斷俗寺住持修禪社主贈諡眞覺國師碑銘〈幷序〉奉宣述」, "今上卽位 制授禪師 又加大禪師 其不經選席 直登緇秩 自師始也"(『東文選』 卷118 ; 『東國李相國全集』 卷35).
26) 보우의 비문에는 승과에 대한 기록이 전혀 없지만, 「高麗國國師大曹溪嗣祖傳佛心印行解妙嚴悲智圓融贊理王化扶宗樹敎大願普濟一國大宗師摩訶悉多羅利雄尊者諡圓證行狀」(『太古和尙語錄』 附錄 ; 『韓國佛敎全書』 卷6, 696상쪽)에는 그가 26살에 入華嚴選하였다는 기록이 있어 승과를 보지 않았을까 의심이 든다. 그러나 그를 전후해 "寅緣入華嚴選 旣中探索經義 窺

도 없다. 普愚는 忠穆王 2년에 중국으로 건너가 임제종 승려인 石屋淸
珙을 만나고 心印을 받은 후 중국 천자의 숭앙까지 받고 귀국하였
고,27) 惠勤 또한 충목왕 4년 중국으로 가서 指空과 平山處林·千岩元
長을 참례하였으며 원 황제의 대우를 받다가 돌아왔다.28) 보우와 혜
근이 전해온 임제종은 이후 고려말 조선초 불교계의 주도 종파가 되
고 있었던 만큼29) 고려 정부와 국왕의 관심 속에서 승계가 없이도 왕

---

其壺奧 一日嘆曰 此亦筌蹄耳 古之大丈夫 其所立卓你 豈鹵莽爲哉 予獨不
夫乎 卽斬斷衆緣 苦硬淸約 工夫日進"이라고 하였으므로, 이때의 華嚴選
은 승과라기보다는 화엄에 대한 공부로 이해해야할 듯하다.
27) 「高麗國國師大曹溪嗣祖傳佛心印行解妙嚴悲智圓融贊理王化扶宗樹敎大願
普濟一國大宗師摩訶悉多羅利雄尊者謚圓證塔銘〈幷序〉」(『韓國金石文大系』
卷5-京畿道編, 48쪽).
28) 「高麗國王師大曹溪宗師禪敎都摠攝勤修本智重興祖風福國祐世普濟尊者謚
禪覺(결락)」(『韓國金石文大系』卷5-京畿道編, 40쪽 ; 『牧隱文藁』卷14 ; 『東
文選』卷119).
29) 보우와 혜근이 중국에 가서 傳法한 승려들은 모두 臨濟宗 楊岐派 계열이
고 게다가 雪嚴祖欽의 직계이다(姜好鮮, 2001, 「충렬·충선왕대 臨濟宗
수용과 고려불교의 변화」『韓國史論』46, 서울대, 97쪽). 그러나 보우와
혜근을 일률적으로 파악할 수는 없다. 사상적으로 보우는 임제종의 看話
禪을 철저히 실천해 간 것에 비해, 혜근은 평산의 간화선을 중시하면서도
지공의 사상을 대폭 수용하고 있기 때문이다(兪瑩淑, 1996, 「懶翁慧勤의
法系와 麗元 佛敎交流」『伽山學報』5, 48~50·54~55쪽 ; 金曉呑, 1999, 「懶
翁의 生涯와 時代認識」『高麗末 懶翁의 禪思想硏究』, 民族社, 50~57쪽).
게다가 보우는 가지산문에, 혜근은 사굴산문에 속했다는 차이가 있고(徐
閏吉, 1994, 「高麗 臨濟禪法의 受容과 展開」『普照思想』8, 27쪽 ; 兪瑩淑,
앞의 논문, 53쪽 ; 許興植, 1997, 「懶翁慧勤」『高麗로 옮긴 印度의 등불-
指空禪賢』, 一潮閣, 143쪽) 그들의 제자들도 구분되어 활동하고 있다. 그
러므로 조선이 건국된 후 계속적인 억불정책으로 불교교단은 축소되었지
만, 그 과정 속에서도 懶翁惠勤-無學自超-己和得通으로 이어지는 계통
만은 훈구세력이나 왕실과 일정한 관계를 가지면서 불교계의 주류적인
위치를 지키고 있었다(崔柄憲, 1988, 「朝鮮時代 佛敎法統說의 問題」『韓國
史論』19, 서울대 국사학과, 286쪽). 반면 보우의 문도는 休靜의 문도들에
의해 조선 불교의 법통으로 정해지면서 다시 주목받게 되었다(崔柄憲, 앞

사와 국사로 임명되었을 것이라고 판단된다. 또는 승계가 주어지기는 했지만, 그들의 지위에 있어 승계가 중요하지 않아 기록되지 않았을 가능성도 있다.

한편 了世는 고종 24년에 선사의 호를 받은 것 이외에 대선사를 받았다는 기록이 없는데,30) 요세가 세운 백련사의 경우 처음에는 지눌의 수선사에 비해 국가의 관심을 받지 못하다가 고종 19년에 普賢道場을 개최하게 되면서 최씨정권과 연결되었고, 요세도 이 즈음에 75세의 고령으로 선사의 직함을 받게 되었다는31) 사실에서 승계가 禪師로 멈춘 것은 아닐까 추정해본다.

위와 같은 예외적인 사례를 제외하면 왕사와 국사는 승계에 관한 자료가 남겨져 있는 한 대체로 승통과 대선사에서 임명되었다. 승통이나 대선사가 승계로서는 최고의 지위라고 알려져 있지만, 구체적으로 어느 정도의 지위였는지 살펴보아야 할 것이다. 우선 僧統부터 정리해보자.

> 다-① 宣宗이 즉위한 원년에 … 下批하여 僧統으로 삼았다. 이때 스님의 나이는 47세였다. … 하물며 國初 이래 무릇 法王이 된 자는 나이와 덕이 있지 않으면 이 職에 있는 것이 드물었는데 스님은 壯年으로 승려들 중에서 뽑히는 영광을 입었다.32)

---

의 논문, 286~292쪽).
한편 보우와 혜근이 석옥청공과 평산처림 뿐만 아니라 蒙山德異의 사상적 영향도 많이 받았음을 언급한 견해가 있어 참고가 된다(趙明濟, 2004, 「高麗末 看話禪의 성행」『高麗後期 看話禪 硏究』, 혜안, 176~178쪽).
30) 「萬德山白蓮社圓妙國師碑銘〈幷序〉」, "以壬辰(1232년, 고종19)夏四月八日 始結普賢道場 … 上聞而嘉之 越丁酉(1237년, 고종24)夏 賜號禪師 厥後屢降綸旨 歲時錫賜 公府亦所"(『東文選』卷117).
31) 蔡尙植, 1991, 「白蓮結社 성립과 사상적 경향」『高麗後期佛敎史硏究』, 一潮閣, 72쪽.
32) 「高麗國全州大瑜伽業金山寺普利了眞精進饒益融慧廣祐護世能化中觀贈諡慧德王師眞應之塔碑銘〈幷序〉」(『金山寺誌』, 183쪽 ; 1994, 『增補 韓國金石

② 僧統은 沙門의 峻秩이므로 무릇 宮嬪 소생은 될 수 없는 것이지만 스님의 道德이 비상하여 오랫동안 朝野에서 존경했기 때문에 (승통이) 되었다.33)

③ 그러므로 그 덕이 상석을 차지할 만하면 首座라 이르고 덕과 명망이 沙門을 통합할 만하면 승통이라 이르니, 이것은 極選이다. 비록 도를 높이는 칭호로써 시작된 것이요, 名利에 관계되는 것은 아니지마는, 또한 高下의 差等이 있으므로 차츰 조정의 班爵 제도같이 되었으니 其人을 가려낸 然後에 주는 것이다.34)

사료 ①에서는 韶顯이 宣宗 원년에 47살로 僧統이 되었는데, 이전까지는 승통으로 임명되기 위해서는 德과 함께 어느 정도의 연배도 필요했다고 설명하고 있다. 壯年으로는 승통으로 임명되기 힘들었다는 것이다. 물론 ①의 내용은 韶顯의 능력을 강조하기 위해서이고, 소현이 일찍 승통이 되었던 것은 李子淵의 아들이라는 배경도 감안되었다고 보아야 한다. 그러나 승통에 대한 당시의 인식이 젊은 나이에 임명되기는 힘든 지위였다는 점은 알 수가 있다.

②는 睿宗의 小君으로서 승려가 된 覺觀의 승통 임명을 부여한 기사이다. 宮嬪의 소생 즉 小君은 기본적으로 승통이 될 수 없었지만, 覺觀의 도덕이 뛰어나 임명되었다고 한다. 실제로 소군 출신의 승려들은 일반 왕자로서 출가한 이들보다 승계면에서 차별을 받았고, 일반 왕자들이 사후 대부분 국사로 추봉받았던데 비해 소군들은 그런 사례가 전무하다.35) 국왕의 자식인데도 불구하고 어머니의 혈통에 하자가 있다는 이유로 僧統이 되기 쉽지 않았다면, 관료 집안 출신의 승

---

文大系』卷1-全羅南北道編, 圓光大學校 出版局, 37쪽 ;『朝鮮金石總覽』上, 298~299쪽).

33)「(僧)王覺觀墓誌銘」(『高麗墓誌銘集成』, 220쪽).

34) 李奎報,「華嚴業僧統都行教書」(『東文選』卷27 制誥 ;『東國李相國全集』卷34).

35) 李貞蘭, 2003,『高麗時代 庶孼 研究』, 고려대 박사학위논문, 120~130쪽.

려들도 관직 생활에서 限職 규정에 적용을 받지 않을 정도36)가 되어 야 승통으로 임명되었을 것이다.37)

한편 華嚴業 僧統을 임명하는 교서인 사료 ③은 승통을 덕과 명망 이 있어 승려를 통합할 만한 이가 임명되는 것이라고 하였다. 승통이 승려를 통솔한다는 언급은 河千旦에 의해서 쓰여진 해동종 승려를 승 통으로 임명하는 관고38)에도 있으므로 상징적이라고 하더라도 전체

---

36) 金昌賢, 2001, 「고려시대 限職 制度」 『國史館論叢』 95 참조.
37) 왕사・국사를 역임한 이들로 신분이 확인되는 경우는 아래와 같다.
   왕실 자제로는 證通國師・釋煦・澄儼・宗璘・冲曦・圓鏡國師・鏡智・覺 膺 등이 있는데, 이들은 생전에 왕사・국사가 되지 못하다가 사후 거의 대부분 국사로 추봉되고 있다.
   관료 집안 출신은 璨幽・決凝・爛圓・韶顯・坦然・德素・知訥・志謙・ 承逈・混元・冲止・天頙・惠永・復丘・千熙・惠勤・粲英・混修 등이다. 이들 중 문벌귀족으로 파악되는 인물은 李子淵의 아들인 韶顯, 金殷傅의 아들인 爛圓이다. 한편 復丘는 李尊庇의 아들로, 이들 집안은 이존비의 손자인 李嵒 때가 되어야 문벌가로 성장하였으므로 복구를 문벌귀족이나 權門・世族 출신으로 보기는 힘들다.
   그외 관직자 집안 출신으로 여겨지는 이는 冲鑑인데, 큰형이 判典客寺事 로 치사한 金永仁이고 작은형은 重大匡・平陽君인 金永純이기 때문이다. 한편 天英의 아버지는 散秩로 고향에 머물다가 그 아들이 귀해짐에 따라 관직에 올라 禮賓卿에까지 이른 특이한 경우이다.
   그뿐만 아니라 지방 향리의 자제로는 坦文・海麟・樂眞・了世 등이 있고 惠諶・萬恒은 鄕貢進士 또는 進士의 아들이다. 한편 天因은 본인이 과거 합격자이므로 제술과를 볼 수 있는 신분이었다. 또한 그 아버지가 벼슬 에 나아가지 않은 경우는 고려 초의 慶猷・忠湛・兢讓과 英俊・智宗・學 一・一然 등이다. 그러나 일연의 아버지는 그의 아들이 國尊이 되었기 때 문에 左僕射로 추증되었다. 그외 混丘와 彌授・普愚의 아버지도 추증받 은 사실만이 전하고 있어 이전의 경력이나 신분을 알 수는 없지만, 향리 이상으로 추정할 수 있을 듯하다.
   따라서 고려시대 왕사・국사 역임자들은 향리나 향공진사 이상의 집안출 신임이 확인된다. 흥미로운 사실은 이들 가운데 고려시대를 이끌었던 문 벌귀족 출신은 소수에 불과하다는 것이다. 이점에 대해서는 추후 살펴보 도록 하겠다.

승려를 거느린다는 의미를 가지고 있다고 파악된다. 실제로 僧統의 단어 자체가 승려를 통령하다는 뜻이므로 이러한 의미로만 본다면 중국의 沙門統이나 道人統[39]이라는 승관에서 온 단어로 생각된다. 또한 중국 吳越에서도 僧統이라는 지위가 있었으므로[40] 승려를 총괄한다는 의미에서 僧統이라는 승계를 만들어 낸 것으로 판단된다. 뿐만 아니라 우리 고유의 단어인 徹達이 이후 승통으로 변화했다는 사실도『均如傳』을 통해 알 수 있는데,[41] 徹達은 '통달하다'는 의미정도로 해석되므로 위의 관고나 교서에서 언급한 대로 승려를 통솔하다는 의미로 僧統이 쓰여졌음이 재확인된다.

승통은 승려를 덕과 명망으로 통솔하는 자라는 인식과 함께 실질적으로 교종 계열에서는 최고의 승계였으므로 그에 상응하는 수식어가 쓰이고 있다. 사료 다)-②에서 승통은 沙門의 峻秩[42]이라고 하였듯이 峻級[43]이라 언급한 예도 있다. 그리고 다)-③에서 승통으로의 선발을 極選이라고 했듯이 極榮[44]이라 표현한 경우도 있다. 이렇듯 교종에서

---

38) 河千旦,「(海東宗僧統)官誥」, "有襲其遺芳 宜特加其峻級 … 須頒芝檢 俾統緇流"(『東文選』卷27 制誥).

39) 道端良秀, 1963,『中國佛敎史』, 法藏舘 ; 계환 옮김, 1996,『중국 불교사』, 우리출판사, 59·101쪽.

40)「高麗國原州賢溪山居頓寺故王師慧月光天遍照至覺智滿圓默寂然普化大禪師贈諡圓空國師勝妙之塔碑銘〈幷序〉」, "開寶元年歲杪(968년, 광종19) 僧統·知內道場功德事贊寧 天台縣宰任埴等 聞師精硏慧刃 足可屠龍 敏發玄機 宜堪中鵠 高山仰止 異口同音 請於傳敎院 講大定慧論 幷法華經"(1998,『韓國金石文大系』卷7-江原道編, 圓光大學校 出版局, 31쪽 ;『한국서예사특별전』18, 146쪽).

41)『均如傳』「第六感通神異分者」, "會中有悟賢徹達〈徹達現今之僧統〉"

42) 峻秩이라는 표현은 李仁老,「(瑜伽業首座資裕爲僧統)官誥」, "肆降明綸 以居峻秩"(『東文選』卷27 制誥)에서도 보인다.

43) 河千旦,「(海東宗僧統)官誥」, "有襲其遺芳 宜特加其峻級 … 須頒芝檢 俾統緇流"(『東文選』卷27 制誥).

44) 河千旦,「海東宗僧統敎書」, "敎云云 名以實旌 職由德表 所以採桑門之僉望 於焉 領緇流之極榮 今賜僧統告身一通 至可領也"(『東文選』卷27 制誥).

제4장 王師·國師의 자격과 대우  171

僧統은 최고의 승계로 그에 상응하는 지위와 인식을 가지고 있었던 것이 확인된다.
 다음으로 大禪師와 관련한 인식과 표현들을 살펴보겠다.

라-① 이로써 조서의 明命을 전하여 緇流의 極班 첫 머리에 둔다.45)
　② 비록 僧爵의 지극한 지위로 우대한다 해도 누가 불가하다 하겠는가. 이제 대선사의 告身 한 통을 내리니 이르거든 영수하라.46)

사료 라)-①이나 ② 모두 고려후기에 崔滋가 지은 글로 ①은 混元을 대선사로 임명하는 관고이고 ②는 持念業 祖猷를 대선사로 임명하는 교서이다. 두 글 모두 대선사를 승려의 極班이라거나 僧爵의 極位라 표현하고 있다. 승통과 동일하게 승려의 최고위로 인식하고 있었던 것이다. 또한 승통이 沙門의 峻秩이라고 불렸듯이 대선사도 峻級47)이나 峻品48)으로 표현되고 있는 사실에서도 대선사가 禪宗 승계 중 최고로 여겨졌음을 알 수 있다.
 이러한 승계는 사료 다)-③에서 언급한 대로 조정의 班爵처럼 여겨졌고 실제로 승계의 승진과 임명은 관료의 그것과 비슷한 방법으로 행해지고 있었다.49) 그러므로 승려의 임명에 쓰여진 官誥도 관료의 그것과 비교되기에 이르렀던 것이다.

마. 舊制에 樞密·僕射·八座·上將은 모두 小官誥였다. 근래 樞密使가

---

45) 崔滋, 「(曹溪宗禪師混元爲大禪師)官誥」(『東文選』 卷27 制誥).
46) 崔滋, 「持念業禪師祖猷爲大禪師敎書」(『東文選』 卷27 制誥).
47) 李奎報, 「王師乞下山狀」, "命與時來 夙躡禪門之峻級"(『東文選』 卷45 狀 ; 『東國李相國全集』 卷30).
48) 李奎報, 「初度讓封王師表」, "至躡僧門之峻品"(『東文選』 卷43 表箋 ; 『東國李相國全集』 卷30).
49) 許興植, 1986, 「佛敎界의 組織과 行政制度」『高麗佛敎史硏究』, 一潮閣, 349쪽 ; 1987, 『斗溪李丙燾博士九旬紀念 韓國史學論叢』.

비로소 宣麻에 참여하였다. 승려의 官誥도 卿相의 大小(官誥)와 비교하여 각각 차등이 있었다.50)

사료 마)에 의하면 관고는 大·小로 구분되고 고려에서는 宰臣과 宗室만이 대관고로 임명되었고51) 추밀 이하는 소관고로 임명되었다고 한다. 게다가 승려도 卿相처럼 大·小官誥의 차이가 있었다는 것이다. 그런데 이규보가 쓴「(華嚴業僧統都行)大官誥」52)라는 글을 보면 승통은 대관고로 임명되었다. 승통은 관인으로 비교하면 宰臣 정도의 위치였던 것이다.53) 관직자로 宰臣이 최고의 지위였다면, 승통이나 대선사는 승려 중 최고였다는 사실이 다시 확인된다.

그런데 승계의 최고위로서 인식된 승통과 대선사 중 더욱 우대를 받았던 지위가 있었는데, 이는 都僧統과 都大禪師이다.

> 바. 교화를 행하시던 때는 國初이더니, 대대로 조정에서 숭상하심이 진실로 헛되지 않았네 〈… 太平興國 2년(경종 2년)에 이르러 도승통으로 追諡되었다. …〉.54)

「安養寺에서 能淨僧統 초상화에 禮하다」라는 제목으로 쓰여진 사료 바)를 보면 能淨僧統이라는 승려는 景宗 2년에 도승통으로 추증되었다. 그런데도 글의 제목에 僧統이라고 했던 것은 도승통이 승통의 상위이기는 하지만 승통 중의 하나로 파악되기 때문이다. 그렇다면 도승통은 승계로서 승통 중에서도 그들을 거느리는[都] 지위를 의미할

---

50) 『補閑集』 卷下 「漢制帝書有四」.
51) 『補閑集』 卷下 「漢制帝書有四」.
52) 『東文選』 卷27 制誥 ; 『東國李相國全集』 卷34.
53) 승려를 단순하게 관료와 비교하는 것은 문제가 있지만 승통의 사회적 지위를 살펴보기 위해서는 부득이 하다고 여겨진다.
54) 「安養寺祀能淨僧統影」(『大覺國師文集』 卷17 ; 『韓國佛敎全書』 卷4, 558하쪽).

것이다. 한편 뒷부분이 결락임에도 불구하고「大覺國師門徒職名」55)을 통해서 昶元・稱道・理琦・俊韶・弘闡・樂眞・器英・聽諝・宣慧 등 동시기에 의천의 문도만으로도 9명의 승통이 확인되는 것에서 도승통을 두게 된 이유가 찾아진다. 즉 승통이 교종 중 최고의 승계이기는 하지만 한 시기에 여러 명이 존재하였고, 이런 승통 중에서 특별한 영예를 주기 위해 소수만이 都僧統으로 임명된 듯하다. 그러므로 도승통으로서 왕사나 국사로 임명된 이들은 승계에서 승통보다 더한 대우를 받았을 것이다.

반면 고려후기에 승록사에서 兩街都僧統이 설치되기도 하여 都僧統이라고만 서술되어 있을 경우 이것이 승계를 의미하는지 양가도승통을 의미하는지 확실하지 않다고 한다.56) 그러나 고려후기에 왕사나 국사로 임명된 이들이 띤 도승통은 모두 五敎都僧統이라고 표현되고 있어 승계로써 파악된다.

한편 都僧統이 고려전기부터 간혹 있었던 것에 비해 都大禪師는 고려후기에만 나타나고 있지만 都大禪師 역시 大禪師의 상위에 비상시적으로 두어진 승계로 파악된다. 역시 다수의 대선사 중 특별히 대우해야할 만한 승려를 都大禪師로 임명했을 것이다.

요약하자면 승계가 정비된 이후에는 敎宗에서 僧統, 禪宗에서 大禪師의 승계를 가졌던 승려들 중에서 왕사나 국사로 임명되었다. 왕사・국사의 자격으로서 최소한 요구되었던 승통이나 대선사는 승계 중 최고위로 인식되어 젊은 나이에는 임명되지 못했고 덕과 명망을 함께 갖추어야 가능한 지위로 여겨졌다. 그리고 혈통상의 하자가 있을 시에는 임명되기 힘든 자리로 생각되었다. 또한 관인으로서 비교하자면 宰臣 정도의 대우를 받았고 그로 인해 峻秩・峻級・峻品 등으로 표현되었으며 승통이나 대선사에 임명되는 것을 極選・極榮이라

---

55)『朝鮮金石總覽』上, 314쪽 ;『韓國金石全文』中世上, 585쪽.
56) 許興植, 주 49) 논문, 346쪽.

고 하였다. 물론 일부 승려들은 승통이나 대선사보다도 더 상위인 都僧統·都大禪師의 승계를 지니기도 했지만, 이는 특별한 경우에만 주어진 것으로 파악된다. 이를 통해 왕사·국사는 당시 최고 지위에 있는 승려들 중 선택되어 임명되었음을 확인할 수 있다. 또한 宰臣과 비견되는 승통과 대선사에서 왕사·국사가 선출되었던 만큼 이들의 지위는 재신 정도로 파악된다.

## 2. 王師·國師에 대한 대우

승계가 정비된 후 왕사와 국사는 교종인 경우 승통, 선종은 대선사라는 승계를 가진 승려들 중 선택되었음을 1절에서 확인하였다. 승계 중에서는 최고이면서 관료로는 宰臣의 지위와도 비교될 정도인 승통과 대선사에서 뽑혔던 만큼 왕사와 국사는 최고의 영예직이다.

이들의 지위나 대우는 책봉 의식을 통해서도 살펴지는데, 임명할 왕사·국사가 선정되면 조서를 가진 중신을 해당 승려가 머무는 사원에 보내어 책봉을 수락하도록 청하였다. 조서가 도착하면 고승은 세 차례의 사양을 하다가 책봉을 받아들이고, 고승을 개경으로 모셔와 국왕이 제자의 예를 행하였다.[57] 이렇듯 책봉 과정에서 왕사·국사로 임명되는 이들에게 주어진 예우는 형식적으로나마 그들의 책봉이 어려웠음을 보여 그들의 지위가 높고 대우가 상당했음을 표시하기 위한 것이다.

그러나 왕사와 국사가 구체적으로 어떠한 대우를 받았는지는 지금까지 거의 논의되지 않았다. 그 이유는 왕사·국사에 대한 기록들이 대부분 그들의 행적을 찬양하는데 치중하여 구체적인 사실에 대한 내

---

57) 許興植, 주 2) 논문, 400~404쪽.

용이 적었기 때문이다. 이러한 자료의 부족에도 불구하고 간략한 언급에서나마 왕사·국사의 대우가 어떠했는지 찾아 살펴보려고 한다.

## 1) 土地와 俸祿 등의 지급

왕사·국사로 임명될 때나 하산할 때 가사와 발우 등 상용하는 물건과 함께 비단과 폐물들을 받기도 하지만 이것은 정기적으로 주어진 것이라고 보기는 힘들다. 한편 승려들도 국가로부터 승계를 받고 승직에 임명되었으므로 관료들처럼 직무에 대한 대가를 상정할 수 있는데, 세속으로부터 출가했다는 사실 때문에 그들에 대한 대우를 생각하지 못한 면이 있다. 그럼에도 불구하고 승려들도 국가로부터 경제적인 혜택을 받은 듯하다.

> 사-① 別賜 田四十結 柴十結〈大德〉 田三十五結 柴八結〈大通〉 田三十結〈副通〉 田二十五結〈地理師〉 田二十結〈地理博士〉 田十七結〈地理生·地理正〉.58)

문종 30년에 更定된 전시과의 마지막 부분에 있는 別賜에는 地理業 출신과 함께 승려로서 大德에 대한 토지 지급 규정이 명시되어 있다.59) 대덕은 승과 합격 후 가장 처음 받는 승계로 이에 규정된 田柴의 양은 別賜 규정 중에서는 가장 많았고 更定田柴科의 제12과에 해당한다. 그런데 別賜 규정에 大德만이 들어 있어 大師 이상의 승계를 가진 승려들의 대우는 어떠했는지 등의 의문이 든다. 먼저 대덕 뿐만 아니라 그 이상의 승계도 국가로부터 경제적인 대우를 각각 받았을 가능성이다. 『高麗史』는 조선이 건국된 후 편찬된 사서로, 불교에 관

---

58) 『高麗史』 卷78 食貨志1 田制 田柴科.
59) 姜晋哲, 1991, 『改訂 高麗土地制度史硏究』, 一潮閣, 57~59쪽.

한 기록들이 의도적으로 많이 삭제되었다. 그러므로 대덕의 상위 승계인 大師 이상에 대한 토지 지급 규정이 존재했지만 지금 그 구체적인 내용이 전하지 않는 것으로 생각해 볼 수 있다. 반면에 승과에 합격한 大德에게만 '登科田'[60)]처럼 토지를 別賜하고 그 이상의 승계로 승진할 때도 대덕으로 지급받은 田 40결과 柴 10결을 회수하지 않고 계속 주었을 가능성이다. 승려들은 생활에 필요한 모든 물건들을 사원으로부터 지원받았을 것이고 청정한 생활이 요구되었으므로 공개적인 재산 축적은 비난받았다. 또한 무소유의 생활을 해야할 승려에게 국가가 승계의 진급에 따라 토지를 계속 지급하는 것도 문제가 되었을 것이다. 어느 경우이든지 대사 이상에게는 최소한 大德과 동일한 토지 지급은 있었으리라 파악된다. 왕사·국사로 임명되는 이들도 대체로 승계를 가졌던 만큼 이상과 같이 국가로부터의 토지 지급을 받았을 것이다.

田柴 지급 외에 국가에서 왕사나 국사에게 준 경제적인 대우는 없었을까.

> 사-② 뜻밖에 聖上陛下께서 잘 계승하는 효성이 독실하여, 前朝의 舊物을 버리지 않으시고 오히려 孤跡을 포용하여 오랫동안 영화스러운 길에 붙어 있게 하셨습니다. 헛되이 넉넉한 공양을 입었으나 윤택한 이익이 없었고 부끄러움을 알고도 물러나지 않았으므로 비방을 입은 것도 또한 많았습니다.[61)]
>
> ③ 國統이 이에 達嚫의 月俸을 모두 베풀어 맡겼다. 盧(祐)가 이미 명을 받들어 井林寺 住持인 大禪師 承淑, 幹善僧으로 그 이름이 供養인 자와 함께 一心으로 힘써 工徒를 독려하였다. 이 해(충숙왕 2년) 春 3月부터 시작하여 秋 9月에 이르러 끝났다.[62)]

---

60) 姜晋哲, 1991,「更定田柴科」『改訂 高麗土地制度史硏究』, 一潮閣, 58~59쪽.
   李鎭漢, 1999,「官人의 初入仕와 土地分給」『고려전기 官職과 祿俸의 관계 연구』, 一志社, 27~36쪽.
61) 李奎報,「王師乞下山狀」(『東文選』卷48 狀 ;『東國李相國全集』卷30).

④ (太宗 3年 六月) 임자일에 사간원에서 시무 몇 조목을 아뢰었다. 跪의 대략은, "… 또 內願堂 監主의 料는 前朝 때의 餘習이 지금까지 고쳐지지 못한 것인데, 받는 수량이 매월 10석이나 되니 명목없는 비용으로 이와 같은 것이 없습니다. 원컨대 지금부터 朔料를 없애 여러 해의 폐단을 고치고 軍國의 수요에 충당하소서.…"라고 하였다.63)

⑤ (太宗 12年 7月 壬子) 사간원에서 시무 두 가지를 논하여 상소하였다. 그 첫째는, "… 또 監主가 된 자는 이미 토지를 받은 大刹에 주지하는데 또한 月俸을 받고 있으니 한달의 비용이 거의 5석에 이릅니다. … 바라건대 내원당의 월봉을 없애고 감주가 된 자로 하여금 그가 주지하는 절의 토지에서 먹게 하십시오.…"라고 하였다.64)

사)-②는 이규보가 왕사였던 志謙을 대신하여 쓴 하산을 요청하는 글인데, '헛되이 넉넉한 공양[豢養]을 입었다'는 구절이 있다. '豢養'은 공양을 뜻하는 것이기는 하지만, ③과 함께 살펴보면 다른 의미로 생각할 여지가 있다. ③은 無畏國統이 충숙왕 즉위년부터 국청사에 안치할 불상과 腹藏, 그 불상을 안치할 龕室·金剛臺를 만드는 과정 중의 일로 충숙왕 2년에 감실과 금강대를 완성했다는 이야기이다. 그런데 이때 무외국통이 이를 위해 '達嚫의 月俸'을 내 놓았다는 구절이 있다. '達嚫'은 시주 또는 보시로 해석할 여지가 있지만 그 뒤의 '月俸'과 연결시켜 보면 무외국통이 내놓은 '達嚫의 月俸'은 그가 달마다 받은 경제적 대가였다고 파악된다.

아울러 조선시대의 기록이기는 하지만 사료 사)-④와 ⑤를 보면, 前朝 즉 고려의 유습대로 內願堂의 監主는 10석 혹은 5석의 월봉을 받고 있다. 내원당은 대궐 안에 만들어진 불당으로 그곳의 監主가 그 직무의 대가로 朔料(또는 월봉)를 받았으며, 그것은 고려시대부터 있었던

---

62) 閔漬,「國淸寺金堂主佛釋迦如來舍利靈異記」(『東文選』 卷68 記).
63) 『太宗實錄』 卷5, 太宗 3年 六月 壬子.
64) 『太宗實錄』 卷24, 太宗 12年 7月 壬子.

관행이었다. 즉 국가로부터 어떤 직무를 맡은 승려에게 그에 대한 경제적인 대우, 月俸을 주었다는 것이 확인된다. 그렇다면 ③에서 무외국통이 받은 월봉도 그가 국통이었기 때문에 받은 직무에 대한 대가이다. 또한 ②의 '豢養'도 왕사였던 지겸의 역할에 대한 대가로 주어진 것을 표현했다고 볼 수 있다. 단순한 공양이라면 그에 상응하는 이익 즉 임금의 수명 연장을 이루지 못했다는 자책도 불필요했을 것이다.

사료 사)-②~⑤를 통해 구체적으로 어느 정도의 양이었는지는 알 수 없지만, 왕사나 국사는 그가 담당한 직무의 대가로 月俸을 받았다는 것이 확인된다. 게다가 앞에서 언급한대로 別賜田柴를 받은 것까지 생각한다면, 왕사·국사들은 꽤 많은 재산을 축적했을 것이다. 다만 생전에 자신의 사유 재산을 주변 사람들에게 선물로 준다든가 사원에 귀속시킴으로써 사후에 별다른 물건을 남기지 않은 사실을 묘지명이나 비명에 해당 승려를 추앙하기 위해 언급하고 있는 것으로 보아[65] 소유한 재산들을 사)-③의 무외국통처럼 다시 보시하기도 했다고 생각된다.[66]

---

65) 「(僧)崔觀奧墓誌銘」, "講讀之暇 喜接賓客 厚於宗族 聞有作功德及慶吊之事者 卽捨財物助之 寒士儒生 乏衣食者 尤多施與焉 故旣卒之後 檢閱方丈內 無所藏餘物 接賓茶果器皿而已"(『高麗墓誌銘集成』, 167쪽).

「(僧)王之印墓誌銘」, "雖殊方絶域珍寶 人或求之 卽與之 □方丈蕭然 餘經書圖畵 亦嘗以服玩 餘貲營轉輪大藏於雙峯智勒兩刹 其功德不可殫記"(『高麗墓誌銘集成』, 169쪽).

「海東曹溪山修禪社第十世別傳宗主重續祖燈妙明尊者贈諡慧鑑國師碑銘〈幷序〉」, "皇慶癸丑(충숙왕 즉위년) 太尉王譔居永安宮 安車卑辭 邀至京城 時方聚禪敎名流 日以次講論 師至 捧喝風生 辯若懸河 王喜甚 行同興 手捧饌加法號別傳宗主重續祖燈妙明尊者 袈裟衣裙帽襪 先銀幣五十鎰以贐 師還山 悉以付常住 不歸於私"(『東文選』 卷118 ; 『益齋亂藁』 卷7).

「大崇恩福元寺高麗第一代師圓公碑」, "性且好客 無貴賤邪正 待之如一 賓軒常滿 談空說有 亹亹忘倦 入不償費 香積或不繼 而囊鉢蕭然 沒之日無留資焉"(『東文選』 卷118 ; 『稼亭集』 卷6).

66) 이미 선행 연구에서 고려시대 승려가 소유한 개인 재산의 형성 계기와 그

왕사・국사들에게 국가가 준 토지와 봉록 외에도 특정 사원을 하산소로 지정해주는 것도 경제적 혜택이다. 한 사원의 주지는 그 사원의 재정문제를 처리하는 임무를 맡았고 그로 인해 개인재산의 축적도 가능했다고 하므로[67] 하산소를 지정받게 되면 왕사・국사는 해당 사원을 통제했을 것이기 때문이다. 또한 하산소가 지정될 때 국왕은 그 사원에 경제적인 지원도 해주고 있다.

아-① 壬申(광종 23년) 봄 … 3월 15일 … 中書舍人 李鎭喬에게 명하여 남쪽으로 陪行하여 花山 葛陽寺로 돌아가도록 하였다. 왕이 花山葛陽寺에 租 5백石, 綿布 60匹, 㽦原茶 1백角과 器皿 등을 내렸다. 또 田結 5백碩을 주어 祝釐할 재물을 넉넉하게 하였다.[68]

② 이에 僧維 釋惠允과 元輔 蔡玄 등에게 명하여 衛送하게 하였다. 大王이 百官을 거느리고 東郊에 행차하여 송별연을 베풀고 儲后와 함께 친히 茶菓를 권하였다. 이어 大師의 門下僧 중 名行이 있는 자로 大師・大德이 될만한 20인을 은총으로써 허락하였고 南畝 1천頃과 佛奴 50人을 시납하였다.[69]

③ 스님(=학일)이 왕사가 되었을 때 받은 바 논 新藪・新院 두 곳의 2백結과 國奴婢 5백인을 雲門寺에 割給하여 萬世의 香火之擧로 삼게 하였다.[70]

④ 이 해에 朝廷에서 麟角寺를 下安할 곳으로 삼고 近侍 金龍釰에게

---

종류, 용도 등에 대해 정리되었다.
李炳熙, 2001, 「高麗時代 僧侶의 個人財産」『典農史論』7-松藍李存熙敎授停年紀念號.

67) 韓基汶, 1998, 「住持制度와 그 運用」『高麗寺院의 構造와 機能』, 民族社, 136~140쪽.
68) 「高麗國水州府花山葛陽寺辯智無碍圓明妙覺興福佑世惠居國師諡洪濟尊者寶光之塔碑銘〈幷序〉」(1917, 『朝鮮佛敎叢報』1, 25쪽 ; 1976, 『韓國佛敎雜誌叢書』14).
69) 「高麗國運州迦耶山普願寺故國師制贈諡法印三重大師之碑銘幷序」(『增補 韓國金石文大系』卷2-忠淸南北道編, 50쪽).
70) 「慶尙道淸道郡東虎踞山雲門寺事蹟」(1977, 『雲門寺誌』, 亞細亞文化社, 17~18쪽).

명령하여 修葺하게 하였다. 또 土田 1백여頃을 시납하여 常住로 삼게 하였다.[71]

　보통 왕사나 국사가 하산할 때 주어지는 선물이나 하산 후 왕이 보내는 선물을 제외하고도 사료 아)와 같이 하산소로 지정된 사원에 토지나 노비를 바치는 경우가 있었다. ①에서는 惠居國師 智□가 하산할 때 葛陽寺에 租 5백石, 綿布 60필 등을 내려주었을 뿐만 아니라 田結 500碩[72]을 주고 있다. 法印國師 坦文이 하산할 때의 기록인 ②에서는 그의 제자 20인에게 大師와 大德이라는 승계를 주고 하산소에는 1천頃의 토지와 노비 50인을 바치고 있다. ③ 또한 學一의 하산소인 운문사에 토지 2백結과 노비 5백인을 주었다는 내용이다. 물론 글의 내용에서는 하산과 관련된 언급이 없지만 학일이 왕사로서 운문사로 하산하였으므로 ③에서 언급된 토지와 노비는 하산을 전후로 해서 주어졌다고 보아야 한다. ④는 普覺國尊 一然이 하산하는 상황으로 인각사를 수리해주고 土田 1백여頃을 바치고 있다. 이렇게 하산소로 지정된 사원에 국가가 토지를 지급한 것은 왕사·국사에 대한 경제적인 지원이라고 볼 수 있다. 물론 祝釐 즉 임금의 수명 연장을 위한 기도의 비용으로 쓰도록 한 명분도 있기는 하지만, 하산을 전후로 내려진 토지는 왕사·국사가 운영할 수 있는 경제 기반이 되었을 것이므로 또 하나의 경제적인 대우이다.

　한편 하산소의 지정은 주지로서 몇 년에 한번씩 옮겨야 하는 곤란함과 주지의 직무에 대한 평가를 피하도록 했기 때문에 경제적인 부

---

71) 「高麗國華山曹溪宗麟角寺迦智山下普覺國尊碑銘」(「普覺國師碑」, 1981, 韓國精神文化硏究院).
72) 혜거국사의 비문에는 租 5백石, 田結 500碩이라고 해서 도량으로서 石과 碩을 동시에 쓰고 있다. 그런데 혜거국사의 비는 현존하지 않으며, 탁본 등의 형태로도 남아 있지 않다. 다만 1917년의 『朝鮮佛敎叢報』라는 잡지에 그 내용이 전하고 있다. 그러므로 혹 '碩'은 '頃'이라는 토지를 계산하는 단위를 잘못 필사한 것이 아닐까 하는 추측을 하게 한다.

분에서뿐만 아니라 왕사나 국사에 대한 특혜일 것이다.

> 아⑤ 지금은 나이가 이미 노쇠한 지경에 이르러 병도 다시 그 기세를 타고 침범하므로, 나아가도 능히 대궐에 향할 수 없고 물러가도 혹 사원에 전례대로 옮기기 어려우니 한적한 곳을 가려서 여생을 마칠까 하옵니다.73)
>
> ⑥ 만약 成例에 따른다면 마땅히 한정된 기한이 정해지는데, 병약한 늙은 중이 어떻게 보통의 선발처럼 옮길 수 있겠습니까. 이에 마음을 피력하여 우러러 嚴威를 범하였는데 어찌 정중한 조서를 내려 구속된 굴레를 벗도록 허락하실 것을 기대했겠습니까.74)
>
> ⑦ 두 번 寺綱의 보좌를 맡았는데 항상 歲績이 우수하여 奏加의 포상을 받고 여러 번 발탁되는 은혜를 입었습니다.75)

사료 아)-⑤·⑥의 전례대로 절을 옮겨야 한다거나[例轉], 기한을 정해 옮겨야 하는 成例가 있었다는 구절을 통해 주지로 임명될 경우 일정 기간만에 절을 옮겨야 했다는 사실이 확인된다. 주지의 임명이 국가에 의해 이루어진 만큼, 관리들이 전보하는 것처럼 주지도 共議를 참고하여 국가에서 옮겨 임명했을 것이다.76) 또한 ⑦에서 승직으로 보이는 寺綱의 보좌를 맡아 歲績이 우수했다는 서술을 통해 승려들이 맡았던 직임에 대한 평가도 이루어졌고77) 그러한 평가에 따라 승계나 승직을

---

73) 李奎報, 「王師乞下山狀」(『東文選』 卷48 狀 ; 『東國李相國全集』 卷30).
74) 李奎報, 「謝下山狀〈依所住下山〉」(『東文選』 卷48 狀 ; 『東國李相國全集』 卷30).
75) 李藏用, 「若騰爲兩街都僧錄官誥」(『東文選』 卷27 制誥).
76) 許興植, 주 49) 논문, 338쪽.
    韓基汶, 주 67) 논문, 149~152쪽.
    다만 한기문은 주지의 임기가 법제화되어 있지 않았다고 파악했는데, 例轉과 成例라는 언급을 함께 생각한다면 정확한 기간을 이야기할 수는 없지만 주지 임기에 대한 관례가 있었다고 여겨진다.
77) 사료 아)-⑦ 외에도 승려들이 국가로부터 평가를 받았음을 짐작하게 하는 기록이 있다.

더해 받았다는 것도 알 수 있다. 가장 대표적인 승직인 주지에 대해서도 평가가 이루어지고 그 성적에 따라 이후 승계·승직의 승진이 이루어졌다면, 그 평가에 많은 신경을 썼을 것이다. 그런데 ⑤·⑥에서 왕사가 하산소를 지정받아 전례대로 사원을 옮기지 않고 여생을 마치도록 하는 것은 ⑦에서처럼 평가를 받지 않아도 됨을 의미한다. 그렇다면 하산소의 지정은 왕사·국사들에 대한 또 하나의 우대인 것이다. 더 이상 직임에 대한 평가없이 하산소에서 안정되게 생활할 수 있기 때문이다.

하산소의 지정은 왕사·국사 개인에 대한 경제적인 대우이자 평가와 전보를 중지함으로써 그들을 예우하기 위한 조처였고 이후 그 문도들의 근거지로써도 의미가 크다. 하산소는 왕사·국사의 사후에도 많은 경우 그 문도가 머물고 있어 후진들을 위한 조처라는 뜻도 가지

---

"(忠烈王 24年 正月) 戊申 教曰 … 一諺曰 僧多批職 亡國敗家 今批職之數過多 令有司褒貶申聞 今後有法德殊勝者 方加法號 …"(『高麗史』卷33 世家 33 忠宣王1).
위의 기록에 따르면, 충렬왕 24년에 즉위한 충선왕의 교서로 승직을 받은 승려가 너무 많다고 하면서 그에 대한 褒貶을 하라고 하였으며 이후에는 批職 대신 法號를 더해주라는 명령을 하고 있다. 여기서 승직에 대한 포폄은 이후 그 결과에 따라 승직의 전보나 퇴출이 이어졌다고 보아야 할 것이다.
또한 상황이 조금 다르기는 하지만 有司로부터 규찰을 받아 내도량에서 쫓겨난 경우도 있었다.
『破閑集』卷中「芬皇宗光闡師」, "芬皇宗光闡師 … 嘗赴內道場 大醉 頹然坐睡 涕洟垂胸 爲有司所糾 竟斥去之"
釋宗聆〈足菴〉,「戲贈闡師〈師嘗赴內道場 醉睡涕洟 爲官司所斥〉」(『東文選』卷19 七言絶句)
光闡은 내도량에 머물다가 술에 취해 눈물과 콧물까지 흘리면서 잠이 들었고 이 때문에 有司로부터 규찰을 당해 쫓겨났다고 한다. 광천이 어떠한 승직을 가졌다는 기록은 없지만, 斥去나 斥 당했다는 표현은 승려로서 알맞지 않은 행동에 대한 처벌로 내도량에서 쫓겨났다는 의미를 가지고 있으므로 승려가 감찰 대상이었음을 확인할 수 있다.

고 있다.78)

- 아⑧ 또한 임금에게 고하기를, "원컨대 本朝의 王·國師 碑文의 舊式에 의거해서 돌의 뒷면에 法孫弟子로 大德이상의 職名을 실어 來裔에 보이도록 하십시오"라고 하였다.79)
- ⑨ 弘慧國師로 諱가 中亘인 자가 內願堂으로부터 은퇴하여 거하였는데 屋宇가 비루하여 항상 넓히고자 했지만 이루지 못하고 죽었다. 大禪師 拙菴은 諱가 衍昷으로 曺溪의 어른이 되어 弘慧의 문도에게 추천되었으므로 合辭하여 券契를 만들어 拙菴으로 하여금 주지가 되도록 하였다.80)

대체로 왕사·국사의 하산소였던 곳에 해당 승려의 비가 세워지는데, 그 비의 뒷면에는 ⑧에서 언급한대로 전통적으로 그 법손제자의 명단이 기재되었다. 그 이유는 문도들을 분명히 함으로써 그 뒤에 있을 제자 사칭 등을 예방하기 위한 것이다. 그런데 문도를 사칭한 이유 중 하나가 바로 왕사·국사가 제자들에게 상속한 사원에 대한 소유권을 주장하기 위한 것이기도 하다. 한편 법손들이 상속하는 사원의 경우 소유권을 둘러싼 분쟁을 막기 위해 ⑨ 사료에 보이듯이 문도의 추천, 合辭, 券契 등의 절차를 밟았음이 확인된다. 문도들이 사원을 상속할 때 생기는 다툼을 없애기 위해 위와 같은 절차를 만들어 놓았다는 사실은 사원을 소유하는 것이 많은 이익을 얻는 길임을 재확인시켜 주는데, 바로 하산소의 지정은 또 하나의 사원을 그 문도들에게 물려줄 수 있다는 의미가 된다. 그러므로 하산소는 왕사·국사 본인에 대한 대우일 뿐만 아니라 그 제자들을 위한 대책인 것이다. 반대로 상속할 수 있는 사원을 소유하고 있는 승려는 더 많은 제자들을 모을 수

---

78) 韓基汶, 1998, 「國師·王師의 下山所」『高麗寺院의 構造와 機能』, 民族社, 395~396쪽.
79) 「先覺國師碑陰記」(『韓國金石全文』中世下, 828쪽).
80) 李穡, 「勝蓮寺記」(『東文選』卷72 記 ;『牧隱文藁』卷1 記).

있는 조건을 갖춘 것이라고도 설명된다. 이렇게 왕사·국사에게 주어진 하산소는 경제적인 이득, 주지 전보와 실적 평가에 따른 어려움에서의 제외, 제자들을 위한 대책 마련 그리고 부차적으로 제자들을 끌어들이는 조건이 되는 등의 여러 가지 이득을 주는 대우였다.

그뿐만 아니라 왕사나 국사로 임명되면 직접적으로 문도들에 대해 특혜도 주고 있다.

  자. 大王이 百官을 거느리고 東郊에 행차하여 송별연을 베풀고 儲后와 함께 친히 茶菓를 권하였다. 이어 大師의 門下僧 중 名行이 있는 자로 大師·大德이 될만한 20인을 은총으로써 허락하였고 南畝 1천頃과 佛奴 50人을 시납하였다.[81]

사료 자)는 탄문이 국사로 책봉된 후 하산할 때의 상황으로 그의 문하 승려 중 名行이 있는 자를 20명 골라서 大師와 大德의 승계를 하사하고 있다. 탄문의 하산은 광종 26년에 있었으므로 당시에는 삼중대사 이하의 승계가 어느 정도 정비되어 있던 시기이고, 승계는 승과를 거쳐야 받았음에도 불구하고 탄문의 제자라는 이유만으로 대사와 대덕의 승계를 받고 있다. 이는 탄문의 명성을 더욱 드날리는 일이었을 것이다. 또한 하산소의 지정이 문도들을 위한 사후 대책도 되고 이것이 문도를 유입하는 요인이 되었던 것처럼, 어떤 고승의 제자란 이유만으로 승계를 하사받았다면 역시 그 문도가 되는 것을 유리하게 생각하여 이후 더 많은 승려들이 유입되었으리라 생각된다. 즉 탄문이 하산할 때 그 제자에게 대사와 대덕의 승계를 하사함으로써 탄문을 더욱 명예롭게 했을 뿐 아니라, 그러한 명예로 탄문의 문도를 더욱 융성하게 해 주었을 것이다.

그외 왕사나 국사로 임명되지는 않았지만 그만큼 국왕으로부터 우

---

81)「高麗國運州迦耶山普願寺故國師制贈諡法印三重大師之碑銘幷序」(『增補 韓國金石文大系』卷2-忠淸南北道編, 50쪽).

대를 받았던 均如의 친척에게 각각 田 25頃과 藏獲 5인씩을 하사하고 黃州의 城內로 옮기도록 한 특혜82)를 살펴보건대 왕사·국사로 임명되면 그들 친족에게도 특별한 우대가 가해졌을 가능성이 충분하지만 전하는 자료가 없어 구체적으로 언급하기는 힘들다.

이와 같이 왕사·국사는 경제적으로 국가로부터 토지를 지급받고 그 직무에 대해 봉록을 받았다. 또 하산소가 지정되면서 그 사원을 통해 경제적 이익을 볼 수도 있었다. 게다가 왕사·국사의 문도란 이유로 승계를 받는다거나 하산소를 법손들이 상속하도록 한 것은 그 문도들의 명예였을 뿐아니라 경제적 대책이기도 했다.

## 2) 府의 설치 및 諡號·印章의 수여

왕사나 국사에게 주어진 경제적인 대우 외에도 그들을 위한 독립 관청이 설치되기도 하였다.

차-①-1. 丙申(공민왕 5년) … 4월 24일에 封하여 王師로 삼았다. 府를 세워 圓融이라 하고 僚屬을 두었는데 長官은 正3품이었으니 존숭의 지극함이었다.83)

①-2. (恭愍王 5年 夏4月) 癸酉에 보우를 封하여 왕사로 삼았다. 府를 세워 圓融이라 하고 官屬으로 左右司尹, 丞·舍人·注簿, 左右寶馬陪指諭·行首를 두었다.84)

② 丁未(공민왕 16년) … 五月에 封하여 國師·大華嚴宗師·禪教都摠

---

82) "廣順三年(953년,광종4년) … 是時 万乘珍敬 禮加九拜 … 尋封師爲大德 兼勅俗眷十有余人 人賜田二十五頃 藏獲各五人 俾徙居于黃州城內"(『均如傳』「第六感通神異分者」).

83) 「高麗國國師大曹溪嗣祖傳佛心印行解妙悲智圓融贊理王化扶宗樹教大願普濟一國大宗師摩訶悉多羅利雄尊者諡圓證塔銘〈幷序〉」(『韓國金石文大系』卷5-京畿道編, 48쪽).

84) 『高麗史』卷39 世家, 恭愍王 5年 夏4月 癸酉.

攝・傳佛心印大智無碍性相圓通福□□□□□□□□□・圓應尊者
로 삼았다. 府를 두어 寮屬을 설치하고 印章・法服을 주었다.85)

차)-①은 보우가 왕사로 봉해진 후 설치된 圓融府와 그 僚屬에 관한 사료이다. ②는 眞覺國師 千熙가 국사로 임명되면서 府와 寮屬을 설치하였다는 것이다. 천희는 보우의 경우와 달리 구체적으로 부나 요속들의 명칭이 언급되지 않았다.86)

천희를 위한 府는 그 명칭을 모르지만, 보우의 圓融府는 그 이름이 의미하듯이 불교를 통합하기 위해 만들어졌을 것이다.87) 실제로 원융부에서 주지 임명을 하도록 한 이유도 승정을 통해 불교계의 통일을 기도했기 때문이다. 그러나 여기에서는 왕사・국사에게 府라는 독립 관부를 설치한 것을 통해 그들이 국가로부터 어떠한 대우를 받았는가를 살펴보고자 함으로 불교 융합적인 성격이 아닌 세속적인 부분을 중점적으로 알아보겠다.88)

---

85) 「贈諡眞覺國師碑銘」(『韓國金石文大系』卷5-京畿道編, 51쪽 ; 『朝鮮金石總覽』上, 531쪽).
86) 승려로는 사료 차)-①・②에서 언급한 普愚와 千熙 외에 彌授에게도 府가 설치되었는데, 미수의 경우는 충숙왕 11년에 國尊으로 책봉되기 이전인 동왕 2년에 두어졌다. 당시 미수는 왕사나 국사가 아니었고 內殿懺悔師・三學法主・德慧圓證藏通玄辯國□□師로 봉해지면서 참회부가 설치되고 僧政을 전담하여 오교양종 사원의 주지를 뽑도록 했다. 그러나 미수를 위해 설치된 부는 왕사・국사에 대한 대우가 아니므로 이곳에서는 논외로 한다.
87) 李相瑄, 1990, 「恭愍王과 普愚-恭愍王初 王權安定의 一助를 中心으로-」 『李載龒博士還曆紀念 韓國史學論叢』, 도서출판 한울 ; 1998, 『高麗時代 寺院의 社會經濟研究』, 誠信女子大學校 出版部, 277~278쪽.
88) 許興植, 주 2) 논문, 412쪽.
史文卿, 2001, 『高麗末・朝鮮初 佛敎機關 硏究』, 忠南大學校 박사학위논문, 23~35쪽.
위의 논문에서 府의 조직과 기능 등이 어느 정도 정리되었다. 필자는 이러한 연구 성과를 기반으로 해서 왕사・국사의 사회적 지위를 추론해보

관부로서 府의 설치는 왕실의 일원인 后妃·王子·駙馬·妃父 등에게 주어지는 특전이고, 고려후기에 들어서서는 몇몇의 일반관료와 승려에게 설치되었다.[89] 『高麗史』卷77 百官志2 諸妃主府에 의하면, '공민왕 때에 관제를 고쳐서, 부에는 정3품의 左右司尹과 정7품의 丞·注簿·舍人 및 정9품의 錄事를 두도록 하였다. 또 혹 左右司禁을 두기도 하였으나, 작은 府에는 司尹을 두지 않았다'[90]고 한다. 그렇다면 보우의 원융부는 諸妃主府와 거의 동일한 등급의 관청이다. 사료 차)-①-1에서 원융부의 장관이 정3품이었다고 하였고 ①-2의 요속들이 諸妃主府와 거의 일치하고 있기 때문이다. 게다가 ①-2에서는 정9품의 錄事가 찾아지지 않지만, 다른 자료를 통해 원융부의 錄事와 승려로서 복무한 자가 확인된다.

> 차-③ 이에 臣((朴)宜中)에게 명령하여 그 비에 銘하도록 하였다. … 臣이 문득 생각하니 至正 丙申(공민왕 5년)에 臣이 錄圓融府事로 스님(=粲英)이 그 府에 入侍한 것을 만났으니 인하여 內交할 수 있었다.[91]

사료 차)-③은 大智國師 粲英의 비문을 朴宜中이 왕의 명령으로 짓게 되면서 자신과 粲英의 인연에 대해서 서술한 부분이다. 朴宜中은 공민왕 5년에 원융부 녹사로서 복무하던 중 粲英이 그 府에 入侍하여 사귀게 되었다고 이야기하고 있다. 그러므로 사료 차)-①-2에서는 언급이 되지 않았지만 원융부에는 錄事까지 갖추어져 있었으므로 관원의 구성에서는 諸妃主府와 비슷했다. 諸妃主府도 작은 府에는 司尹을 두지 않았던 것과 비교하면, 원융부는 諸妃主府 중에서도 큰 府와 동일

---

려고 한다.

89) 李貞蘭, 1993, 「高麗 后妃에 관한 考察」, 고려대 석사학위논문, 37~38쪽.
90) "恭愍王改官制 府置左右司尹正三品 丞·注簿·舍人正七品 錄事正九品 又 或置左右司禁 小府不置司尹"(『高麗史』 卷77 百官志2 諸妃主府).
91) 「有明朝鮮國忠州億政禪寺故高麗王師諡大智國師碑銘〈幷序〉」(『增補 韓國金石文大系』 卷2-忠淸南北道編, 73쪽).

한 구조였다. 또한 속인 관원들 뿐만 아니라, 粲英처럼 원융부에 入侍하고 있는 승려도 있었다고 하니 승려들로 이루어진 조직도 그곳에 소속되어 있었을 것이다. 차)-②에서는 千熙에게 설치된 부의 관원들에 대한 기록이 없지만, 보우의 원융부 이후에 두어지는 것이므로 천희의 府도 圓融府와 유사한 구조였을 것이다.

우왕 이전에는 諸妃主들 중에서도 원 출신의 공주를 제외하고는 소생 왕자가 왕위에 오른 후에야 府가 설치되었다.[92] 그렇다면 諸妃主府 중에서도 큰 것에 비교될 정도인 府를 普愚나 千熙에게 만들어준 이유는 무엇일까. 우선 해당 승려에 대한 대우를 위해서였다. 그러나 보우는 원융부 설치 이후 주지 임명에 대한 권한 즉 僧政을 장악하게 되는데,[93] 부수적으로 원융부에서 소속 관원을 활용하여 僧政의 운영을 하고자 했을 것이다. 사료 차)-③에서 공민왕 5년에 원융부에 소속되어 있었던 粲英은 동왕 8년부터 몇년간 승록사에서 승려의 선발에 참여[94]하였다. 따라서 그가 원융부에서도 승려 선발과 관련된 일을 했을 가능성이 상당히 크다고 할 수 있으며, 이로 미루어 볼 때 원융부 소속 관원이 승정에도 관여했던 것으로 여겨진다. 천희도 국사로 임명되면서 府가 설치되고 동시에 승록사의 최고 지위인 禪敎都摠攝이 되고 있으므로 역시 그의 府도 僧政에 관여했으리라 생각된다.[95]

---

92) 李貞蘭, 주 89) 논문, 39~46쪽.
93) "(恭愍王 5年 5月) 乙酉 王以誕日 邀普愚于內殿 飯僧百八 時僧徒求住寺者 皆附愚干請 王曰 自今 禪敎宗門寺社住持 聽師注擬 寡人但下除目爾 於是 僧徒爭爲門徒 不可勝計"(『高麗史』 卷39 世家).
94) 「有明朝鮮國忠州億政禪寺故高麗王師諡大智國師碑銘〈并序〉」, "己亥(1359년, 공민왕8)春 玄陵召致之 敬其法 奇其貌 歎賞不已 稱爲碧眼達磨 又以僧錄司所繫 甚重 不可處以冗僧 乃選於釋林 以師爲兩街都僧錄大師 典其司數年 師辭之甚懇 許之"(『增補 韓國金石文大系』 卷2-忠淸南北道編, 73쪽).
95) 千熙의 승정 장악에 대해서는 부정적으로 파악하는 견해가 있다. 즉 천희가 국사가 되어 府가 설치되었을 때는 신돈이 집권하여 정치권과 함께 불교계까지 장악하여 직접 승록사의 일을 제조하고 있었기 때문에 천희

제4장 王師·國師의 자격과 대우  189

한편 고려후기 특히 원의 간섭을 받으면서 승려들이 세속적인 지위를 많이 가지게 되었는데, 彌授는 三重大匡과 함께 祐世君이 되어 一品의 俸祿을 별도로 받고 있고96) 그외 다수의 승려들이 封君되거나 문산계를 받았다.97) 이러한 고려후기 승려들의 세속화와 발맞춰 府都

의 승정에 대한 권한이 극히 제한적이었다고 보는 것이다(崔柄憲, 1986, 「太古普愚의 佛敎史的 位置」『韓國文化』 7, 122~123쪽). 일면 타당한 견해라고 생각되지만, 신돈의 세력기반으로 불교계가 포함되지 않는다는 의견을 감안하면 다른 해석도 가능할 듯하다. 즉 신돈이 승려 출신이기는 했지만 정통적인 불교의 종파나 사원을 바탕으로 정치의 표면에 나서지 않았다는 것이다(閔賢九, 1968, 「辛旽의 執權과 그 政治的 性格(下)」『歷史學報』 40, 58~59쪽). 그러므로 신돈이 가지고 있었던 提調僧錄司事의 직임은 다른 관직과 함께 그가 정치 뿐만 아니라 종교 제례와 관계있는 직임을 가지게 되었음을 의미하여 국정의 모든 것을 관장한다는 상징적인 표현으로도 보인다. 신돈은 승려로서 승계도 가지지 않았다고 파악되는데, 그런 신돈이 갑작스럽게 승정을 장악하게 되면 기존 불교계의 반발을 예상할 수밖에 없다. 때문에 신돈이 천희를 내세워 승정을 관장하도록 하지 않았을까 생각된다.

96) 「高麗國俗離山法住寺慈淨國尊碑銘〈幷序〉」, "癸丑(1313년, 충숙왕즉위년) 下批爲大慈恩宗師·三重大匡·兩街都僧統·菩提薩埵摩訶那伽國一大師·祐世君 別頒一品俸祿"(『增補 韓國金石文大系』 卷2-忠淸南北道編 61쪽).
97) 封君되거나 문산계를 받은 승려로는 重大匡·祐世君이었던 海圓(「大崇恩福元寺高麗第一代師圓公碑」『東文選』 卷118;『稼亭集』 卷6), 彌授의 문인으로 大慈恩宗師 傳慈恩敎觀 五敎都僧統 重興寺兼天神寺住(결락)明國一大師 三重大□□世君이었던 道卓(「彌授碑」), 復丘의 제자로 三重大匡·福利君이었던 雲嚴 澄公(「長城縣白巖寺雙溪樓記」『東文選』 卷74 記;『新增東國輿地勝覽』 卷36 長城縣 佛宇 淨土寺; 「白巖山淨土寺雙溪樓記」『增補校正 朝鮮寺刹史料』 下, 173쪽), 보우의 문도인 都大禪師 廣化君 玄鄒(「普愚碑」), 千熙의 제자로 이름은 모르지만 (결락)住持 三重大□ 奉壽君(결락)·金生寺住持 重大匡 祐世(결락) 등의 관직을 가졌던 두 명의 승려(「千熙碑」), 權溥의 아들로 廣福君이었던 宗頂(『高麗史』 卷107 列傳20 權旺 附 權溥), 龍岩寺 주지였던 壽福君 用宣(『高麗史』 卷34 世家34, 충선왕 5年 3月 丁酉), 大禪師·三重大匡·慈恩君이었던 義旋(『稼亭集』 卷3 記「高麗國天台佛恩寺重興記」), 龍岩寺住持·大禪師로 重大匡·奉福君 이었던 神照(『東文選』 卷78 記「水原萬義寺祝上華嚴法華法會衆目記」) 등이 있다.

설치된 것이 아닌가 싶다. 그리고 중국의 元과 明 시기에 불교 통제기관으로 府나 院 등을 설치하여 특정 승려에게 위임하고 있으므로[98] 원과의 교류 속에서 영향을 받았을 가능성도 있다.

고려의 전형적인 제도는 아니지만, 후기에 일부의 王師·國師에게 府를 설치해주어 그곳을 중심으로 僧政을 관리하도록 했는데 이는 당시의 불교계의 세속화, 부정과도 관련이 있었다.[99] 하지만 모든 王師·國師에게 府가 설치된 것은 아니므로 이는 국왕에게 승정권을 위임받을 정도의 총애를 받은 특별한 王師·國師에게 주어진 하나의 특례였다. 물론 府가 설치된 가장 큰 원인은 해당 승려를 영예롭게 하기 위한 것이고 승정에 관여한 것은 부수적 활동이었다. 그리고 諸妃主府와 비교해보았을 때 그에 상당할 정도의 위상을 가지고 있었으므로 당시 왕사·국사의 지위를 다시 한번 짐작하게 한다.

諡號는 왕사·국사에게 주어진 중요한 정치적 대우의 하나이다. 고려시대에 시호는 원칙적으로 宰臣 이상에게 주어졌고,[100] 조선에서도 宗親과 文武官 實職 正2품이상만이 해당되었다.[101] 그러므로 왕사·국사들이 사망 후 시호를 받았던 것은 그들의 지위가 宰臣 정도였음을 보여준다. 실제로 왕사·국사가 보유하고 있었던 승계인 僧統·大禪師가 宰臣과 동급의 大官誥로 임명되었음을 이미 언급하였는데, 시호의 경우도 이를 재확인시켜준다.

왕사와 국사의 위상은 그들이 사용한 印章의 수준에서도 나타난다. 왕사나 국사가 가지고 있었던 도장은 印·印章·印寶·印信 등이라고 하여 약간씩 표현이 다르기는 하지만 고려전기부터 사료상 확인되고

---

98) 道端良秀, 주 39) 책, 253·274~275쪽.
  邊東明, 2002, 「高麗後期의 法相宗」『한국중세사연구』12, 207쪽.
99) 史文卿, 주 88) 논문, 22~23·35쪽.
100) 『高麗史』卷111 列傳24 李嵒 附 李岡, "拜密直副使卒 年三十六 王悼甚 賜重賻 樞密例不得諡 特諡文敬"
101) "宗親 及文武官實職正二品以上 贈諡"(『經國大典』卷1 吏典 贈諡).

있다.102) 그들이 印章을 가지고 있었다는 것은 형식적으로나마 그것을 사용할 만한 구체적인 직임을 맡았음을 알려준다.

그러나 지금까지 그 인장을 어떠한 곳에 사용했는지는 분명치 않다. 다만 왕사·국사가 그들의 지위를 물러나겠다는 표시를 할 때 인장을 국왕에게 반환하였고, 국왕은 그 인장을 왕사나 국사에게 돌려보냄으로써 계속 그 지위를 유지하도록 한 사실이나103) 왕사·국사가 사망할 때 인장을 봉함하여 侍者나 그 지방관리에게 맡겼다104)는 것은 그것이 임명장과 함께 그들의 지위를 확인시켜 주는 물건이었음을 알려준다.

반면 왕사·국사의 인장의 격에 대해서는 구체적인 자료가 없어 어느 정도의 수준이었는지 알 수 없다. 다만 彌授가 국존이 되기 전에

---

102) 인장을 가지고 있었던 것으로 확인되는 왕사·국사는 智□, 學一, 坦然, 混元, 一然, 惠永, 混丘, 彌授, 復丘, 普愚, 粲英, 混修 등이 있다.
103) 고려전기와 후기의 대표적인 사례를 한가지씩만 들겠다.
「高麗國雲門寺圓應國師之碑」, "七年己酉(1129년, 인종7) 九月十九日 封王師印幷狀 納王朝 潛發瓊嵓 行至廣州 上聞之 遣內臣庾弼 傳宣懇款 又命左右街 令所過州郡 依普照國師下山例迎送 仍還印寶 十月十九日 入雲門"(『韓國金石文大系』卷3-慶尙北道編, 86쪽 ; 『朝鮮金石總覽』上, 350쪽).
「高麗國國師大曹溪嗣祖傳佛心印行解妙嚴悲智圓融贊理王化扶宗樹教大願普濟一國大宗師摩訶悉多羅利雄尊者諡圓證塔銘〈幷序〉」, "明年(1357년, 공민왕6) 辭位不允 師夜遁 玄陵 知師志不可奪 悉送法服印章于師所"(『韓國金石文大系』卷5-京畿道編, 48쪽).
104) 역시 고려 전·후기의 대표적인 사례 하나씩만을 들도록 하겠다.
「高麗國曹溪宗崛山下斷俗寺大鑑國師之碑銘幷序」, "十三年戊寅(1158년, 의종12) 六月四日 復示疾 至十五 … 偈畢端坐 叉手而化 … 門人 奉遺狀印寶 乘驛來奏 上聞訃悲悼 卽遣內臣韓就 日者陰仲寅等 往護葬事"(『朝鮮金石總覽』上, 564쪽 ; 『韓國金石全文』中世下, 823쪽).
「王師大曹溪宗師一邛正令雷音辯海弘眞廣濟都大禪師覺儼尊者贈諡覺眞國師碑銘〈幷序〉」, "乙未(1355년, 공민왕4) 移寓白嵓寺 夏六月 示疾 七月二十七日疾小間 織書辭于國王宰府 請邑官 封印信 更衣剃沐 具法服 命侍者擊鼓 坐小禪床 乃云 … 儼然而化"(『東文選』卷118 ; 『霽亭集』卷3).

참회부를 세우고 僧政을 전담하도록 했을때 銀印을 받은 것으로 비교
는 된다. 국왕과 왕세자의 인장은 金印이었고,105) 고려 전시기의 사례
를 보여주는 것은 아니지만 恭讓王 때 都評議使司의 上言에 의하면
왕비는 金印을 받고 世子嬪·왕자의 부인·공주들은 銀印을 주도록
하였다.106) 彌授가 국존이 되기 전에 받은 인장이 銀印이었으니 국존
이 된 이후 받은 인장도 최소한 銀印은 되었을 것이므로 왕사·국사
가 받은 인장은 왕과 왕세자보다 낮은 수준이고 세자빈과는 동급이었
다. 관원과는 구체적인 내용을 가지고 비교하기 어려운데 최소한 세
자빈 정도의 인장을 소유했기 때문에 최고위의 관료와 비슷했을 것이
다. 이렇듯 인장을 통해서도 왕사·국사가 최고 수준의 관료와 비슷
하거나 그보다 우월한 대우를 받았음이 확인된다.

府가 설치되거나 시호를 받고 인장을 사용했던 것 등을 통해 왕사·
국사가 정치적으로 어느 정도의 대우를 받았는지를 알 수 있다. 왕
사·국사는 불교계를 대표하고 국왕과 국가로부터 존중받는 대상이기
도 했지만, 그들의 지위를 정치적·사회적으로 알기 위해서 왕비·관
원 등과 비교해 보았고 그것이 諸妃主나 재상 정도였음을 확인했다.

### 3) 부모의 추증

토지와 봉록 등이 지급되었다거나 府가 설치되고 諡號·印章이 수
여되는 것은 왕사나 국사 본인에게 주어진 대우였는데 비해 그들 부
모에 대한 추증의 사례도 여러번 찾아진다.107)

---

105) 『高麗史』 卷72 輿服志 印章 王印章·王世子印章.
106) "(恭讓王 3年 8月) 都評議使司上言 … 願自今定以王之正配稱妃 冊授金印
　　世子正配 稱嬪 冊授銀印 衆王子正配 稱翁主 王女稱宮主 並下批銀印 …"
　　(『高麗史』 卷75 選擧志3 銓注 凡封贈之制).
107) 기존의 연구 성과에서도 왕사·국사 부모의 추봉 사례가 이미 언급되었

제4장 王師·國師의 자격과 대우  193

카-① 스님의 이름은 智□이고 惠居는 軒□□이다. 俗籍은 溟州 朴氏이고 川寧郡 黃驪縣 사람이다. 아버지의 이름은 允榮으로 門下侍中으로 추증되었다.108)

② 國尊의 이름은 見明, 자는 晦然으로 후에 이름을 一然으로 바꾸었고 俗姓은 金氏로 慶州 章山郡 사람이다. 아버지의 이름은 彦弼로 벼슬하지 않았지만 스님(=일연) 때문에 左僕射로 추증되었고 어머니 李氏는 樂浪郡夫人으로 봉해졌다.109)

③ 國師의 이름은 混丘, 字는 丘乙이고 옛 이름은 淸玢이다. 俗姓은 金氏이고, 아버지는 僉議評理로 추증된 弘富로 淸風郡 사람이고 黃驪 閔氏의 딸에게 장가들었다.110)

④ 스님의 이름은 子安인데 후에 꿈에 감득하여 彌授로 고쳤다. 俗姓은 金氏이고 계보는 一善郡에서 나왔다. 아버지 漢㗉는 奉順大夫·典客令으로 추봉되었고 어머니 文氏는 公進의 딸로 和義郡夫人으로 추봉되었다.111)

⑤-1. 國師의 이름은 普愚, 號는 太古이고 俗姓은 洪氏로 洪州 사람이다. 아버지 延은 開府儀同三司·上柱國·門下侍中·判吏兵部事·洪陽公, 어머니 鄭氏는 三韓國大夫人으로 추증되었다.112)

---

으며 그 이유를 고려 후기에 불교계의 혼란으로 인해 왕사·국사가 전기와 달리 승정을 맡게 되면서 대우가 달라졌기 때문이라고 이해하였다(許興植, 주 2) 논문, 411~412쪽).

그러나 부모 추봉의 사례가 한 건이기는 하지만 전기에도 확인되고 있으므로 후기에 한정된 특혜는 아니었다고 파악된다. 또한 필자는 왕사·국사 부모의 추봉을 통해 왕사·국사가 받았던 대우를 추론해보려는 것이므로 기존의 논문과 차별되리라 생각한다.

108) 「高麗國水州府花山葛陽寺辯智無碍圓明妙覺興福佑世惠居國師諡洪濟尊者寶光之塔碑銘〈並序〉」(1917, 『朝鮮佛敎叢報』 1, 24쪽 ; 1976, 『韓國佛敎雜誌叢書』 14).
109) 「高麗國華山曹溪宗麟角寺迦智山下普覺國尊碑銘」(「普覺國師碑」, 1981, 韓國精神文化硏究院).
110) 「有元高麗國曹溪宗慈氏山瑩源寺寶鑑國師碑銘〈幷序〉」(『東文選』 卷118 ; 『益齋亂藁』 卷7).
111) 「高麗國俗離山法住寺慈淨國尊碑銘〈幷序〉」(『增補 韓國金石文大系』 卷2-忠淸南北道編, 61쪽).

⑤-2. 아버지의 이름은 延으로 스님(=보우)이 귀하게 됨에 따라 開府儀
同三司・上柱國・門下侍中・判吏兵部事・洪陽公, 어머니 鄭氏는
三韓國大夫人으로 추증되었다.113)

　왕사・국사로 임명되거나 추봉된 이들은 자료가 확인되는 한 대부분 승과를 통과하여 승계를 가지고 있었던 것을 4장 1절에서 확인하였는데, 이를 토대로 그들의 신분은 승과를 볼 수 있었던 수준 정도라고 파악된다. 신분상 승과 응시자격은 대체로 製述科의 그것과 유사하다고 하는데,114) 실제로 왕사・국사의 신분을 확인해보면 왕실 자제나 관직자・지방향리의 자제들이 대부분이다.115) 그런데 사료 카)-①~⑤ 경우처럼 부모를 추증하는 사례가 있다. 왕사・국사가 된 승려를 자식으로 두었기 때문에 추증되었음을 분명하게 보여주는 사례는 ②로, 일연 때문에 아버지를 左僕射로 추증하고 어머니를 樂浪郡夫人으로 봉했다고 한다. 또한 보우의 비문 내용 중의 일부인 ⑤-1에서는 보우의 부모가 추증된 사실만을 기록했을 뿐이지만 행장인 ⑤-2에서는 보우가 귀해졌기 때문이라고 서술하고 있다. 때문에 ①惠居國師智□, ③混丘, ④彌授 등의 부모에 대한 추봉도 그들 자식이 승려로서 귀해졌기 때문이라고 파악된다. 전하는 자료의 부족 때문이기도 하지만, ①・③・④의 추증에 대한 다른 이유 즉 또다른 자식들의 출세를 찾을 수 없으므로 이들도 그 자식이 왕사・국사가 되었기 때문이라고

---

112) 「高麗國國師大曹溪嗣祖傳佛心印行解妙嚴悲智圓融贊理王化扶宗樹敎大願普濟一國大宗師摩訶悉多羅利雄尊者諡圓證塔銘〈幷序〉」(『韓國金石文大系』卷5-京畿道編, 48쪽).
113) 「高麗國國師大曹溪嗣祖傳佛心印行解妙嚴悲智圓融贊理王化扶宗樹敎大願普濟一國大宗師摩訶悉多羅利雄尊者諡圓證行狀」(『太古和尙語錄』附錄;『韓國佛敎全書』卷6, 695하쪽).
114) 許興植, 1976, 「高麗時代의 僧科制度와 그 機能」『歷史教育』19 ; 1986, 『高麗佛敎史硏究』, 一潮閣, 379~380쪽.
115) 주 37) 참고.

제4장 王師·國師의 자격과 대우  195

이해된다.116)

　게다가 이들 승려의 부모에 대한 추증은 당시 왕사·국사를 어느 정도의 지위로 파악했는지 알려준다. 후대의 기록이기는 하지만, 『經國大典』에 의하면 문무관 실직 2품 이상은 3대를 追贈하였는데 부모는 자기의 품계에 준한다고 하였다.117) 그런데 智□의 아버지는 門下侍中(從1품)으로 추증되었고 一然은 左僕射(正2품), 混丘는 僉議評理(從2품), 彌授는 奉順大夫(正3품下)·典客令(從3품), 普愚는 門下侍中·洪陽公으로 그 아버지가 추증되었다. 이들의 추증된 관직을 보면 종1품의 문하시중부터 하위로는 종3품인 전객령이었다. 종3품의 관직은 문제가 있지만 그외 4명의 경우는 모두 재상급의 관직을 추증받고 있으므로 부모를 자기의 품계에 준한다는 『經國大典』의 설명에 비추어 보면 왕사·국사도 재상 정도의 지위로 여겼음을 알 수 있다. 이는 앞에서 왕사·국사는 재신과 동급의 대우를 받는 僧統이나 大禪師에서 선출되었다고 한 것과 비슷한 양상이다.

　특히 智□의 아버지 朴允榮, 普愚의 아버지 洪延이 문하시중으로 추증되고 있는 점은 특기할 만하다. 문하시중은 고려에서 최고의 수상직으로 관인들도 쉽게 진급하지 못하는 지위였다. 또한 치사직이나 증직으로 이용될 때도 그 대상자가 절반 이상이 門下侍郞同中書門下平章事 내지 門下侍郞平章事를 지낸 인물이었고, 그 외는 국가에 남긴 공로가 인정되거나 妃父 및 문벌가의 성원 등에게 주어지는 것이 일반적이었으며 자손의 입신으로 혜택을 입는 사례가 약간 있었다.118)

---

116) 조선시대의 왕사였던 자초의 아버지도 추증을 받고 있다.
　　「朝鮮國王師大曹溪師禪教都摠攝傳佛心印辯智無碍扶宗樹教弘利普濟都大禪師妙嚴尊者塔銘〈幷序〉」, "俗姓朴氏 三歧郡人也 考諱仁一 贈崇政門下侍郞 母固城蔡氏"(『朝鮮金石總覽』下, 1281쪽 ; 『春亭續集』卷1).
117) "宗親及文武官實職二品以上 追贈三代〈父母 准己品…〉"(『經國大典』卷1 吏典 追贈).
118) 朴龍雲, 주 14) 논문, 80~82쪽.

그러므로 智□와 普愚의 아버지가 이러한 문하시중으로 추증된 것은 이들이 당시 얼마나 중요한 위치였는가를 반증해준다. 한편 문하시중은 中書門下省의 직제가 마련되는 성종 원년~2년에 설치되었고 실제 임명은 동왕 7년 최승로에게서 처음 보이고 있다.[119] 智□는 광종 25년에 사망하였지만 成宗 13년에야 비가 세워지고 있으므로 그의 아버지가 문하시중으로 추증된 것도 비의 건립을 전후로 한 성종 연간에 이루어졌으리라 추정된다.

다음 어머니에 대한 추봉으로 일연은 낙랑군부인, 미수는 화의군부인, 보우는 삼한국대부인으로 되어 있다. 『高麗史』에 의하면 공양왕 때의 기록이기는 하지만, 文武 1품官의 어머니는 國大夫人, 2품과 3품 관인의 어머니는 郡大夫人으로 봉하도록 되어 있었다.[120] 보우의 어머니는 1품 관리의 어머니에게 주어지는 국대부인과 일치한다. 그러나 일연과 미수의 어머니는 군부인으로 어머니에 대한 봉증이라면 郡大夫人이 되어야 하는데 그렇지 못하다. 남편의 지위를 기준으로 했다면, 2·3품 관리의 正妻를 추봉할 때 이용되는 지위이다. 앞서 인용한 『經國大典』의 규정을 함께 참고하면, 어머니의 추증도 왕사·국사를 3품 이상의 관인에 준하여 이루어진 것이다.

그런데 왜 5명의 왕사·국사 부모만이 추증되었을까. 다른 왕사·국사 부모들이 본인들의 지위나 다른 자식들로 인해 왕사·국사와 비견될 만한 지위에 올랐다면 추증은 필요없었을 것이다. 반대로 그 부모들이 왕사·국사에 상당하는 지위에 오르지 못하여 왕사·국사의 책봉·추봉과 함께 추증을 받았지만 그것이 기록으로 남지 않았다고 추측해볼 수도 있다. 그러나 전체 왕사·국사 중 사료로 확인되는 부

---

[119] 朴龍雲, 주 14) 논문, 41~44쪽.
[120] "(恭讓王 3年 8月) 都評議使司上言 … 願自今定 … 文武一品正妻 封小國夫人 二品正妻 封大郡夫人 三品正妻 封中郡夫人 母並大夫人 四品正妻 封郡君 母郡大君 五六品正妻 封縣君 母縣大君"(『高麗史』 卷75 選擧志3 銓注 凡封贈之制).

모 추증 사례가 소수여서 위의 추정은 문제가 된다.

그렇다면 왕사·국사의 부모라고 하더라도 특별한 경우만 추증되었다고 파악해야 할 것이다. 부모를 추증한 사료 카)의 5명 승려 중 다음에 서술할 부분인 연고지 승격과 3명이나 겹치는데, 이는 부모의 추증이나 고향의 승격이라는 특혜를 받은 왕사·국사들이 한정되었다는 점을 보여준다. 그리고 특별한 예우를 받았다는 것은 그들이 국왕이나 정치권력과 밀접했음을 증명해준다고 생각된다. 실제로 一然은 국존으로 임명되기 전부터 慶州에서 충렬왕을 자신의 결사로 받아들였고 국존으로 책봉된 후에도 인각사에 하산하여 九山門都會를 개최하여 叢林의 번성함이 근래없었던 일이라고 칭해질121) 정도였다. 混丘는 법호를 6번 하사받고 內院에 2번이나 주지했다122)고 하고 그 고향도 승격되었던 것을 참고한다면, 당시 정치 영향력이 뛰어난 승려였다. 彌授 또한 국존에 책봉되기 전에 三重大匡·祐世君과 1품의 녹봉을 하사받았고 그를 위해 懺悔府가 설치되기도 하였다.123) 보우의 경우는 신돈이 득세했을 때 왕사의 자리를 내어놓은 등 어려움을 겪기는 했지만 이후 다시 복귀하여 우왕 8년까지 국사로서 활동하였다.124) 이렇게 당시 정치적으로 상당한 영향력을 가졌던 왕사·국사

---

121) 「高麗國華山曹溪宗麟角寺迦智山下普覺國尊碑銘」, "辛巳夏(1281년, 충렬왕7) 因東征 駕幸東都 詔師赴行在 及至跪請陛座 倍生崇敬 因取師佛日結社文 題押入社 … 明年(1284년, 충렬왕10)母卒 年九十六 是年朝廷 以麟角寺 爲下安之地 … 師入麟角 再闢九山門都會 藂林之盛 近古未曾有也"(「普覺國師碑」, 1981, 韓國精神文化硏究院).

122) 「有元高麗國曹溪宗慈氏山瑩源寺寶鑑國師碑銘〈幷序〉」, "師凡七增秩 六錫號 九歷名藍 再住內院"(『東文選』卷118 ; 『益齋亂藁』卷7).

123) 「高麗國俗離山法住寺慈淨國尊碑銘〈幷序〉」(『增補 韓國金石文大系』卷2-忠淸南北道編, 61쪽).

124) 「高麗國國師大曹溪嗣祖傳佛心印行解妙嚴悲智圓融贊理王化扶宗樹敎大願普濟一國大宗師摩訶悉多羅利雄尊者諡圓證塔銘〈幷序〉」(『韓國金石文大系』卷5-京畿道編, 48쪽).

들만이 부모를 추증하는 특혜를 받았던 듯하다.

한편 왕사·국사로 임명되기 전에, 그것도 살아있는 아버지에 대한 특별한 대우를 해준 사례가 있다.

> 카-⑥-1. 스님의 이름은 天英이다. … 俗姓은 梁氏로 계보는 帶方郡에서 나왔다. 아버지 宅椿은 … 散秩로서 고향에 있었다. … 스님(=천영)이 불려져 禪源(社)에 이르렀을 때, 고종이 (양택춘을) 불러 輦下에 이르렀는데 몇 년 사이에 여러번 옮겨 禮賓卿에 이르러 致仕하였다. 어머니는 隴西郡夫人 金氏이다.125)
>
> ⑥-2. 아들(=천영) 때문에 公이 불리워져 左右衛錄事·叅軍事가 되었고 하여금 慶喜宮副使 祿을 먹게 하였다. 公의 나이가 이미 70여세 였는데 또 戶部員外郞·賜紫金魚袋에 제수되어 인하여 녹봉을 받았다.126)

天英의 아버지 梁宅椿은 자신의 아들이 국왕과 최씨집권자에게 총애를 받게 되면서 수도로 옮겨와 관직을 받았으며 치사할 나이가 넘은 후에도 진급하여 결국 禮賓卿으로 치사하고 있다. 천영은 사망 후에 慈眞圓悟國師로 추봉받기는 하지만, 그의 아버지 양택춘의 지위는 천영이 추봉받기 전의 일이다. 이는 천영이 당시 수선사의 대표자로서 최씨무신정권과 밀접한 관련을 가졌기 때문에 있었던 것이고, 왕사·국사의 부모에 대한 추봉의 이유를 짐작하게 하는 사례이다.

## 4) 연고지의 승격

부모에 대한 추증 외에 왕사·국사와 관련한 특별한 대우는 연고지

---

125) 「曹溪山第五世贈諡慈眞圓悟國師碑銘幷序」(『曹溪山松廣寺史庫』, 443～444쪽 ; 『韓國金石全文』 中世下, 1054쪽).
126) 「梁宅椿墓誌銘」(『高麗墓誌銘集成』, 385쪽).

에 대한 승격이다.

 타-① 淳昌郡. … 忠肅王 원년에 國統 丁午의 鄕이기 때문에 知郡事로 올렸다.127)

 ② 章山郡. … 忠肅王 4년에 國師 一然의 鄕이기 때문에 올려 縣令官으로 삼았다.128)

 ③ 淸風縣. … 忠肅王 4년에 縣(출신)의 승려 淸恭이 왕사가 된 것으로 인하여 知郡事로 올렸다.129)

 ④ 興海郡. … 恭愍王 16년에 國師 千熙의 鄕이기 때문에 知郡事로 올렸다.130)

 ⑤-1. 楊根縣. … 恭愍王 5년에 王師 普愚의 母鄕이기 때문에 올려 楊根郡으로 삼았다. …〈恭愍王 5년에 普愚가 迷元莊의 小雪庵에 愚居하였다고 하여 莊을 올려 縣으로 삼고 監務를 두었다. 얼마 안있어 땅이 좁고 사람이 드물어 현으로 還屬하였다.〉131)

 ⑤-2. 洪州. … 恭愍王 5년에 王師 普愚의 內鄕이기 때문에 올려 牧으로 삼았다. 17년에 내려 知州事로 삼았다. 20년에 다시 牧으로 삼았다.132)

 ⑤-3. (恭愍王 元年 5月 己丑) 王이 사신을 보내어 僧 普虛를 盆和縣에

---

127) "淳昌郡 … 忠肅王元年 以僧國統丁午鄕 陞知郡事"(『高麗史』卷57 地理志2 全羅道).

128) "章山郡 … 忠肅王四年 以國師一然之鄕 陞爲縣令官"(『高麗史』卷57 地理志2 慶尙道).

129) "淸風縣 … 忠肅王四年 因縣僧淸恭爲王師 陞知郡事"(『高麗史』卷56 地理志1 楊廣道).

130) "興海郡 … 恭愍王十六年 以國師千熙之鄕 陞知郡事"(『高麗史』卷57 地理志2 慶尙道).

131) "楊根縣 … 恭愍王五年 以王師普愚母鄕 陞爲楊根郡 …〈恭愍王五年 以普愚寓居于迷元莊之小雪庵 陞莊爲縣 置監務 尋以地窄人稀 還屬于縣〉"(『高麗史』卷56 地理志1 楊廣道).

132) "洪州 … 恭愍王五年 以王師普愚內鄕 陞爲牧 十七年降知州事 二十年復爲牧"(『高麗史』卷56 地理志1 淸州牧).

서 불렸다. 普虛의 호는 太古이다. … 廣州 迷元莊에 우거하여 親
戚을 모아 드디어 살았다. (普)虛가 왕에게 아뢰어 迷元莊을 올려
縣으로 삼고 監務를 두었는데, (普)虛가 號令를 주도하고 監務는
다만 進退할 뿐이었다.133)

⑤-4. 戊子(충목왕 4년) 봄에 스님이 동쪽으로 돌아와 重興寺에 머물면
서 하안거를 채우고 자취를 숨기기 위해 迷原莊을 지나는데 老吏
로 이름이 善大라는 자가 꿇어앉아 울면서 막아 머물도록 하였
다. 스님은 吏와 함께 龍門山의 北麓을 찾아 이르렀다. … 이에
산을 살펴 띠집을 짓고 이름을 小雪이라고 하였다. … 壬辰(공민
왕 원년) 春에 玄陵(=공민왕)이 大護軍 孫襲을 보내어 불렀으나
스님은 응하지 않았다. 얼마 안있어 (孫)襲을 보내어 강요한 후
에야 일어났다. … 玄陵이 이에 말하기를, "德이로구나. 迷原莊의
吏는 스님의 귀함을 알아 받들기를 삼가하였다"고 하였다. 이에
莊을 혁파하여 縣으로 삼고 賢司에게 명하여 다스리게 하였다.
… 丙申(공민왕 5년) … 4월 24일에 봉하여 王師로 삼았다. … 이
때 洪州를 올려 牧으로 삼았으니 대개 덕을 존중함의 지극함을
드러낸 것이었다. … 洪武四年 辛亥(공민왕 20년) 7月에 … 禮部
尙書 洪尙載, 內侍 李樞에게 명하여 예를 갖추어 國師로 進封하
고 法號를 더하였다. 楊根은 스님의 母鄕인데 본래 益和縣이었던
것을 올려 郡을 삼았다.134)

사료 타)-①은 丁午의 고향에 대한 승격 기사이다. 정오는 충렬왕
33년에 왕사가 되었다가 충숙왕 즉위년에 국통으로 임명되고 있는
데,135) 그 고향 승격이 국통 임명 직후인 충숙왕 원년에 있었다.

③은 淸恭이 왕사가 되어 그의 고향이 현에서 군으로 승격되었다는

---

133) 『高麗史』卷38 世家38, 恭愍王 元年 5月 己丑.
134) 「高麗國國師大曹溪嗣祖傳佛心印行解妙嚴悲智圓融贊理王化扶宗樹教大願
普濟一國大宗師摩訶悉多羅利雄尊者諡圓證行狀」(『太古和尙語錄』 附錄 ;
『韓國佛教全書』卷6, 698상~699중쪽).
135) 朴全之, 「靈鳳山龍巖寺重創記」(『東文選』卷68).
"(忠肅王 즉위년) 十一月 戊子 以王師丁午 爲國統 國一大禪師混丘 爲王
師"(『高麗史』卷34 世家).

기사인데, 3장에서 서술한 고려후기 왕사 역임자에는 청공이 없다. 다만 충숙왕 4년 즈음에 왕사였던 이는 혼구이고 그의 옛 이름이 淸玢이다. 게다가 혼구가 淸風郡 사람이라고 비문에 서술되어 있으므로136) 淸恭은 혼구와 같은 인물로 파악된다. 따라서『高麗史』「地理志」에 실린 淸恭은 淸玢의 오자이거나 또다른 이름일 것이다. 한편 混丘는 충숙왕 즉위년에 왕사로 임명되었는데 그 후 4년만에 고향의 승격이 이루어지고 있어 약간 늦은 감이 있다.

한편 ②는 일연의 고향 승격 내용이다. 그런데 일연은 충렬왕 9년에 국존으로 임명되어 동왕 15년에 사망하고 있는데 비해,137) 고향에 대한 승격이 충숙왕 4년에 이루어졌다는 점이 이상하다. 일연의 비도 충렬왕 21년에 세워지고 있으므로 고향 승격은 무척 늦게 이루어진 듯하다. 다만 ③의 淸恭이 淸玢 즉 混丘라고 파악되는데, 혼구는 일연의 제자로 그의 비 건립을 주도하고 있을 정도이다. 그러므로 일연의 수제자인 淸恭 즉 混丘의 고향 승격과 동시에 이루어진 것이다. ④의 천희는 공민왕 16년에 국사로 임명되었는데,138) 바로 그때 고향이 승격되었다.

사료 타)-⑤는 보우의 연고지에 대한 승격 기사인데, 內鄕·母鄕과 함께 그가 잠시 머물렀던 迷元莊도 縣으로 올려졌다고 한다. ⑤-1에서는 보우의 母鄕과 미원장이 그가 왕사로 책봉되는 공민왕 5년에 각각 군과 현으로 승격되었다고 되어 있다. 또 ⑤-2에서는 보우의 內鄕인 洪州가 왕사 책봉 시기인 공민왕 5년에 牧이 되었고, 신돈에 의해서

---

136) 「有元高麗國曹溪宗慈氏山瑩源寺寶鑑國師碑銘〈并序〉」, "國師諱混丘 字丘乙 舊名淸玢 俗姓金氏 考贈僉議評理諱弘富 淸風郡人也"(『東文選』卷118 ;『益齋亂藁』卷7).

137) 「高麗國華山曹溪宗麟角寺迦智山下普覺國尊碑銘」(「普覺國師碑」, 1981, 韓國精神文化硏究院).

138) 「贈諡眞覺國師碑銘」(『韓國金石文大系』卷5-京畿道編, 51쪽 ;『朝鮮金石總覽』上, 531쪽).

핍박을 받아 보우가 사직한 공민왕 15년의 2년 후에 知州事로 복원되었다가 국사로 進封되는 공민왕 20년에 다시 牧으로 승격되었음을 이야기하고 있다. 보우의 세력 부침에 따라 고향의 등급이 변하고 있다. 게다가 ⑤-3에 의하면 미원장이 현으로 승격되고 감무가 두어지기는 했지만 그 지역을 보우가 주관하였다고 한다. 보우의 행장인 ⑤-4에서는 『高麗史』에서 전하는 기록보다 더 상세한데, 미원장이 현으로 승격되게 된 것은 그곳의 吏가 보우를 머물도록 했기 때문에 보우의 귀함을 알아보고 섬긴 선견지명에 대한 표창이라고 설명하고 있다. 또한 ⑤-1에서는 보우의 母鄕이 왕사 책봉이 있었던 공민왕 5년에 승격되었다고 한데 비하여 ⑤-4에서는 국사로 진봉된 동왕 20년에 승격이 이루어졌다고 기술되어 있다. 상식적으로 내향이 승격된 후 모향의 격이 높여지는 것이 당연하다고 생각되고, 보우의 사망과 가까운 시기인 우왕 9년에 쓰여진 ⑤-4의 행장 내용이 사실과 더 부합하리라 판단된다.

사료 타)를 통해서 연고지가 승격된 이들은 丁午・一然・混丘・千熙・普愚 등임이 확인된다. 정오는 왕사였을 때 고향에 대한 특혜가 없다가 국사로 임명되면서 고향이 승격되었고 천희도 국사로 책봉되면서 고향의 격이 높여졌다. 혼구는 왕사 임명 후 몇 년이 지나 고향의 등급이 올려졌고, 그의 스승인 일연의 고향도 혼구의 고향에 대한 우대와 함께 이루어졌던 듯하다. 더욱이 보우는 왕사 임명 후부터 연고지가 승격되고 다른 이들과 달리 母鄕과 그가 잠시 머물렸던 미원장까지도 우대를 받았다. 그러나 ⑤-2에서 보이듯이 보우 지위의 부침에 따라 고향에 대한 우대가 취소되기도 하였다.139)

139) 이러한 특례 승격은 숙종 대에 邵城縣이 仁睿太后의 內鄕이라 하여 慶源郡으로 된 것이 첫 사례이며 고려전기에는 屬縣 移屬이 수반되어 외관의 기본 체계가 유지되었다고 한다. 그러나 명종 이후에 정치적 의도에 따라 특례적인 승격이 급증하면서 속현의 이속도 없었다. 게다가 원간섭기에 들어가면서 특례 승격이 급격히 늘어났으며, 특히 원과 관계가

왕사·국사 중 연고지가 승격되는 대우를 받았음이 확인되는 것은 5명 뿐이므로 이 또한 부모의 추증과 함께 특별한 경우에 주어졌음을 알 수 있다. 무외국통인 정오의 비문이 전하지 않아 구체적인 활동은 전하지 않지만, 金藏寺·國淸寺·瑩原寺·龍巖寺 등 당시 불교계에서 중요한 사원을 번갈아서 하산소로 지정받았고 국청사로 갔을 때는 五臺·水巖·槽淵·安樂·瑪瑠 등 5개의 사원을 下院으로 삼도록 했던 것에서 국가로부터 대단한 대우를 받았다고 추정하게 한다. 그리고 一然은 부모가 그 덕분에 추증될 정도로 특별한 대우를 받았고 위에서 언급한 대로 일연이 인각사로 하산하여 九山門都會를 개최하였을 때 叢林이 근래 비교할 수 없을 정도로 번성하였다고 하므로 역시 당시 유력한 승려였다. 물론 고향의 승격은 그의 제자인 혼구와 함께 이루어지고 있어 혹 混丘 덕분에 이루어진 것이 아닐까도 생각되지만, 그보다는 혼구 고향의 격이 올라가면서 스승인 일연도 그정도의 대우를 받을 만하여 함께 변경되었다고 파악된다. 또한 일연이 부모의 추증과 고향 승격이라는 특혜를 모두 받았듯이 혼구도 두 가지 대우를

---

깊은 인물들의 향관이 승격되어 그것의 정치적 의도를 분명히 보여준다고 한다. 또한 무신정권기에 屬縣·監務는 縣令으로, 현령은 知州郡事로, 지주군사는 都護府로 官格의 순위를 비교적 착실히 따라 승격되었던 것에 비해 원간섭기 이후에는 이러한 순서도 건너뛰는 것이 자주 있었다고 한다. 이러한 경향은 후대로 갈수록 뚜렷해져서 공민왕대 이후로 가면 감무·현령 모두 知州郡事로 승격되었다. 실제로 丁午의 鄕은 감무에서 지군사로, 일연은 감무에서 현령으로, 혼구는 감무에서 지군사, 보우의 內鄕은 지주사에서 牧, 母鄕은 현령에서 지군사로, 천희의 鄕은 감무에서 지군사로 승격되고 있다(尹京鎭, 2000,『高麗 郡縣制의 構造와 運營』, 서울大 박사학위논문, 268~273쪽).
한편 충선왕·충숙왕 때 특례승격된 군현을 종전대로 환원함으로써 문제를 해결하고자 하였으나 실패하고 말았다고 한다(尹京鎭, 위의 논문, 278쪽). 개혁을 시도한 충숙왕 당시에도 丁午·一然·混丘의 연고지 뿐만 아니라 그 외 다수의 승격이 있었던 점에서도 그 개혁의 불완전함이 찾아진다.

동시에 받고 있다. 천희는 신돈과 친했고140) 그의 추천으로 국사로 책봉되었다고 함으로 신돈이 당시 정국의 운영을 장악했던 만큼141) 천희에 대한 대우도 남다르게 나타났을 것이다. 게다가 당시 고려에서는 入元하여 印可를 받아 오는 것이 유행했는데,142) 천희 또한 중국에서 유력하고 돌아온 후 국왕으로부터 존중받고 바로 다음해 국사로 책봉받고 있어143) 그의 入元印可가 국사 책봉과 연고지 승격에 영향을 미쳤음도 짐작된다. 한편 보우는 중국으로 건너가 石屋淸珙에게 인가를 받고 귀국하여 공민왕 때 圓融府가 설치되어 불교계를 통솔했으며,144) 앞에서 언급한 부모의 추증이라는 특혜를 받기까지 한 인물이다.145)

그런데 왕사·국사의 고향을 승격시키는 것은 이후 조선시대에 들어가 불교에 대한 비판과 함께 지방 제도의 문란으로 파악되어 개혁되어야 할 사항으로 언급되었다.

> 타-⑥ (太宗 3年 閏11月 壬戌) 司諫院에서 上疏하여 府·州·郡·縣의 호칭을 정하자고 청하였다. 상소의 대략은, "… 前朝의 盛時에 3留守·8牧·4都護府를 두고 郡·縣은 각각 그 땅의 가까운 곳을 따라서

---

140) "有僧禪顯·千禧 皆旽所善者也 千禧自言 入江浙 傳達磨法 王親訪于佛腹藏 尋封國師 又邀禪顯于康安殿 封王師 王九拜 禪顯立受"(『高麗史』卷132 列傳45 辛旽).
141) 閔賢九, 주 95) 논문, 53~74쪽.
142) 姜好鮮, 주 29) 논문, 101쪽.
    趙明濟, 주 29) 논문, 180쪽.
143) 「贈諡眞覺國師碑銘」(『韓國金石文大系』卷5-京畿道編, 51쪽 ;『朝鮮金石總覽』上, 530~531쪽).
144) 「高麗國國師大曹溪嗣祖傳佛心印行解妙悲智圓融贊理王化扶宗樹敎大願普濟一國大宗師摩訶悉多羅利雄尊者諡圓證塔銘〈幷序〉」(『韓國金石文大系』卷5-京畿道編, 48쪽).
145) 조선시대에도 왕사 自超와 국사 祖丘의 고향이 승격되기도 하였다.
    "(太祖 3年 3月 癸丑) 陞三歧縣司 爲監務 王師自超鄕也"(『太祖實錄』卷5).
    "(太祖 4年 春正月) 壬戌 陞潭陽縣 爲郡 國師祖丘鄕也"(『太祖實錄』卷7).

트邑에 나누어 예속시켰으므로, 족히 政令을 행할만 하여 백성들은 번잡하고 가혹한 폐단을 입지 않았습니다. 쇠퇴한 말년에 이르러 權奸이 정치를 제멋대로 하고 法令은 폐하고 해이해져서, 무릇 州・郡이 혹 한 宰相이 정권을 잡거나, 혹 宦寺가 중국에서 入侍하다가 사명을 받들고 고향에 돌아오거나, 혹 승려가 王師・國師가 되면 반드시 말하기를, '某邑은 내가 태어난 곳이다'라 하고 형세를 이용하여 干請하니 혹 部曲이 올려져 監務가 되고 혹 군・현이 올려져 州가 되었습니다. 이로 인하여 郡縣의 호칭이 날로 뛰어올랐지만 토지의 廣狹과 人民의 多少가 그 이름에 맞지 않았습니다. 또 주・부・군・현이 각각 정해진 이름이 있는데, 혹 州를 府로 칭하고 혹 縣을 州로 칭하여 名器가 뒤섞였습니다. … 지금부터 一代의 제도를 바르게 세워 비록 后妃의 고향과 使臣・宰相・王師・國師가 태어난 곳이라고 하더라도 모두 인하여 예전대로 하고 호칭을 더하지 않도록 하십시오.…"라고 하였다.146)

태종 3년 사간원의 상소에서 고려의 전형적인 지방제도를 무너뜨린 郡縣의 승격에 대해 문제를 제기하고 있다. 이때의 언급에서 왕사・국사의 임명 이후 이루어진 고향에 대한 승격도 비판되고 있다. 그리고 이러한 군현의 승격이 '衰季' 즉 고려 말기의 상황이었다고 하였는데, 왕사・국사들의 연고지에 대한 승격의 실례인 사료 타)-①~⑤를 살펴보아도 忠肅王 이후에 집중되고 있다. 무신정권기를 거치면서 시작된 고려의 전형적인 제도의 붕괴가 원나라 간섭 이후 더욱 촉진되면서 나타난 현상이라고 생각한다. 또한 군현 승격의 또다른 이유로 집권한 재상이나 宦寺로서 중국에 갔다가 사신으로 돌아온 이들을 언급하고 '乘勢干請'하여 이루어졌다고 한 것을 통해 왕사・국사 고향의 읍격을 올려준 일도 당시 권력과 관련되었음이 재확인된다.147)

---

146) 『太宗實錄』 卷6, 太宗 3年 閏11月 壬戌.
147) 왕사・국사의 연고지가 승격된 것은 기존의 논문에서 언급되었으며, 승격의 이유를 고려 후기에 왕사・국사가 불교계의 혼란으로 승정을 담당하게 되면서 대우가 달라진 것이라고 이해하였다(許興植, 주 2) 논문, 410~411쪽).

그러나 필자는 고려 전기에 왕사가 국왕을 대신하여 불교계를 통합·통제하려 하거나 감통 행위를 통해 왕의 장수와 정치적 안정을 꾀하는 등 구체적인 활동을 하였던 데 비해 국사는 불교계를 대표하는 국가적인 고승으로서의 모습만을 보였다고 논술했다. 후기에는 기존에 왕사가 맡았던 기능 등을 국왕이나 정치권력과 결탁된 특정의 승려가 담당하게 되고 왕사·국사는 모두 전기의 국사가 가졌던 '상징적인' 기능을 하였다고 보았다(朴胤珍, 2004, 「高麗前期 王師·國師의 임명과 그 기능」 『韓國學報』 116 ; 朴胤珍, 2005, 「高麗後期 王師·國師의 사례와 기능의 변화」 『한국중세사연구』 19 참고). 그러므로 고려 후기에 나타난 왕사·국사의 연고지 승격은 사료 타)-⑥에서 언급된 것처럼 제도의 붕괴와 '乘勢干請'할 수 있었던 당시의 상황 때문이라고 파악해야 할 듯하다.

# 王師·國師制의 운영과 그 목적

## 1. 王師·國師의 재책봉

王師·國師制의 운영을 살펴볼 수 있는 한 부분으로 임명 사례를 검토하면서 눈에 띄는 내용은 책봉이후 일정 기간이 지난 후 다시 책봉되는 과정이 있다는 것이다.

    가-①-1. 己未(고종 46년) 5月 11일에 册하여 王師로 삼았다. 임금이 친히 師禮를 하고자 하였지만 병환으로 인해서 (예를) 그쳤다. 조금 있다가 임금이 돌아가셨다. 元王이 즉위하여 寧考를 좇아 禮遇를 특별히 더하고 臥龍寺를 下山所로 삼았다. 스님이 간절히 退休를 두세번에 이르도록 요구하였다. 임금이 … (스님을) 大內로 불러 들여 친히 師禮를 행하고 몸소 進饌하였다. … 庚申(원종 원년) 10月에 하산하여 入院 上堂하였다.[1]

    ①-2. (元宗 元年 8月) 癸亥에 王이 前王師 混元을 맞이하여 스승으로

---

1)「臥龍山慈雲寺王師贈諡眞明國師碑銘〈幷序〉」(『東文選』卷117 ;『止浦集』卷3).

삼고 친히 進食하였다.2)

②-1. 아! 우리 先師인 王師・覺儼尊者는 門人徒 등과 山中의 碩德・尊者를 불러 모아 뒷일을 付囑하였다. … 至正元年 辛巳(충혜왕 후 2년) 4月日에 기록하였다.3)

②-2. 우리 王師 覺儼尊者는 … 庚寅(충정왕 2년) 10월 보름에 이르러 왕사로 進封되니 법으로써 王化를 도운 것이 두 조정에서였다.4)

②-3. 깊이 생각건대 우리 主上이 … 相府에 자문하고 宗門에 상의하기를, "… 장차 승려 중 碩德을 존중하여 스승으로 삼아 나의 다스림을 보좌하도록 하여 祖訓을 빛내고자 하는데 누가 좋겠는가"라고 하였다. 모두 말하기를, "覺儼尊者만한 이가 없습니다. 前代에도 (그를) 尊崇하여 호칭을 그 德에 맞도록 하였습니다"라고 하였다. 이에 有司에게 명하여 王師로 책봉하였다. 이때 佛岬寺에 머물고 있었는데 나이가 많고 길이 험하여 감히 불러오지 못하고 초상화를 그려 (그곳에) 瞻禮하였다. 益齋 李侍中으로 하여금 (초상화의) 讚을 짓도록 하고 크게 物儀를 갖추어 스님이 있는 곳으로 가서 스승으로 섬기는 예를 펴도록 하니 誠敬이 독실하였다. 스님이 國書를 받들고 말하기를, "老僧은 일찍이 前代의 誤恩을 입어 외람되이 師位에 거하였는데 지금 또 重命을 욕되게 하여 매우 두렵고 부끄럽습니다. 다만 香火를 부지런히 하여 奉福을 바랄 뿐입니다."라고 하였다. 실로 임금이 즉위한 지 2년째인 임진년(공민왕 원년)의 일이다. … 늘그막에 佛岬寺에 住하였으니 王命 때문이다.5)

③-1. (恭愍王 20年) 8月 丁亥에 僧 惠勤을 王師로 삼았다.6)

③-2. 甲寅(공민왕 23년) … 9月 23日 임금이 돌아가셨다. 스님은 몸소 殯殿에 나아가 영혼에 마주하여 小祭하고 글을 써서 印을 조정에

---

2) 『高麗史』卷25 世家, 元宗 元年 八月 癸亥.
3) 「白巖山淨土寺事蹟」(1968, 『增補校正 朝鮮寺刹史料』上, 中央文化出版社, 164~165쪽).
4) 「白巖山淨土寺橋樓記」(『增補校正 朝鮮寺刹史料』上, 172쪽).
5) 「王師大曹溪宗師一邛正令雷音辯海弘眞廣濟都大禪師覺儼尊者贈諡覺眞國師碑銘〈幷序〉」(『東文選』卷118 ; 『霽亭集』卷3).
6) 『高麗史』卷34 世家, 恭愍王 20年 八月 丁亥.

돌려보냈다. 今上이 즉위하자 內臣 周彦邦을 보내어 內香을 내렸다. 아울러 印寶을 보내고 스승(=왕사)으로 再封하였다.[7]

④-1. (禑王 9년) 2月 戊寅 … 다음날에 … 僧 混修를 國師로 삼고 粲英을 왕사로 삼았다.[8]

④-2. (昌王 즉위년 6월 辛亥) 僧 混修를 國師로 삼고 贊英을 王師로 삼았다.[9]

④-3. 王(=공양왕)이 吏曹摠郞 李滉을 보내어 曹溪僧 粲英을 맞이하여 스승으로 삼으려 하였다. (尹)紹宗과 兼大司憲 成石璘 등이 伏閣하여 諫하였다. … 疏가 올라오자 王이 억지로 따랐다. (粲)英은 崇仁門에 이르렀지만 臺省이 吏를 보내어 쫓으므로 들어오지 못하고 돌아갔다.[10]

위의 사료들은 왕사들이 재책봉을 받은 경우이다. ①은 고종 46년에 왕사로 책봉된 혼원의 기록인데, 책봉 후 곧 고종이 사망하자 그를 이은 원종이 다시 왕사로 삼고 있다. ①-1을 통해서는 원종이 '師禮'를 행했다고 하여 재책봉 여부가 약간 애매하지만, ①-2의 前王師 혼원을 스승으로 삼았다는 기록은 분명히 재책봉 과정이 있었음을 확인시켜 준다. 게다가 혼원을 前王師라고 표현하고 있어 새 국왕의 즉위 이후 일시적으로나마 해임상태였다. 그리고 원종 원년 8월에 재책봉된 혼원은 그해 10월에 하산소인 와룡사로 옮겨가고 있다.

사료 가)-②는 復丘에 대한 기록들로 ②-3의 비문을 통해서는 정확히 재책봉되었는지 알 수 없다. 다만 ②-1과 2를 살펴보고 다시 비문을 보면 공민왕 원년의 책봉 때 '前代에도 尊崇하여 호칭을 그 德에

---

7) 「高麗國王師大曹溪宗師禪敎都摠攝勤脩本智重興朝風福國祐世普濟尊者諡禪覺懶翁和尙行狀」(『懶翁和尙語錄』);『韓國佛敎全書』卷6, 707하쪽~708상쪽).
8) 『高麗史』卷135, 禑王 9년 二月.
9) 『高麗史』卷137, 昌王 즉위년 6월 辛亥.
10) 『高麗史』卷120 列傳33 尹紹宗.

맞도록 하였다'라는 구절이나 '前代의 誤恩을 입어 외람되이 師位에 거하였다'는 부분이 있어 이전에도 왕사의 책봉을 받은 사실을 표현한 것이라 추정하게 한다. 실제로 ②-1에 의하면 충혜왕 후2년 당시 복구는 왕사였고 ②-2에서는 충정왕 2년에 왕사로 進封되었음이 확인된다. 다만 ②-2에서 왕사가 되어 王化를 도운 것이 두 조정이라고 한 것이 문제가 된다. 충혜왕 이후 충목왕 그리고 충정왕이 즉위하였는데 충정왕 때 두 조정을 도왔다고 한다면, 이때의 두 조정은 왕사였던 것이 확인되는 충혜왕과 임명기사가 있는 충정왕 당시만을 이야기하게 되어 충목왕 때는 왕사 책봉을 받지 못한 듯이 보이기 때문이다. 물론 이외의 자료가 없어 충목왕 때 복구의 왕사 책봉 문제는 더 이상 논의할 수는 없다. 아무튼 복구는 충혜왕 때 왕사였고 충정왕과 공민왕 때도 왕사로 책봉되었다고 하므로 국왕이 새롭게 즉위할 때 왕사로서 재신임의 과정을 거쳤다. 한편 ②-3에 의하면 복구가 만년에 머문 절은 佛岬寺라고 하고 공민왕에 의해 재책봉을 받을 때도 이미 불갑사에 하산하고 있었다.

③은 惠勤에 대한 기록으로 그가 공민왕 20년에 왕사로 임명된 기사는 『高麗史』뿐 아니라 비문에도 쓰여있다.[11] 그러나 공민왕의 사후 재책봉을 받은 사실은 ③-2의 「行狀」에만 표시되어 있다. 즉 공민왕이 사망하자 印를 돌려보내 왕사의 자리를 사임하였지만, 우왕 즉위 후 '스승으로 再封하였다'고 한다. 한편 혜근은 檜巖寺를 하산소로 삼았는데 공민왕 때 왕사로 책봉되기 이전부터 회암사에 머물고 있었다.

④는 粲英(贊英)에 대한 기록인데, 그는 우왕 9년에 混修가 국사로 임명될 때 동시에 왕사가 되었다. 이후 창왕 즉위년에 다시 왕사로 책봉되었다. 또한 공양왕이 즉위한 후 왕사로 책봉하려고 하였지만 윤

---

11) 「高麗國王師大曹溪宗師禪敎都摠攝勤修本智重興祖風福國祐世普濟尊者諡禪覺(결락)」(1988, 『韓國金石文大系』 卷5 - 京畿道編, 圓光大學校 出版局, 40쪽 ; 『牧隱文藁』 卷14 ; 『東文選』 卷119).

소종 등 대간의 반대로 실패하였다. 이러한 내용은 위의 사료 ④외에 도 찬영의 비문에 자세히 기록되어 있다.[12] 비문에 의하면 우왕 9년 에 왕사로 책봉되었을 때부터 하산소로 정해졌다고 여겨지는 億政寺 에서 머물렀으며 잠시 廣明寺와 興聖寺로 옮기기는 하였지만 공양왕 때 왕사의 책봉을 받지 못한 이후에도 억정사로 돌아갔고 그곳에서 사망하였다.

이들 4명의 왕사들은 한번의 책봉 이후에도 새로운 국왕이 즉위하자 다시 책봉되는 과정을 거쳤다. 이는 왕사가 책봉될 때 共議政과 재상들의 동의, 그리고 대간의 서경 등 일반관료와 유사한 절차를 거쳤으나 임명권자인 국왕의 의사에 의해 선출되었던 만큼 국왕이 바뀌게 되면 형식적으로나마 재신임의 순서를 밟은 것으로 파악된다. 이러한 점은 지위 상으로 많은 차이가 나기는 하지만 李世華가 內侍였다가 康宗이 붕어하자 '隨例見免'되었다는 사실[13]과 관련해서 생각해 볼 수 있다. 이세화가 강종이 사망하자 내시에서 면직되었던 것은 그 관직이 임명과정에서 나타나는 국왕과의 긴밀한 관계로 인해 새로운 국왕이 즉위하면 자신이 필요로 하는 내시를 다시 뽑기 위한 절차였다고 파악된다. 그러므로 사료 가)에서 왕사가 다시 책봉되기는 하였지만, 사직을 청하였다는 것은 내시와 유사하게 왕사와 국왕의 관계에 개인적인 신임이라는 부분이 첨가되어 있었음이 확인된다.

재책봉 당시 그 국왕과 전왕의 관계를 살펴보면, 가)-①의 混元은 고종 때 왕사로 책봉되었다가 원종에 의해 다시 책봉되는데 고종과 원종은 부자간이다. ②의 復丘는 왕사 책봉 기록이 없는 충목왕을 제외한다고 해도, 충혜왕, 충정왕, 공민왕 때 왕사였는데 충정왕과 공민왕에 의해 재책봉되었다. 충정왕은 충혜왕의 아들이며, 공민왕은 충혜

---

12) 「有明朝鮮國忠州億政禪寺故高麗王師諡大智國師碑銘〈幷序〉」(2000, 『增補 韓國金石文大系』 卷2-忠淸南北道編, 圓光大學校 出版局, 73쪽).
13) 「李世華墓誌銘」(『高麗墓誌銘集成』, 371쪽).

왕의 동생이자 충정왕의 숙부가 된다. ③惠勤은 공민왕과 우왕에 의해서 왕사로 책봉되는데, 이들도 부자간이다. ④의 粲英은 우왕과 창왕에 의해서 왕사가 되는데, 이들 역시 부자간이다. 그러므로 복구가 공민왕 당시 재책봉되던 때의 전왕과의 관계만을 제외하면, 왕사의 재책봉을 전후로 한 왕들은 대부분 부자간이었다. 그러므로 전왕과 현재 국왕의 정치적·사상적 차이는 특별히 찾아지지 않는다. 물론 원나라 간섭기에는 원에 의해 고려의 왕이 폐위되거나 다시 즉위하는 경우가 있고, 그로 인해 부자간이라고 하더라도 고려의 왕들이 서로 반목한 때가 있기는 하지만 사료 가)에서 살펴본 재책봉 시기에는 부자간의 고려국왕들이 결정적인 차이를 가진 적이 없다고 보인다.

게다가 찬영이 창왕에 의해서 재책봉 될 때 '다시 先君이 섬긴 자를 섬긴다'14)라고 한 것이나 국사의 경우이기는 하지만 普愚가 우왕에 의해서 再封될 때 '先君을 사모했기 때문이다'15)라고 한 사실에서 아버지의 왕사를 물리칠 수 없어 다시 책봉하였다고 유추된다. 아버지가 해놓은 일을 고치는 것도 불효로 보았던 관념에서 보면, 내시같은 하위직도 아닌 아버지의 왕사를 사직시킬 수 없었다고 생각된다. 한편 사료 가)-④의 찬영이 공양왕 때 왕사로 책봉되지 못한 것은 대간의 반대 때문으로 고려말 당시의 정치적인 상황으로부터 영향을 받은 것이지 재책봉의 절차상의 문제로는 보이지 않는다.

그러므로 왕사의 재책봉은 국왕이 바뀌게 되면서 형식적으로 사직하고 이후 다시 책봉하는 과정을 거쳤으며, 그 이유는 왕사가 국왕과

---

14) 「有明朝鮮國忠州億政禪寺故高麗王師諡大智國師碑銘〈幷序〉」, "歲戊辰(1388년, 창왕즉위년) 幼君嗣位 遣還印章于師 復以先君所事者事之"(『增補 韓國金石文大系』卷2-忠淸南北道編, 73쪽).

15) 「高麗國國師大曹溪嗣祖傳佛心印行解妙嚴悲智圓融贊理王化扶宗樹敎大願普濟一國大宗師摩訶悉多羅利雄尊者諡圓證塔銘〈幷序〉」, "辛酉冬(1381년, 우왕7) 移陽山寺 入院之日 上再封國師 先君之思也"(『韓國金石文大系』卷5-京畿道編, 48쪽).

밀접한 관계였으므로 국왕이 바뀌면 왕사로 교체되어야 한다는 의식 때문이었다고 파악된다. 그러나 대부분이 재책봉된 것은 새로이 즉위한 국왕이 전왕의 아들이고 정치적으로나 사상적으로 큰 변화를 겪지 않았다는 사실, 그리고 父王에 대한 효도를 다해야 한다는 의식때문이었다.

더욱이 새로운 국왕이 즉위하여 전왕의 왕사가 다시 책봉되었다고 하더라도 이들 왕사가 대부분 하산하였다는 사실도 국왕과 왕사의 관계를 설명해 줄 것이다. 물론 고려후기에 들어와 국왕에 의해 특별한 임무를 받지 않는 한 대부분 책봉 전후로 해서 하산했음을 3장에서 살펴보았지만, 사료 가)에서 混元은 원종에게 재책봉된 후 바로 와룡사로 하산하였고 복구·혜근·찬영은 이미 재책봉되기 이전부터 하산한 상태였다. 이들의 하산은 고려후기 왕사의 전형적인 모습이기도 하지만, 혼원처럼 재책봉 후 바로 하산하였다는 점도 이들의 재책봉이 전왕을 추모하는 심정에서 새로운 국왕에 의해서 이루어진 것이라는 파악을 확고히 하게 한다. 처음 왕사로 선택한 국왕과의 관계가 이후 새롭게 즉위한 왕보다 더 밀접했고 이는 반대로 재책봉해 준 국왕과 왕사는 전왕보다 소원했다고 추정된다. 그러므로 전왕보다 소원한 관계가 새롭게 책봉된 왕사의 하산을 부추겼을 것이다. 또한 자료상의 한계일 수도 있지만, 재책봉 왕사들이 하산후 중앙 정계와 관련된 어떠한 직임도 가지지 않았다는 점도 새로운 국왕과 재책봉된 왕사의 관계가 소원했음을 알려준다.

또한 국왕이 교체되었지만 왕사를 그대로 유지한 것은 그들의 임명이 당시 불교계의 판도를 인정하는 면[16]도 있었다는 점과 관련시켜 보면, 새로운 국왕도 역시 기존의 불교계를 그대로 승인함을 선포하는 과정이었다고 판단된다. 커다란 정치적 변혁을 거쳐서 즉위한 국

---

16) 許興植, 1975,「高麗時代의 國師·王師制度와 그 機能」『歷史學報』67 ; 1986,『高麗佛敎史硏究』, 一潮閣, 419~425쪽.

왕이 아닌 이상 기존의 불교계를 인정하는 것이 그들의 지지를 받기 더 수월했을 것이다. 또한 새로운 종파나 인물과 연합하여 불교계를 개혁할 의사를 가지지 않은 이상 당시 불교계의 판도를 인정하는 것이 당연한 과정이었다고 생각된다.

그렇다면 이러한 재책봉이 사료 가)에서처럼 고려후기에만 있었던 일이었을까. 역시 고려후기의 사료이기는 하지만 다음을 살펴보자.

> 나① 지난날 聖考께서 중흥한 때를 만나 그릇되게 僧流의 末品에서 채택되어 특별히 스승의 예로 높이시고 명령하여 臣이라 칭하는 것을 없애게 하셨습니다. 이와 같이 임금의 존엄을 낮추신 것은, 대개 수명을 연장하고자 하는 것이었습니다. 이 늙은 중의 공적이 없어 仙路의 기한을 재촉하게 하였으니, (남보다) 열배나 염치가 없습니다. 죄는 만 번 죽어 마땅하니 현저한 징벌을 받지 아니한 것만도 큰 행운인데, 또 능히 스스로 책망하고 물러가지도 못했습니다. 뜻밖에 聖上陛下께서 잘 계승하는 효성이 독실하여, 前朝의 舊物을 버리지 않으시고 오히려 孤跡을 포용하여 오랫동안 영화스러운 길에 붙어 있게 하셨습니다.17)
>
> ② 임금(=강종)이 승하하자 수上(=고종)이 왕위를 이었고 寧考의 스승이라고 하여 다시 師禮로 존숭하였다.18)

①은 이규보가 대신하여 쓴 글로 왕사가 하산을 청하는 내용인데, 이때의 왕사는 시기적으로 볼 때 志謙으로 추정되며 그는 康宗 2년에 왕사로 책봉되었다가 고종 16년에 사망하였다. 그런데 사료 나)-①에 의하면 '聖考' 즉 고종의 선왕인 강종이 돌아가신 후 죄를 받지도 않고 물러가지도 못했다는 문구가 있다. 이는 의례적인 수식어일 수도 있지만 사료 가)에서 살펴보았듯이 자신을 왕사로 책봉해 준 임금이 사망하면 그 지위를 사양했다가 다시 책봉받는 사례가 있으므로 지겸

---

17) 李奎報,「王師乞下山狀」(『東國李相國全集』卷30 ;『東文選』卷48 狀).
18) 「故華藏寺住持王師定印大禪師追封靜覺國師碑銘奉宣述」(『東文選』卷118 ;『東國李相國全集』卷35).

도 왕사의 자리에서 물러나려 했다가 재책봉되었다고 해석된다. 그리고 나)-②에서 사료 가)처럼 왕사의 자리를 사양했다는 문구는 없지만 '復崇師禮'하였다고 하여 고종이 지겸에게 왕사로서의 재책봉 의식을 하였다고 파악된다.

또한 여기서 주목하고자 하는 것은 지겸이 고려후기에 임명된 왕사로써는 德素 이후 두 번째라는 점과 관련해서이다. 덕소나 지겸은 무신정권기라는 특수성 때문에 왕사로 임명될 때 국왕의 자의적인 선택이 아니라 기도라는 애매한 방법과 최충헌의 추천으로 이루어졌다. 즉 무신정권기라는 한계 때문에 덕소나 지겸의 책봉과정이나 그들의 기능에서 고려전기와는 다른 양상들이 나타나고 있지만, 반대로 전기의 기본적인 특징은 계속되었을 것이다. 게다가 지겸이 국왕의 사망 후 자신도 물러났어야 했다는 문구에 그전과 다른 특별한 일이라는 점을 표현하는 어떠한 수식도 없으므로 지겸의 왕사 지위의 사임과 재책봉은 고려전기부터 있었던 사실이라고 추정된다.

고려전기에 재책봉 기록이 없기는 하지만 坦然이 인종 23년 왕사로 책봉된 후 의종 원년에 하산했던 사실을 참고할 필요가 있다. 하산할 때 79세로서 고령이기는 했지만, 그후 10 여년 이상을 생존했기 때문에 탄연의 하산은 빠른 결정이었다고 여겨지는데 그 이유를 국왕의 교체로 보는 것은 과도한 추측일까. 고려후기에 들어와 새로운 국왕이 즉위했을 때 왕사가 그의 지위를 사양한 후 재책봉되고 하산했던 경우와 비교했을 때 유사한 점이 발견된다. 그러므로 고려전기에도 재책봉이 있었다고 여겨진다.

그렇다면 고려전기에 왕사의 재책봉이 왜 기록되지 않았을까. 그에 대한 언급이 없기 때문에 추론을 할 수밖에 없는데, 고려전기가 후기보다 왕사를 더욱 신성시했기 때문일 것이다. 고려후기에 들어와서는 승계나 승직의 수여에서도 뇌물이나 권력의 힘이 간여되면서 승려들도 계속 세속화의 길을 걷게 되어 이전보다는 현실적으로 관직처럼 파악된 것에 비해, 전기에는 고승들 특히 왕사나 국사같은 승려에 대한 신앙심이 대단했다고 여겨진다. 이러한 인식이 옳다면 왕사나 국사의 덕이나 교화력 등을 후세에 알리기 위해 세워진 비문에 재책봉이라는 부분을 기록하지 않았을 것이다. 그러나 고려후기에는 승려들의 세속화와 관련하여 승계·승직이 일반관료의 그것과 유사하게 인식되었고, 그렇기 때문에 재책봉에 대한 기록이 남게 되었던 것이다.

게다가 ①混元이나 ④粲英에 대한 재책봉은 비문에 기록되었지만, ②復丘와 ③惠勤은 비문이 전하고 있는데도 불구하고 재책봉과 관련한 내용은 서술되지 않았던 것도 고려전기에 재책봉 기록이 비문 등에 남겨지지 않은 이유를 찾는데 도움이 된다. 혜근은 비문이 아니라 그의 행적이 더 자세하게 기록된 행장에서 재책봉에 대해 언급되어 있고, 복구도 비문이 아닌 다른 자료에서 재책봉되었음이 확인된다. 이렇듯 재책봉이 분명하게 이루어졌는데도 그 사실을 해당 승려의 업적을 기리는 비문에 기록하지 않았음은 그 이전 시대의 비문 등에서도 공통된 점이라고 파악된다. 즉 고려의 정사인 『高麗史』등은 불교기사를 의도적으로 축소·삭제했고, 비문같은 당시대의 자료는 대부분 승려를 찬양하기 위해 만들어졌던 만큼 해당 승려를 세속관료처럼 국왕의 교체 때마다 다시 책봉하였다는 사실을 피휘하였던 것이다. 그러므로 고려전기에는 재책봉에 대한 기록이 나타나지 않았던 것이고, 후기에 들어와 승려의 세속화 등으로 간혹 재책봉 기사가 남겨졌다고 여겨진다.

한편 지금까지 주로 살펴보았던 왕사의 재책봉 사례처럼 국사도 국왕이 바뀌었을 때 다시 책봉되고 있다.

> 다-① 辛亥(공민왕 20년) 7月에 신돈이 복주되었다. 玄陵(=공민왕)이 사신을 보내 예를 갖추어 國師로 進封하였고 瑩源寺에 住하기를 청하였다. 스님(=보우)이 병으로써 사양하였는데 旨가 있어 절의 일을 遙領하기를 7년이나 하였다. 戊午(우왕 4년) 겨울에 今上의 命을 받아

비로소 절(=영원사)에 이르렀는데 1년을 머물고 돌아왔다. 辛酉(우왕 7년) 겨울에 陽山寺로 옮겼다. 入院하는 날에 임금이 다시 國師로 再封하였으니 先君을 사모했기 때문이다. 壬戌(우왕 8년) 여름에 小雪로 돌아갔다.19)

②-1. (禑王 9년) 2月 戊寅 … 다음날에 … 僧 混修를 國師로 삼고 粲英을 왕사로 삼았다.20)

②-2. (昌王 즉위년 6月 辛亥) 僧 混修를 國師로 삼고 贊英을 王師로 삼았다.21)

②-3. 癸亥(우왕 9년) … 夏4月 초하루 갑술일에 왕이 相臣 禹仁烈 등을 보내어 御書・印章・法服・禮幣를 받들고 (스님이) 머무는 宴晦菴에 나아가서 책봉하여 國師・大曹溪宗師・禪敎都摠攝・悟佛心宗興慈運悲福國利生妙化無窮都大禪師・正遍知智雄尊者로 삼았으며 충주의 開天寺를 下山所로 삼았다. … 戊辰(우왕 14년) 여름에 王이 (왕위를) 남에게 양보하여 幼君(=창왕)이 왕위를 계승하였다. 스님이 개천사로 돌아갈 것을 청하니 專使로 하여금 護行하게 하였다. 己巳(공양왕 원년) 겨울에 恭讓君이 즉위하자 牋을 갖추고 印을 봉하여 조정에 보내고 雉嶽山으로 들어갔다. 몇 달이 안되어 國師로 更封하고 사신을 보내어 개천사로 복귀하도록 하였다. … 壬申(태조 원년) 가을 7월에 우리 主上이 革命啓統하니 스님이 즉시 표를 올려 하례하였다. 조금 있다가 老病을 핑계로 그 지위와 절에서 풀리기를 빌면서 牋을 쓰고 印을 보내고서 곧 靑龍(寺)으로 옮겨 주석하였다. … 임금의 뜻이 전과 같이 스승으로 섬기고자 하여 즉시 그 印을 돌려보냈다.22)

보우는 공민왕 15년에 신돈의 전횡으로 왕사의 지위에서 물러난

---

19) 「高麗國國師大曹溪嗣祖傳佛心印行解妙嚴悲智圓融贊理王化扶宗樹敎大願普濟一國大宗師摩訶悉多羅利雄尊者諡圓證塔銘〈幷序〉」(『韓國金石文大系』卷5-京畿道編, 48쪽).
20) 『高麗史』卷135, 禑王 9년 二月.
21) 『高麗史』卷137, 昌王 즉위년 6월 辛亥.
22) 「有明朝鮮國普覺國師碑銘〈幷序〉」(『增補 韓國金石文大系』卷2-忠淸南北道編, 76쪽 ; 『陽村集』卷37).

후, 사료 다)-①에서 언급한 대로 신돈이 제거되면서 동왕 20년 국사로 進封되었고 우왕 7년에 陽山寺로 물러나면서 국사로 再封되었다. 이때 눈에 띠는 점은 사료 가)에서 언급된 왕사들은 새로운 국왕의 즉위 초에 다시 책봉되었던 데에 비해 보우는 우왕 7년에 국사로 再封된다는 것이다. 우왕 6년에 친정을 시작한 듯한 기록[23])이 있기는 하지만, 당시는 이인임이 정권을 장악하고 있을 때이므로[24] 상징적인 표현이라고 판단되어 당시 정국과 관련해서는 분명한 이유를 찾지 못했다. 혹 비문에는 기록되지 않았지만 양산사로 옮겨가면서 보우가 국사를 사임한 것은 아닌가 추정되지만, 이도 사임과 재책봉의 이유를 정확히 설명해주지 못한다.

　②의 혼수는 우왕 9년에 국사로 책봉된 후 창왕 즉위년에 다시 책봉되었고 공양왕 원년에도 更封되었다. 게다가 조선의 건국 후에도 국사의 지위를 유지하지만 바로 그 해인 1392년에 사망하였다. 혼수는 창왕 즉위년에 재책봉될 때를 전후해서 開天寺로 하산하고 있는데, 새롭게 책봉되었을 때 전왕과 비교해서 현왕과의 소원한 관계 때문에 대부분 하산을 하였던 왕사와 유사한 모습을 보이고 있다.

　그리고 보우의 재신임을 전후로 한 왕은 공민왕과 우왕으로 부자간이므로 사료 가)의 왕사 재책봉 과정과 유사하다고 파악된다. 혼수는 우왕·창왕·공양왕 때 국사로 책봉되는데 우왕과 창왕은 부자간이고 공양왕은 이성계 일파에 의해 추대된 왕이었다. 공양왕이 즉위한 후 창왕 때의 국사 혼수와 왕사 찬영을 모두 다시 책봉하려 하지만 혼수만이 국사가 되고 찬영은 대간의 반대로 이루어지지 못했다. 왕사였던 찬영은 재책봉이 되지 못하였던 반면에 혼수가 계속 국사로 임명받았던 이유에 대해서는 3장에서 국사보다는 왕사가 국왕과 더 밀

---

23) "(禑王 六年 六月) 禑始出報平廳 聽政 謂諸相曰 …"(『高麗史』 卷134).
24) 李亨雨, 1999,『高麗 禑王代의 政治的 推移와 政治勢力 연구』, 고려대학교 박사학위논문 참조.

접하였으므로 대간들이 왕의 권위를 무너뜨리기 위한 공세의 목표로 왕사가 더 적당했기 때문이라고 해석해보았다. 반면 국사인 혼수의 재책봉은 공양왕의 즉위 후에도 고려의 정치·사회 제도가 계속 유지됨을 천명하는데 좋은 사례가 되었을 것이므로 대간들도 왕사에 대해서는 심하게 반대했지만 국사는 그대로 유지하도록 한 듯하다.

또한 혼수의 재책봉에서 홍미로운 사실은 혜근이 왕사로 다시 책봉받을 때나 보우가 국사로서 새롭게 임명될 때 '再封'이라고 표현했듯이 혼수가 공양왕 때 세 번째로 국사가 되는 것을 '更封'이라고 한 점이다. 전시과 규정을 고쳐 가는 것에 대해서 '改定'·'更定'25)이라고 하였듯이, 새롭게 임명하고 세 번째 책봉하는 일을 '再封'·'更封'이라고 서술한 것이다. 비문의 작성자도 그들의 책봉이 두번째·세번째의 일임을 인지하고 있었다는 것이 확인된다.

그런데 국사의 사례에서 왕사와 비교해보아야 할 점으로는 국사의 재책봉도 왕사처럼 전기부터의 일일까 하는 부분이다. 왕사나 국사 모두 재책봉의 사례는 고려후기에 집중되고는 있지만 왕사는 고종 때부터이고 국사는 공교롭게도 우왕 때부터이기 때문이다. 또한 고려전기의 전형적인 왕사는 국왕과 밀접한 관련을 맺으면서 왕을 대신하여 불교계 통합 등의 기능을 했지만 국사는 국가의 대표적인 고승으로서 대우하는 면이 컸다는 2장의 내용을 참고하면, 국왕이 바뀔 때마다 국사를 재신임하는 것은 그 위상에 맞지 않다는 생각이 들기 때문이다. 게다가 〈표 3〉 高麗前期 國師 역임자를 살펴보더라도 자료상의 한계이기도 하겠지만 두명 이상의 국왕 재위기간에 연달아 국사였던 이가 없다. 우연치않게 남아 있는 자료에서 고려전기 국사들은 모두 한 王代만을 국사로 지냈던 것이다. 그러므로 재신임의 절차를 거칠 필요도 없었다. 물론 목종이 사망하기 직전에 銀臺에서 직숙했던 국사가 존재해서26) 현종이 즉위한 후 계속 그 지위를 유지했을 가능성이 있

---

25) 『高麗史』卷78 食貨志1 田制 田柴科.

다. 그러나 앞에서 언급한 대로 왕사와 국사의 위상과 그 기능이 달랐던 만큼 목종 때의 국사가 현종이 즉위한 후에도 계속 국사였다고 하더라도 재책봉의 절차를 거치지 않았다고 추정해본다. 그런데 고려후기에 들어와서 왕사와 국사의 기능이 비슷해지면서 결국에는 고려말에 국사마저도 국왕이 바뀌었을 때 다시 책봉되었다고 파악해 보았다.[27]

## 2. 王師·國師 임명과 불교 교단과의 관계

4장에서 왕사·국사로 임명되는 승려의 자격과 그들에게 주어진 다양한 대우를 정리하면서 고려에서의 왕사·국사 위상도 짐작해 보았다. 이와 달리 고려에서는 왕사·국사가 아니어도 국왕이 스승의 예를 행한 승려들이 있었다.[28] 그런데도 宰臣 정도의 대우를 받는 승통

---

26) "(穆宗 12년 春正月) 壬申 御詳政殿 觀燈 大府油庫灾 延燒千秋殿 王見殿宇 府庫煨燼 悲嘆成疾 不聽政 王·國師二僧 … 等 直宿銀臺"(『高麗史』 卷3 世家).
27) 고려후기에 들어와서 왕사나 국사 모두 똑같이 재책봉의 기록이 있는데도 불구하고, 왕사는 전기부터 있었던 절차로 보고 국사는 후기에만 나타나는 현상으로 보는 것은 자가당착일 수 있다. 또한 〈표 6〉 高麗後期 國師 역임자에서도 두명 이상의 국왕 시기에 계속해서 국사였던 이는 보우와 혼수뿐이어서 다른 고려후기의 국사들은 재책봉의 과정도 거칠 필요도 없었기 때문에 자료에 남지 않은 것으로 볼 수도 있다. 그러나 전기의 왕사·국사를 고려의 전형적인 제도로 파악하였고 그에 대한 해석에서 왕사와 국사를 구분하여 보았던 관점을 연장해서 보면, 그 위상과 관련하여 재책봉도 왕사와 국사를 분리하여 보아야 하지 않을까 하는 추정이 들어 위와 같이 해석하였다.
28) 국왕이 승려를 스승으로 대우한 사례를 몇 가지만 들어보겠다.
「(僧)柳昶雲墓誌銘」, "又文宣二王 皆召致大內 與之爲師 以問經義"(『高麗墓誌銘集成』, 50쪽).

과 대선사 중에서 왕사·국사를 임명하여 형식적이나마 국왕의 상위에 두는 이유를 살펴보아야 할 것이다. 다시 말해 고려시대에 승려들이 국왕에게 '稱臣'하고 있었던 상황에서 왕사·국사는 그것에서 제외되는 특혜까지 받았는데[29] 이렇게 특별한 대우를 해주었던 이유를 알아보려고 한다.

우선은 고려가 '불교국가'로 불려질 만큼 불교가 널리 신앙되었기 때문이라고 추정된다. 국왕으로부터 백성에 이르기까지 불교를 믿었던 국가에서 '法王'인 王師·國師를 임명함으로써 그들의 신앙을 표현했던 것이다. 그리고 국가의 모든 구성원이 믿는 불교의 대표자를 왕사나 국사로 임명하여 국왕이 존숭하는 모습을 보인다면, 이는 국가

---

「(僧)金靈炤墓誌銘」, "今上(명종) 初卽宝位 待以師資之礼 □入大內□受其訓"(『高麗墓誌銘集成』, 264쪽).

"(忠惠王 後四年 夏四月) 庚子 王下僧鷲仙獄 鷲仙善琴畫醫術 亦解漢蒙語 王敬重 稱爲師傅 上殿不拜 時人疾之 至是矯旨放囚 王怒命監察司鞫之 流濟州"(『高麗史』 卷36 世家).

"(恭愍王 十四年) 五月 以妖僧遍照 爲師傅 咨訪國政"(『高麗史』 卷41 世家).

[29] 중국에서부터 승려들이 국왕에 대해 절을 하지 않고 '稱臣'하지 않는 것이 문제가 되었다. 처음에는 402년에 쓰여진 慧遠의 '沙門不敬王者論'을 통해 출가한 승려는 국왕에 대해 굴복하지 않는다는 불교의 전통이 강조되었다. 그러나 唐에 들어가서는 승려도 국왕에게 신하로 칭하기 시작하여 이런 모습은 계속되었으며 이는 우리나라에도 영향을 주었다. 실제로 『東文選』 등에서 보이는 승려들의 글에는 '臣某'라고 한 경우가 많다. 그러나 고려에서는 왕사나 국사로 책봉되면 이러한 '稱臣'에서 제외되었다. 아래는 왕사·국사가 '稱臣'에서 제외되었음을 보여주는 사례이다.

李奎報,「王師乞下山狀」, "羲遭聖考之中興 誤採僧流之末品 特崇師禮 勅去臣稱"(『東國李相國全集』 卷30 ; 『東文選』 卷48 狀).

승려들의 '稱臣'문제와 관련해서는

高雄義堅, 1952,「中國佛敎と中世の國家意識」『中國佛敎史論』, 平樂寺書店.

道端良秀, 1963,『中國佛敎史』, 法藏館 ; 계환 옮김, 1996,『중국불교사』, 우리출판사.

남동신, 1997,「불교의 사회관과 국가관」『한국사상사의 과학적 이해를 위해』, 청년사 등이 참고가 된다.

의 정신적 통합에 도움이 되었으리라고 파악된다. 게다가 왕사와 국사 특히 왕사를 국왕이 선택했다고 하더라도 임명과정에서 불교계의 共議, 재상들의 찬성과 대간의 서경까지 거쳐야 했기 때문에30) 그들의 책봉은 여론 통합의 역할도 했을 것이다. 그리고 거국적으로 믿는 종교의 대표를 왕사·국사로 임명하고 국왕이 숭배하는 것 자체로써 국민들이 국왕을 자신들과 일체시하여 국가의 안정에도 영향을 주었다고 생각된다.

또한 불교를 신앙하는 국가였던 만큼 불교의 대표적인 승려를 왕사·국사로 책봉하게 되면 그들의 佛力으로 국가가 번영하리라는 믿음도 가졌다고 생각된다. 다음의 사료를 살펴보자.

> 라. 아! 人民을 다스리고 邦國을 편안히 하는 것은 비록 先聖의 가르쳐 깨우치는 말에 의지하지만 福利를 부르고 재앙을 막는 것은 반드시 眞乘의 슬기로운 원조를 빌려야 한다.31)

사료 라)는 瑜伽業 首座인 資裕를 僧統으로 임명하는 官誥에 나오는 문장으로, 나라에 복을 부르고 재앙을 막기 위해서는 眞乘 즉 고승의 도움을 받아야 한다고 되어있다. 官誥라는 글의 특성 때문에 해당 승려에 대한 추앙을 표현한 것이겠지만, 국가를 위해서 고승의 도움을 받아야 한다는 언급은 당시 보편적인 생각이었다고 파악된다. 실제로 고려는 각종 불교행사를 통해 국가의 어려움을 타개하려 했고 이를 '호국불교'라는 개념으로 해석하고 있다.32) 그러므로 불교계의 명망있

---

30) 許興植, 주 16) 논문, 400~401쪽.
31) 李仁老, 「(瑜伽業首座資裕爲僧統)官誥」(『東文選』 卷27 制誥).
32) 徐閏吉, 1977, 「高麗의 護國法會와 道場」 『佛敎學報』 14.
  李載昌, 1977, 「高麗時代 僧侶들의 護國思想」 『佛敎學報』 14.
  洪庭植, 1977, 「高麗佛敎思想의 護國的展開(Ⅰ)-前半期(太宗~睿宗代)」 『佛敎學報』 14 등 참조.
  그러나 근래 들어와 '호국불교'라 부르는 것은 잘못되었으며, 불교행사는

는 고승을 왕사나 국사로 임명하면 그들의 도움으로 국가가 무고하고 발전하리라는 믿음을 가졌을 것이고, 이는 더 나아가 왕사·국사의 임명 자체만으로 고려가 불교에 의해 보호되리라는 믿음까지도 가졌다고 추측된다. 또한 왕사·국사의 책봉은 왕의 스승으로서 불교 승려를 삼을 만큼 국가가 불교를 숭앙하고 보호하고 있다는 것을 만방에 알리는 수단이 되었을 것이다.

이와는 반대로 왕사·국사의 책봉은 불교가 국가와 국왕으로부터 보호받고 있으며 그로 인해 신앙이 유지될 수 있다는 점을 알리는 방법이 되었을 것이다.

> 마. 泰和 戊辰(희종 4년)에 가뭄이 심하였다. 임금이 (志謙을) 內道場에 맞아 들여 說法하게 하였는데 5일이 되도록 비가 오지 않았다. 스님이 발분하여 부처에게 기도하기를, "佛法은 스스로 행해지는 것이 아니고 모름지기 國主에 의지해야 합니다. 지금 만약 비가 오지 않으면 영묘한 감응은 어디에 존재하겠습니까"라고 하였다. 얼마 안 있어 단비가 퍼부으니 이때 '和尙雨'라고 불렀다.33)

사료 마)는 강종 2년에 왕사가 되는 지겸이 책봉 전인 희종 4년에 궁궐의 內道場에서 기우제를 지내는 중의 일이다. 이때 설법이 5일이나 계속되었는데 비가 오지 않자 지겸은 불법은 국왕[國主]에 의지해야만 행해진다고 하면서 영험을 기원하고 있다. 이는 고려에서 불교가 계속 행해지기 위해서는 국가의 보호가 필요함을 역설하고 있는 것이다.34)

---

국가를 위해서가 아니라 국왕 개인을 위해 개최되었다고 보는 견해도 있다(김종명, 2001, 『한국 중세의 불교의례 : 사상적 배경과 역사적 의미』, 문학과 지성사).

33) 「故華藏寺住持王師定印大禪師追封靜覺國師碑銘奉宣述」(『東文選』 卷118 ; 『東國李相國全集』 卷35).

34) 이러한 인식과 관련하여 『仁王護國般若經』의 성립을 중심으로 불교와 정

중국의 경우 국왕에 의한 폐불은 이후 불교계의 세력을 크게 줄이는 사건이었다.[35] 고려도 또한 중국만큼 불교가 정치권력과 밀접했으므로 국가의 지원이 불교계의 변화에 큰 영향을 끼쳤다. 그 예는 셀 수 없을 정도로 많은데, 玄化寺와 興王寺 같은 각 종파의 대표적인 사찰을 창건하고 그 절을 국왕의 원당으로 삼게 되면서 유가종과 화엄종이 이후 융성하게 된 계기가 되었다.[36] 또한 무신정권에 들어서 저항하는 중앙의 교종세력 대신 새로운 불교 운동의 중심인 修禪社와 白蓮社를 지원하여 고려후기의 불교 양상을 변화시키기도 하였다.[37] 고려에서 불교 자체 그리고 각 종파의 번영에 국가의 영향이 상당했으며 왕사·국사의 임명권자가 국왕이었던 만큼 왕사나 국사는 국왕에 대한 충성심을 표현할 필요가 있었다. 그러므로 사료 마)와 같은 언급이 있었던 것이다.

이상에서 살펴 본대로 불교와 국가는 상호간에 보호와 원조를 해주고 있었으며, 이를 확인시켜 주는 대표적인 제도가 왕사와 국사의 임명이다. 불교는 불법의 힘으로 국가를 보호하고, 국가는 그러한 불교를 돌보아 줌으로써 서로가 계속 유지된다는 생각을 하였던 것이다. 그러한 사유 속에서 왕사와 국사는 국왕과 국가의 스승으로 임명되었고, 왕사·국사의 존재가 고려를 '불교국가'라고 부를 수 있는 중요한

---

　치권력을 살펴본 논문이 참고가 되었다.
　權奇悰, 2000,「隋唐時代 佛敎思想과 政治權力-『仁王護國般若經』을 중심으로」『歷史上의 國家權力과 宗敎』, 一潮閣 참조.
35) 道端良秀, 주 29) 책 참조.
36) 崔柄憲, 1981,「高麗中期 玄化寺의 創建과 法相宗의 隆盛」『韓㳓劤博士停年紀念史學論叢』, 지식산업사.
　韓基汶, 1990,「高麗 中期 興王寺의 創建과 華嚴宗團」『鄕土文化』5 ; 1998,『高麗寺院의 構造와 機能』, 民族社 참조.
37) 閔賢九, 1973,「月南寺址 眞覺國師碑의 陰記에 대한 一考察」『震檀學報』36, 27~37쪽.
　蔡尙植, 1991,『高麗後期佛敎史硏究』, 一潮閣 참조.

증거로 언급되었을 것이다.

한편 왕사·국사 임명은 국가와 불교 전체의 상호관계에서 뿐만 아니라 각 종파의 세력을 추인해주는 면모도 가지고 있다. 고려는 불교에 대한 신앙이 대단했고 정치적 廢佛이 없었던 만큼 중국보다도 다양한 종파와 학풍이 유지되어 敎宗과 禪宗, 그리고 그 안에서도 다양한 분파들이 존재했다. 그런데 왕사·국사는 당시 가장 융성한 종파에서 선택되어 임명된 만큼 불교계의 세력판도를 인정해주는 역할도 했던 것이다.38)

2장의 〈표 2·3〉을 참고로 고려전기에 왕사·국사로 책봉된 이들을 살펴보면, 고려의 건국부터 광종 19년에 탄문이 왕사로 책봉되기 이전까지는 선종의 승려들만이 왕사·국사로 임명되고 있다. 신라말 고려초 선종의 융성을 다시 한번 확인시켜 주는 내용이다. 한편 문종대를 전후로 한 고려전기에는 교종 특히 유가종과 화엄종이 융성했다고 파악되고 있는데, 이는 현종대부터 유가종과 화엄종의 승려들이 왕사나 국사에 임명되는 것에서 확인된다. 그런데 그전에 선종 승려인 지종이 현종 4년부터 동왕 9년까지 왕사를 역임한 것이 특이하다. 이에 대해서는 광종 이후 현종 초까지 선종 특히 법안종 계통이 우세했으며, 지종의 사망과 현화사 창건으로 법안종 대신 유가종이 불교계의 주도 세력이 되었다는 의견이 있다.39)

현종 11년 현화사가 창건되고 현화사가 현종의 원찰이 되면서 유가종이 번성하게 되고, 비슷한 과정으로 문종 10년에 홍왕사가 창건되기 시작하여 동왕 21년에 완성되고 문종의 원찰이 된 후 한동안 왕사와 국사는 유가종과 화엄종에서 배출되었다. 이후 고려전기의 왕사·

---

38) 역대 국사·왕사의 배출을 통하여 불교사의 시대구분을 시도하기도 하였다. 許興植, 주 16) 논문, 426~427쪽.
39) 金龍善, 1996,「高麗 前期의 法眼宗과 智宗」『江原佛敎史研究』, 小花, 106~109쪽 ; 2004,『고려 금석문 연구』, 일조각.

국사 임명에서의 변화는 인종 때 曇眞과 學一·坦然과 같은 선종승려의 출현이다. 이러한 변화는 화엄종과 유가종의 융성에 대한 반발로 세속인들이 '居士'로 자칭하면서 선종에 관심을 가지게 된 것[40]과 관련되며, 숙종 때의 천태종 개창에 선종 승려들이 참여하게 되면서 흔들렸던 선종이 개편되면서 나타났다.

고려전기의 왕사·국사를 배출한 종파를 통해 당시 고려불교의 주도적인 세력을 살펴보면, 고려 초에는 신라 말부터의 상황이 계속되어 선종이 융성하였고 광종 재위부터 교종세력이 대두되었다. 그러나 고려 초 상황의 연속과 광종 조의 '性相融會'적인 분위기와 관련된 선종의 법안종이 잠시 왕사를 배출할 정도가 되었다. 그 이후에는 교종 중 화엄종과 유가종이 고려 불교의 주도세력이 되었으며 교종이 너무 융성한 것에 반발하여 선종 세력이 잠시 대두하기도 했다. 이러한 양상은 추봉된 국사의 종파 분포와 시기에서도 나타난다.

한편 고려전기 불교계의 변화와 관련하여 주목할만한 것은 신라 고승의 추증이다. 원효와 의상은 『高麗史』에 의하면 肅宗 6년 8월에 각각 和諍國師[41]·圓敎國師로 추증되었고[42] 인종 6년 4월에 다시 봉증되었다.[43] 도선은 현종 때 대선사로 추증되었다가 숙종 때 왕사로, 인

---

40) 徐景洙, 1975, 「高麗의 居士佛敎」 『崇山朴吉眞博士華甲紀念 韓國佛敎思想史』, 원광대출판국.
崔柄憲, 1983, 「高麗中期 李資玄의 禪과 居士佛敎의 性格」 『金哲埈博士華甲紀念史學論叢』, 지식산업사 참조.

41) 『高麗史』 卷11, 숙종 6년 8월 계사일의 추증 관련 기사에서는 和諍國師가 아닌 和靜國師로 기록되어 있지만 본문에서는 일반적으로 알려진 화쟁국사로 기술하였다.

42) "(肅宗 6年) 八月 癸巳 詔曰 元曉·義相 東方聖人也 無碑記謚號 厥德不暴 朕甚悼之 其贈元曉大聖 和靜國師 義相大聖 圓敎國師 有司 卽所住處 立石紀德 以垂無窮"(『高麗史』 卷11).

43) "(仁宗 6年) 夏四月 乙卯 詔曰 比來 天文有變 時令不調 冀推恩而寬刑 或調氣而消災 宜令有司慮囚 赦二罪以下 望祀國內山川 饗耆老及篤廢疾·節義孝順·鰥寡孤獨 賜物有差 又元曉·義想·道詵 皆古高僧 宜令所司封贈"

종 때 국사로 추봉되었다.[44)]

원효·의상은 신라부터의 화엄종 고승으로 고려에 들어와서도 교학적으로 균여나 의천에 의해서 중시되었다.[45)] 도선 또한 고려 왕실의 세계에 언급될 정도로 고려초부터 많은 관심을 받아 왔다. 그러므로 신라부터의 고승으로써 국사로 추봉한 것은 일면 너무나 타당하지만, 그들의 추증 시기를 살펴보면 당시 불교계의 변화도 알 수 있다. 우선 원효와 의상이 추증된 숙종 시기는 화엄종이 종단적인 성격을 강하게 드러낸 때이다. 즉 이때 의천이 천태종을 창건하기는 하였지만, 자신을 계속 화엄종 승려로 표현하고 홍원사에 화엄종의 9조를 정하여 모시는 등[46)] 화엄종의 계보와 종단을 구성하기 위한 노력을 하고 있었다. 그렇기 때문에 의천의 제자이자 元景王師였던 樂眞의 비문 서두에 '高麗國 大華嚴業의 제4대인 王師'[47)]라고 표현되었다.[48)] 이

---

(『高麗史』 卷15).

44) 「海東白雞山玉龍寺贈諡先覺國師碑銘〈并序〉」, "故顯王有大禪師之贈 肅祖加王師之號 逮于我聖考恭孝大王(=인종) 丕揚列聖 所以 念功報德之意 遂進封爲先覺國師 仍遣使 告禮行事于本寺影堂"(『東文選』 卷117 ; 『韓國金石全文』 中世下, 826쪽).

45) 균여가 의상만을 존숭했던 것과는 달리, 의천은 의상을 한국 화엄종의 시조로서 찬양하였고 원효에 대해서는 그의 불교에 공감하여 깊게 존숭하였다고 한다.
崔柄憲, 1980, 「高麗時代 華嚴學의 變遷-均如派와 義天派의 對立을 중심으로-」 『韓國史研究』 30, 66~74쪽.
金杜珍, 1983, 「均如의 生涯와 著述」 『均如華嚴思想研究-性相融會思想-』, 一潮閣, 57쪽.

46) 「高麗國五冠山大華嚴靈通寺贈諡大覺國師碑銘〈竝序〉」, "辛巳(1101년, 숙종6)春二月 上 以洪圓寺九祖堂成 請師薰修而落之 前世爲祖譜不一 今以馬鳴 龍樹 天親 佛陀 光統 帝心 雲華 賢首 清凉 爲九祖 師所定也"(1998, 『한국서예사특별전』 18-韓國의 名碑古拓, 우일출판사, 158쪽 ; 『大覺國師外集』 권12).

47) 「高麗國大華嚴業第四代王師歸法法水兩寺住持悟空通慧僧統詔諡元景大和尙碑銘〈并序〉」(1985, 『韓國金石文大系』 卷4-慶尙南道·濟州道編, 圓光大

렇듯 숙종을 전후로 한 시기 의천을 중심으로 화엄종의 종단적 분위기를 강화하고 계보를 만들어가는 시점에서 원효와 의상을 국사로 추증했던 것이다. 또한 숙종 재위연간에는 왕사와 국사의 책봉이 있지는 않았지만 화엄종이 당시 우세한 종파였고 의천에 의한 화엄종의 중흥이 이루어진 상황이어서 원효와 의상이 추증되었다고 여겨진다.

한편 도선은 현종 때 대선사로 추증되고 숙종 때 왕사, 인종 때 국사가 되었다. 현종 때의 대선사 추증은 이 당시가 고려의 재건국기라 할 수 있고 승계도 정비된 이후이기 때문일 것이다. 이후 도선은 숙종 때 왕사로 추봉받게 되는데, 이는 위에서 언급한 원효와 의상에 대한 추증과 비슷한 시기에 이루어진 것으로 추측된다. 인종 때의 국사로의 추증은 당시 學一이나 坦然이 선종 승려로서 왕사를 역임한 점이 영향을 주었을 것이다. 결국 도선이 국사로 추봉되었던 것은 당시 禪宗이 왕사를 배출할 정도의 세력을 가지고 있었기 때문이기도 하다.[49] 그러므로 원효·의상 그리고 도선은 신라부터의 고승이기도 했

學校 出版局, 54쪽 ;『朝鮮金石總覽』上, 316쪽).
48) 당시까지 고려시대에 화엄종 출신으로 왕사를 역임한 이는 坦文·決凝·爛圓·樂眞이 있다. 그래서 '高麗國大華嚴業第四代王師'를 '고려의 화엄종 왕사로서 4번째인'으로 해석할 여지도 있다. 그러나 坦文과 決凝은 난원-의천-낙진으로 이어지는 사제관계와 관련성을 찾을 수 없고 특별히 4번째 왕사라는 것을 강조한 이유도 다른 비문의 서술과 비교했을 때 찾기 힘들다. 그러므로 '고려국 화엄업의 제4대인 왕사'로 해석해보았다. 왕사로써 4번째가 아니라 고려국 화엄업의 계보상 4번째라고 보아야 한다는 것이다. 의천이 洪圓寺에 인도부터 중국에 이르는 화엄종 9조를 정하여 모신 후 고려의 화엄종 계보를 정리했다고 파악되기 때문이다. 물론 난원-의천-낙진 외에 한명의 인물을 제시하지는 못하지만, 의천이 화엄종의 종단적 성격을 강화하면서 계보를 정하였을 가능성이 많고 '代'라는 표현을 쓴 것 또한 계보 의식의 표현이라고 보았다.
49) 도선의 왕사·국사 추봉은 숙종 때의 남경 창건, 인종 때의 서경으로의 천도와 관련되었으리라는 추론을 해볼 수도 있다. 도선의 풍수지리설은 고려 전시기에 걸쳐 여러 부분에 영향을 주었다. 그러므로 새로운 京의 창건이나 천도 등을 계획했을 때 도선에게 부회한다면 반대 여론을 줄일

지만 그들이 국사로 추봉받는 데에는 고려에서의 불교 판도와 관련성을 가졌으며 당시 유력한 종파에서 자신들의 初祖라고 여기는 인물을 추증하였다고 파악된다.

이어서 고려후기의 왕사・국사 임명을 통해 파악되는 불교계의 변화를 알아보겠다. 고려후기의 첫 왕사는 천태종 승려인 德素인데 義天-翼宗-敎雄-德素50)로 사제관계가 이어져 있다. 천태종은 의천의 사후 종세가 미약해졌던 듯한데,51) 인종대에 천태종을 중심으로 僊鳳寺에 의천의 비문이 만들어지면서 종단으로서의 모습과 세력을 갖추게 된 듯하다. 그러므로 덕소의 왕사 책봉은 인종대를 전후로 한 천태종의 부활로 인해서 이루어졌던 것이다.52) 다음 왕사로 임명된 이는

---

수 있었을 것이며 바로 그러한 시기에 도선에 대한 추봉이 이루어졌으리라는 생각이다.

50) 「強圉荒落年應鍾月南嵩山寺天台始祖碑陰記」(1983, 『韓國金石文大系』 卷3 -慶尙北道編, 圓光大學校 出版局, 84쪽).

51) 의천의 사후 천태종의 교세가 약해졌다는 것은 기존의 연구성과에서도 언급되었다(許興植, 1986, 「天台宗의 形成過程과 所屬寺院」 『高麗佛敎史研究』, 一潮閣, 261~262쪽).
또한 덕소의 스승인 교웅의 묘지명에 의하면 당시 宗長이었던 승려가 교웅이 그 문하에 禮하지 않는다고 하여 해치려 하고 그것이 이루어지지 않자 白嵓寺로 쫓아내었다는 문구가 있어 천태종의 약세가 확인된다.
「(僧)朴敎雄墓誌銘」, "宗禪師入寂 門弟以身徇利 皆紛竟適他 唯師守正 不爲執遷 時有一宗長 以師傑然 獨立不禮於其門 爲疾 將害之而未果 適乘時執事 貶住洪州白嵓寺"(『高麗墓誌銘集成』, 76쪽).

52) 인종 대에 천태종이 다시 세력을 형성하기는 했지만 무신정권 초에 빈번하게 일어난 교종 계열의 항쟁을 참고하건대(閔賢九, 주 37) 논문, 28~31쪽), 인종 대와 명종 대를 단순하게 연결 지어도 되는지 라는 지적을 받을 수 있다.
그러나 의천에 의해 천태종이 개창될 때 그 중심 세력으로 선종계열의 승려를 주로 받아들였고 의천에게 直投해 온 5개 사찰의 승려들이 僊鳳寺碑를 만들 때 중심이었다는 점이 천태종이 무신정권에서도 그 세력을 어느 정도 유지할 수 있는 조건이 되지 않았나 한다. 중국에서부터 천태종은 '敎宗 중의 禪宗'이라고 하여 교종 중에서도 가장 선종적인 성격이

禪宗53)의 志謙으로, 최충헌이 기존의 불교계에 대한 개편작업을 종래의 비주류인 일부 선종계를 중심으로 하였다고 하는데54) 바로 이때의 대표적인 인물이다.

그 다음으로 왕사나 국사로 임명되는 이들은 고려후기에 새롭게 등장한 신앙 결사 단체인 수선사・백련사 계열의 승려들인데, 混元・復丘가 수선사 출신이며 景宜・丁午가 백련사이다. 또한 일연의 등장으로 가지산문 계열도 대두되는데, 일연이 국존으로 책봉되고 그의 제자 混丘가 왕사를 역임하였다. 한편 유가종 승려인 惠永과 彌授도 국사가 되었다. 이는 당시 고려와 원에서의 활발한 寫經 활동이라는 부분과 유가종이 원 라마교와 교학면에서 일정부분 공감대를 형성하고 있었던 것에 기인하는 듯하다.55)

고려 말에는 중국에 유학하여 임제종의 영향을 받은 普愚・惠勤과 그들의 제자인 粲英・混修가 왕사・국사에 임명되었다. 임제종 계열

강했고 고려에서 개창될 때도 선종 출신의 승려들이 주도했던 만큼 무신정권 때 일어난 교종 계열의 항쟁에 참여하지 않거나 소극적이었을 것이다. 그러므로 전기의 敎勢를 그대로 유지하여 무신정권 때 가장 처음 왕사를 배출했다고 여겨진다.

53) 지겸을 천태종 승려로 보는 견해가 있는데(許興植, 주 16) 논문, 430쪽), 그가 國淸寺에 머물렀던 사실 등과 관련되는 듯하다. 그러나 지겸이 선종 계열의 책을 간행한 것으로써 선종 출신이라고 파악되기도 하였다(蔡尙植, 1991,「13세기 信仰結社의 성립과 사상적 경향」『高麗後期佛敎史硏究』, 一潮閣, 17쪽).
그런데「志謙碑」에 의하면 최충헌이 자신의 아들을 지겸에게 출가시켰다 [晉康公 亦割捨愛子 剃度爲門人]고 하는데, 최충헌의 묘지명에서 "次子則出家 肄業于曹溪宗 今任禪師"(『高麗墓誌銘集成』,「崔忠獻墓誌銘」, 333쪽) 라고 해서 최충헌의 아들이 조계종으로 출가했다고 서술되어 있다. 최충헌의 아들이 조계종으로 출가했다면, 그의 스승인 지겸도 조계종 즉 선종 계통의 승려로 파악하는 것이 옳을 것이다.

54) 蔡尙植, 1991,「白蓮結社 성립과 사상적 경향」『高麗後期佛敎史硏究』, 一潮閣, 37~38쪽.

55) 邊東明, 2002,「高麗後期의 法相宗」『한국중세사연구』12, 186~187쪽.

의 선종은 중국의 영향으로 고려에서 융성하였고 이러한 분위기는 조선 초까지 지속되었다.56) 이 외 왕사·국사 역임자들은 전하는 자료가 거의 없어 종파가 파악되지 않는 경우들이다.

다시 고려후기의 왕사·국사 역임자를 통한 불교계의 변화를 살펴보면, 무신정권기에는 의천 사후 약화되었던 천태종이 세력을 회복하기 시작했고 전기의 불교계를 개편하는 과도기적 상황으로 선종 중에서도 이전에 주목받지 못한 계열이 대두되기도 하였다. 이후 수선사와 백련사에 대해 중앙정부가 관심을 가지게 되면서 그들 중에 왕사·국사가 임명되었다. 원나라 간섭기가 시작되고는 원 불교계와의 관련 속에서 유가종과 천태종이 융성하였고 고려말에도 역시 중국의 불교계 변화에 영향을 받아 임제종 계열의 선종이 중앙에서 활발한 활동을 하였다. 이것은 국사로 추봉받은 승려들의 종파에서도 동일하게 나타나는데, 당시 세력을 가진 계열의 승려들이 추봉받았기 때문이다.

이렇듯 왕사·국사로 임명된 이들의 종파를 통해서 당시 불교계의 양상을 파악할 수 있다. 게다가 왕사나 국사의 임명이나 추봉은 종파라는 큰 범위에서뿐만 아니라 개인적인 명예였고 또한 그 문도의 성대함을 인정해주는 과정이기도 했다. 왕사나 국사로 책봉되면 승려로서는 가장 고위직에 오르게 되므로 제자들의 사회적 명망도 높아졌을 것이다. 국사인 坦文의 제자라는 이유만으로 대덕·대사의 승계를 받기도 했던 것처럼 다양한 특혜를 받았으리라 짐작된다. 또한 왕사나 국사 책봉과 더불어 하산소가 지정되면서 이후 제자들이 계속 장악할 수 있는 사원을 소유하게 되었으며 해당 하산소를 기반으로 제자들이 세력을 확장하는 면도 있었다. 그러므로 왕사·국사의 책봉은 그 문도의 세력을 키우는 배경이 되기도 하였다.

---

56) 황인규, 2003,「고려말기 불교계의 양대 산맥」『고려후기·조선초 불교사 연구』, 혜안.

또한 국사로 추봉해 주는 것도 그 문도들을 번창하게 하기 위한 면모도 가지고 있었다. 현종 9년에 왕사로 사망한 지종을 圓空國師로 추봉하는 영전을 '傳法의 문도를 빛나게 하기 위한 것'[57]이다라고 한 표현에서도 이는 확인된다. 그리고 은거만을 했을 뿐 구체적인 활동을 하지 않고 사망하였다가 이후 문도들의 청에 의해서 正智國師로 추증된 智泉의 비문에 '승려의 碑는 해당 승려가 세상에 크게 드러나고 그 문도가 大盛해야지만 할 수 있다'[58]는 언급에서도 문도들의 융성이 스승을 추증하게 하는 요인이었음이 짐작된다.「智泉碑」에서는 비를 세우는 조건에 대해 이야기했지만, 비의 건립은 당시 고승들에게만 있었고 그들 중 대다수가 왕사·국사로 책봉되거나 추봉받았기 때문에 비의 건립은 왕사·국사와도 관련하여 설명되는 점이 있다.

그러므로 한 승려가 왕사나 국사로 임명되는 것은 본인의 영향력과 그 종파의 세력도 확인시켜 줄 뿐만 아니라 그 문도에 대한 국가적 추인이라는 면도 있다. 이러한 점은 고려후기에 들어와 수선사와 백련사의 고승을 추봉한 예에서 확인된다. 수선사와 백련사가 새로운 결사운동으로써 지방에서 흥기한 후 고려정부는 이들에게 관심과 지원을 아끼지 않았으며 그들의 대표적인 승려를 왕사나 국사로 책봉하였다. 그뿐만 아니라 생전에 책봉하지 못했을 경우 국사로서 추봉하였던 것이다. '송광사 16국사'든지 '백련사 8국사'가 사료로써 모두가 확인되지 않아 의문시는 되지만, 이러한 관용구가 생겼던 것도 수선사

---

57)「高麗國原州賢溪山居頓寺故王師慧月光天遍照至覺智滿圓默寂然普化大禪師贈諡圓空國師勝妙之塔碑銘〈幷序〉」,"上 比及蹻時 方聞遺占 念泥洹之何早 懷震悼以偏深 特降藎臣 代行禮吊 兼擧易名之典 用光傳法之門 贈國師諡曰圓空"(1998,『韓國金石文大系』卷7-江原道編, 圓光大學校 出版局, 31쪽 ;『한국서예사특별전』18, 146쪽).

58)「有明朝鮮國彌智山龍門寺諡正智國師碑銘〈幷序〉」,"浮圖有碑 自唐已然 然其師必大顯於世 其徒亦大盛於時者之所爲也"(『韓國金石文大系』卷5-京畿道編, 62쪽 ;『陽村集』卷38).

와 백련사의 고승으로써 왕사·국사로 임명되고 국사로 추봉받은 경우가 많았기 때문이다. 또한 많은 수의 국사가 나왔다는 사실로 고려후기에 수선사나 백련사가 고려에서 꽤 융성한 불교 세력이었음을 다시 확인시켜 준다.

## 3. 王師·國師 책봉의 목적

왕사·국사의 임명과 불교교단과의 관계를 언급한 2절의 서술에서 책봉의 목적이 일부 이야기되었다. 국가와 불교가 상호간 협조를 통해 국가가 번영한다는 의식 속에서 왕사·국사가 임명되었던 것이고 이러한 점은 고려의 '불교국가'다운 면모를 보여준다고 할 수 있다. 또한 왕사·국사는 당시 유력한 불교 종파에서 선출되었던 만큼 기존의 불교 세력을 인정해주는 의미도 있었다.

이상과 같은 책봉 이유 외에 왜 동시에 비슷한 존재로 보이는 왕사와 국사를 임명했는가에 대해서도 고려해 보아야 한다. 이 점은 2장에서 살펴본 대로 각각의 지위에 대하여 요구한 기능이 달랐기 때문이다. 즉 고려전기의 왕사·국사의 활동을 통해, 왕사는 불교계의 통합 등 국왕의 정치를 구체적으로 돕기 위한 활동을 한 반면에, 국사는 왕사를 역임하고 하산할 즈음의 승려를 최고 고승으로 우대한 것임이 확인된다. 鼎賢이 오랫동안 왕사로 활동하다가 하산하겠다고 할 때 '禮爲國師'[59]하였다는 표현에서 국사가 불교계의 상징적인 대표자였음이 확인된다. 또한 坦文이 하산하겠다고 했을 때 왕사에서 국사로 임명하여 가야산 보원사로 내려가도록 한 경우도 마찬가지이다.[60]

---

59) 「(결락)利朗哲破有通化無著靈敏淵奧具行定覺道首都僧統贈諡慧炤國師碑銘并序」(『韓國金石文大系』卷5-京畿道編, 28쪽;『朝鮮金石總覽』上, 277쪽).
60) 「高麗國運州迦耶山普願寺故國師制贈諡法印三重大師之碑銘幷序」, "開寶八

이 점은 고려가 건국된 후 처음에 왕사만을 임명하다가 후에 국사까지도 두었던 것에서도 확인된다. 고려 초에 신라 때부터 존재했던 국사가 아닌 왕사를 임명했던 이유는 신라 특히 하대의 국사가 불교계를 대표하는 상징적인 존재에 불과했으므로 실질적으로 불교계를 통합하여 국왕과 정치를 보좌할 인물이 필요했기 때문이다. 그러던 중 다시 고승을 우대할 필요가 생기면서 국사도 함께 책봉했던 것이다.61) 고려 최초의 국사인 璨幽가 책봉된 후 바로 하산하고 있다는 사

---

年(975년, 광종26)春正月 大師以適當衰兒 請歸故山 大王尙慊別慈顔 請住歸法寺 … 大師乃言曰 僧不爲栖身碧洞以過年年 寓目靑山而閑日日 但緣有始有卒 念玆在玆 大王雖戀玉毫 難留蓮步 乃以爲大師身與雲栖洞 心齊月在空 慧化一方 德馨四遠 正宜君臣鑽仰 邦國師範□也 咸懷寶月之光 盡入慈雲之蔭 則是今生際會 多劫因緣 致敬謙謙 言懷懇懇 奉徽號 請爲國師 大師辭以老且病 大王傾心請矣 稽首言之 … 大王躬詣道場 服冕拜爲國師 陳之以避席之儀 展之以書紳之禮 于以問道 于以乞言 大師曰 僧但緣當蒲柳之先衰 憩煙蘿之淨境 身歸松徑 心在藥宮 仰戀龍顔 唯祈鳳祚而已 … 行至迦耶山寺"(『增補 韓國金石文大系』 卷2-忠淸南北道編, 50쪽).

61) 고려시대에 들어와 왕사와 국사를 구분하여 임명한 이유는 본문에서 언급했듯이 그 기능에 차이가 있었기 때문이다. 뿐만 아니라 고려초에 왕사를 먼저 책봉하다가 이후 국사까지 임명하게 된 것도 그들에게 각각 기대했던 역할이 달랐기 때문이다. 이러한 사실은 책봉 당시 왕사·국사의 나이에서도 확인할 수 있다. 고려 최초 국사인 璨幽를 제외하고는 고려전기의 국사는 자료가 전하는 한 왕사를 역임하였으므로 국사의 나이가 평균적으로 왕사보다 높을 수 밖에 없다. 이러한 점을 감안하면 전기 왕사·국사의 책봉 당시의 나이가 크게 차이가 나지 않는다. 고려초에 제도가 만들어지던 때의 왕사였던 慶猷·忠湛·智□는 40세 후반에서 50세 초반에 임명되었다. 이후의 왕사는 난원이 상대적으로 어린 60세에 책봉되었고 그 외 인물들은 대부분 70대에 왕사가 되었다. 심지어 智宗은 84세에 왕사로 임명되었다. 고려전기의 국사도 나이가 전하는 한도에서 살펴보면 왕사와 비슷하게 70대에 임명된 경우가 많고 가장 늦은 나이로 국사가 된 이는 決凝으로 84세였다. 고려전기의 왕사·국사의 수가 많지 않고 그들 중에서도 나이를 알 수 있는 이는 더 적지만 대체적인 경향만을 살펴보았을 때, 국사가 왕사보다 나이가 많다고 할 수 없다. 그러므로 왕사보다 국사가 늦었으므로 국사에게 특별한 기능이 없었다고 파악해서

실과 그 이후 고려전기의 국사들이 책봉 후 대부분 하산하여 국왕을 위해서 중앙에서 별다른 활동을 하지 못했다는 사례들이 참고가 된다.62) 다시 말하자면 신라 말의 선종 승려들에 대한 우대로써 '국사'를 임명했던 경험에 기반해서 국가적으로 존중해야할 고승을 국사로 임명하기 시작한 것이다.

그리고 왕사가 구체적인 기능이 있는 반면에 국사는 승려들 중 최고의 지위라는 우대만이 있을 뿐 임명 후 대부분 하산해버렸던 현실 때문에 『高麗圖經』에 국사보다 왕사가 위 등급이라는 언급63)이 나오게 했다고 생각된다. 인종 원년에 고려로 와서 한달 여간을 머물렀던 서긍이 기록한 『高麗圖經』에서는 실제와는 달리 왕사를 국사보다 한

---

는 안된다. 즉 왕사와 국사의 기능 차이는 처음 그 지위를 만들어 책봉할 때부터 나온 것으로 상대적으로 늙고 젊음 때문에 기인한 것이 아니다. 뿐만 아니라 고려후기는 국사가 왕사를 역임하지 않은 경우가 더 많으므로 나이로 왕사와 국사가 구별되지 않는다. 고려후기의 왕사는 공민왕 이후 임명된 普愚·惠勤·粲英은 50대였고 이전의 왕사도 60대가 많은 편이다. 국사는 惠永·千熙·混修가 60대에 임명되고 一然·普愚가 70대, 彌授가 85세로 책봉되었다. 후기에는 국사가 왕사보다 나이가 들기는 했지만, 이때는 왕사를 거쳐 국사로 임명된 경우가 丁午와 普愚 뿐이므로 국사가 왕사보다 나이가 많아야 할 특별한 이유는 없고 그들의 연령을 기능의 차이에 연결시킬 수 없을 것이다.

62) 고려전기에 문벌귀족들이 개경에서 생활하려고 하고 歸鄕을 형벌로 여겼던 관념을 참고로 하면, 승려에게 있어서 하산도 그와 유사했다고 여겨진다. 왕사·국사로 임명되지는 않았지만, 그보다 더한 권한을 가졌던 의천도 하산하여 있을 때 홍원사의 주지를 추천하라는 명령에 대하여 자신이 조정에 있지 않기 때문에 그에 합당하지 않다고 한 사실이 참고가 된다. "右准今月十五日 䎱儀使·試閤門祗候蘇忠到寺 傳示敎書一道 以新創弘圓寺 未有住持 有司累次奏陳 以故令僧 密薦主領之人者 … 今承主上 議及其人 擬欲終成兩朝洪願 … 但貧道不在於朝 不合言事 區區之意 未敢敷宣 謹具狀奏聞"(『大覺國師文集』卷9 狀 「□□王敎書狀」:『韓國佛敎全書』卷4, 541중하쪽).
63) 『高麗圖經』卷18 國師, "國師之稱 蓋如中國之有僧職綱維也 其上一等謂之王師"

등급의 위의 존재라고 하였는데, 그 이유는 서긍이 짧은 체류 기간으로 인해 고려의 사정에 익숙하지 않았기 때문이다. 서긍은 사원에 관심이 컸던 지 28개소에 달하는 사찰을 답사(64)했음에도 불구하고 왕사・국사의 지위에 대해서 오류를 범하고 있다. 그가 고려에 왔을 때 왕사는 學一이었고 국사는 분명치 않지만 인종 즉위년에 책봉된 德緣이었을 것이다. 학일은 인종 7년에나 하산하고 있으므로 서긍이 고려에 왔을 때 개경에 머물렀다고 여겨지고, 덕연은 임명기사만이 전하고 있어 그의 활동이 전하지 않지만 고려전기의 국사가 대체로 그러했듯이 하산하였다고 파악된다. 그렇다면 서긍은 고려에 와서 국사와 왕사의 존재에 대해서는 모두 들었겠지만 개경에서의 활동을 직・간접적으로 알 수 있었던 것은 왕사인 학일 뿐이었다. 그러므로 고려에서 왕사가 가장 최고위의 승직이라고 『高麗圖經』에 서술했던 것이다. 즉 『高麗圖經』에서 왕사를 국사보다 한 등급의 위의 존재라고 한 것은 서긍의 오류이기는 하지만(65) 당시 고려에서 왕사는 국왕의 곁에 머물면서 활동한 반면에 국사는 대부분 하산하여 중앙에서 별다른 영향력을 끼치지 못한 사실에서 온 것이다.

또한 구체적인 역할이 요구되었던 왕사와 달리 국사는 고승에 대한 우대로 임명되었기 때문에 추봉의 사례도 많다. 확인되는 전체 국사 중 절반 이상이 추봉이라는 것도 고승 우대라는 국사 임명 이유를 확인시켜 준다. 게다가 국사로 책봉되거나 추봉된 승려의 문도들은 그

---

64) 車柱環, 1977, 「해제」 『국역 고려도경』, 민족문화추진회, 8~9쪽.
65) 『高麗圖經』의 오류에 대해서는 한국사의 인식체계에서도 나타났다. 물론 고려시대 이전의 인식에 대한 오류는 중국 중심의 事大封爵 측면만을 강조하고 중국측 문헌에 의존했기 때문이다(韓永愚, 1983, 「高麗圖經에 나타난 徐兢의 韓國史體系」 『奎章閣』 7, 서울大學校圖書館 참고). 그러나 『高麗圖經』의 오류들은 이와 같은 문제 외에도 고려에서 너무나 짧은 기간 머문 후에 『高麗圖經』을 서술했기 때문에 견문의 한계가 있었다고 보여진다. 마찬가지로 왕사・국사에 대한 인식도 그가 보고 들은 것에 한정되었기 때문에 생겨난 착오라고 여겨진다.

스승의 지위에 의해서 국가적으로 많은 우대를 받았으며 반대로는 문도들이 융성하게 되면 그 스승이 추봉받기도 하였다. 이러한 내용은 국사로의 추봉이 당시 영향력 있는 불교세력을 인정해주는 역할도 했음을 알려주는데 이는 2절에서 서술했다.

그러나 이러한 왕사와 국사의 구분은 후기에 들어와 붕괴되었다. 무신정권기에는 정치가 무신집권자의 의도대로 운영되었고, 원나라 간섭기에 들어와서는 원과의 관계 때문에 정치가 문란해지면서 왕사·국사의 본래 직임보다도 국왕이나 특정 권력자와의 관계 속에서 역할이 결정되었기 때문이라고 판단된다. 고려후기의 왕사나 국사는 전기부터 계속된 본연의 역할을 요구받은 것이 아니라 정치권력과 결탁된 자만이 영향력을 가지고 승정을 장악하는 등의 구체적인 활동을 하게 되었고 그렇지 않은 경우는 왕사·국사의 구분없이 당시 고승으로서 우대를 받는 존재가 되어 버렸다. 그렇게 되면서 후기의 왕사·국사 임명은 고승으로서의 우대라는 측면만이 강조되었다. 이러한 사실은 고려후기의 왕사·국사가 전기와 달리 동시에 임명되지 않았던 것과도 관련된다. 고려전기에는 왕사와 국사에 대해서 요구했던 역할과 의미가 달랐기 때문에 동시에 임명되는 경우가 많았던데 비해 고려후기에는 왕사와 국사가 별다른 차이를 갖지 않게 되면서 동시에 존재할 필요가 없었기 때문이다.

책봉된 왕사·국사를 통해서 그들의 임명 이유를 살펴보았다면 이제는 생전이 아닌 사후에 추봉되는 이유를 밝혀보아야 한다. 왕사로 추봉받은 확실한 사례는 慧德王師 韶顯이 있고 正慧王師 曇休는 그가 활동한 시기에 계속 임명된 왕사가 있었으므로 추봉되었으리라 추측된다. 이들 두 사례를 제외하고 추봉은 국사로만 임명되었다. 왕사가 실제적인 기능을 하였던 데에 비해 고승의 우대라는 상징적인 면을 가지고 있었던 국사가 추봉에 더 적합했을 것이기 때문에 국사 추봉 사례가 더 많다고 여겨진다. 또한 전체 국사 중 과반수가 추봉이었다는 사실도 국사라는 지위가 추봉에 더 알맞았음을 보여준다.

  왕사·국사의 책봉은 고려 초의 특수한 경우를 제외하고는 임명 연도가 확인되는 한 중복되지 않았는데, 중복 책봉을 피한 것도 추봉이 많은 이유가 되리라 파악된다. 아무리 국가적으로 존중받았던 고승이라도 살아있는 왕사와 국사가 존재하는 이상 왕사·국사로 책봉받기는 힘들었을 것이고 이러한 경우 사후 추봉받았다고 생각된다. 또한 불교국가로 불린 만큼 불교가 융성한 고려는 존숭할 만한 승려도 많았을 것이므로 국사로 추봉한 건수도 많았다고 여겨진다. 그뿐만 아니라 문도들의 융성이 그들의 스승을 추봉하도록 하였다는 앞에서의 언급처럼 문도들이 유력해진 후 그들의 스승을 추봉한 경우도 있어 추봉 사례를 늘리게 했을 것이다.

  한편 추봉된 국사에는 왕실의 자제도 꽤 많은 편이다. 고려사회에서 불교가 신앙되었듯이 왕실에서도 불교를 믿었고 그러한 신앙의 일환으로 자제들을 출가시켰다. 물론 신앙의 표출이라는 면과 함께 불교계에 대한 영향력을 얻기 위한 의도도 출가를 부추겼다. 이렇게 출가한 왕실의 자제들은 승계를 가지기는 했지만, 생전에 왕사나 국사로 책봉되지 못했다. 이들이 왕사나 국사로 책봉받지 못한 것은 '宗親不仕' 원칙[66]과 관련된다고 생각된다. 그리고 만약 왕사나 국사로 임명했을 경우 이들 왕자 출신의 승려들과 당시 국왕과의 관계에서 尊卑가 뒤바뀔 수도 있었기 때문에 이를 피했다고도 추측된다. 다만 이들은 사망 후에는 거의 대부분 국사로 추봉되고 있는데[67] 이는 국왕

---

[66] "高麗封宗室之親且尊者曰公 其次爲侯 踈者爲伯 幼者爲司徒·司空 摠稱曰諸王 皆不任事 所以保親親也"(『高麗史』 卷90 列傳 宗室1).

[67] 왕자 출신 승려로서 국사로 추봉받지 못한 이는 道生僧統 竀과 聰惠首座 璟 뿐이다. 이들은 圓靜國師 鏡智처럼 『高麗史』 列傳에는 大禪師로만 기록되었지만, 국사로 추봉된 경우일 수도 있다. 그러나 竀은 역모에 연루되어 유배되었기 때문에 국사가 되지 못한 것으로 보는 견해도 있다(李貞蘭, 2003, 『高麗時代 庶孼 硏究』, 고려대학교 박사학위논문, 124쪽). 그

제5장 王師·國師制의 운영과 그 목적  239

의 입장에서 자신의 혈족들을 국사로 추봉함으로써 그들의 명예를 드
날려줄 목적이었다고 판단된다. 더불어 왕실 출신의 승려를 국사로
추봉하고 一代의 宗匠·宗乘으로 대접하는 것은 왕실의 명성을 위한
것이기도 했다.

그리고 의천의 장례와 관련해서 "임금의 周親이기는 하지만 禮에
의거하여 출가하면 無服이라고 한다. 그러나 재행이 우수하고 이름이
遼와 宋에까지 높기 때문에 국사로 추증하고자 하니 服을 입지 않을
수 없다"[68]고 한 표현도 참고된다. 즉 출가하지 않았다면 諸王이었을
국왕의 친족에 대해 그들의 속세 지위에 걸맞도록 대우하기 위해서는
국사 추봉이 필요했던 것이다.

---

러므로 聰惠首座 璟처럼 이름만을 전하여 국사 추봉 여부를 전혀 알 수
없는 경우나 역모와 같은 특별한 죄를 짓지 않은 이상 왕자 출신 승려는
대부분 국사로 추봉되었다고 할 수 있다.
[68] "政堂文學李頟言 煦於上 雖周親 而按禮 出家無服 然才行俱優 名重遼宋 欲
追贈國師 不可不服"(『高麗史』卷90 列傳3 宗室1 大覺國師煦).

# 결 론

이상에서 고려시대의 왕사와 국사에 대해서 고찰해보았다. 고려에서 불교의 영향은 모두가 주지하는 사실이지만, 그것을 구체적으로 증명하는 것에 대해서는 지금까지 관심이 적은 편이었다. 고려 불교의 양상을 파악하기 위해서는 다양한 접근이 필요한데, 왕사·국사에 대한 이해를 통해서도 일부분은 충족될 것이다. 국사는 통일신라시대부터 있어왔기는 하지만, 왕사·국사가 함께 임명된 것은 고려시대부터이고 그들이 '왕의 스승'·'나라의 스승'으로서 형식적이기는 하지만 국왕의 상위에 있었기 때문에 그들에 대한 연구는 고려시대 불교의 위상을 확인시켜 주리라는 문제의식 속에서 왕사·국사를 구체적이고 정밀하게 연구할 필요성을 가졌다.

1장에서는 왕사·국사라는 단어가 어디에서 연원했는지를 살펴보았다. 동양 특히 중국에서 전통적으로 국가의 원로를 국왕의 스승으로 삼았던 경험과 불교가 전래된 이후 고승이 국가적 원로로 여겨졌던 것이 결합하여 승려를 국왕의 스승으로 임명하게 되었음을 확인하였다. 그 때문에 국사는 국가의 원로라는 '國老'로 불리기도 했다.

다음으로 왕사·국사에 제도적으로 영향을 주었을 신라의 국사에 대해서 정리해 보았다. 신라에서 임명된 국사의 특징으로는 우선 感

通 능력이 강조되었다는 것이다. 불교가 우리나라에 전래된 이후 민중의 신앙심을 얻기 위해 고승들의 신이한 감통 능력이 많이 언급되었는데, 국사들도 마찬가지였다. 한편 신라 하대의 국사는 선종의 유행 이후 불교계가 변화된 양상과 관련되어 선종 승려들이 임명되었다. 이는 새롭게 흥기하여 지방에서 세력을 키워갔던 선종 세력을 포섭하기 위한 것으로 파악된다. 한편 신라 하대의 국사는 중앙의 승관으로써 가장 고위직인 '國統'과 무관하게 임명되었고 이는 당시 호족이나 민중에게 영향력 있는 고승에 대한 우대 방법이었기 때문이라고 추정하였다. 신라 하대 국사의 상징적인 우대는 고려의 국사에서도 그대로 나타나고 있어 신라 국사 제도의 영향을 확인하였다.

그리고 고려시대에 들어와 왕사·국사 제도가 정례화되기 이전에 이를 대신한 지위에 대해 고찰해보았다. 즉 신라 말부터 선종 승려들이 사망했을 경우 시호와 '大師'라는 호칭을 내려주었는데, 이는 고려 건국 후에도 유지되었다. 시호와 함께 주어진 '大師'라는 호칭은 아직 승계가 정비되지 않은 상황에서 점차 그와 유사한 기능을 담당하였다. 즉 '대사'라는 호칭은 국가로부터 시호를 받는 고승만이 얻을 수 있는 지위로 여겨졌고 '대사'를 받은 승려는 국가로부터 인정된 고승이라는 인식을 하게 되었던 것이다. 그러므로 '대사'라는 호칭을 받았던 승려는 국사가 정례적으로 임명되기 이전에 고승으로서 우대받고 있었다. 아울러 고려 초에 임명되기 시작한 왕사나 국사는 사후에 '대사'로 추봉되어 최종적으로 왕사·국사와 '大師'라는 지위를 겸하게 되는데, 이의 표기를 통해서도 '대사'가 승계 정비 이전에 승계와 유사한 기능을 했다는 사실도 확인되었다.

2장에서는 고려전기의 왕사·국사의 역임자와 그 활동을 살펴보았다. 우선 왕사는 추봉보다는 책봉이 주가 되었고 임명된 왕사들이 구체적인 활동을 하고 있었음도 확인되었다. 또한 왕사였다가 사망한 이들은 고려 초 '大師'로 추봉되거나 사후 왕사로 추봉된 몇몇 경우를 제외하고는 거의 대부분 국사로 추봉되었다. 왕사로 사망한 후 국사로 추봉된 것은 관직자들이 사망 후 본직보다 더 상위의 관직을 추증직으로 받는 양상과 비슷하다. 한편 국사는 책봉과 추봉의 사례가 거의 비슷했는데, 책봉된 국사라고 하더라도 대부분 구체적인 활동을 하지 않고 하산하고 있었다.

왕사와 국사가 그 명칭에서부터 차이를 가지고 있듯이 그들의 활동도 달랐다. 왕사는 국왕을 대신하여 불교계를 통합하려는 활동을 하고 승과나 승정에도 간여하였다. 아울러 국왕의 수명연장이나 祈雨를 위한 법회를 주도하였다. 왕사들이 했던 이러한 법회는 다른 고승들도 맡았던 것이기는 하지만, 왕사가 다른 어떤 승려보다 국왕과 밀접하게 연결되어 있었다고 파악되는 만큼 그들의 법회에서 바라는 바가 더 컸으리라 생각된다. 바로 왕사가 개최하는 법회 등이 성사되기를 기대하는 마음이 그들의 感通 능력을 강조하여 비문 등에 기술하게 하였던 것이다. 한편 국사는 책봉된 이후 대부분 하산하고 있어 국왕의 주변에서 별다른 활동을 하지 않고 있다. 기존의 연구에서 왕사와 국사의 기능으로 설명되었던 '상징적인' 부분에 적합한 모습이었다.

왕사와 국사들이 이러한 기능의 차이를 가졌던 것은 각각 그들을 처음 임명하게 된 시기와 이유에서도 찾아진다. 고려가 건국된 이후 신라부터 있어왔던 국사가 아니라 왕사를 처음 임명하기 시작한 것은 신라의 국사가 상징적으로 국가적 고승에 대한 우대를 위해 임명되었기 때문에 국왕의 곁에서 실질적으로 불교계와 관련된 일을 해줄 또 다른 인물이 필요해서이다. 그러다가 다시 고려에서도 고승 우대의 필요가 생기면서 국사를 임명하기 시작한 것이었다.

3장에서는 고려후기의 왕사와 국사에 대해서 살펴보았다. 먼저 무신정권기에 임명된 왕사는 당시 무신집정자들이 정권을 장악했던 사실과 관련해서 전기와 달리 국왕의 자의적인 선택이 많이 줄었던 것으로 파악된다. 또한 교종 세력의 무신정권에 대한 반발과 그에 따른 불교계의 개편으로 인해 왕사가 임명되지 못하기도 하였다. 게다가 고려후기의 왕사는 책봉을 전후로 해서 하산하는 경우가 많아 전기와는 다른 양상을 보였다.

 국사는 무신정권기에 임명되었다는 기록이 없고 원나라 간섭기에 들어가 책봉되기 시작했다. 하지만 원나라에서 사용하는 호칭을 고려에서 그대로 사용할 수 없다는 명분 때문에 국사가 國尊으로 변경되기도 하였다. 또한 國統이라는 명칭도 함께 사용되어 국사의 위상과 기능의 변화를 반영하였다. 전기에 대부분의 국사가 책봉을 전후로 하산했던 것과는 달리 중앙에서 활동을 계속하는 경우도 있었다. 한편 전기와 비교해서 눈에 띄는 요소는 전기의 국사가 거의 대부분 왕사를 역임한 후 임명되었던 것과는 달리 후기의 국사는 왕사를 거치지 않고 바로 국사로 책봉되는 사례가 더 많았다는 점이다. 그러나 추봉된 국사가 전체 국사의 과반수 이상이었던 것은 전기의 양상과 유사하다. 아직도 국사가 고승에 대한 우대로써 주어진 지위라는 것이 확인된다. 흥미로운 사실은 국사의 호칭이 원과의 관계 속에서 國尊으로 변경되었는데도 불구하고 국사의 호칭을 대내적으로 계속 사용하고 있었다는 것이다. 특히 추봉된 국사는 일관되게 고려전기처럼 국사로 불리고 있다.

 고려전기와 다른 점은 후기에 들어와서 왕사 뿐만 아니라 국사들도 구체적인 활동을 하는 이들이 나타났다는 것이다. 왕사로서 정오는 '摠攝調提', 혜근은 '禪敎都摠攝'의 지위를 가지고 있었고 보우를 위해서 '圓融府'가 설치되기도 하였다. 이들은 왕사로서가 아니라 府에서나 그들이 맡았던 지위로 승정에 관여하고 있었다. 또한 일연은 국사로서 '九山門都會'를 개최하였고 천희도 국사가 되면서 府가 설치되고 '선교도총섭'으로 임명되었다. 이들은 대체로 왕사나 국사의 지위 외에 '도총섭' 등의 승직을 통해 승정을 장악했다. 즉 고려후기의 왕사·국사가 승정을 장악하는 경우가 있기는 했지만, 그들 본연의 지위때문이 아니라 국왕에 의해서 위임되거나 '도총섭' 같은 승직을 통해서였다. 그러므로 이들이 행했던 기능은 왕사·국사의 기능이기보다는 그들이 겸했던 승직이나 국왕의 명령에 의해서 일시적으로 가졌던 역할이었다고 판단된다. 그리고 이러한 국사의 실질적 활동은 그들 본연의 기능은 아니었지만 국사가 '國統'이라고 불리기도 한 이유가 되었다.

한편 고려후기에 왕사와 국사의 기능이 비슷해지면서 그들의 중복 책봉이 줄어들었다. 전기는 왕사와 국사의 역할이 구분되었기 때문에 두 지위가 동시에 책봉되는 경우가 많았던 데 비해, 후기는 몇몇 시기를 제외하고는 중복 책봉이 없었다. 그러므로 고려후기에 왕사와 국사가 동시에 책봉된 시기는 종파간의 갈등이나 정치권력간의 알력이 심했던 때였다.

4장에서는 왕사·국사가 될 수 있는 자격과 왕사·국사가 된 후 받은 대우에 대해서 살펴보았다. 자격 면에서 고려 초 승계가 정비되기 전에는 당시 국가가 인정한 고승에게만 주어졌던 '大師'의 지위를 받았거나 사후 추봉된 이들 중 왕사나 국사로 임명되었다. 승계가 정비된 후에는 가장 최고의 승계인 僧統과 大禪師에서 왕사·국사가 임명되었다. 한편 승통이나 대선사는 각각 교종·선종 승계 중 최고로서 그에 상응하는 평가를 받았는데, 나이가 어리거나 덕이 없어도 임명되지 못하는 자리였고 혈통상의 문제가 있어도 불가능한 승계였다. 또한 승통이나 대선사를 승려의 極班이라거나 僧爵의 極位라 표현하고 그에 임명되는 것을 極選·極榮이라고 하여 쉽게 오르지 못하는 지위라는 인식이 있었다. 게다가 승통이나 대선사는 宰臣과 동급인 大官誥로 임명되었다는 사실도 이들 승계의 지위를 알려주었다.

다음으로는 왕사·국사가 받은 대우인데, 경제적으로는 그들이 승계를 가지고 있었기 때문에 그 승계에 해당하는 토지를 국가로부터 받았다. 또한 그들이 맡은 직임에 따라 月俸도 주어지고 있음을 확인하였다. 이렇게 개인적으로 직접 주어진 것 이외에 하산소의 지정도 경제적인 대우였다. 하산소의 지정과 함께 토지의 사여가 있기도 했고 하산소의 운영을 통한 이익도 생각되기 때문이다. 뿐만 아니라 하산소가 지정되면 그곳은 왕사·국사의 사망 이후 제자들에게 상속됨으로써 문도들을 위한 대책 마련이기도 했으므로 이는 문도를 끌어들이는 요인이 되기도 했을 것이다. 게다가 하산소를 지정받게 되면 노년의 왕사·국사가 정기적으로 다른 절의 주지로 전보되거나 주지의 직무에 대한 평가를 받는 등의 어려움에서도 벗어날 수 있어 하산소는 여러모로 왕사나 국사들에 대한 혜택이었다. 또한 탄문의 문도 일부가 대덕·대사라는 승계를 수여받는 경우가 있어 왕사·국사의 주변 인물들이 여러 가지 특혜를 받았음도 짐작된다.

그리고 고려후기에 들어와 승려들이 세속 관직을 가지게 됨에 따라 왕사·국사를 위한 관청이 설치되기도 하였다. 가장 구체적으로 알 수 있는 것이 보우의 圓融府인데, 이는 諸妃主府 중에서도 큰 것에 비견될 정도의 규모였고 이곳에서 전국 사찰의 주지 임명을 장악했다. 그리고 사용처가 정확히 기술되지는 않았지만 왕사·국사가 그들의 지위를 상징하는 인장을 가지고 있었으며 이를 통해서도 그들의 지위가 높았음이 파악된다. 게다가 왕사·국사는 사후 시호를 받고 있는데, 관인의 경우 특별한 경우를 제외하고는 宰臣만이 시호의 하사라는 영예를 받고 있어 왕사·국사의 지위나 대우를 다시 한번 확인시켜 주었다.

이와 같이 왕사·국사 개인에게 주어졌던 특혜말고 부모, 연고지 등에도 혜택이 주어졌다. 왕사와 국사의 부모 중 추증받은 이들이 있는데, 이를 통해서도 왕사·국사가 재신급의 대우를 받았음을 알 수 있었다. 그러나 모든 왕사·국사의 부모가 추증받은 것은 아니어서 그것이 법제화되었다고 하기는 어렵지만, 정치권력과 밀접한 왕사·국사의 부모에게 주어진 것은 분명하다. 연고지 또한 몇몇 왕사·국사에 한해서 승격되었다. 그것은 고려후기에 집중되었고 지방제도의 문란과도 관련되었다. 한편 왕사·국사의 연고지라는 이유로 승격되었기 때문에 해당 승려가 그 지위에서 해임되는 등 변화가 있을 때마다 승격이 취소되었다가 다시 복구되기도 하였다.

 5장에서는 왕사·국사 운영에서 나타나는 특징과 그 목적에 대해서 논증해보았다. 왕사·국사 임명에서 눈에 띄는 점은 새로운 왕의 즉위 이후 재책봉의 과정을 거치는 것이다. 왕사와 국사 중 특히 왕사가 국왕과 밀접한 관계였고 국왕을 위해 불교계 통합이라는 기능을 했다는 점과 관련하여 국왕이 바뀔 때 왕사도 교체되어야 했지만, 새로운 왕이 대부분 전왕의 아들이었고 전왕과 다른 정치를 위한 개혁을 시도하지 않는 등의 이유로 다시 책봉되었음을 논증하였다. 그러나 전왕보다 새로운 국왕과 소원했기 때문에 재책봉되었던 왕사는 대부분 하산하고 있었다. 이러한 양상은 사료상 보이지는 않지만 고려전기부터 계속되었다고 생각된다. 한편 국사도 공민왕 때부터 재책봉되었는데, 이는 고려후기에 왕사와 국사의 기능이 유사해지면서 국사도 재책봉되었던 것이고 전기부터의 전형적인 제도는 아니라고 보았다. 왜냐하면 사료상 고려전기부터 공민왕 재위 전까지 국사들 중 두 명의 국왕을 모신 적이 없다는 것과 고승에 대한 우대로 국사가 임명되었는데 국왕이 바뀔 때마다 재책봉했다는 점은 그다지 타당하지 않다고 여겨지기 때문이다.

 한편 고려시대에 왕사·국사를 둔 이유는 '불교국가'로 불릴 정도로 불교의 영향력이 컸던 만큼 불교계의 고승을 '왕의 스승'·'국가의 스승'으로 임명함으로써 그들의 신앙을 표현했던 것이라고 보았다. 또한 法王인 왕사·국사가 존재함으로써 佛力으로 국가가 안정되리라는 믿음을 가질 수도 있었기 때문이다. 그러나 왕사·국사의 임명권자는 국왕이었으므로 불교의 융성함이 국가의 보호아래 이루어지고 있다는 것을 표현하기 위한 방법이기도 하였다. 게다가 왕사·국사의 임명은 당시 불교 종파 중 가장 유력한 곳에서 이루어졌으므로 그들의 종파를 통해서 고려 특히 중앙 불교계의 변화상을 파악할 수도 있었다. 이는 책봉 뿐만 아니라 추봉에서도 나타났는데, 어느 종파가 강력해졌을 경우 자신들의 스승에 대한 추봉을 요구했던 데에서 비롯되었다.

고려시대에 왕사와 국사라는 두 지위를 두었던 것은 각각 지위에 대해서 희망했던 역할이 달랐기 때문이다. 즉 왕사는 국왕의 측근으로서 국왕의 의도대로 불교계를 통합하는 기능을 하였다면 국사는 당시 국가적으로 존중받아야 할 고승을 우대하기 위해 두었던 지위였다. 그리고 추봉과 관련하여 왕실 자제로서 출가한 이들이 생전에는 諸王이라는 신분적인 제한으로 인해 왕사·국사로 임명되지 못하다가 사후 국사로 추봉되었음도 언급하였다. 왕실 자제의 국사 추봉은 그 승려의 명예이기도 했지만 불교에 대한 왕실의 권위를 드러내는 것이기도 했다.

이렇듯 고려시대의 왕사·국사는 전기와 후기를 구분해보았을 때 다른 양상을 가지고 있었다. 전기의 왕사는 국왕을 대신하여 불교계의 통합을 시도했지만 국사는 고승으로써 상징적으로 우대받았을 뿐이다. 그러나 후기에 들어와 왕사와 국사의 기능은 비슷해졌고 모두가 존중받는 고승의 모습만을 가졌다. 다만 후기에 왕사·국사 중 일부가 국왕이나 정치권력과 관계되어 승정을 맡기도 하였지만 이는 그들 본연의 기능은 아니었다. 한편 고려시대의 왕사·국사는 宰臣과 비슷한 정도의 지위인 僧統과 大禪師에서 임명되었으며 토지와 月俸, 하산소의 지정 등으로 국가로부터 경제적인 혜택을 받기도 하였다.

이와 같은 왕사·국사에 대한 대우를 통해서 그들의 사회적 위치가 확인될 뿐 아니라 당시 불교의 비중도 파악되었다. 고려에서 불교의 영향력이 컸기 때문에 '왕의 스승'·'국가의 스승'을 승려 중에서 임명했을 것이다. 또한 왕사·국사로 임명된 승려의 소속 종파의 파악을

결 론 249

통해서 중앙에만 한정되기는 하나 고려 불교의 변화상도 이해되었다.

　이상으로 고려시대의 왕사·국사에 대해서 고찰해 보았는데, 아직도 해결해야할 점들이 적지 않다. 우선 고려시대의 사료 특히 불교와 관련된 자료가 그 당시의 세력에 비해서 극히 적은 편인데, 그런 한정된 것만을 가지고 왕사·국사의 사례를 정리했기 때문에 이후 또다른 사료의 발견으로 왕사·국사가 더 추가될 수도 있을 것이다. 이러한 사료의 부족은 고려 전시기에 왕사·국사가 존재했는가, 아니면 적임자(其人)가 없을 경우 책봉하지 않았는가라는 가장 기본적인 문제를 분명하게 밝히지 못하는 한계를 가지게 한다. 또한 정리된 자료에서도 생전에 왕사·국사를 모두 역임한 승려와 그렇지 않은 승려에 대한 차별적인 검토도 부족하다. 그뿐만 아니라 그들의 기능 면에서 구체적인 자료가 없이 추론을 한 부분이 없지 않다. 이는 우리가 접할수 있는 자료상의 한계와도 관련되며, 필자의 선입관 때문에 제대로 파악하지 못한 점도 있을 것이다.

　또한 왕사·국사 전체를 다루었기 때문에 각 인물들에게서 나타나는 특징들을 언급하지 못하였다. 각 왕사나 국사들의 당시 정치권력과의 관계나 혈연과 관련되어 나타나는 활동들은 거의 설명하지 못했다. 게다가 왕사·국사가 가지고 있었던 印章을 통해서 그들의 구체적 활동을 추구해보고 싶었지만 역시 자료의 한계로 인장의 등급을 언급하는데 그쳤다. 이러한 문제점 외에도 너무나 왕사·국사에만 치우쳐 전체 불교계의 운영을 제대로 파악하지 못한 것은 아닐까 한다. 차후 이런 점들을 보완해야 왕사·국사의 성격이 더욱 분명하게 드러나리라 생각된다.

# 참고문헌

## 1. 자 료

〈史書〉

『三國史記』(乙酉文化社, 1977)
『三國遺事』(崔南善編, 瑞文文化社, 1993)
『高麗史節要』(亞細亞文化社, 1973)
『高麗史』(亞細亞文化社, 1990)
『高麗圖經』(梨大 史學研究院, 1970)
『太祖實錄』·『定宗實錄』·『太宗實錄』(國史編纂委員會, 1955)

〈文集〉

『大覺國師文集』·『大覺國師外集』(義天, 韓國精神文化研究院, 1989)
『東國李相國集』(李奎報, 『高麗名賢集』1, 成均館大學校 大東文化研究院, 1986)
『動安居士集』(李承休, 『高麗名賢集』1, 成均館大學校 大東文化研究院, 1986)
『西河集』(林椿, 『高麗名賢集』2, 成均館大學校 大東文化研究院, 1986)
『破閑集』(李仁老, 『高麗名賢集』2, 成均館大學校 大東文化研究院, 1986)
『補閑集』(崔滋, 『高麗名賢集』2, 成均館大學校 大東文化研究院, 1986)
『無衣子詩集』(惠諶, 『韓國佛教全書』6, 東國大學校 出版部, 1984)
『圓鑑錄』(冲止, 亞細亞文化社, 1973)
『止浦集』(金坵, 『高麗名賢集』2, 成均館大學校 大東文化研究院, 1986)
『拙藁千百』(崔瀣, 『高麗名賢集』2, 成均館大學校 大東文化研究院, 1986)
『益齋亂藁』(李齊賢, 『高麗名賢集』2, 成均館大學校 大東文化研究院, 1986)
『及菴先生詩集』(閔思平, 『韓國文集叢刊』3, 民族文化推進會, 1990)
『雪谷先生集』(鄭誧, 『韓國文集叢刊』3, 民族文化推進會, 1990)
『稼亭集』(李穀, 『高麗名賢集』3, 成均館大學校 大東文化研究院, 1986)
『牧隱文藁』·『牧隱詩藁』(李穡, 『高麗名賢集』3, 成均館大學校 大東文化研究院, 1986)
『惕若齋集』(金九容, 『高麗名賢集』4, 成均館大學校 大東文化研究院, 1987)
『霽亭集』(李達衷, 『高麗名賢集』4, 成均館大學校 大東文化研究院, 1987)
『耘谷詩史』(元天錫, 『高麗名賢集』5, 成均館大學校 大東文化研究院, 1987)
『三峰集』(鄭道傳, 『韓國文集叢刊』5, 民族文化推進會, 1990)
『陽村集』(權近, 『韓國文集叢刊』7, 民族文化推進會, 1990)

『春亭續集』(卞季良, 『韓國文集叢刊』 8, 民族文化推進會, 1990)
『東文選』(太學社, 1975)

〈기타〉

『經國大典』(亞細亞文化社, 1983)
『高麗墓誌銘集成』(金龍善, 翰林大學校 出版部, 1993)
『新增東國輿地勝覽』(민족문화추진회 편, 1996)
『第二版 韓國上代古文書資料集成』(李基白 編著, 一志社, 1993)

「普覺國師碑」(韓國精神文化研究院, 1981)
「圓鑑國師碑銘」(서울대 규장각소장 탁본)
「寂然國師碑銘」(서울대 소장 탁본)
『均如傳』(『韓國佛敎全書』 4, 東國大學校 出版部, 1982)
『懶翁和尙語錄』(惠勤, 『韓國佛敎全書』 6, 東國大學校 出版部, 1984)
『曹溪眞覺國師語錄』(惠諶, 『韓國佛敎全書』 6, 東國大學校 出版部, 1984)
『太古和尙語錄』(普愚, 『韓國佛敎全書』 6, 東國大學校 出版部, 1984)

『大東金石書』(李俁, 亞細亞文化社, 1976)
『朝鮮金石總覽』 上·下(朝鮮總督府 編, 亞細亞文化社, 1976)
『增補校正 朝鮮寺刹史料』 上·下(中央文化出版社, 1968)
『韓國金石全文』 古代·中世上·中世下(許興植 編著, 亞細亞文化社, 1984)
『海東金石苑』 上·下(劉燕庭, 亞細亞文化社, 1981)
『黃壽永全集』 4-금석유문(혜안, 1999)

『增補 韓國金石文大系』 卷1-全羅南北道編(趙東元 編著, 圓光大學校 出版局, 1994)
『增補 韓國金石文大系』 卷2-忠淸南北道編(趙東元 編著, 圓光大學校 出版局, 2000)
『韓國金石文大系』 卷3-慶尙北道編(趙東元 編著, 圓光大學校 出版局, 1983)
『韓國金石文大系』 卷4-慶尙南道·濟州道編(趙東元 編著, 圓光大學校 出版局, 1985)
『韓國金石文大系』 卷5-京畿道編(趙東元 編著, 圓光大學校 出版局, 1988)
『韓國金石文大系』 卷6-서울特別市編(趙東元 編著, 圓光大學校 出版局, 1993)
『韓國金石文大系』 卷7-江原道編(趙東元 編著, 圓光大學校 出版局, 1998)
『한국서예사특별전』 18-韓國의 名碑古拓(우일출판사, 1998)

盧明鎬 외, 2000, 『韓國古代中世古文書研究』 上-校勘譯註編, 서울대학교출판부.
李能和, 1918, 『朝鮮佛敎通史』 上·中·下, 新文館.
李智冠, 1994, 『校勘譯註 歷代高僧碑文』-新羅編, 伽山文庫.

李智冠, 1994,『校勘譯註 歷代高僧碑文』-高麗編1, 伽山文庫.
李智冠, 1995,『校勘譯註 歷代高僧碑文』-高麗編2, 伽山文庫.
李智冠, 1996,『校勘譯註 歷代高僧碑文』-高麗編3, 伽山佛敎文化硏究院.
李智冠, 1997,『校勘譯註 歷代高僧碑文』-高麗編4, 伽山佛敎文化硏究院.
張東翼, 1997,『元代麗史資料集錄』, 서울대학교출판부.
秦星圭 譯, 1988,『圓鑑國師集』, 亞細亞文化社.
崔英成, 1998,『譯註 崔致遠全集』-四山碑銘, 아세아문화사.
韓國古代社會硏究所 編, 1992,『譯註 韓國古代金石文』Ⅲ, 駕洛國史蹟開發硏究院.
한국역사연구회 편, 1996,『譯註 羅末麗初金石文』上·下, 혜안.
許興植, 1995,『眞靜國師와 湖山錄』, 民族社.

『韓國佛敎全書』卷4(東國大學校 出版部, 1982)
『韓國佛敎全書』卷5(東國大學校 出版部, 1983)
『韓國佛敎全書』卷6(東國大學校 出版部, 1984)
『韓國佛敎全書』卷11(東國大學校 出版部, 1992)

『金山寺誌』(亞細亞文化社, 1983)
『萬德寺志』(亞細亞文化社, 1977)
『雲門寺誌』(亞細亞文化社, 1977)
『曹溪山松廣寺史庫』(亞細亞文化社, 1977)
『泰安寺誌』(亞細亞文化社, 1984)

『景德傳燈錄』(『大正新脩大藏經』卷51)
『大宋僧史略』(『大正新脩大藏經』卷54)
『祖堂集』(『高麗大藏經』卷45)
『弘贊法華傳』(『卍續藏經』第149 中國撰述 史傳部)

『成化安東權氏世譜』(成化譜重刊所, 1929)
『文化柳氏世譜』(文化柳氏編修委員會, 1976)

## 2. 저 서

姜晋哲, 1991,『改訂 高麗土地制度史硏究』, 一潮閣.
金杜珍, 1983,『均如華嚴思想硏究-性相融會思想-』, 一潮閣.
金光植, 1995,『高麗武人政權과 佛敎界』, 民族社.

김용선, 2004,『고려 금석문 연구』, 일조각.
김종명, 2001,『한국 중세의 불교의례 : 사상적 배경과 역사적 의미』, 문학과 지성사.
金曉呑, 1999,『高麗末 懶翁의 禪思想硏究』, 民族社.
南權熙, 2002,『高麗時代 記錄文化 硏究』, 淸州古印刷博物館.
朴龍雲, 1985·1987,『高麗時代史』上·下, 一志社.
朴龍雲, 2000,『고려시대 中書門下省宰臣 연구』, 一志社.
裵象鉉, 1998,『高麗後期寺院田硏究』, 國學資料院.
徐閏吉, 1993,『高麗密敎思想史硏究』, 불광출판사.
안지원, 2005,『고려의 국가 의례와 문화-연등·팔관회와 제석도량을 중심으로』, 서울대학교출판부.
이병욱, 2002,『고려시대의 불교사상』, 혜안.
李相瑄, 1998,『高麗時代 寺院의 社會經濟硏究』, 誠信女子大學校 出版部.
李載昌, 1993,『韓國佛敎寺院經濟硏究』, 불교시대사.
印 鏡, 2000,『蒙山德異와 高麗後期 禪思想 硏究』, 불일출판사.
趙明濟, 2004,『高麗後期 看話禪 硏究』, 혜안.
蔡尙植, 1991,『高麗後期佛敎史硏究』, 一潮閣.
崔根泳, 1990,『統一新羅時代의 地方勢力硏究』, 신서원.
韓基汶, 1998,『高麗寺院의 構造와 機能』, 民族社.
한영우·이익주·윤경진·염정섭, 2002,『행촌 이암의 생애와 사상』, 일지사.
許興植, 1986,『高麗佛敎史硏究』, 一潮閣.
許興植, 1994,『韓國中世佛敎史硏究』, 一潮閣.
許興植, 1995,『眞靜國師와 湖山錄』, 民族社.
許興植, 1997,『高麗로 옮긴 印度의 등불-指空禪賢』, 一潮閣.
황인규, 2003,『고려후기·조선초 불교사 연구』, 혜안.

高雄義堅, 1952,『中國佛敎史論』, 平樂寺書店.
道端良秀, 1957,『唐代佛敎史の硏究』, 法藏館.
道端良秀, 1963,『中國佛敎史』, 法藏館 : 계환 옮김, 1996,『중국 불교사』, 우리출판사.
鎌田茂雄, 1987,『朝鮮佛敎史』, 東京大學出版會 ; 1988,『한국불교사』, 민족사.
일본동아연구소 편, 서병국 옮김, 2003,『북방민족의 중국통치사』, 한국학술정보(주).

## 3. 논 문

강봉용, 1997,「新羅의 僧官制와 地方支配」『全南史學』11.
姜好鮮, 2001,「충렬·충선왕대 臨濟宗 수용과 고려불교의 변화」『韓國史論』46.

서울대 국사학과.
孔蔭泳, 1970, 「高麗朝의 寺院制度 硏究-특히 考試制와 度牒制를 中心으로-」, 『논문집』(대전농업고등전문학교) 창간호.
權奇悰, 2000, 「隋唐時代 佛敎思想과 政治權力-『仁王護國般若經』을 중심으로」, 『歷史上의 國家權力과 宗敎』, 一潮閣.
吉熙星, 1983, 「高麗時代의 僧階制度에 對하여-特히 高麗圖經을 中心하여-」, 『奎章閣』 7.
김기덕, 2001, 「고려시대의 왕」, 『역사비평』 54.
金南允, 1996, 「高麗 前期의 法相宗과 海麟」, 『江原佛敎史硏究』, 小花.
金杜珍, 1981, 「王建의 僧侶結合과 그 意圖」, 『韓國學論叢』 4.
김복순, 2005, 「9~10세기 신라 유학승들의 중국 유학과 활동 반경」, 『역사와 현실』 56.
金相永, 1991, 「高麗中期 禪僧 慧照國師와 修禪社」, 『李箕永博士古稀紀念論叢 佛敎와 歷史』.
金相鉉, 1993, 「三國遺事의 歷史方法論的 考察」, 『東洋學』 23.
김영미, 2005, 「나말려초 선사(禪師)들의 계보 의식」, 『역사와 현실』 56.
金煐泰, 1979, 「曦陽山禪派의 成立과 그 法系에 대하여」, 『韓國佛敎學』 4.
金龍善, 1981, 「光宗의 改革과 歸法寺」, 『高麗光宗硏究』, 一潮閣.
金龍善, 1996, 「高麗 前期의 法眼宗과 智宗」, 『江原佛敎史硏究』, 小花.
金昌賢, 2001, 「고려시대 限職 制度」, 『國史館論叢』 95.
김철웅, 1996, 「雪谷 鄭誧의 생애와 道敎觀」, 『韓國史學報』 창간호.
金炯秀, 2001, 「고려전기 裨補寺院과 地方支配」, 『慶尙史學』 17.
金炯佑, 1992, 『高麗時代 國家的 佛敎行事에 대한 硏究』, 동국대학교 박사학위논문.
남동신, 1997, 「불교의 사회관과 국가관」, 『한국사상사의 과학적 이해를 위해』, 청년사.
남동신, 2000, 「新羅의 僧政機構와 僧政制度」, 『한국고대사논총』 9.
남동신, 2005, 「나말려초 국왕과 불교의 관계」, 『역사와 현실』 56.
南豊鉉, 1994, 「高麗 初期의 帖文과 그 吏讀에 대하여-醴泉鳴鳳寺 慈寂禪師碑의 陰記의 解讀-」, 『古文書硏究』 5.
文暻鉉, 1983, 「新羅國號의 硏究」, 『新羅史硏究』, 慶北大學校出版部.
閔賢九, 1968, 「辛旽의 執權과 그 政治的 性格(上)·(下)」, 『歷史學報』 38·40.
閔賢九, 1973, 「月南寺址 眞覺國師碑의 陰記에 대한 一考察」, 『震檀學報』 36.
朴南守, 1995, 「新羅 僧官制에 관한 再檢討」, 『伽山學報』 4 ; 1996, 『新羅手工業史硏究』, 신서원.
朴鎔辰, 2004, 『大覺國師 義天 硏究』, 국민대학교 박사학위논문.
朴胤珍, 1998, 「高麗時代 開京 一帶 寺院의 軍事的·政治的 性格」, 『韓國史學報』 3·4합.

朴胤珍, 2003,「高麗初 高僧의 大師 追封」『韓國史學報』14.
朴胤珍, 2004,「高麗前期 王師・國師의 임명과 그 기능」『韓國學報』116, 一志社.
朴胤珍, 2005,「高麗後期 王師・國師의 사례와 기능의 변화」『한국중세사연구』19.
朴胤珍, 2006,「고려시대 王師・國師에 대한 대우」『歷史學報』190.
朴胤珍, 2006,「신라말 고려초의 '佛法東流說'」『한국중세사연구』21.
朴貞柱, 1994,「新羅末・高麗初 獅子山門과 政治勢力」『震檀學報』77.
裵象鉉, 1995,「高麗時代 '僧徒'와 그 유형」『昌原史學』2.
邊東明, 2002,「高麗後期의 法相宗」『한국중세사연구』12.
邊東明, 2005,「高麗時期의 儒教와 佛教」『한국중세사연구』18.
邊善雄, 1973,「皇龍寺9層塔誌의 硏究-成典과 政法典 問題를 中心으로-」『國會圖書館報』10-10.
史文卿, 2001,『高麗末・朝鮮初 佛教機關 硏究』, 忠南大學校 박사학위논문.
徐景洙, 1975,「高麗의 居士佛教」『崇山朴吉眞博士華甲紀念 韓國佛教思想史』, 원광대출판국.
徐閏吉, 1977,「高麗의 護國法會와 道場」『佛教學報』14.
徐閏吉, 1984,「高麗末 臨濟禪의 受容」『韓國禪思想研究』, 東國大學校 出版部.
徐閏吉, 1994,「高麗 臨濟禪法의 受容과 展開」『普照思想』8.
沈在明, 1996,「高麗 太祖와 四無畏大士-太祖의 結緣意圖를 中心으로-」『高麗太祖의 國家經營』, 서울대학교출판부.
安啓賢, 1957,「麗代僧官考」『東國史學』5.
俞瑩淑, 1986,「崔氏武臣政權과 曹溪宗」『白山學報』33.
俞瑩淑, 1996,「懶翁慧勤의 法系와 麗元 佛教交流」『伽山學報』5.
尹京鎭, 2000,『高麗 郡縣制의 構造와 運營』, 서울대학교 박사학위논문.
李基白, 1987,「≪三國遺事≫ 記錄의 信憑性 問題」『아시아문화』2, 翰林大學 아시아文化研究所.
李炳熙, 1992,『高麗後期 寺院經濟의 研究』, 서울대학교 박사학위논문.
李炳熙, 2001,「高麗時代 僧侶의 個人財産」『典農史論』7-松藍李存熙教授停年紀念號.
李相瑄, 1984,「高麗時代의 隨院僧徒에 대한 考察」『崇實史學』2.
이상주, 2002,「13세기중엽 14세기초 金屬印章 鑄造와 佛經의 講論・飜譯-俗離山法住寺 慈淨國尊碑를 중심으로-」『古印刷文化』9.
李成珪, 2000,「道教의 御用化 論理와 그 形式」『歷史上의 國家權力과 宗教』, 一潮閣.
李銖勳, 1990,「新羅 僧官制의 성립과 기능」『釜大史學』14.
이재범, 2005,「나말려초 선사비문 연구현황」『역사와 현실』56.
李載昌, 1975,「高麗佛教의 僧科・僧錄司制度」『崇山朴吉眞博士華甲紀念 韓國佛教思想史』, 원광대출판국.
李載昌, 1977,「高麗時代 僧侶들의 護國思想」『佛教學報』14.

李貞蘭, 1993, 「高麗 后妃에 관한 考察」, 고려대학교 석사학위논문.
李貞蘭, 2003, 『高麗時代 庶孼 研究』, 고려대학교 박사학위논문.
李廷柱, 2003, 「恭讓王代의 政局動向과 斥佛運動의 性格」『韓國史研究』120.
李鎭漢, 1999, 「官人의 初入仕와 土地分給」『고려전기 官職과 祿俸의 관계 연구』, 一志社.
李亨雨, 1999, 『高麗 禑王代의 政治的 推移와 政治勢力 연구』, 고려대학교 박사학위논문.
李弘稙, 1959, 「新羅僧官制와 佛敎政策의 諸問題」『白性郁博士頌壽記念 佛敎學論文集』 ; 1971, 『韓國古代史의 研究』, 新丘文化社.
李熙德, 1984, 「高麗初期의 天文·五行說과 儒敎政治思想」『高麗儒敎 政治思想의 研究-高麗時代 天文·五行說과 孝思想을 中心으로-』, 一潮閣.
李熙德, 1984, 「祈雨行事와 五行說」『高麗儒敎 政治思想의 研究-高麗時代 天文·五行說과 孝思想을 中心으로-』, 一潮閣.
張東翼·權寧培, 1991, 「危素의 新光 普光寺 碑文에 대한 檢討」『論文集』51-慶北大學校 人文·社會科學篇.
정병삼, 1995, 「통일신라 금석문을 통해 본 僧官制度」『國史館論叢』62.
鄭修芽, 1994, 「慧照國師 曇眞과 '淨因髓'」『李基白先生古稀紀念 韓國史學論叢』上-古代篇·高麗時代篇, 一潮閣.
鄭希仙, 1990, 「高麗 忠肅王代 政治勢力의 性格」『史學研究』42.
車柱環, 1977, 「해제」『국역 고려도경』, 민족문화추진회.
蔡印幻, 1982, 「新羅 僧官制의 設置意義」『佛敎學報』19.
千惠鳳, 1977, 「浮石寺의 三本華嚴經板」『佛敎美術』3-浮石寺 創建 1,300周年 特輯, 東國大學校博物館.
崔柄憲, 1975, 「羅末麗初 禪宗의 社會的 性格」『史學研究』25.
崔柄憲, 1980, 「高麗時代 華嚴學의 變遷-均如派와 義天派의 對立을 中心으로-」『韓國史研究』30.
崔柄憲, 1981, 「高麗中期 玄化寺의 創建과 法相宗의 隆盛」『韓沽劤博士停年紀念史學論叢』, 지식산업사.
崔柄憲, 1983, 「高麗中期 李資玄의 禪과 居士佛敎의 性格」『金哲埈博士華甲紀念史學論叢』, 지식산업사.
崔柄憲, 1986, 「太古普愚의 佛敎史的 位置」『韓國文化』7.
崔柄憲, 1988, 「朝鮮時代 佛敎法統說의 問題」『韓國史論』19, 서울대 국사학과.
崔柄憲, 1990, 「高麗時代 華嚴宗團의 展開過程과 그 歷史的 性格」『韓國史論』20, 국사편찬위원회.
최연식, 1999, 『均如 華嚴思想研究-敎判論을 중심으로-』, 서울대학교 박사학위논문.

崔鎭錫, 1972,「高麗後期의 度牒制에 대하여」『慶熙史學』3, 경희대학교 사학회.
秋萬鎬, 1984,「高麗僧軍考」『藍史鄭在覺博士古稀記念 東洋學論叢』.
추만호, 1991,「심원사 수철화상 능가보월탑비의 금석학적 분석」『역사민속학』1.
토니노 푸지오니, 1996,『高麗時代 法相宗敎團의 推移』, 서울대학교 박사학위논문.
韓基汶, 2001,「高麗時期 密陽 瑩原寺의 所屬變化와 그 背景」『韓國中世社會의 諸問題』, 韓國中世史學會.
韓永愚, 1983,「高麗圖經에 나타난 徐兢의 韓國史體系」『奎章閣』7, 서울大學校圖書館.
韓泰植, 1991,「憬興의 生涯에 대한 再考察」『佛敎學報』28.
許興植, 1985,「高麗에 남긴 鐵山瓊의 行寂」『韓國學報』39.
許興植, 1986,「佛敎界의 組織과 行政制度」『高麗佛敎史硏究』, 一潮閣 ; 1987,『斗溪李丙燾博士九旬紀念 韓國史學論叢』.
許興植, 2000,「高麗의 僧職과 僧政」『僧伽敎育』3, 대한불교조계종교육원.
허흥식, 2001,「공민왕시 曹溪宗과 華嚴宗의 갈등」『太古思想』1, 불교춘추사 ; 2004,『고려의 문화전통과 사회사상』, 집문당.
洪再善, 1984,「金石文에 보이는 新羅僧官」『素軒南都泳博士華甲紀念史學論叢』, 太學社.
洪潤植, 1988,「≪高麗史≫ 世家篇 佛敎記事의 歷史的 意味」『韓國史硏究』60.
洪庭植, 1977,「高麗佛敎思想의 護國的展開(Ⅰ)-前半期(太宗~睿宗代)」『佛敎學報』14.
黃浿江, 1976,「法華靈驗傳 解題」『法華靈驗傳』, 檀國大學出版部.
管野銀八, 1932,「高麗曹溪山松廣寺十六國師의 繼承에 就て」『靑丘學叢』9.
安田純也, 2002,「高麗時代의 僧錄司制度」『佛敎史學硏究』45-1.
安田純也, 2005,「高麗時代の內道場-內帝釋院を中心として」『朝鮮學報』194.
中島志郎, 2000,「羅末麗初の王師・國師について-禪宗を中心に」『佛敎史學硏究』42-2.
中井眞孝, 1971,「新羅における佛敎統制機關について-特にその初期に關して」『朝鮮學報』59.

## 찾아보기

### ㄱ

覺觀　168
覺膺　117, 128, 162, 169
感通　18, 26, 48, 84, 85, 141, 142, 143, 151, 241, 243
開淸　16, 23, 28, 32, 33
見明　104, 105
決言　16, 20, 21
決凝　21, 44, 48, 63, 65, 67, 79, 162, 169, 228, 234
謙信　69, 70, 162, 163
慶甫　29, 30
慶猷　38~40, 43~45, 61, 80, 156, 158, 169, 234
景宜　104, 107, 108, 150, 162, 163, 230
鏡智　117, 127, 128, 162, 169, 238
憬興　15, 16
繼膺　69, 74
戒膺　69, 74, 162, 164
國老　14, 15, 20, 241
國尊　104, 107, 110, 115, 116, 141, 149, 169, 186, 197, 201, 230, 244
國統　107, 108, 116, 150, 151, 153, 244, 245
均如　185, 227
兢讓　12, 30, 34, 37, 40, 43, 45, 61, 157, 158, 169

### ㄴ

樂眞　44, 53, 54, 79, 162, 169, 173, 227, 228
爛圓　44, 50, 53, 66, 68, 69, 72, 162, 169, 228, 234
乃圓　90, 96, 163

### ㄷ

曇眞　14, 44, 52, 57, 63, 66, 79, 85, 162, 163, 226
曇休　44, 59, 61, 163, 237
大官誥　172, 190, 245
大師　27, 28, 31, 33~37, 39, 40, 158~161, 242, 245
大禪師　159~163, 167, 171~174, 190, 195, 221, 245, 248
德謙　55
德素　89~92, 102, 103, 116, 141, 142, 163, 169, 215, 229
德淵　44, 54, 55, 82
德緣　44, 54, 59, 63, 66, 79, 82, 162, 236
德昌　44, 52, 79, 162, 163
都大禪師　164, 172, 173
道詵　38, 76, 226, 227, 228
都僧統　172, 173
道義　23
都摠攝　143, 144, 146~151, 188, 244

道憲　59

### ㅁ

萬恒　117, 134, 135, 162, 164, 169
夢如　93, 94, 117, 126, 129, 162
無㝵智　16, 24
無染　16, 22
無學　102
문산계　189
彌授　104, 109, 110, 115, 116, 145, 147, 149, 162, 169, 186, 189, 191, 194, 195, 196, 197, 230, 235

### ㅂ

白蓮社　124, 125, 131, 141, 165, 167, 224, 230, 231, 232
梵日　16, 22, 23
法鏡　44, 48, 63, 65, 162
法藏　117, 140, 162, 163
法桓　117, 130
別賜　175
別賜田柴　178
普愚　90, 98, 100, 103, 104, 111, 112, 115, 116, 139, 141, 145, 153, 163, 165, 166, 169, 186, 187, 188, 191, 194～197, 201, 202, 204, 212, 217 ～220, 230, 235
普照國師　69, 73, 162, 163
普虛　90, 98
復丘　90, 97, 98, 117, 134, 139, 163, 164, 169, 191, 209～211, 213, 216, 230
宓庵　130
封君　189
府　185, 186, 187, 188, 190

### ㅅ

寺綱　181
朔料　177
釋煦　69, 72, 162, 169
선원사　132, 133, 138
禪顯　90, 99, 111, 163
韶顯　44, 51, 60, 61, 79, 162, 168, 169, 237
修禪社　93, 120, 123, 126, 129, 130, 132, 135, 141, 165, 167, 224, 230～232
秀澈和尚　16, 22
僧統　159, 161～163, 167, 168, 170～174, 190, 195, 220, 222, 245, 248
承逈　78, 116, 121, 122, 127, 163, 169
諡號　190, 246
審希　16, 23, 33, 35, 37

### ㅇ

安其　117, 129
安且　129
麗嚴　28, 30, 62
緣會　16, 17, 18, 19, 20
迎如　16, 17
英俊　69, 70, 72, 162, 169
了世　13, 116, 124, 125, 131, 139,

162, 167, 169
圓鏡國師 69, 76, 163, 169
圓融府 98, 145, 153, 186, 187, 188, 204, 244, 246
圓眞國師 69, 75, 163
元曉 76, 226, 227, 228
月俸 177, 245, 248
允多 61
義相 76, 226, 227, 228
義天 50, 69, 72, 74, 90, 116, 227, 228, 229, 231, 235
利觀 35
利嚴 28, 30, 62
印 190
印寶 190
印信 190
印章 190, 246
一然 95, 104, 105, 107, 115, 116, 149, 162, 169, 180, 191, 195~197, 201~203, 230, 235

ㅈ

慈覺國師 97, 117, 134, 162, 163
子安 104, 109
慈悟國師 117, 132, 133, 137, 138, 162, 163
慈忍國師 117, 138, 163
自超 102, 140, 195, 204
折中 23, 28, 31, 33
正秀 16, 17, 19, 20
丁午 90, 94, 95, 103, 104, 107, 108, 116, 143, 144, 146, 147, 150, 152, 153, 162, 200, 202, 203, 230, 235

鼎賢 12, 44, 49, 63, 66, 67, 79, 87, 162, 233
淨慧國師 117, 139, 162, 163
祖丘 115, 204
祖衡 90, 96, 162, 163
宗璘 116, 163, 169
宗親不仕 238
中亘 117, 136, 162, 163, 183
證通國師 68, 69, 162, 163, 169
智□ 43, 45, 63, 64, 67, 79, 87, 159, 160, 161, 180, 191, 194, 195, 196, 234
至謙 83, 89, 103, 116, 178, 215, 223
志謙 89, 92, 102, 116, 123, 141, 142, 163, 169, 177, 214, 230
知訥 14, 116, 120, 123, 124, 127, 139, 163, 164, 167, 169
智宗 12, 43, 47, 69, 162, 169, 225, 232, 234
智泉 140, 232
澄儼 57, 69, 74, 116, 162, 169
澄賢國師 69, 71, 162, 163

ㅊ

粲英 90, 100, 103, 117, 139, 142, 153, 163, 169, 187, 188, 191, 210, 212, 213, 216, 218, 230, 235
贊英 90, 100, 117, 210
璨幽 30, 31, 37, 40, 62, 63, 67, 70, 157, 158, 160, 169, 234
懺悔府 109, 197
天英 14, 93, 97, 117, 126, 129, 130, 132, 133, 134, 135, 162, 169, 198

天因   116, 124, 125, 131, 139, 162,
       164, 165
天頙   14, 117, 131, 162, 169
千熙   104, 110, 111, 115, 116, 149,
       150, 153, 163, 164, 169, 186, 188,
       202, 204, 235
千禧   104, 111
徹達   170
淸玠   201
淸恭   200, 201
摠攝調提   94, 143, 144, 146, 244
冲鑑   117, 132, 137, 138, 162, 164,
       169
冲鏡   94
忠談   19
忠湛   38, 39, 40, 43, 44, 45, 61, 80,
       81, 158, 169, 234
冲止   94, 117, 130, 132, 133, 162,
       164, 165, 169
冲曦   75, 76, 116, 118, 119, 163, 169

ㅌ

坦文   40, 43, 46, 63, 64, 67, 68, 71,
       79, 87, 159, 160, 162, 169, 180,
       184, 225, 228, 246, 231, 233
坦然   44, 57, 57, 69, 79, 84, 162,
       169, 191, 215, 226, 228

ㅎ

하산소   179, 180, 182, 183, 231, 246,
       248

學一   44, 56, 58, 69, 73, 79, 81, 85,
       162, 169, 180, 191, 226, 228, 236
海麟   44, 49, 51, 63, 66, 67, 68, 79,
       87, 162, 169
行寂   16, 22, 28, 31, 33
玄昱   23
玄暉   29, 30, 38, 39, 61
玄曦   75, 116, 118
逈微   28, 32, 33, 38
慧覺國尊   117, 133, 134, 162, 163
慧炬   69~71, 162, 163
惠勤   90, 99, 103, 110, 114, 141, 145~
       147, 163, 165, 166, 169, 210, 212,
       213, 216, 219, 230, 235
惠諶   14, 93, 116, 123, 125~127,
       139, 163, 165, 169
惠永   104, 106, 107, 116, 162, 169,
       191, 230, 235
慧徹   16, 21
惠通   16, 18
混丘   90, 95, 103, 107, 117, 141, 152,
       153, 162, 169, 191, 194, 195, 197,
       201~203, 230
混修   104, 113, 114~116, 153, 163,
       169, 191, 210, 218, 220, 230, 235
混元   89, 92~94, 98, 117, 126, 127,
       129, 141, 142, 162, 169, 171, 191,
       209, 211, 213, 216, 230
弘法國師   63, 64, 67, 162
洪俊   33, 34, 160
洪陟   23
豢養   177, 178

□運   29, 30, 38, 39

▫ 朴胤珍

1972년 서울 출생.
고려대학교 역사교육과 졸업.
고려대학교 대학원 사학과 석사·박사과정 졸업(문학박사).
현재 고려대학교·한경대학교 강사

▫ 주요논문

「高麗時代 開京 一帶 寺院의 軍事的·政治的 性格」
「高麗初 高僧의 大師 追封」
「신라말 고려초의 '佛法東流說'」

고려사학회 연구총서 ⑮

## 高麗時代 王師·國師 硏究

정가 : 14,000원

2006년 12월 15일 초판인쇄
2006년 12월 27일 초판발행

| 저　자 : 朴胤珍 |
| 회　장 : 韓相夏 |
| 발 행 인 : 韓政熙 |
| 발 행 처 : 景仁文化社 |
| 편　집 : 申鶴泰 |

서울특별시 麻浦區 麻浦洞 324-3
電話 : 718-4831~2, 팩스 : 703-9711
www.kyunginp.co.kr / 한국학서적.kr
E-mail : kyunginp@chol.com
登錄番號 : 제10-18號(1973. 11. 8)

ISBN : 89-499-0453-5 93910
ⓒ 2006, Kyung-in Publishing Co, Printed in Korea
＊파본 및 훼손된 책은 교환해 드립니다.